国家级一流本科专业建设点配套教材
高等院校经济管理类专业"互联网+"创新规划教材

证券投资学

主　编　李锦生
副主编　王　露　李晓伟

北京大学出版社
PEKING UNIVERSITY PRESS

内 容 简 介

本书分为两篇。一篇为"理论篇",包括:绪论、证券投资工具、证券市场、证券投资的收益与风险、现代证券投资理论;另一篇为"实战篇",包括:证券交易、证券投资基本分析、证券投资技术分析、证券投资策略。

本书体系完整、行文简练,突出理论和实践的结合,立足于证券投资学的基本理论,同时兼顾证券投资实务;可作为高等院校金融学、金融工程、投资学、财务管理、会计专业及其他经济类、管理类专业的本科教材,也可以作为证券从业人员和证券投资者的参考用书。

图书在版编目(CIP)数据

证券投资学/李锦生主编. —北京:北京大学出版社,2024.1
高等院校经济管理类专业"互联网+"创新规划教材
ISBN 978-7-301-34247-3

Ⅰ. ①证… Ⅱ. ①李… Ⅲ. ①证券投资–高等学校–教材 Ⅳ. ①F830.91

中国国家版本馆 CIP 数据核字(2023)第 137653 号

书　　　名	证券投资学 ZHENGQUAN TOUZIXUE
著作责任者	李锦生　主编
策 划 编 辑	王显超
责 任 编 辑	毛文婕　翟　源
数 字 编 辑	金常伟
标 准 书 号	ISBN 978-7-301-34247-3
出 版 发 行	北京大学出版社
地　　　址	北京市海淀区成府路 205 号　100871
网　　　址	http://www.pup.cn　新浪微博:@北京大学出版社
电 子 邮 箱	编辑部 pup6@pup.cn　总编室 zpup@pup.cn
电　　　话	邮购部 010-62752015　发行部 010-62750672　编辑部 010-62750667
印 刷 者	北京溢漾印刷有限公司
经 销 者	新华书店
	787 毫米×1092 毫米　16 开本　17.5 印张　414 千字 2024 年 1 月第 1 版　2025 年 6 月第 2 次印刷
定　　　价	52.00 元

未经许可,不得以任何方式复制或抄袭本书之部分或全部内容。
版权所有,侵权必究
举报电话:010-62752024　电子邮箱:fd@pup.cn
图书如有印装质量问题,请与出版部联系,电话:010-62756370

前 言
PREFACE

经济全球化、市场一体化、资本证券化是21世纪世界经济的重要基本特征。发达的证券市场是现代金融体系的心脏，是促使传统金融体系向现代金融体系转变的主要推动力。经济的发展对证券市场的依赖性日益强烈，较为完善的金融体系对国民经济发展的促进作用日益显著。因此有"市场经济的皇冠是金融，而证券就是皇冠上的那颗明珠"之说。我国想要从根本上改善企业资本形成方式，应拓宽投资、融资渠道，形成市场化、高效率的社会资源配置机制，促进生产要素的有序流动和科学组合，建立现代企业制度，这些都离不开强大的证券市场的有力支撑。

然而金融体系的发展也是一柄"双刃剑"，其对现实经济的影响是杠杆化的，具有显著的乘数效应和放大效果。科学、完善、现代化的金融体系可以为现实经济的发展提供强大的动力，推动现实经济更好、更快地发展；反之，金融体系一旦出现问题，它不仅会丧失对现实经济的推动力，而且会严重阻碍现实经济发展，导致经济增长效应减弱甚至出现负增长。2008年发端于美国的全球性金融危机猖狂肆虐，昔日华尔街叱咤风云的金融机构相继"沦陷"，或并购重组，或被政府接管，或走上破产之路。这不仅使美国经济举步维艰，而且还拖累世界经济跌入萧条的泥潭。这也从反面告诫人们，资本市场的风险是多么巨大，掌握证券投资知识、认识证券市场发展规律、加强资本市场的规范与监管是多么重要！

从上海证券交易所、深圳证券交易所两个交易所成立至今，中国的资本市场已在风风雨雨中走过了30余年，目前它们已成为我国经济的重要组成部分，其资本实力、发展理念、服务质量、规范水平、市场竞争力等方面都得到了显著提升。截至2022年年底，我国上市公司总数达到5079家，总市值达到79万亿元，投资者数量已超2亿户。借助资本市场的广阔平台，一大批代表经济未来发展方向的科技型、创新型企业脱颖而出，为推动我国产业结构调整及自主创新提供了重要支持。同时，证券市场的发展进一步完善了我国现代金融体系，提升了我国经济运行的质量和效率。在最近的几年里，中国首次公开募股（IPO）市场一直占据全球首位，2022年我国新增A股上市公司424家，合计募资金额达5868亿元。证券市场集聚了社会资金，充实了企业资本，为我国经济建设提供了强大的资金支持，增强了我国经济发展的内生动力。

2005年开始的股权分置改革，是我国证券市场制度的一大创举，具有划时代的意义。它消除了历史遗留的制度性缺陷，驱除了这把悬在中国证券市场上的"达摩克利斯之剑"，还促进了证券市场制度和上市公司治理结构的改善，保障了资本市场有效配置社会资源功能的实现。创业板市场自2009年10月30日建立以来，已有逾1000家上市公司，为我国经济新旧动能的转换、新的经营业态的发展壮大作出了不可磨灭的贡献。2013年1月16日，全国中小企业股份转让系统有限责任公司正式揭牌运营，从此，"新三板"对个人投资者开放、推出做市商、放大融资功能、打开转板绿色通道等这些一直以来被投资者所热切期盼的事项成为现实。2019年6月13日，科创板正式开板，拉开了全面注册制的序幕，对于加速科技创新企业发展、推动市场制度优化、促进与国际金融市场接轨等具有重要意义。至此，我国多层次的证券市场体系初步建立。这是我国证券发展史上的一次重大事件，同时还促使我国证券市场在规范中进一步发展壮大。党的二十大报告指出，推动战略性新兴产业融合集群发展，构建新一代信息技术、人工智能、生物技术、新能源、新材料、高端装备、绿色环保等一批新的增长引擎。而上述战略性新兴产业的发展，都离不开资本市场的支持、助力。我们相信，21世纪中国的资本市场一定会与中国经济相随相伴，迎来一个前所未有的蓬勃发展时期。

本书全面阐释了证券投资的基本理论，介绍了证券投资的实务知识。本书的编写注重证券投资理论的科学、系统、完整与实用，注重知识的更新，紧跟时代潮流，添加了二十大的相关内容。本书的第1章绪论、第2章证券投资工具、第3章证券市场、第4章证券投资的收益与风险、第6章证券交易、第8章证券投资技术分析由李锦生老师编写；第5章现代证券投资理论、第9章证券投资策略由王露老师编写；第7章证券投资基本分析由李晓伟老师编写。本书内容充实丰富，除理论教学和实操讲解之外，还插入思维导图、导入阅读、知识要点提醒、拓展阅读、阅读专栏、在线答题等模块，增添读者阅读和学习的趣味性。同时本书配以大量图片，更加直观地帮助读者加深理解。彩图均以二维码资源的形式呈现，读者可以扫描本书二维码查看。本书还有课件等配套资源，读者可以联系编辑部邮箱：pup6@pup.cn领取相关资源。

在此衷心感谢江苏师范大学对本书的立项支持，感谢江苏师范大学商学院领导、老师的支持与帮助，感谢西南证券徐州分公司总经理张巍先生的热忱指导，感谢北京大学出版社，特别是王显超老师、张越老师、毛文婕老师、翟源老师、金常伟老师对本书的出版所付出的辛勤劳动。

由于编者水平所限，书中难免有疏漏和不当之处，恳请读者批评指正。

李锦生
2023年10月

资源索引

目 录
CONTENTS

理论篇

第1章 绪论 ... 2
  1.1 证券概述 ... 3
  1.2 证券投资 ... 7
  1.3 投资与投机的分析 ... 11

第2章 证券投资工具 ... 17
  2.1 股票 ... 19
  2.2 债券 ... 25
  2.3 投资基金 ... 33
  2.4 金融衍生工具 ... 39

第3章 证券市场 ... 48
  3.1 证券市场概述 ... 49
  3.2 证券市场的产生和发展 ... 52
  3.3 我国证券市场体系 ... 57
  3.4 证券发行市场 ... 62
  3.5 证券流通市场 ... 68
  3.6 证券市场的监管 ... 69

第4章 证券投资的收益与风险 ... 74
  4.1 证券投资的收益 ... 76
  4.2 证券投资的风险 ... 87

第5章 现代证券投资理论 ... 95
  5.1 资产组合理论 ... 97
  5.2 资本资产定价模型 ... 106
  5.3 套利定价模型 ... 111
  5.4 有效市场理论 ... 113

实战篇

第 6 章　证券交易 ······ 124
- 6.1　证券交易的程序 ······ 125
- 6.2　证券交易的方式 ······ 134
- 6.3　期货交易 ······ 140
- 6.4　期权交易 ······ 146

第 7 章　证券投资基本分析 ······ 152
- 7.1　证券的投资价值分析 ······ 154
- 7.2　证券投资的宏观经济分析 ······ 158
- 7.3　证券投资的行业分析 ······ 166
- 7.4　证券投资的公司分析 ······ 175

第 8 章　证券投资技术分析 ······ 191
- 8.1　技术分析概述 ······ 193
- 8.2　技术分析的理论基础 ······ 196
- 8.3　盘面基本信息 ······ 204
- 8.4　K 线分析 ······ 207
- 8.5　趋势理论 ······ 214
- 8.6　形态理论 ······ 220
- 8.7　移动平均线理论 ······ 229
- 8.8　技术指标分析 ······ 233

第 9 章　证券投资策略 ······ 244
- 9.1　选股选时策略 ······ 245
- 9.2　买卖策略 ······ 254
- 9.3　跟庄策略 ······ 259
- 9.4　量化投资策略 ······ 264

参考文献 ······ 272

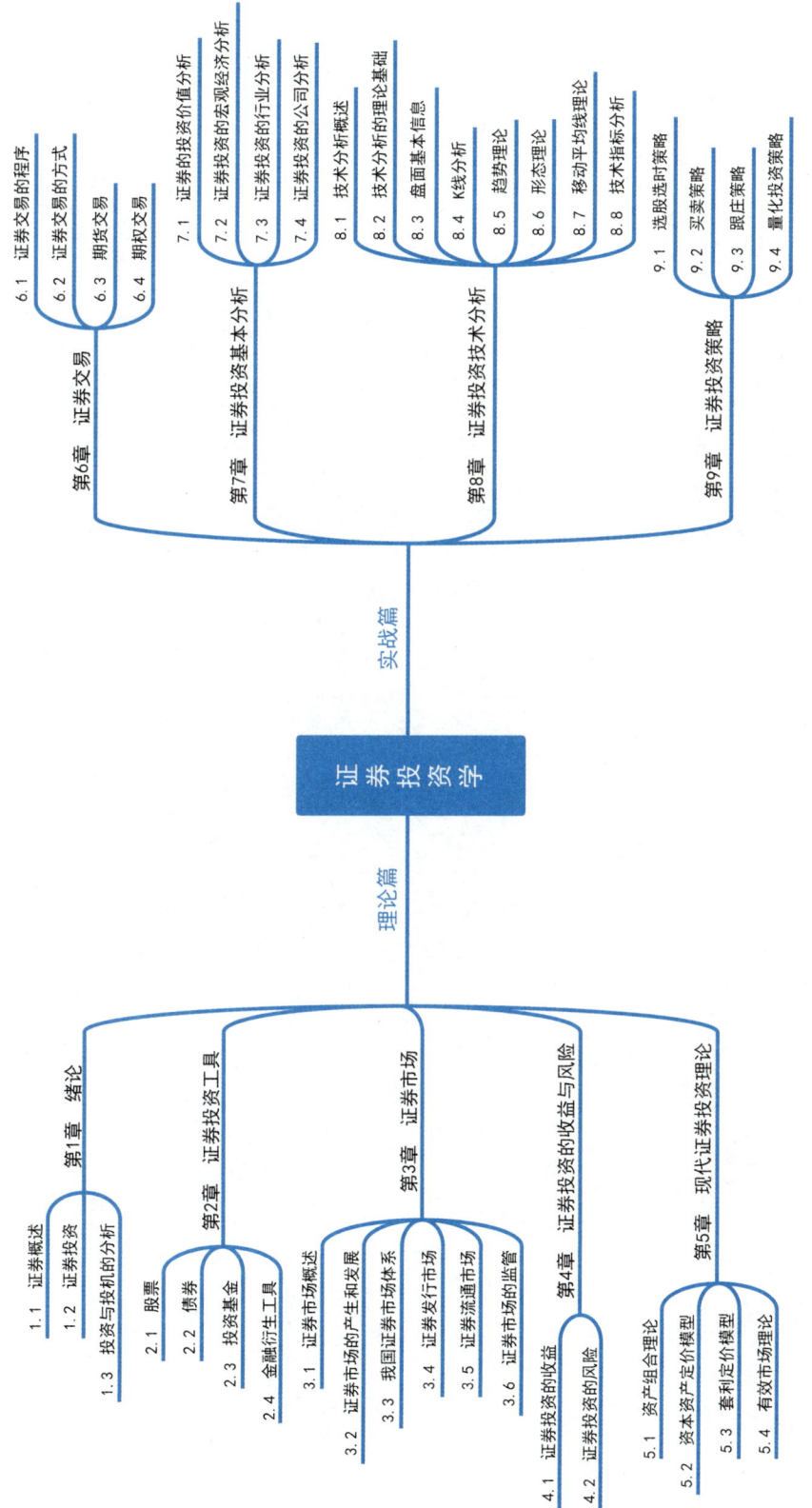

理 论 篇

第1章

绪 论

思维导图

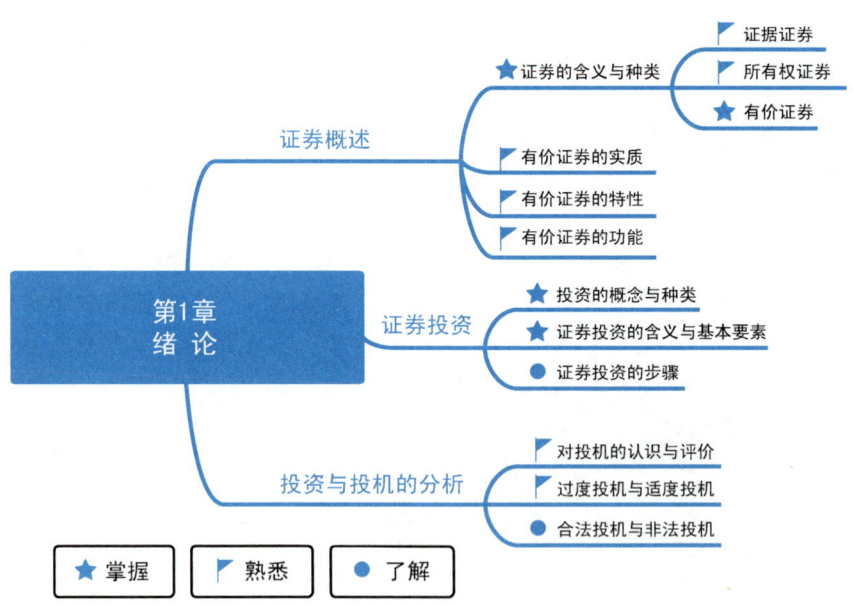

教学目标

通过本章学习，掌握证券的含义与种类，熟悉有价证券的实质、特性、功能，了解证券投资的步骤，能够客观、理性地认识证券投资过程中的投资与投机，为后期更好地学习证券投资知识奠定基础。

 导入阅读

沃伦·巴菲特投资理念十二条

1. 利用市场的愚蠢，进行有规律的投资。
2. 买价决定报酬率的高低，即使是长线投资也是如此。
3. 利润的复合增长与避免交易费用和税负使投资人受益无穷。
4. 不在意一家公司来年可赚多少，仅在意未来5至10年能赚多少。
5. 只投资未来收益确定性高的企业。
6. 通货膨胀是投资者最大的敌人。
7. 价值型与成长型的投资理念是相通的；价值是投资未来现金流量的折现值；而成长只是用来决定价值的预测过程。
8. 投资者财务上的成功与他对投资企业的了解程度呈正比。
9. "安全边际"从两方面协助投资：一是缓冲可能的价格风险；二是可获得相对高的投资报酬率。
10. 拥有一只股票，期待它下个星期就上涨，是十分愚蠢的。
11. 就算美联储主席偷偷告诉我未来两年的货币政策，我也不会改变我的任何一个决策。
12. 不理会股市的涨跌，不担心经济情势的变化，不相信任何预测，不接受任何内幕消息，只注意两点：买什么股票；买入价格。

（资料来源：https://www.chinairn.com/news/20190505/095951812.shtml.［2023－05－13］，有改动）

1.1 证券概述

1.1.1 证券的含义与种类

（一）证券的含义

证券（Security）是指用来证明券票持有者有权按其所载取得相应收益的各类权益凭证。

（二）证券的种类

证券按其性质不同可以分为三类：证据证券、所有权证券、有价证券。

1. 证据证券

证据证券（Evidence Security）是指单纯证明某种事实的凭证，如借据、收据、保险单等。此类证券能证明其所载内容的客观性、真实性，但通常不具有什么经济意义，也不可自由让渡。

2．所有权证券

所有权证券（Ownership Security） 是指证券的持有者便是证券发行的所有者的证券，如存单、土地所有权证书、房屋所有权证等。

3．有价证券

有价证券（Marketable Security） 是一种具有一定票面金额，表明证券持有者有权按其券面所载取得一定收益，并可自由转让买卖的所有权或债权证书，如支票、汇票、债券、股票等。

有价证券可以实现资本的快速集中，满足商品生产和商品交换规模扩大的需要，在国民经济发展过程中具有举足轻重的地位。本书的主要研究对象就是有价证券。

有价证券按其所表明的财产权利的不同性质，可分为三类：**商品证券**、**货币证券**及**资本证券**。

（1）商品证券。

商品证券（Commodity Security） 是证明某种商品所有权或使用权的凭证，它是一种物权，如提货单、运货单等。

（2）货币证券。

货币证券（Currency Security） 是证明某种商品的所有权转化为对货币的索取权的凭证，它的权利标的物是一定的货币额，如汇票、支票等。

（3）资本证券。

资本证券（Capital Security） 是证明投资这一事实以及投资者拥有相应权利的凭证，如股票、债券等。资本证券的标的物也是货币额，但与货币证券不同的是它侧重于对一定本金所带来的收益的请示权。

有价证券是商品经济和信用经济发展的产物。在商品经济制度中，生产的目的是追求利润的最大化，厂商为了达到这一目的，在资本的使用上，一方面要在同样的生产规模条件下，尽可能地减少资本的使用；另一方面，在资本能够充分、有效利用的前提下，尽可能扩大使用资本的规模，以适应市场竞争和社会化生产的需要。而扩大资本规模，仅仅依靠个体资本的积累非常低效，且远远满足不了需求，这就需要将各个独立资本的组合集中成一个资本，或者是借入别人的闲置资本，因而产生了对股票、债券等有价证券的需求。同时，有价证券又是一种信用凭证，其产生也是信用经济发展的结果。

1.1.2 有价证券的实质与特性

（一）有价证券的实质

有价证券作为一种经济权益的书面凭证，标有票面金额，证明持券者有权取得一定收益并可自由转让和买卖。这类证券本身没有价值，但由于它代表着一定量的财产权利，持有者可凭此直接取得一定量的商品、货币，或是取得利息、股息等收入，所以有价证券可以在证券市场上买卖和流通。客观上它具有了交易价格，因而它也是一种资本。但这种资本与厂房、设备等现实资本不同，有价证券是由证券收益资本化而获得的虚拟资本，是现实资本的"纸质副本"。

(二) 有价证券的特性

从证券投资的角度来看，有价证券具有以下 6 个方面的特性。

1. 收益性

证券的收益有多种形式，可以归纳为经常性收入和资本性收入两部分。经常性收入是指投资者在持有证券期间，以利息的形式获得的收益。资本性收入是指投资者在进行交易的过程中，因市场价格的变化而给投资者带来的收益。有价证券的收益性是投资者购买的前提。当投资者认为投资对象的预期收益能够满足预期并能够承担相应的风险时，他才会选择这种有价证券进行投资。

2. 期限性

有价证券的期限有绝对期限和相对期限之分。绝对期限是指有价证券从发行起到它的证券功能完全消失，发行者归还本金时所经历的时间。相对期限则是指投资者从持有有价证券开始到卖出后收回本金的时间。对于有价证券的发行者来说，他们主要关心的是有价证券的绝对期限，也就是发行者所筹集资金的使用期限；而对于投资者来说，他们关心的则是相对期限，也就是投资者购买证券后还有多长时间才可以收回本金。不同类型的有价证券的期限具有很大的差异，而对于股票这种有价证券来讲，也可以说是没有期限的。

3. 虚拟性

有价证券这种虚拟资本与厂房、设备、原材料等现实资本，是既有联系又有区别的。现实资本是由虚拟资本所形成的，而虚拟资本则可以脱离它所代表的现实资本，在证券市场上进行相对独立的运动。有价证券不仅与现实资本在本质上有着较大的差别，在数量上也有很大差异。有价证券所形成的虚拟资本的数量取决于有价证券的发行数量和价格。其中发行数量是相对稳定的，但价格却处在不断地变化之中，从而导致虚拟资本的数量也不断地发生变化，但不会对现实资本的数量产生直接的影响。

4. 流动性

有价证券的流动性是指证券投资者根据自身流动性管理、偿还债务的要求以及资产置换的需要，在需要资金时可以让渡有价证券的所有权及其所代表的一切权益。人们称一种有价证券的流动性好就是指这种有价证券容易变现，而且交易费用低。不同类型的有价证券的流动性是不一样的。流动性一般取决于这种证券的信用级别、证券期限、证券市场的发达程度等。

5. 风险性

投资者进行投资所能获得的未来收益是不确定的，甚至可能与投资者的预期是相背离的。这种未来收益的不确定性就是风险。受政治、经济、社会、心理以及其他因素的影响，证券投资的风险非常大。证券投资中的所有风险可以分为两类：系统性风险 (Systematic Risk) 和非系统性风险 (Unsystematic Risk)。系统性风险也称为不可避免风险，它是指由一些全局性的因素引起的投资收益的变化，主要包括市场风险 (Market Risk)、利率风险 (Interest Rate Risk) 和购买力风险 (Purchasing Power Risk)；非系统性风险是指只对某个行业或个别公司的证券产生影响的风险，主要包括经营风险 (Business Risk)、财务风险（Financial Risk）和信用风险（Credit Risk）（详细内容请参照本书第4章）。

6. 权利性

有价证券作为一种财产权利的凭证，证明和反映了持有者享有证券所规定的权利。比如，股票投资者在取得了上市公司股票的同时，也取得了上市公司的股权，他可以参与公司的收益分配及公司破产时对公司剩余资产的分配等。债券投资者则相应地拥有了到期获取本金和利息的权利以及公司破产时对剩余财产的优先索偿权。

1.1.3 有价证券的功能

有价证券在推动发行者筹集资金、投资者选择投资、经济快速发展等方面产生了巨大的作用，其功能主要表现在以下五个方面。

（一）筹集资金功能

有价证券的首要功能是筹集资金。现代经济的信用性决定了各类组织对外部资金具有很强的依赖性。为了保证持续、稳定、快速的发展，各类组织需要通过各种方式筹集资金。筹资者取得资金的方式主要有两种：一种是通过银行贷款等方式进行间接融资；另一种则是通过发行股票、债券等有价证券进行直接融资。采用间接融资方式除了资金使用期限较短外，往往还要受银行各种条件的限制；而采用直接融资方式则可以方便地将社会上零散的货币资金集中为整体的社会资金，并具有多项融资便利，比如减少债权人对自身经营的干扰、降低融资成本、扩大公司知名度等。

（二）分散风险功能

有价证券具有分散风险的功能。一方面表现为分散筹资者的风险，另一方面表现为分散投资者的风险。在证券投资中，投资者在分享筹资者投资所获得的一部分收益的同时，有条件地分担了一部分筹资者可能会遇到的经营风险。比如，一名股票投资者在购买了某股份有限公司的股票之后，就成为这家公司的股东，并以投入这家公司的股份为限对该公司债务承担责任。这样就使社会经济活动中风险承担者的数量大大增加，从而有效降低了筹资者的风险压力。有价证券分散风险的功能更重要地表现在分散投资者的风险上，投资者一方面通过证券投资的有效组合，分散投资风险；另一方面通过选择收益高而风险小的有价证券，将资金投至那些经济效益好的公司和项目中。一旦这些投资对象的经营状况恶化，投资者就可以将手中的有价证券及时变现并转换为其他公司的证券，从而将风险分散给更多的投资者承担。

（三）配置社会资源功能

有价证券可以使社会资源得以有效配置。有价证券的收益性与风险性的存在决定了投资者会尽量选择那些收益高而风险小的有价证券。一旦这些投资对象的预期收益不能满足投资者的期望，投资者可以迅速转移资金，使资金向收益高的方向流动，从而使社会资源得到有效的配置。

（四）促进社会融资功能

有价证券及其衍生工具的发展，可以使社会融资范围进一步扩大，有利于在国际上进行投资和融资。

（五）告示功能

有价证券具有较强的告示功能。有价证券的价格与发行者的经营状况及国民经济的运行状况有着密切的联系，有价证券的价格走势是多种因素共同影响的综合结果。国民经济的运行状况决定了有价证券的价格，而有价证券价格的变化又反映了国民经济运行状况，并且这种反映具有较为显著的超前性。一种有价证券价格的变化，可以反映出证券发行者经营状况的变化；而整体有价证券价格的变化，则可以反映出国民经济运行状况的变化。

 阅读专栏 1-1

稳健为本 从容投资

一、获取高收益的代价是什么？

如果现在有两个投资选择，第一个年收益是 5%，第二个年收益是 25%，您会选择哪一个？

如果仅仅从投资收益的角度来看，一般人都会选择年收益 25% 的投资。但如果您得知年收益 5% 的投资是购买国债的，年收益 25% 的投资是用于民间高利贷的，那么此时，您一定会毫不犹豫地选择年收益 5% 的投资。这就说明我们意识到了"风险"。事实上，投资就是以风险博取收益的行为，期望的收益越高，需要承担的风险就越高。

二、先控制本金风险，再追求更高收益

关于投资，最重要的是控制风险。投资家巴菲特遵循的投资原则就是：第一条，保住本金；第二条，永远记住第一条。

具有传奇色彩的巨人网络创始人、民生银行股东史玉柱，1997 年一度濒临破产，原因是在那个房地产狂热的年代，史玉柱将自有的全部资金和其他业务的全部收入，都用于兴建"巨人大厦"，疏忽于控制风险，最后他因资金链断裂而负债过亿元。如今东山再起的史玉柱在总结他后来的成功时说道，他做每一件事时，都在控制风险。

三、风险匹配，闲看花开花落

对于普通人的投资理财而言，保住本金，或者说控制风险，就是要将大部分的资金配置在风险较低的资产上，构建一个稳固的基础。在此基础之上，投资高风险的产品也要注意风险的匹配。基金公司都有风险测评问卷，通过问卷测评的方式，投资者可以合理评估自己的风险承受能力，进而选择相匹配的产品。这样，我们就能在自己的风险预期之内，做到起伏不惊，从容不迫，闲看市场"花开花落"。

1.2 证券投资

1.2.1 投资的概念与种类

（一）投资的概念

从广义上来讲，投资是商品经济社会中的一种普遍存在的经济现象，是以获取回报为目的的货币投入活动，是货币转化为资本的过程。从狭义上来讲，投资就是牺牲了目前部分的消费，而将这部分消费的资金转化为有价证券或其他资产的行为。投资者之所以要牺牲目前的消费，目的是要得到一定的收益和回报，实现将来消费的增加。如果投资者货币投入的目的不是获取利益，那么这种货币投入行为就不能称为投资。例如，亲友间的馈赠、亲属遗产的继承等，并不是以获取回报为目的的，这种货币投入的行为就不是投资。

投资是有风险的，投资者的未来的收益和回报是不确定的。即使是对固定收益证券的投资，由于受证券发行企业的经营业绩、通货膨胀、市场利率变化等因素的影响，因此同样也存在风险。

由此可见，投资是以牺牲当前消费为前提、以获取未来回报为目的、具有收益的不确定性的货币投入活动。刘鸿儒先生主编的《经济大辞典·金融卷》对"投资"的释义为：经济主体（企业或个人）以获得未来收益为目的，预先垫付一定量的货币或实物，以经营某项事业的行为。投资学家威廉·夏普在其所著的《投资学》（第五版）一书中将投资定义为：投资就是为了获得可能的、不确定的未来值而做出的确定的现值牺牲。

（二）投资的种类

1. 直接投资和间接投资

按照投资者与实际资本形成的关系，投资可划分为**直接投资**和**间接投资**。

直接投资是指投资者直接把资金用于开办企业、进行项目建设等生产经营的投资行为。直接投资的结果是形成了固定资产、流动资产、无形资产等实际资本。在直接投资的方式下，投资者一般都直接参与企业的生产经营管理活动，这样能够有效控制投资资金的使用。

间接投资是指投资者购买金融资产后所投入的资金还须经过他人之手或其他方式才能转化为实际资本的投资。在间接投资方式下，投资者一般不参与企业的生产经营管理过程，对投资资金的控制力较弱。间接投资的资本运用方式较为灵活，投资者可以根据金融市场行情灵活地买卖各种金融工具。

2. 实物投资和金融投资

依据投入资金所形成资产的种类，可以把投资划分为**实物投资**和**金融投资**。

实物投资是投资者直接投资于土地、机器设备、厂房、人力资本等实物资本的投资行为。在实物投资中投资者直接拥有实物资产，投资者将货币资金直接转化为固定资产或流动资产，并直接增加社会物质财富和服务。

金融投资是指经济主体为获取预期收益，借助金融工具，将货币资金转化为金融资产的投资行为。金融投资包括购买股票、债券、基金等有价证券投资，也包括银行储蓄、信贷投资、信托投资等。在金融投资中，投资者拥有的是金融资产，没有直接实现实物资产的增加。

实物投资和金融投资虽然有区别，但并不是完全割裂的。投资者购买证券进行金融投资，当公司把从证券市场上筹集的资金用于生产经营过程时，例如购买厂房、设备、原材料等，这时投资者所投资的有价证券这种虚拟资本就转变为现实资本。因此，金融投资是间接拥有现实资本。在现实的经济生活中，实物投资和金融投资相互依存、相互促进，金融投资是在实物投资的基础上产生的，除部分特殊的金融投资外，大多数的金融投资最终都转化为现实资本。虽然实物投资在国民经济和社会发展中占有主导地位，但金融投资在现代经济运行中的作用同样不可或缺。

3. 短期投资和长期投资

短期投资和长期投资是根据投资者持有投资资产期限的长短进行划分的。短期投资一般指持有期限在一年以内（含一年）的投资；长期投资指持有期限在一年以上的投资。投资期限的长短会影响到投资者的收益，一般来说，短期投资风险较小，相应收益率比较低，但短期投资的资金周转速度较快，可以寻求更好的投资机会。

1.2.2 证券投资的含义与基本要素

（一）证券投资的含义

证券投资就是投资者为了获取未来的预期收益，而购买有价证券及其衍生工具的投资行为。

（二）证券投资的基本要素

1. 证券投资收益

证券投资收益是指投资者进行证券投资活动而获得的报酬。投资者在进行投资时，最先考虑的是收益，获取收益是投资的最直接动因。投资收益既包括资金收益也包括各种权益，如股东的参与权等。资金收益由股息、红利等经常性收入和证券价格涨跌所带来的资本利得（即买卖价差）两部分构成。

2. 风险

风险是指对投资者预期收益的背离，或者是证券预期收益的不确定性。风险是证券投资遇到的普遍问题，没有风险的证券投资是不存在的。收益与风险是相伴随、相对称的：风险越高，收益越高；风险越低，收益越低。

3. 持有时间

投资者在买进证券之后，需要根据自身利益决定持有时间，持有时间越长，收益一般越高，同时风险也越高。另外，投资者可以根据市场变化随时决定买进或卖出证券，在不同的时机买卖证券将影响到投资收益。证券市场行情多变，机会转瞬即逝，证券买卖时机的选择非常重要。

1.2.3 证券投资的步骤

证券投资是一个复杂的过程，要实现证券投资的目的，需要经过充分的准备、详细的论证、认真的选择和科学的决策。一般而言，证券投资分为以下四个步骤。

（一）投资准备阶段

证券投资准备主要包括资金的准备、知识的准备和心理的准备。

投资者要进行证券投资必须有一定数量的资金，这是证券投资最基本的条件。资金的来源分为两个部分：自有资金和借入资金。资金投入规模的确定，一定要根据投资者的投资知识、投资经历、收入水平、风险承受能力等具体情况具体分析。借入资金一般具有较高的投资成本，这类资金的使用，一定要慎之又慎。尤其是对于一些收入来源为工资性固定收入的投资者而言，尽可能不要借钱投资。

投资者要想进行证券投资还应具有一定的证券投资基本知识，以避免投资的盲目性，有效地规避投资风险，最大限度地获取投资收益。

证券市场变化莫测，风险无处不在，投资者要有承受投资损失的心理准备，保持良好的投资心态，这样才有可能获得较好的投资回报。

（二）调查研究阶段

投资者在确定投资对象之前，还必须进行充分的调查研究，了解整个市场状况和投资环境，以及有关证券投资的法律、法规和税收情况。

首先，投资者在投资决策之前应对投资时机进行认真的调查研究。投资者应当选择较好的投资时机，最好选择在经济开始复苏，市场交易开始活跃，政府支持、鼓励投资的时机下进行投资。

其次，投资者在做出投资决策之前还应当对投资标的进行全面的调查分析。投资者要对具体的投资品种和投资对象进行研究，了解有关证券的性质、期限、担保情况、收益高低、流动性的好坏、风险大小等，并了解公司的经营业绩、财务状况、获利能力和发展前景等。

最后，投资者在做出投资决策之前还应当对投资标的的风险进行调查和评估。投资者必须全面、准确地了解投资标的的历史收益状况、收益的稳定性、波动特点以及数据的真实性、可靠性。同时还要对自身的财务状况、证券投资知识水平、投资经验、心理素质等方面有一个客观的评价。

证券交易所、证券监督管理机构等部门为了向投资者提供与其风险承受能力相匹配的产品或服务，近年来制定并出台了一系列投资者适当性管理的相关办法，例如通过与投资者签署《风险揭示书》等措施，充分揭示产品或服务的风险水平，了解投资者的相关情况，并评估其风险承受能力，据此进行有针对性的投资者教育，强化投资者的风险意识。

（三）投资决策阶段

在经过上述步骤之后，投资者就可以做出投资决策，确定证券投资的品种或投资组合。在做出投资决策时，投资者应根据自己的具体情况，综合考虑投资决策的收益水平、风险的高低，以及在一定时间内对资金的需求情况。

依照投资者对风险承受能力的不同可以把投资者分为**稳健型投资者**和**激进型投资者**。由于证券投资本身就具有较大的风险，因此寄希望于本金的绝对安全、不得有任何闪失的绝对稳健型投资者和不顾风险、不顾后果的绝对激进型投资者是不存在的。在这里所讲的稳健型投资者和激进型投资者也只是相对而言。

稳健型投资者也称保守型投资者，此类投资者对风险一般持抵触或规避的态度，以本金的安全作为证券投资的首要目标。因此，他们在投资标的的选择上一般以国债、金融债券、公司债券等固定收益证券，以及公司经营稳定、股息较优厚的普通股为主。

激进型投资者也称风险型投资者，此类投资者对风险具有一定的偏好，敢于冒险，以期获得较高的投资收益。他们在投资标的的选择上多以价格波动较大、成长性较好、具有较多投机机会的股票为主，对于一些投资收益较低的固定收益证券则缺乏兴趣。

知识要点提醒 1-1

关于证券投资的重要提醒

- 不同的证券投资品种，其风险程度有着较大的差异；即使是同一种投资品种，其风险等级也存在着较大的区别。
- 投资者适当性管理是让合适的投资者购买适当的产品，规范特定市场、产品、服务的投资者准入要求。投资者适当性管理是现代金融服务的基本原则和要求，也是成熟市场普遍采用的保护投资者权益和创新管控风险的做法。

（四）投资管理阶段

投资者在对自身及投资对象进行客观准确的分析后，根据拟定的投资目标，确定投资的具体品种和投资组合。在此之后，投资者还应根据社会经济环境、公司财务状况的变化，及时地修正原有的投资方案，调整持仓比例及投资组合的结构，始终保持较低的投资风险，提高投资收益。

随着社会的不断发展，经济发展的重点也在不断地变化，社会资金的流向也必然根据这种变化而不断地进行调整。尤其是进入 21 世纪以后，科学技术日新月异，新能源、新材料不断涌现，成长潜力巨大的节能环保、信息、生物、高端装备制造等战略性新兴产业作为经济发展的重中之重，社会资本也必然会大量流入。再加上国家政策的大力扶持，这些产业必然会高速发展。投资者要想在投资过程中获得理想的收益，就必须能够把握经济社会未来发展的主要方向，明确经济发展的重点，从而确立证券投资标的的领域。同时，投资者还要不断提高自己的分析能力，不断总结经验，吸取教训，既不能人云亦云、随波逐流，也不可抱残守缺、固执己见。投资者应在投资的实践当中逐步形成适合自己具体情况的投资理念，并不断加以发展和完善。

1.3 投资与投机的分析

1.3.1 对投机的认识与评价

（一）对投机的认识

在现实社会中，人们对**投机（Speculation）**一词的认识多带有贬义。《新华词典》（第 4 版）中对"投机"这一词的解释是：钻空子谋取私利。例如，此人善于投机取巧。我国文字中的很多贬义词，如阿谀逢迎、溜须拍马、投其所好、两面三刀、阳奉阴违、老奸巨猾、奴颜媚骨等都含有"投机"的成分和内涵。因此，一般谁都不愿意给自己贴上"投机"的标签。

(二) 对投机的评价

投机只有在未来的价格走势具有不确定性时才会发生。当投机者自以为能够预测未来的价格走势，并要把这种预期变为资本收益时，便会进行投机。对于投机，理论界存在着两种截然相反的观点：一种观点认为投机是市场经济的必然伴生物，与投资同义，投机的存在有利于市场的活跃和资源的优化配置，应顺其自然，不必加以限制；另一种观点则将投机视作洪水猛兽，认为它是泡沫经济的根源，应坚决取缔或禁止。

事实上，投机并不是一种见不得人的行为。"投机"在《牛津词典》中的定义是：以获取价差收益为目的而进行的商品、股票等的交易活动。《现代汉语词典》（第7版）对"投机"的解释是：利用时机谋取私利。《中华人民共和国宪法》第十三条规定，公民的合法的私有财产不受侵犯。因此，利用合法的机会获取私利无可厚非。

投机是市场经济发展的必然产物，只要市场经济存在，就不可避免地产生投机行为。既然投机在市场经济中是不可避免的，我们就应正视它，正确客观地评价其功过，并积极引导它、利用它，为社会主义市场经济服务。**合法的投机对于促进资源的优化配置、活跃市场、分散风险以及促进经济的稳定和发展具有一定的积极作用**，具体如下所述。

1. 投机有助于市场的活跃

投机者大多是以频繁的交易博取价差而获利的。正是由于投机者的存在，投机活动活跃，这样可有效地提高市场的交易量，增强资产的流动性，从而吸引更多的投资者进入市场，进而使市场更为活跃。例如在期货市场中，只有交易和投资活跃、交易量充足，才有利于在更详尽、更迅速的信息基础上形成期货价格，进而增强整个期货市场的活力。

2. 投机有助于股票价格趋于稳定

当某一股票价值被低估时，投机者预期到市场均衡机制的作用将使其股价回升，因而大量买进甚至融资买进该股票，投机活动趋于活跃，从而增加了市场对该股票的需求，促使该股票价格回升；当某一股票价格暴涨时，投机者预期其股价将回落，因而大量卖出甚至融券卖空该股票，投机活动趋于低迷，促使该股票价格回落。因此，投机的存在也具有一定的"削峰填谷"作用，有助于股票价格趋于稳定。

3. 投机有助于风险的分散

投机者多具有偏好风险的特征，这也成为期货市场必备的构成要素。如果只有套期保值者而无投机者，就不能构成期货市场。套期保值者为了规避风险，将利润或成本锁定在他认为相对合理的水平上，情愿损失一定数量的"保险费"也要把风险转嫁出去。而投机者具有喜欢冒险的天性，他们恰好成为套期保值者转嫁风险的对象，满足了套期保值者转移价格风险的需要，具有分散风险的作用。

1.3.2 过度投机与适度投机

前面我们所介绍的投机的积极作用，指的是合法的投机、适度的投机的影响。**在证券市场中，合法的投机、适度的投机都是正常的，也是法律所允许的。但是如果投资者利用内幕交易、操纵市场等形式进行过度的投机、非法的投机，则跨越了法律的底线，其影响**

则主要是负面的、危害性的。

什么是过度投机，理论界并没有一个权威性的定义。一般来说，如果投机者超常运用杠杆、忽视风险、追涨杀跌、频繁交易，就可以认为是过度投机。

在股票市场中，投资者关心的问题只有两个：收益和风险。投资者为追求收益最大化并且回避风险或转嫁风险便会采取投机操作。但同时市场参与者的频繁投机操作往往会引发股市的剧烈波动，继而增加了投资者的心理负担和精神压力，导致他们急于兑现增值收益。这种短线交易的投机行为反过来又加剧了股市的波动，从而形成了一种无休止的恶性循环。过度投机带来的较高收益，可能会导致社会资本从实体经济向虚拟经济转移，从而造成实体经济领域资金短缺。过度投机也可能会导致投资者价值观扭曲，从而使社会资源流向有炒作投机空间的企业，这样可能致使有价证券优化社会资源配置功能的丧失。大量的投机行为不仅会使证券市场价格变化莫测、波动频繁，还会引起社会财富的不合理转移，从而扩大收入差距、加剧社会分配的不公。同时，如果投机者竞相购入大量证券，导致价格过高的证券脱离其内在价值，这样会使社会名义财富远大于其实际财富，进而可能引发经济泡沫。如果股票价格大面积暴跌，就会引发金融危机，对整个国民经济的发展造成严重的危害。

在我国证券市场的投资者构成中，散户投资者占有绝对比重。他们的投资知识相对贫乏、风险意识相对薄弱、投机心理相对浓厚。在我国证券市场中，高市盈率、高换手率、高波动率等过度投机的市场表现较为明显。因此我国目前采用的股票"T+1"交易制度、涨跌停板制度等都是为了抑制过度投机而设计的。

1.3.3 合法投机与非法投机

（一）合法投机

合法投机是指投机者利用其通过正常途径获得的信息，并根据自己对未来各种股票价格走势的预测来买卖股票以期获得利润的行为。合法投机的一个重要特征是低价买进、高价卖出，即当股票价格较低时买进股票，而在股票价格较高时卖出股票，从而获得投机利润。合法的投机可以促进资源的优化配置、活跃市场、分散风险，有利于促进经济的稳定和发展。

（二）非法投机

非法投机是指某些市场主体违反国家有关法律、法规、政策和条例，为了获取非法利润扰乱市场秩序的投机行为。具体来说，非法投机包括利用内幕信息从事内幕交易，利用资金和信息优势操纵股价及市场，非法获取买卖差价，谋取暴利等行为。非法投机违背了股票市场的公开、公平、公正的基本原则，必将扰乱市场秩序，损害大多数投资者的利益。

非法投机一般有两类：一类是内幕交易，另一类是操纵市场。

1. 内幕交易

内幕交易是指一些内幕人员，根据自己所掌握的内幕信息进行有利于自己的证券交易活动并获取不当利益。证券交易内幕信息的知情人和非法获取内幕信息的人员，在内幕信息公开前，不得买卖该公司的证券，或者泄露该信息，或者建议他人买卖该证券。内幕交易行为给投资者造成损失的,应当依法承担赔偿责任。内幕信息尚未向市场公开的,往往对某种证券的价格具有重大的影响。非法投机仅利用内幕信息,即可在不承担任何市场风险情况下获取暴利,若任其猖獗,必将危及证券市场发展的根基。

2. 操纵市场

操纵市场是指利用资金优势、信息优势或者滥用职权,操纵和影响证券市场价格,诱使投资者买卖证券,扰乱证券市场秩序的行为。 操纵证券市场行为给投资者造成损失的,应当依法承担赔偿责任。从实际情况来看,一些操纵市场的行为确实触目惊心,如高勇利用其所控制的16个账户,持续大量建仓,集中资金优势、以连续封涨停方式拉抬"精华制药"的股价,这样不仅直接推动"精华制药"连续9个交易日涨停,还给投资者造成买盘占据绝对优势的印象,进而误导其他投资者。而高勇仅在"精华制药"一只股票上就非法获利8.97亿元。在操纵市场的过程中,违法者常通过民间配资、资管计划、私募基金等途径"加杠杆",资金量巨大,这样极易引发市场异常波动,释放虚假的市场信号,严重干扰投资者正常的交易决策,损害投资者合法权益。

非法投机不存在过度或适度的问题,只要是非法投机,必然会严重地扰乱市场秩序,必须坚决打击和严厉惩处。 证券交易必须遵行"三公"原则,即"公平、公正、公开"。如果股市充斥了非法投机,就不可能做到证券交易的公平、公正、公开。

拓展阅读 1−1

投资与投机的区别

在证券市场上,投机是一个中性词,并非贬义,从某种程度上说它还具有一定的积极意义。合法的适度投机可使证券市场得以活跃,保持证券流动性,发挥价格机制的市场功能,增强证券市场对投资者的吸引力。但是非法的、恶性的投机会损害广大投资者的利益,对证券市场产生负面的、消极的影响,甚至会产生扰乱和破坏市场秩序的严重后果。因此,相关的法律、法规都对非法投机行为进行了限制和惩罚,以确保为投资者提供一个放心的、稳定的投资环境。

在证券交易的过程中,投资和投机都要投入一定的资金,证券买卖者以获取收益为目的,并要为达到这一目的而承担一定的风险。因此,投资与投机往往是很难准确地加以区分的。一般来说,投资与投机的区别主要体现在以下四个方面。

一、以风险的大小作为区分标准

投机者选择的主要是高风险、高收益的品种,而投资者则一般倾向于选择一些预期收益相对稳定、本金相对安全的品种。

大多数人是可以接受这种区分方法的,但是这也有很显著的局限性。其一,许多投资对象的风险程度难以测定,这样就难以确定它们到底是属于高风险品种还是低风险品种;其二,在所有为获取未来收入和本金增值的投资中,都涉及一定程度的风险,这样高、低风险的界定就有一定的主观性。

二、以投资的期限作为区分标准

投资者以长线投资为主,着眼于长远利益,期望获得股息收入和资本增值收益;投机者则表现为持有证券的时间短,频繁地进行买卖交易,将赚取买卖差价作为取得收益的主要方式。

这种划分有一定的道理。但是,短期周转性交易也不一定全是投机行为,一方面,许多公司常常购买短期证券以提高其资产安全性，以避免风险较大的长期投资；另一方面，投机者也可能购买长期证券。同时，在某一具体的投资活动中，证券买卖者的目的也可能随形势而变。"炒股炒成了股东"，就是指投机者本来是想通过炒股取得一些买卖差价，但是由于买入即套牢，而且越套越深，因此不得已由短期投机变成了长期投资。这些都为以投资的期限来区分投资与投机带来了困难。

三、以是否重视证券实际价值作为区分标准

一般来讲，投资是购买资产形成资本，希望从该资产的使用和盈利中获利。投资者注重证券的内在价值，关心所投资公司的经营业绩、财务状况和发展前景；而投机者则注重证券市场的行情变化，希望从该资产的涨价中获利，所投资公司本身有没有潜力并非其价值判断的标准。

但是在证券投资的实际操作中，无论是投资者还是投机者，都不可能完全无视证券的内在价值或证券市场的行情变化。

四、以交易者的分析方法作为区分标准

一般来讲，投资者主要注重证券的质量分析，他们通过对证券进行基本分析做出投资决策；而投机者主要注重市场的变动、价格的走势，他们利用技术分析方法做出投资决策。然而，即使是投机者，也不可能对证券的基本面不作一点分析；同样，任何投资者也不可能对买入证券价格的技术走势不作任何考虑。

阅读专栏 1-2

投资和投机之辨

有人认为，短线操作是投机，而长线持有是投资。看似有道理，但"长"和"短"很难界定。何为"长"？一年、三年还是更久？很多成功的投资案例，持有的时间并不长；而很多被套牢的投资者，持有某项投资长达四五年或更久，时间很长却很失败。由此可见，时间的长短不是界定投资和投机的标准。

还有人认为，分散投资和组合投资是投资，而集中投资是投机。现代金融理论中重要的资产组合理论提出，不要把所有的鸡蛋放在一个篮子里。分散投资可以降低投资单一市场、单一公司带来的风险，但也会降低整体的投资回报率。资产分散度越大，回报率越趋于平均。足够大的分散度意味着只能取得市场的平均回报，最后很可能成为被动式的指数投资。这当然不是一个对自己有信心的投资者所期望的。在现实的投资中，很多成功的投资者是进行集中投资的。

"证券分析之父"本杰明·格雷厄姆（Benjamin Graham）认为，投资是指根据详尽的分析，进行使本金和回报有保证的操作，不符合这一标准的操作就是投机。他的这一论点强调了两点：一，分析是投资的基础；二，投资是安全的和有满意回报的。本杰明·格雷厄姆创立了证券分析这一学科。纵览他的著作，有两个核心观点：企业分析和安全边际。他对投资和投机的定义反映了他的这两个论点。

"宏观经济学之父"约翰·凯恩斯（John Keynes）认为，投资是对投资标的在其整个生命周期所能带来的收益的测算活动，假设它的运作状况可以永久续存下去；而投机是对市场投资者的心理状态进行预测，并期望这会使投资标的的评价基准朝着于己有利的方向偏移的一类活动。

沃伦·巴菲特（Warren Buffett）说，他购买股票是建立在股票市场明天将关门的这一假设上的。实际上，他购买的是企业本身的潜在价值，或者说是自己对企业的期望值，而不是其他投资者对企业的期望值。

（资料来源：《上海证券报》2013年11月25日，有改动）。

第 2 章

证券投资工具

思维导图

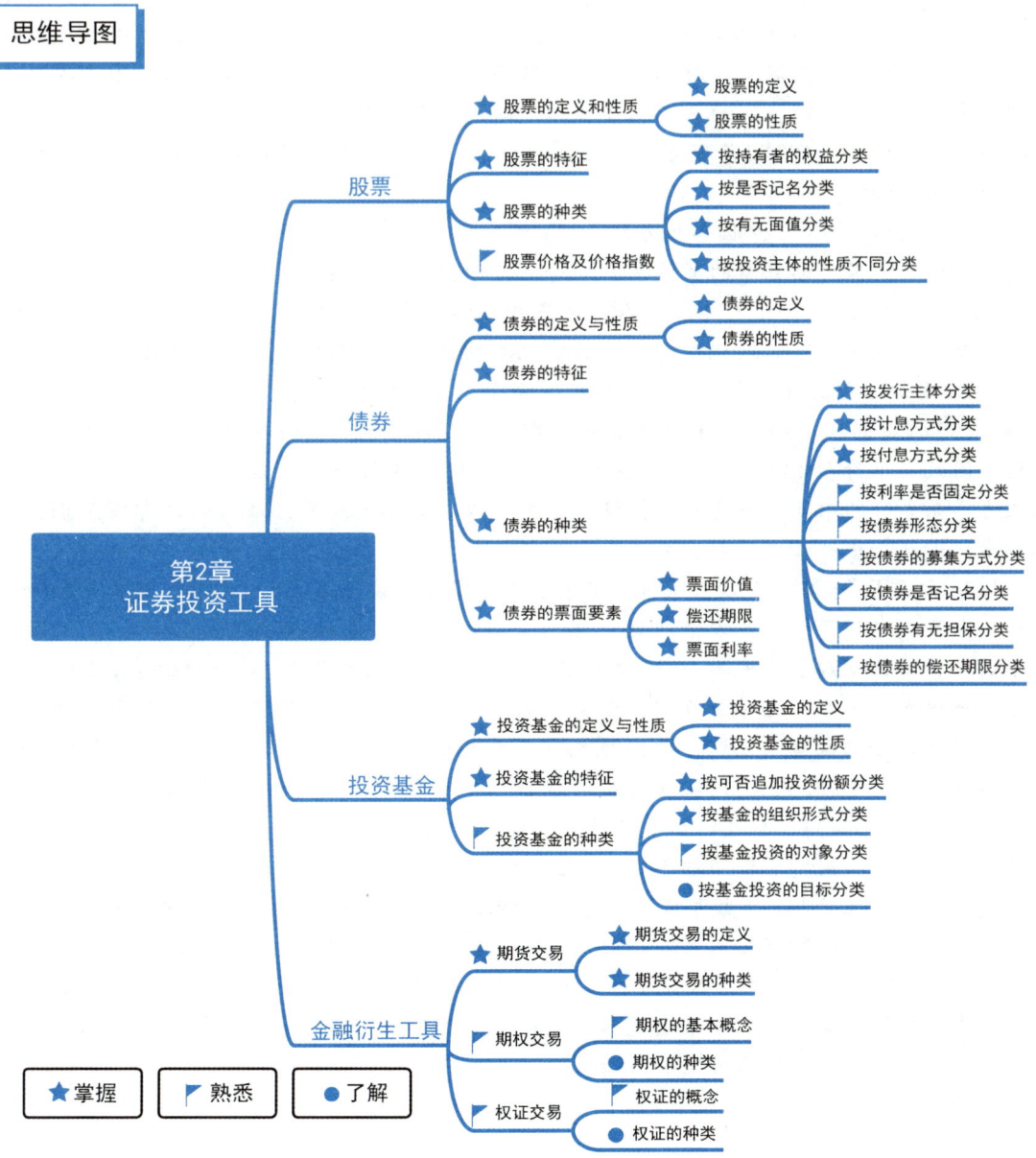

教学目标

通过本章学习，要能够认识股票、债券、投资基金以及期货、期权、权证等证券投资工具，正确理解这些证券投资工具的性质、特征以及种类，能够根据不同证券投资工具的特点，正确地选择投资对象，科学地运用投资方法，有效地规避投资风险，获取较高的投资收益。

导入阅读

327 国债期货事件

327是一个国债的产品，兑付办法是票面利率9.5%加保值贴息。由于保值贴息的不确定性，决定了该产品在期货市场上有一定的投机价值。该券发行总量是240亿元人民币。由于期货价格主要取决于对相应现券价格的预期。因此，影响现券价格的因素也就成了期货市场的炒作题材。影响327国债现券价格的主要因素有2点，具体如下所述。

（1）基础价格：327国债现券的票面利率为9.5%，如果不计保值和贴息，到期本息之和为128.50元。

（2）保值贴补率：327国债现券从1993年7月11日起实行保值，因而，1995年7月份到期兑付时的保值贴补率的高低，影响着327国债现券的实际价值。

此外，由于1993年7月1日，人民币三年期储蓄存款利率上调至12.24%，由此所产生的贴息问题悬而未决，这也成为327国债现券到期价格不确定的影响因素之一。

1995年初，我国通货膨胀率已经被控下调了2.5%左右。时任万国证券总经理管金生预测，327国债的保值贴息率不可能上调，即使不下降，327国债也只能以132元的价格兑付。因此当市价在147~148元波动的时候，万国证券联合辽宁国发集团，成为市场空头主力。而当时的中国经济开发信托投资公司（以下简称中经开）认为财政部将上调保值贴息率。因此，中经开成为多头主力。

1995年2月23日，财政部发布公告称，327国债将按148.50元兑付，空头判断彻底错误。当日，中经开率领多方借利好大肆买入327国债，将价格推到了151.98元。随后辽宁国发集团由空翻多，将其50万口做空单迅速平仓，反手买入50万口做多，327国债在1分钟内涨了2元。这对于万国证券意味着60亿元人民币的巨额亏损。管金生为了维护自身利益，在收盘前八分钟，做出避免巨额亏损的疯狂举措：大举透支卖出国债期货，做空国债。当日16时22分，在没有足够保证金的前提下，空方先以50万口把327国债价位从151.30元降到150元，然后又降到148元，最后一个730万口（面值1460亿元）的巨大卖单把327国债价位降到147.40元，当日开盘的多方全部爆仓。

1995年2月23日晚，上海证券交易所在经过紧急会议后宣布：1995年2月23日16时22分13秒之后的所有交易无效，协议平仓。万国证券亏损56亿元人民币，濒临破产。1995年5月17日，中国证券监督管理委员会（以下简称中国证监会）发出《关于暂停全国范围内国债期货交易试点的紧急通知》，开市仅2年6个月的国债期货无奈地画上了句号，中国第一个金融期货品种宣告夭折。

（资料来源：根据网络文献整理）

2.1 股　　票

2.1.1 股票的定义和性质

（一）股票的定义

股票（Stock）是指股份公司为筹集资金而发行给股东作为持股凭证并借以取得股息和红利的一种有价证券。股份公司一般分为三类：股份有限公司、股份无限公司和股份两合公司。根据相关法律，我国只规定了有限责任公司和股份有限公司，因此，以下我们以股份有限公司为例进行分析。

股份有限公司的资本总额划分为许多等值的单位，每一个单位就称为"股份"，它代表了对公司的资产占有一定的份额，同时在公司重大问题的决策、收益分配等方面拥有相应的权益。将一个或数个股份印制成一定的书面形式，并在其中载明有关股份的相关说明，这就是股票。股票与股份互为表里，股票是股份的存在形式，股份是股票的价值内容。由于科学技术的发展和现代证券交易的要求，目前世界各国上市交易的股票都已实现无纸化，股票这种表示股份的实物形式已不再存在，投资者所拥有的股份是通过证券交易所主机中投资者股票账户的记录反映出来的。

投资者购买了股票就成为公司的股东，股票实质上代表了股东对股份有限公司的所有权。股东凭借手中的股票可以获得公司的股息和红利，参加股东大会并行使对重大问题决策的权利，以及公司破产时参与剩余财产分配的权利，当然同时也承担相应的责任与风险。

（二）股票的性质

股票是一种有价证券，是财产价值和财产权利的统一表现形式，是代表股份所有权的股权证书，是参与公司决策和索取股息的凭证。

股票是投资者对股份有限公司拥有的实际资本的所有权证书。投资者购买了股票，成为股东，一方面表明他拥有一定价值量的财产，另一方面也表明股票持有者可以行使该证券所代表的权利，也就是拥有了股权。**股权（Stock Ownership）**是一种综合权利，它直接影响股东对公司的话语权和控制权，也是股东分红比例的依据。**股权**包括**经营参与权**、**收益分配权**、**认股优先权**、**剩余资产分配权**等。

2.1.2 股票的特征

（一）期限上的永久性

股票与债券不同。债券是界定了债权人与债务人之间的债权、债务关系，而股票则反映的是股东与投资者之间的权属关系。从这个意义上来说，股本资金是没有期限的（公司章程中另有约定的除外），该股份有限公司可以长期占有使用这些资金，不需对股东还本付息。股东凭投入的股本数量获得相应的权益。只要该股份有限公司没有进入破产清算阶段，股东就无权要求其退还股本。股东若想收回投资，只能将股票转让。但这种公司资本所有者的变化，并不涉及公司资本的变化，也不会对该股份有限公司的经营产生直接的影响。

(二) 责任上的有限性

股份有限公司的股东对该公司的债务仅以他所认购的股份金额为限承担有限责任。一旦该公司破产，股东最大的可能损失就是其投入该公司的股金，而不会对投资者的其他个人资产产生影响。这是股份有限公司能对社会游资产生巨大吸引力的重要原因之一。

(三) 收益上的剩余性

股票收益可分成两类：第一类来自股份有限公司，称为经常性收入，就是投资者从该公司获取的股息收益；第二类来自股票流通，也称为资本性收入，是投资者在进行股票交易过程中赚取的差价收益。**收益上的剩余性是指股东的经常性收入，它的多少取决于股份有限公司的经营状况和盈利水平，是在该公司利润用以弥补以前的年度亏损、支付债息、缴纳税金、提取公积金和公益金之后，对剩余利润的分配所得，即股东在利润分配顺序上处于公司利益相关者的最后一位。**

(四) 决策上的参与性

股东凭其持有的股票，享有与其股份数相应的权利即股权。股东拥有股票的数量越多，其股权就越大。股东可以通过参加股东大会来听取董事会的工作报告和财务报告、对公司的重大经营决策投票表决、选举公司的董事和监事等。

(五) 交易上的流动性

股票的流动性是指股票在不同的投资者之间可以进行转让，投资者可以通过股票的转让随时收回自己的资金。虽然股东是无权向公司索回股本的，但是股票在交易上的流动性，提高了股票的变现能力，这样就弥补了股票期限上的永久性所带来的缺陷，促进了社会资金的有效分配和利用。

(六) 投资上的风险性

股票价格存在着波动性，受到诸如宏观经济政策、公司经营状况、市场供求关系以及投资者心理等多种因素的综合影响。股票是一种高风险的投资工具，因此，投资股票必须做好承担一定风险的心理准备。

2.1.3 股票的种类

(一) 按持有者的权益分类

1. 普通股

普通股是股份有限公司最重要、最基本的一种股份，它是构成股份有限公司资本的基础。普通股持有者享有以下 4 种权利。

（1）经营参与权。

普通股持有者有权参加股东大会，并且拥有选举表决的权利。通过股东大会，普通股持有者可以参与更换董事、监事，决定他们的报酬；审议批准董事会、监事会的工作报告、财务预算方案、决算方案、利润分配方案等；参与制定公司的经营方针和投资计划、决议增加或者减少注册资本、修改公司章程以及讨论公司合并、分立、解散和清算等事项。普通股持有者参与公司经营的决策权大小取决于他所持有股份的多少。普通股持有者的投票方式有两种：多数投票制和累积投票制。多数投票制又叫直接投票制，在选举公司的董事时，股东每持有一股便有一次投票权。累积投票制是指股东大会选举董事或者监事时，股东的每一股份拥有与应选董事或者监事人数相同的表决权，股东拥有的表决权可以集中使用。在采用多数投票制时，由于每个董事候选人都必须得到半数以上的选票才能当选，因而小股东是难以进入董事会的；而在累积投票制下，股东可以把投向全体董事的投票权累积起来，集中投向一位或几位候选人，并使他们的票数超过半数，从而使小股东或其代言人有机会进入董事会，这样就保障了中小股东的权益。例如某公司总股本是1000万股，为简化分析假定只有2位股东，大股东持有800万股，小股东持有200万股。现公司欲选5名董事。如果采用直接投票制，小股东对每位董事的候选人只能投200万票，基本上是不可能依靠自己的力量选出自己所中意的董事的；而如果采用累积投票制，这位小股东则可以将他投向5名董事候选人的1000万张选票集中投向一位候选人，从而使他认为合适的人入选董事会。

（2）收益分配权。

普通股持有者有权凭其所持有的股份参加该股份有限公司的盈利分配，但其收益与该公司的经营状况直接相关，具有不确定性，普通股的盈利分配顺序在优先股后。

（3）认股优先权。

如果股份有限公司增发普通股票，原有普通股股东有权优先认购新发行的股票，以保证其对该公司的持股比例保持不变。

（4）剩余资产分配权。

股份有限公司在破产清算时，在其资产用于清偿债务和分配给优先股股东之后，剩余资产可按普通股股东所持有的股份进行分配。

2. 优先股

优先股是指股份有限公司在筹集资金时给予认购者某些优先条件的股票。优先股是介于债券与普通股股票之间的一种混合性有价证券，它主要具有以下5个特征。

（1）约定股息率。优先股事先确定了固定的股息率，其收益与公司经营状况无关。

（2）优先清偿剩余资产。股份有限公司破产清算时，优先股股东优先于普通股股东分配剩余资产。

（3）表决权受限制。优先股股东一般无经营参与权和表决权。

（4）一般不能上市交易。即优先股的流通性受到一定限制。

（5）股票可由公司赎回。优先股股东不能要求发行公司退股，但该公司可以将优先股赎回。大多数优先股股票在发行时都附有赎回条款，发行公司可以根据该公司发展的需要，决定是否赎回已发行的优先股。赎回的价格一般按优先股发行时的价格再加上适当的加价确定。

根据优先股所包含的权利不同，优先股又分为累积优先股和非累积优先股、可转换优先股和不可转换优先股、可参加优先股和不可参加优先股、可收回优先股和不可收回优先股、保息优先股等。

（二）按是否记名分类

记名股票是指在股票上记载股东的姓名，并在公司的股东名册上有记录的股票。记名股票在转让时必须照章办理过户手续，须将受让人的姓名、住所分别记载于股票票面和公司股东名单上。若受让人的姓名只记载于股票票面上而未载入公司的股东名册，则这种股票不能生效。由此可见，记名股票较为保险，但其在转让过程中的手续较为繁琐。

无记名股票是指在票面上不记载股东姓名的股票。此种股票的持有者仅凭股票本身就可行使股权，故无记名股票可以自由转让。

（三）按有无面值分类

有面值股票是指在股票票面上记载一定价值的股票，记载的票面金额称为票面价值。有面值股票票面金额的计算方法是用资本总金额除以股份数，其股息用票面金额的百分比来表示。对于有面值股票的最低票面金额，许多国家的公司法都给予了明确的规定，如日本规定为50日元。但也有不少国家对此未作限定，如美国、英国、比利时、意大利等。我国也未对股票的最低票面金额作出明确规定。有面值股票的发行价格可以高于、等于或低于股票票面金额，相应地称之为溢价发行、平价发行和折价发行。但是许多国家的公司法都规定不允许股票折价发行。《中华人民共和国公司法》（以下简称公司法）也规定，股票的发行价格可以等于股票面值，也可以超过股票面值，但不得低于股票面值。

无面值股票是指在股票票面上不记载金额，只在票面上记载这张股票占公司全部资产比例的一种股票。票面总额是一个相对稳定的数额，但在实际经济生活中，股份有限公司的经营活动始终处在不断变化的状态，因此，无面值股票所代表的价格随公司资本总额的增减而变化。

无面值股票与有面值股票的本质内容是一致的，都代表着同等的股权，都代表着股东对公司总资本的投资比例。但无面值股票既可在股票发行时灵活掌握发行价格，又便于今后对股票进行分割，能进一步提高股票的流动性。

（四）按投资主体的性质不同分类

我国目前股份有限公司的**股本结构**由**国家股**、**法人股**、**社会公众股**、**外资股**中的一种或几种构成。

1. 国家股

国家股是指有权代表国家投资的部门或机构以国有资产向股份有限公司投资形成的股份，也包含国家或国有企业投资或经过评估并经国有资产管理部门确认的国有资产折成的股份。国家股股权由国有资产管理机构或其授权单位、主管部门行使所有权职能。

2. 法人股

法人股是指企业法人或具有法人资格的事业单位和社会团体以其依法可支配的资产向股份有限公司投资所形成的股份。法人股主要有两种形式：第一，企业法人股是指具有法人资格的企业把其所拥有的法人财产投资于股份有限公司所形成的股份；第二，非企业法人股是指具有法人资格的事业单位或社会团体使用国家允许用于经营的资产向股份有限公司投资所形成的股份。

3. 社会公众股

社会公众股是指由我国境内个人和机构依法投资的可上市流通股票所形成的股份，也称流通股。

国家股、**法人股**、**社会公众股** 3 种股票合称为 **A 种股票**（简称 **A 股**）。因为它们是用人民币购买的，因此又称人民币股票。

4. 外资股

外资股是指外国和我国港、澳、台地区投资者以购买人民币特种股票的形式向股份有限公司投资所形成的股权，它分为**境内上市外资股**和**境外上市外资股**。

(1) 境内上市外资股。

境内上市的外资股又称 **B 种股票**（简称 **B 股**），是指以人民币标明面值，以外币认购和买卖，在中国境内证券交易所上市交易的外资股，因此又称人民币特种股票。上海证券交易所的 B 股以美元认购，深圳证券交易所的 B 股以港元认购。

(2) 境外上市外资股。

境外上市外资股是指我国的股份有限公司向境外投资者募集并在境外上市的股票。目前我国境外上市的外资股主要有 **H** 股和 **N** 股等。**H** 股，即在中国境内注册，在香港上市的国有企业股票，它以人民币标明面值，供境外投资者以外币认购，也称国企股；**N 股**是以人民币标明面值，供境外投资者以外币认购，在纽约证券交易所上市的股票。此外我国还有大量企业在新加坡、日本等国的资本市场上市。

2.1.4 股票价格及价格指数

(一) 股票价格的定义及其种类

1. 股票价格的定义

股票价格是指货币与股票之间的对比关系，是与股票等值的一定的货币量。

股票是一种虚拟资本，它本身并没有价值。股票之所以有价格，是因为它是一种所有权的凭证，股票的持有者不但可以参加股东大会，参与公司的经营决策，还享有参与分红与派息的权利，能够获得相应的经济利益。

2. 股票价格的种类

股票价格有狭义与广义之分，**狭义的股票价格就是指股票的市场价格**，也就是股票在交易过程中的价格；而**广义的股票价格有票面价格、发行价格、账面价格、内在价格、清算价格、市场价格**等。

(1) 票面价格。

股票的**票面价格**也称**面值**，是股份有限公司在其发行的股票票面上标明的票面金额，它以"元/股"为单位，票面价格的作用是用来表明每一张股票所包含的资本数额。

我国股票市场在刚刚建立之初，股票的票面价格不统一，多数为 100 元和 10 元，后来经过拆细，将股票的票面价格大部分统一为 1 元。此后在我国上海和深圳证券交易所流通的股票的票面价格均为 1 元，这似乎已成惯例，而且也早为投资者所熟悉。

(2) 发行价格。

股票的**发行价格**是指股份有限公司将股票公开发售给投资者时的价格。根据股票发行价格等于、低于或高于其票面价格，可以将**股票发行价格**分为**平价发行**、**折价发行**、**溢价发行**。但我国公司法规定，股票发行价格可以等于股票面值，也可以超过股票面值，但不得低于股票面值。这也就是说我国股票不存在折价发行。

(3) 账面价格。

账面价格又称**净值**，即股票的每股净资产。其含义就是股东持有的每一股份在理论上所代表的公司财产价值。

$$普通股账面价格=\frac{公司总资产净值-优先股总面值}{普通股总股数}$$

(4) 内在价格。

股票的**内在价格**，就是在某一时点股票的理论价格，也就是股票未来收益的现值。股票的内在价格取决于股票的收益和市场利率。

$$股票的内在价格=\frac{股票的股息收入+红利收入}{市场利率}$$

(5) 清算价格。

股票的**清算价格**是指股份有限公司在破产或倒闭后进行清算时，每股股票所代表的实际价值。从理论上讲，股票的每股清算价格应与股票的账面价值相一致，公司的财产价值以实际的销售价格来计算。但公司在进行破产清算时，因公司当时的不利地位，其清算价格一般会低于实际价值。

(6) 市场价格。

股票的**市场价格**是指股票在交易过程中交易双方达成的成交价，也称股票行市。股票的市场价格直接反映着股票市场的行情，是投资者购买股票的依据。但受股票供求、投资者心理等众多因素的影响，股票的市场价格处于经常性的变化之中。

(二) 股票价格指数及其类型

1. 股票价格指数

股票价格指数（Stock Price Index）是指由证券交易所或金融服务机构编制的，用以衡量股票市场股票价格总体水平的指标。

股票价格随时发生变化，各种股票价格变化的幅度都不尽相同，有涨有跌。对于具体某一种股票的价格变化，投资者容易了解，但投资者要逐一了解多种股票的价格变化，既不容易，也不胜其烦。为了满足投资者的需要，证券交易所及一些金融服务机构就利用自己的业务知识和熟悉市场的优势，编制出股票价格指数公开发布。股票价格指数作为市场价格变动的指标，综合反映多种股票价格的变动方向和变动幅度。投资者根据这些指数的升降，可以进行因素分析，判断出投资的股票价格的变动趋势，检验自己投资的效果，并预测股票市场的动向；同时，企业决策者乃至政府有关部门等也以股票价格指数为参考指标，来观察、预测社会政治、经济发展的形势。

2. 股票价格指数的类型

按照编制指数时纳入计算范围的股票样本数量，可以将**股票价格指数**分为**综合指数**

（Composite Index）和**成份指数**（Component Index）。

综合指数是指将该指数所反映的市场总体价格走势涉及的全部股票都纳入其样本范围所计算的指数。如上证综合指数、深证综合指数就分别把在上海、深圳证券交易所挂牌上市的全部股票的变化都纳入计算范围。

在计算机技术高度发达的今天，计算全部上市公司股票价格指数的工作量大的问题已不再成为综合指数运用的制约因素。但由于新股上市、结构变动等因素，综合指数也存在先天性缺陷，其代表性受到一定的局限。因此人们常常从上市股票中选择若干种富有代表性的样本股票，并计算这些样本股票的价格平均数或指数。

成份指数是指从指数所涵盖的全部股票中选取一部分有代表性的股票作为样本，纳入计算范围计算的指数。如上证180指数、上证50指数、沪深300指数、深证成份指数、深证100指数等。这些纳入计算范围计算指数的股票称为指数的成份股。成份股的选取一般根据股票在行业内的代表性强、公司规模大、股票流动性好的原则确定。

2.2 债　　券

2.2.1 债券的定义与性质

（一）债券的定义

债是按照合同的约定或者依照法律的规定，在当事人之间产生的特定的权利和义务关系。**债券（Bond）是社会各类经济主体为筹措资金而依照法定程序发行，并约定在一定期限还本付息的有价证券，债券是债的证明书。**债券包含四个方面的含义：第一，发行者是借入资金的经济主体；第二，投资者是出借资金的经济主体；第三，发行者需要在一定时期内还本付息；第四，债券反映了发行者和投资者之间的债权债务关系，并且它是这一关系的法律凭证。

（二）债券的性质

1. 债券属于有价证券

首先，债券反映和代表一定的价值。债券本身有面值，它通常是债券投资者投入资金的量化表现。其次，投资者持有债券后可按期取得利息，利息也是债券投资者收益的价值表现。最后，债券与其代表的权利联系在一起，投资者拥有债券也就拥有了债券所代表的权利，投资者转让债券也就将债券代表的权利一并转移。

2. 债券是一种虚拟资本

债券尽管有面值，代表了一定的财产价值，但它也只是一种虚拟资本，而非现实资本。因为债券的本质是证明债权债务关系的凭证，在债权债务关系建立时债权人所投入的资金已被债务人占用。因此，债券是实际运用的现实资本的凭证。债券的流动并不意味着它所代表的现实资本也同样流动，债券是独立于现实资本之外的。

3. 债券是债权的表现

债券代表债券投资者的权利,这种权利不是直接支配财产,也不表现为资产所有权,而是一种债权。拥有债券的人是债权人,债权人不同于财产所有人。以公司为例,在某种意义上,财产所有人可以视作公司的内部构成分子,而债权人一般是公司的外部人员。债权人除了按期取得本息外,对债务人不能做其他干预。

2.2.2 债券的特征

(一) 偿还性

偿还性是指到债券所规定的偿还期限时,债务人必须向债权人支付利息和偿还本金。由于债券具有偿还性这一特征,因此与股票所具有的永久性特征不同,债券的发行者不能无限期地占用投资者的资金,债务人与债权人之间的借贷关系将随偿还期到期、还本付息手续完毕而消失。当然也有例外,如统一公债。这种公债无固定偿还期,持券者不能要求发行者清偿,只可按期取息。但这只是个别现象,不能因此而否定债券具有偿还性的一般特性。

(二) 流动性

流动性指的是有价证券拥有以合理的成本变现的能力。债券是有价证券,债券一般都有规定的偿还期限,在到期之前是不能兑付的,但是债券持有者在债券到期之前可按自己的需要和市场的实际状况,在证券交易市场按一定的价格转让债券,收回本息。债券的流动性受到其收益水平、信用等级,以及债券交易市场流动性等多种因素影响。

(三) 安全性

债券的安全性是指与股票相比,债券的投资风险相对较小,债券持有者的收益相对稳定,不随发行者经营收益的变动而变动,并且可按期收回本金。但是任何一项投资都具有一定的风险,债券投资同样也存在一定的风险,这种风险主要来自以下 3 个方面。

1. 信用风险

信用风险即债务人不能充分和按时支付约定的利息或者偿还本金所带来的风险。不同的债务人不履行债务的风险程度是不一样的。一般情况下,政府债券的信用风险低于金融债券和公司债券。

2. 市场利率风险

市场利率风险是指债券的市场价格因市场利率的上升而下跌的风险。债券的市场价格与市场利率呈反向变化的关系:市场利率上升,债券价格下降;市场利率下降,债券价格上升。债券的有效期越长,债券的价格受市场利率波动的影响越大,随着债券到期日的临近,债券的价格更趋近于面值。

3. 通货膨胀风险

通货膨胀发生时,整体物价水平持续上涨,人们的购买力下降。由于债券的利率固定,所以,当出现通货膨胀时,债券的实际利息收入下降。

(四) 收益性

收益性是指债券能为投资者带来一定的收入。这种收入主要表现为利息，即投资债券的报酬。在实际经济活动中，债券收益可以表现为两种：一种是债权人将债券持有至期满，这样，在债券期限内，他可以按约定的条件分期、分次取得利息或者到期一次取得利息；另一种是债权人在债券期满之前将债券转让，这样，他有可能获得与购入价格之间的价差。理论上讲，如果利率水平一直不变，这一价差就是债权人持有债券这段时间的利息收益。但是，实际上市场利率会不断变化，因而债券在市场上的转让价格将随市场利率的升降进行反向波动。

2.2.3 债券的种类

（一）按发行主体分类

1. 政府债券

政府债券（Government Bond） 是政府为筹集资金发行的，并承诺在一定时期内支付利息和到期偿还本金的债务凭证。中央政府发行的债券也称国债。发行国债的主要目的是满足中央政府投资的公共设施或重点经济建设项目的资金需要或者弥补国家财政赤字，国债的发行和收入的安排使用是从整个国民经济的范围和角度考虑的。国债是由中央政府承担还本付息义务的，由于中央政府既有征税权，又有货币发行权，因此国债具有最高的信用等级，基本上不存在信用风险。因此在进行方案评价的过程中，一般都是将国债的收益率视为无风险收益率。

政府债券中除了国债之外，还有地方政府发行的债券，一般称为市政债券。 发行市政债券的主要目的是为当地经济开发、公共设施建设而筹集资金。

由于政府债券具有本金安全、收益稳定和税收优惠的特征，所以它又被称为"金边债券"，深受投资者的欢迎，特别是受到一些稳健型投资者的欢迎。

2. 金融债券

金融债券（Financial Bond） 是银行或非银行金融机构为筹措资金而向社会发行的债务凭证。金融债券的发行主体——金融机构一般有雄厚的资金实力，信用度较高。因此金融债券一般都具有良好的信誉。发行金融债券是金融机构的主动负债，金融机构可以根据自己对资金的需要，灵活确定发行期限。同时由于金融债券在到期之前，持有者不得要求提前兑付，只能在证券市场上出售或转让，因此其资金的稳定性较好。另外，发行金融债券还可以改变金融机构本身的资产负债结构。

3. 公司债券

公司债券（Corporate Bond） 是公司为了筹措资金，依照法定程序向社会发行，并约定在一定期限内还本付息的债务凭证。公司发行公司债券的主要目的是筹集长期资金、扩大经营规模，因此筹资期限一般较长。公司资金的外部来源主要有 3 种途径：发行股票、从金融机构贷款、发行债券。发行股票虽然可以取得长期、稳定的资金，但是发行股票对公司的要求很高，且会影响公司的权力结构，制约因素较多；从金融机构贷款的性质与发行债券相近，但是获得的资金使用期限一般较短，资金的使用要受到债权人的干预，有时还有一定的附加条件；采用发行公司债券的方式筹集资金，不会因此改变公司的权力结构，同时筹资的成本较低，对公司的要求也比较低，当企业的资金收益率高于筹资成本时，还可以为股东获得更多的投资回报。因此公司债券是深受公司欢迎的一种筹资方式。

由于公司的情况千差万别，未来的收益不确定性很大，公司债券还款资金的来源就是公司的经营利润，一旦公司经营不善，投资者就可能会面临利息甚至是本金损失的风险。因此，公司债券的风险性相对于政府债券和金融债券要大一些。也正是因为公司债券有较高的投资风险，一般而言，其债券利息也要高于政府债券和金融债券。

（二）按计息方式分类

1. 单利债券

单利债券（Simple Interest Bond） 是指在计算利息时，不论期限长短，仅按本金计息，所生利息不再加入本金计算下期利息的债券。

2. 复利债券

复利债券（Compound Interest Bond） 与单利债券相对应，是指计算利息时，按一定期限将所生利息加入本金后逐期滚算利息的债券。

（三）按付息方式分类

1. 附息债券

附息债券（Coupon Bond） 是指约定票面利率和利息支付频率，定期支付固定利息的债券。有些附息债券在券面上附有息票，债券持有者于息票到期时，凭从该债券上剪下的息票，按照该债券票面上所载明的利率领取本期债券的利息。也有不附息票但仍可按照约定的利率定期领取利息的附息债券。

2. 贴现债券

贴现债券（Discount Bond） 属于折价方式发行的债券，它是在票面上不规定票面利率，发行时按某一折扣率或折价发行，到期时按面额偿还本金的债券。贴现债券发行价格与票面价值（即偿还价格）的差额，构成了实际的利息。短期债券常以折扣率的形式发行；长期债券又称零息债券，常以折价形式发行。

（四）按利率是否固定分类

1. 固定利率债券

固定利率债券（Fixed Rate Bond） 就是依据固定利率计算每期利息的债券。在偿还期内，无论市场利率如何变化，债券持有者只能按该种债券票面载明的利率获取利息。这种债券有可能为债券持有者带来风险，例如当偿还期内的市场利率上升且超过债券票面利率时，债券持有者就要承担收益降低的风险。当然，在偿还期内如果市场利率下降且低于债券票面利率，债券持有者也就会获得额外收益。

2. 浮动利率债券

浮动利率债券（Floating Rate Bond） 的利率是不固定的，它以某一市场利率为参考指标,随市场利率的变化上下浮动。比如发行者在发行该种债券时规定利息的支付标准比同期银行存款利率高1个百分点,这样在到期支付利息时,该债券利率的高低就会因银行利率的变化而变化,这样就可以消除投资者因市场利率的提高而带来的收益降低的风险。如果投资者预计未来市场利率提高的可能性较大时,一般会青睐此类债券。

3. 累进利率债券

累进利率债券（Progressive Rate Bond） 是指计算每期利息时所依据的利率是变化的,并随着时间的推移利率逐步提高。采用这种计息方式的目的主要是鼓励投资者进行长期投资,以保证企业资金的长期稳定。但是该种债券的发行者一般会对利率进行封顶或者规定该种债券的最长持有期。

（五）按债券形态分类

1. 实物债券

实物债券（Bearer Bond） 是一种具有标准格式实物券面的债券。在标准格式的实物券面上,一般标明债券面额、债券利率、债券期限、债券发行者全称、还本付息方式等债券票面要素。上述要素中的有些内容,如债券利率、债券期限等如果在发行之初已通过公告向社会公布,可以不再在债券券面上注明。实物债券是一般意义上的债券,很多国家通过法律或者法规对实物债券的格式予以明确规定。实物债券的发行成本较高,目前已经较少发行。

2. 凭证式债券

凭证式债券（Certificate Bond） 的形式表现为债权人认购债券的收款凭证。我国近年通过银行系统发行的凭证式国债,券面上不印制票面金额,而是填写认购者实际缴款的金额,是一种国家储蓄债,可记名、挂失,以"凭证式国债收款凭证"记录债权,不能上市流通,从购买之日起计息。

3. 记账式债券

记账式债券（Book-entry Bond） 是没有实物形态的票券,以记账的形式记录债权,并通过证券交易所的交易系统进行发行和交易。在我国,证券交易所已为证券投资者建立电脑证券账户,债券发行者可以利用证券交易所的交易系统来发行债券。投资者在开立了股票账户之后,还可以进行记账式债券的交易。由于记账式债券的发行和交易过程都已实现无纸化,所以具有效率高、成本低、交易安全性好等优点。

（六）按债券的募集方式分类

1. 公募债券

公募债券（Public Offering Bond） 是指经证券主管机构批准,面向社会公开发行的债券。公募债券的发行者一般要求应具有较高的信用等级,如果发行者为私营企业,则其经营状况及管理水平必须符合一定条件。公募债券的发行对象一般是不固定的、分散的,因而要求该债券的发行者必须严格遵守信息披露制度,及时、全面、准确地将投资者应当知晓的各类情况向社会公开披露。

2. 私募债券

私募债券（Private Placement Bond） 是指债券的发行者向特定的发行对象发行的债券。私募债券的发行者不需要将其经营状况等相关信息向社会公开披露，发行的范围小，而且该债券的转让有严格的限制，因此私募债券的流动性较差。

（七）按债券是否记名分类

1. 记名债券

记名债券（Registered Bond） 是指在债券券面上注明债权人的姓名的债券。记名债券的持有者必须凭其印鉴领取本息，在转让该债券时还须在发行者处办理登记过户手续。这种债券在转让时，受让人除了支付买卖债券的手续费之外，还需支付过户费，手续繁琐且费用较高，因而流动性较差。但是记名债券可以有效地防止本息的冒领，而且在其失窃或丢失时，债权人可向债券发行者申请挂失，减少不必要的损失。

2. 无记名债券

无记名债券（Bearer Bond） 是指在债券券面上不注明债权人的姓名的债券。这种债券在领取本息时不需要提供持有者的印鉴，在转让该债券时也不需要办理过户手续，因而流通较为方便。但在债券失窃或丢失时，不可挂失。对个人投资者发行的债券多为无记名债券。

（八）按债券有无担保分类

1. 抵押担保债券

抵押担保债券（Collateralized Mortgage Obligation） 是指通过一定的方式对债券的到期还本付息责任进行抵押或担保的债券，可细分为抵押债券、质押债券和保证债券。如果该债券发行者到期不能还本付息，债券持有者有权处理抵押品、质押证券作为抵偿，或由担保人代为偿债。

2. 无担保债券

无担保债券（Debenture Bond） 也称为信用债券，是指不提供任何形式的担保，只以发行者自身的信用为保证而发行的债券。一般来说，只有政府和一些信用等级很高的公司才可以发行无担保债券。许多国家还要求无担保债券的发行者必须签订信托契约，并在信托契约中规定发行者不得随意增加债务、在无担保债券清偿之前其股东分红不得超过一定标准等限制性措施。

（九）按债券的偿还期限分类

根据债券偿还期限的长短，**债券**可以分为**短期债券（Short‐term Bond）**、**中期债券（Medium‐term Bond）**和**长期债券（Long‐term Bond）**。一般来说，偿还期限在1年以内的为短期债券；偿还期限为1～10年的为中期债券；偿还期限在10年以上的为长期债券。

2.2.4 债券的票面要素

债券作为证明债权债务关系的凭证，一般用具有一定格式的票面形式来表现。通常，债券票面有以下三个基本要素。

（一）票面价值

在债券的票面价值中，第一，要规定**票面价值的币种**，即以何种货币作为债券价值的计量标准。币种主要根据债券的发行对象来确定。一般来说，在国内发行的债券通常选择本币作为面值的计量单位；如果在国际金融市场筹资，那么通常以债券发行地所在国家、地区的货币或以国际上通用的货币为计量标准。此外，确定币种还应考虑债券发行者本身对币种的需要。第二，债券的票面价值还要规定债券的**票面金额**。票面金额大小不同，可以适应不同的投资对象，同时也会产生不同的发行成本。票面金额定得较小，有利于小额投资者购买，持有者分布面广，但债券本身的印刷及发行工作量大，发行费用可能较高；票面金额定得较大，有利于少数大额投资者认购，且印刷费用等会相应减少，但使小额投资者难以参与。因此，债券票面金额的确定，要根据债券的发行对象、市场资金供给情况及债券发行费用等因素综合考虑。

（二）偿还期限

债券偿还期限是指债券从发行之日起至清偿本息之日止的时间。不同债券有着不同的偿还期限，短则几个月，长则几十年甚至永久。根据偿还期限，债券一般可以分为短期债券、中期债券和长期债券。

发行者在确定债券期限时，主要考虑以下因素的影响。

1. 发行者对借入资金的期限要求

发行者借入资金可能是为了弥补自己临时性资金周转的短缺，也可能是为了长期资金的需求。在前一种情况下，可以发行一些短期债券；在后一种情况下，可以相应地发行中长期债券。这样既能保证发行者的资金需要，又不会因占用资金过久而多承担利息。

2. 市场利率变化

发行者应根据市场利率的情况，相应选择有助于减少自身筹资成本的期限。一般来说，当未来市场利率趋于下降时，发行者应选择发行期限较短的债券，这样可以避免市场利率下跌后仍负担较高的利息；而当未来市场利率趋于上升时，发行者应选择发行期限较长的债券，这样可在市场利率趋高情况下，仍保持较低的利息。

3. 债券变现能力

这一因素与债券流通市场的发达程度有关。如果流通市场发达，债券容易变现，那么购买长期债券的投资者就会比较多，长期债券需求更高；如果流通市场不发达，投资者买了长期债券而当急需资金时却不易变现，长期债券的需求就可能不如短期债券。

（三）票面利率

债券的票面利率是债券利息与债券票面价值的比率。

债券利息对于发行者来说是筹资成本，利率高则负担重，利率低则负担轻；反过来，债券利息对于投资者来说是投资收益，利率高则收益大，利率低则收益小。因此，票面利率是影响投资者与发行者切身利益的重要因素，是债券票面要素中不可缺少的内容。

影响票面利率的因素主要有以下4点。

1. 市场利率水平

当市场基准利率水平较高时,债券的票面利率也必须高些,否则,投资者将会选择其他同风险的投资方式而舍弃债券;反之,市场利率较低时,票面利率也可以相应低些。

2. 债券发行者的资信状况

如果债券发行者的资信状况好,债券信用等级高,投资者风险小,票面利率可以定得低一些;如果债券发行者的资信状况差、投资者对发行者的情况不了解或者债券信用等级低,投资者的风险就大,这时就要通过提高票面利率来提高吸引力。

3. 债券期限的偿还期限

一般来说,偿还期限较长的债券,流动性差,变现能力弱,风险相对较大,票面利率应该定得高一些;而偿还期限较短的债券,流动性好,变现能力强,风险相对较小,票面利率就可以定得低一些。不过,票面利率与期限的关系是较复杂的,它们还受其他因素的影响。因此,有时也能见到短期债券利率高而长期债券利率低的现象。

4. 资金供求状况

当资本市场上资金充裕时,票面利率就低一些;如果资本市场上资金短缺时,票面利率就相应高一些。

 阅读专栏 2-1

债券与股票的区别

债券与股票同属于有价证券,持有者都可以从自己所持有的证券中获取一定的收益,并可以依法将其转让或交易。但是债券与股票还是有很大区别的,它们的区别主要有以下五点。

一、股票与债券的性质不同

发行股票与发行债券都是筹集资金的手段,但是两者的性质却有着根本上的不同。股票是所有权凭证,股份公司发行股票,筹集了资金,增加了所有者权益;债券是债务凭证,发行者发行债券,筹集了资金,增加了负债。股票的持有者拥有的是股权,他虽然无权要求发行者还本付息,但是他有权参与公司收益的分配和公司剩余资产的分配等;债券的持有者拥有的是债权,他只能要求发行者必须按期还本付息。

二、对发行主体的要求不同

作为一种筹资手段,无论是中央政府、地方政府、社会团体还是工商企业,一般都可以发行债券;但是股票的发行主体却只有股份公司。这是股票与债券的主要区别之一。

三、股票与债券的收益不同

债券的票面利率一般是固定的,它不随发行者剩余利润的变化而变化;而股票的收益是不确定的,其收益的高低取决于发行股票的公司剩余利润的多少。

四、股票与债券的期限不同

股票是没有期限的永久性证券,投资者一经购买,便不能从公司中抽回股本,而只能通过市场转让的方式收回资金；而债券是发行者的债务，一般都有明确规定的偿还期限，期满时发行者必须还本付息给投资者。

五、股票与债券的风险不同

由于债券的利息固定、偿还期限固定，在公司清算时它也可以优先清偿，因此具有相对的安全性；而股票的经常性收入不是固定的，并且具有清偿上的附属性，因此其风险要高于债券。

（资料来源：根据网络文献整理）

2.3　投资基金

2.3.1　投资基金的定义与性质

（一）投资基金的定义

投资基金（Investment Fund）是一种集合投资制度，它通过发行基金券，将投资者的资金集中，交由基金托管人托管，基金管理人运作。投资基金综合使用多种金融工具，实现利益共享，风险共担。

投资基金实现了投资资金与投资能力的有效组合。对于专业基金管理人员来说，他们凭借渊博的理论知识、丰富的管理经验，对资金进行分散投资，趋利避害，达到了获利的目的；对于那些资金不多，或没有时间和精力，或缺少证券投资专业知识的投资者而言，将自己的资金交由专业基金管理人员进行理财，既可免去劳心费神的烦恼，又可获得令人满意的投资回报，是甚佳的投资选择。

知识要点提醒 2-1

投资基金与股票、债券的区别

- 它们所反映的关系不同

股票反映的是所有权关系，债券反映的是债权债务关系，而基金反映的是基金投资者和专业基金管理人员之间的委托代理关系。

- 它们所筹资金的投向不同

股票和债券是直接投资，筹集的资金主要是投向实业，而投资基金主要是投向其他有价证券等金融工具，它是一种间接投资。

- 它们的风险水平与收益水平不同

股票的收益取决于发行公司的经营效益，不确定性强，风险较大，收益也相对较高；债券的收益取决于债券利率，它是事先确定的，收益稳定性高，投资风险小；投资基金主要投资于有价证券，而且其投资选择相当灵活，又具有专家理财、规模经营等优势，从而使投资基金的收益有可能高于债券，投资风险又可能小于股票。因此，投资基金能满足那些不能或不宜于直接参与股票、债券投资的个人或机构投资者的需要。

(二) 投资基金的性质

1. 投资基金是一种集合投资制度

投资基金是将众多投资者的资金集中起来，形成巨额资金，交由投资管理人员进行专业化管理和经营的一种集合投资制度。在这种制度下，资金的运作受到多重监督。

2. 投资基金是一种信托投资方式

投资基金与一般金融信托投资形式类似，主要有委托人、受托人、受益人三个关系人。其中受托人与委托人之间订有信托契约。但投资基金作为金融信托业务的一种形式，又有自己的特点，它是由基金管理人管理，基金托管人托管，为基金份额持有者的利益进行的证券投资活动。基金托管人由依法设立的商业银行或者其他金融机构担任。基金管理人并不对每个投资者的资金都分别加以运用，而是将其集合起来，形成一笔巨额资金再加以运作。

3. 投资基金具有金融服务中介属性

投资基金存在于投资者与投资对象之间，它把投资者的资金转换成金融资产，并通过专业机构在金融市场上再投资，从而使货币资产得到增值。投资基金的管理者对投资者所投入的资金负有经营、管理的职责，而且必须按照合同（或契约）的要求确定资金投向，保证投资者的资金安全和收益最大化。

4. 投资基金是一种证券投资工具

投资基金发行的凭证是基金券，投资基金、股票与债券是有价证券的三大品种。投资者通过购买基金券完成投资行为，并凭之分享投资基金的投资收益，同时还承担投资基金的投资风险。

2.3.2 投资基金的特征

(一) 分散风险

利用投资组合理论分散风险的原理，"不把所有的鸡蛋都放在一个篮子里"是在投资过程中防范投资风险的一种有效措施。但是对于普通的投资者而言，难以做到这一点。而投资基金可以凭借其雄厚的资金实力，在法律规定的投资范围内设计科学的投资组合，实现多元化投资，从而有效降低投资风险。

(二) 专家理财

投资基金由专业的基金管理公司来运作管理，基金管理公司的管理人员一般都受过高等教育和专业训练，具有丰富的证券投资实践经验，信息资料齐全，分析手段先进，相较于个人投资者，能够更有效地提高资产的运作效率。

(三) 规模经济

每一支投资基金的规模都在数亿、数十亿甚至数百亿基金单位，它们可以在证券投资过程中有效地控制仓位，还可以在股票、债券、期货及实业等方面灵活地选择投资，从而保证收益的稳定性。

（四）收益可观

投资者按照持有的基金单位份额分享投资基金的增值效益。一般来说，投资基金采取组合投资的方式，这在一定程度上分散了风险，收益比较稳定。同时由于专家理财和规模效应的关系，投资者一般都可获得相对较高的投资收益。

 拓展阅读 2-1

投资基金的发展

投资基金起源于英国，发展于美国。19世纪初，英国的工业革命取得成效，生产力水平有了很大的提高，社会对资金的需求减少，资金过剩，利率下降。而此时美国等其他国家正处于工业化进程中，急需资金，因而纷纷到英国发行各种证券筹集资金。此时，英国的大量资金为追求高额利润而涌向美国等国家。然而不久之后美国的许多公司破产，这使得英国投资者蒙受了巨大的损失。为了避免进一步的损失，一些投资者便萌发了众人集资，委托熟悉海外经济的专家进行运营管理的想法，这一想法得到了英国政府的支持。

第一次世界大战以后，美国逐步取代英国成为世界第一经济强国，美国的投资基金也开始发展起来。"马萨诸塞投资信托基金"作为世界上第一个开放式基金于1924年成立，但它很快在1929—1933年美国经济大萧条期间遭受了沉重的打击。这次危机过后，美国政府为了保护投资者权益先后制定了证券法、证券交易法、投资公司法和投资顾问法等相关法律。从此美国的投资基金进入了健康发展的新阶段。自第二次世界大战结束至20世纪60年代，美国的投资基金逐步从储蓄保值型走向增长型，更重视对各种成长型股票的投资。1965年，大约有半数的美国投资基金将股票作为主要的投资对象，这对美国股市的稳定起到了重要的作用。自20世纪90年代以来，美国国民资金中的大多数都是通过投资基金进入股市的。

我国的投资基金起步较晚，但是发展很快。我国最早的投资基金始于1987年，当时，中国银行和中国国际信托投资公司首先开发了这一业务。自20世纪90年代以来，我国的投资基金才进入实质性发展的阶段。1992年11月，经中国人民银行总行和原国家经济体制改革委员会的批准，由中国农村发展信托投资公司和淄博市信托投资公司等机构发起的淄博乡镇企业投资基金成为我国第一家国内专门基金，并于1993年8月在上海证券交易所挂牌上市。从此我国的投资基金进入了快速发展的时期。但是在此期间，我国投资基金在发展的过程中也暴露了不少的问题：鱼龙混杂、越权审批的现象较为严重；有的基金的设立已经完全背离了发展投资基金的宗旨；基金规模小、管理不规范、炒作成风。针对这些问题，中国人民银行总行于1993年5月19日发出紧急通知，要求各省级分行立即停止不规范发行投资基金与信托受益债券的做法。1994—1997年，我国的投资基金基本上处于停滞状态。1997年11月，我国《证券投资基金管理暂行办法》颁布，我国的投资基金从此进入了健康发展的新阶段，我国还按照国际惯例对原有的老基金进行了重组和规范。1998年4月，2支较为规范的、规模为20亿基金单位的契约型、封闭式基金"基金开元""基金金泰"闪亮登场，它们分别在深圳、上海证券交易所上市交易。2001年9月11日我国第一支规模为50亿基金单位的开放式基金——华安创新证券投资基金在我国的13个城市公开发售。据中国证券投资基金业协会统计，截至2022年年底，我国已发行公募基金

10576 支，资产净值合计 26.03 万亿元，较上年增加 0.47 万亿元，同比增长 1.84%。投资基金在改善我国证券市场以中、小散户为主的投资结构、引导市场参与者树立正确的投资理念以及促进我国证券市场健康发展等方面都起到了相当积极的作用。

2.3.3 投资基金的种类

（一）按可否追加投资份额分类

1. 封闭式基金

封闭式基金（Closed-end Funds） 是指经核准的基金份额总额在基金合同期限内固定不变，基金份额可以在依法设立的证券交易场所交易，但基金份额持有者不得申请赎回的基金。封闭式基金的基金管理公司在设立基金之初就限定了基金单位的发行总额，在完成发行后，即宣告成立，并进行封闭，不再增加新的基金单位。**封闭式基金设立之后，投资者不得要求基金管理公司赎回自己所购的基金单位。** 封闭式基金的流通有点类似于股票，它可以在投资者之间进行转让，也可以通过上市的方式竞价交易。封闭式基金转让或交易的价格受基金净值、市场供求等因素影响，其价格可能高于基金净值，也可能等于或低于基金净值。封闭式基金有一定的封闭期，也就是基金的存续期，即基金从成立起到终止之间的时间。基金封闭期满后基金即终止，管理人应组织清算小组对基金资金进行清产核资，并将清产核资后的基金净资产按照投资者的出资比例进行分配。

2. 开放式基金

开放式基金（Open-end Funds） 是指基金份额总额不固定，但可以在基金合同约定的时间和场所申购或者赎回基金份额的基金。开放式基金的投资者可根据自己的需要，以基金份额的资产净值为基准，随时购买基金份额，也可随时要求基金管理公司赎回自己所购的基金份额。为了满足投资者的赎回要求，开放式基金一般在基金资产中应保持一定的流动性。这虽然会影响该基金的盈利水平，但作为开放式基金来说，这是必须的。

3. 开放式基金与封闭式基金的区别

（1）规模限制不同。

封闭式基金发行上市后，在存续期内，未经法定程序认可不能改变该基金的规模；而开放式基金的规模是不固定的，一般是在基金设立三个月或半年后，投资者随时可以申购新的基金份额，也可以随时向基金管理公司赎回自己的投资份额。 因而，业绩好的开放式基金，规模会越滚越大；相反，业绩差的开放式基金，会遭到投资者的抛弃，规模逐渐萎缩，直到其规模小于某一标准时被清盘为止。

（2）交易方式不同。

封闭式基金的投资者不能向基金管理公司赎回自己的投资，但是由于封闭式基金一般在交易所挂牌交易，所以投资者可以将其持有的基金份额转让给其他投资者，把自己在该基金上的投资变现，这属于二级市场交易；而开放式基金一般不上市，投资者要想买卖开放式基金，一般是向基金管理公司或其代理人（银行）提出申购或赎回申请该基金，这属于一级市场交易。

(3) 交易价格的形成机制不同。

封闭式基金上市后会受到市场供求关系的影响，其交易价格并不完全与该基金单位净资产值一致，可能会出现溢价或折价的现象；而开放式基金的交易价格只受其单位净资产的影响，买入价格是该基金单位净资产值加上一定的申购费用，卖出价格是该基金单位净资产值减去一定的赎回费用。

(4) 投资策略不同。

封闭式基金设立后，在相当长时期内规模固定，资本不会大规模减少，因此基金管理人可以进行长期投资，更好地设计投资组合，分散风险；而开放式基金由于要随时应对投资者的申购和赎回，因此基金资产不能全部用来买股票，更不能全部进行长线投资，必须留存部分现金资产以备日常赎回之用。

(5) 期限不同。

封闭式基金通常有固定的存续期，目前市场中的封闭式基金的存续期一般为 10 年或 15 年，当期满时，经基金持有者大会通过并经监管机关同意可以延长其存续期；而开放式基金没有固定的存续期，如果该基金的运作得到基金持有者的认可，就可以一直运作下去。

开放式基金一般也会设置一定的封闭期，就是在该基金成功募集足额资金并宣告基金合同生效后，会有一段时间不接受投资者赎回基金份额的申请。设定封闭期一方面是为了方便基金管理人为日后申购、赎回做好最充分的准备；另一方面基金管理人可有一定的时间，将募集来的资金根据证券市场状况完成初步的投资安排。开放式基金封闭期一般比较短，《证券投资基金运作管理办法》规定，这种基金的封闭期不得超过 3 个月。

(二) 按基金的组织形式分类

1. 契约型基金

契约型基金（Contractual Type Funds） 又称信托基金，它是由基金经理人（基金管理公司代表）与代表受益人权益的信托人（托管人）之间订立信托契约而发行受益单位，由基金经理人依照信托契约对信托资产进行管理，由托管人作为基金资产的名义持有者负责保管基金资产的基金。契约型基金设立的法律性文件是信托契约，但没有基金章程。基金管理人、托管人、投资者三方当事人的行为通过信托契约来规范。

2. 公司型基金

公司型基金（Corporate Type Funds） 又称互惠基金、共同基金，它是以公司形态组建，以发行股份的方式募集资金的基金。投资者通过购买发行公司的基金股份成为该公司的股东。公司型基金在法律上是具有独立法人地位的股份有限公司，但它本身不从事实际基金运作，而是将其资产委托给专业的基金管理公司进行管理运作。

3. 契约型基金与公司型基金的主要区别

(1) 基金的资格不同。

公司型基金具有法人资格，其所筹集的资金为公司法人的资本；契约型基金不具有法人资格，其所筹集的资金作为信托财产由基金管理公司经营。

(2) 基金的资本结构不同。

公司型基金的资本结构与股份有限公司基本相同，它既可发行普通股，又可发行优先股或公司债券；而契约型基金只能发行受益凭证。

(3) 投资者的权益不同。

契约型基金的投资者购买受益凭证后成为基金契约的当事人之一，只能依据基金契约享受投资收益，对该基金的资金运作没有发言权；公司型基金的投资者购买该公司的基金股份后即成为其股东，因而享有股权。

(4) 基金的营运方式不同。

契约型基金依据其基金契约营运基金，公司型基金依据该公司的章程营运基金。

（三）按基金投资的对象分类

根据投资基金所投资对象不同，可以将其分为债券基金（Bond Funds）、股票基金（Stock Funds）、货币市场基金（Money Market Funds）、衍生证券投资基金（Derivative Security Investment Funds）等。衍生证券投资基金是以期货、期权、远期合约、认股权证、可转换债券等金融衍生工具为主要投资对象的证券投资基金。

（四）按基金投资的目标分类

1. 成长型基金

成长型基金（Growth Funds） 是以追求基金资产的长期增值为主的基金。成长型基金的获利能力较强，但本金损失的风险也相对较高。

2. 收入型基金

收入型基金（Revenue Funds） 主要投资于可带来现金收入的有价证券，它以获取当期最大收益为目的。该基金多投资于风险较小，但收益相对较高的品种。

3. 平衡型基金

平衡型基金（Balanced Funds） 是采用固定方式对普通股、优先股和债券进行投资的一种保证基金，它的投资目标是既要获得当期收入，又要追求长期增值。通常该基金把资金分散投资于股票和债券，以保证资金的安全性和盈利性。

（五）按基金募集的方式分类

1. 公募基金

公募基金（Public Funds） 是以公开发售方式向社会公众投资者募集资金设立的投资基金。公募基金的投资门槛较低。

2. 私募基金

私募基金（Private Funds） 是通过非公开发售的方式向特定投资者募集资金设立的投资基金。私募基金有较高的投资门槛要求。

 阅读专栏 2-2

私募基金和 P2P 平台有哪些区别？

随着"互联网+"的推进，越来越多的私募基金管理人通过互联网来销售基金。然而，提到互联网金融，近年的热点名词非"P2P平台"莫属。虽然一些私募基金和P2P平台都是通过互联网进行运营的，但私募基金和 P2P 平台在各个方面还是有很大的差异，主要包括以下两个方面。

一、运作方式不同

私募基金管理人通过募集投资者的资金成立私募基金，并将私募基金投资于股票、股权、债券、期货、期权、基金份额及投资合同约定的其他投资标的，实现共享收益，共担风险。

P2P 是"Peer-to-Peer"的缩写，指个人与个人之间的借贷，这在本质上是一种借贷行为。而 P2P 理财是指以 P2P 平台为中介机构，把借贷双方对接起来实现各自借贷需求的理财模式。P2P 平台一般从中收取双方或单方的手续费或者赚取一定息差。

二、投资者适当性要求不同

私募基金的合格投资者是指具备相应风险识别能力和风险承担能力、投资于单支私募基金的金额不低于 100 万元且符合下列相关标准的单位和个人：第一，净资产不低于 1000 万元的单位；第二，金融资产不低于 300 万元或者最近 3 年个人年均收入不低于 50 万元的个人。

而目前 P2P 平台没有统一的投资门槛，大部分 P2P 平台投资门槛较低，从几千元到几万元不等，甚至中国很多的 P2P 平台一元起投。

由此可以看出，相比 P2P 平台，私募基金在投资门槛、投资数量、宣传方式和收益等方面都有更加严格明确的要求。私募基金的募集、投资、管理和退出都受到《私募投资基金监督管理暂行办法》的约束。当投资者投资私募基金时，如发现私募基金管理人以 P2P 的方式募集资金，那么此基金管理人可能涉及非法集资。

（资料来源：http://www.csrc.gov.cn/shenzhen/c105614/c1575361/content.shtml. [2023-05-20]，有改动）

2.4　金融衍生工具

金融衍生工具（Financial Derivatives）是在货币、债券、股票等传统金融工具的基础上衍化和派生的，以杠杆和信用交易为特征的金融工具。本节主要介绍金融衍生工具的基本概念，它们具体的交易程序和特点等内容请参照本书第 6 章。

2.4.1　期货交易

期货交易是人类社会在商品生产和交换过程中逐步发展起来的一种商品交易方式，是商品经济发展到一定阶段的产物，是贸易方式长期演进的结果。金融期货是在商品期货的基础上发展起来的一种金融衍生工具，尽管它只有几十年的发展历史，但其发展的速度十分惊人，目前已经成为主要的期货交易品种。

（一）期货交易的定义

期货交易（Futures Trade）是指买卖双方约定在将来的某个日期按成交时双方商定的条件交割一定数量某种商品的交易方式。

期货交易是在现货交易基础上发展起来的，它是在期货交易所内成交标准化期货合约的一种新型交易方式。准确地讲，期货交易不同于远期合同交易方式，但它却是在远期合同交易方式的基础上演变、发展而来的。世界上第一个较为规范的期货交易所是1848年由美国的82位谷物交易商在芝加哥组建的芝加哥期货交易所（Chicago Board of Trade，简称CBOT）。该交易所设立之初就采用远期合同的交易方式，为商人和农民提供一个交易的地点。进场交易者通过该交易所寻找交易的对象，缔结远期合同；待合同到期后，实买实卖，进行货物的实际交割。这类似于目前我国农村所采用的"公司＋农户"的经营方式，但期货交易在开始之初就已注意到交易品种的数量和质量的标准化问题。采用这种交易方式，供货方可以提前完成销售，锁定生产成本，避免季节性价格波动的影响；需求方可以保证有稳定的货源，回避价格波动风险，锁定经营成本。后来，一些投机者看到倒卖期货合同也能够赚钱，便对倒卖期货合同产生了兴趣，并且逐渐更加热衷于期货合同的交易。

在期货交易发展过程中，出现了两次堪称革命的变革：一是期货合约的标准化，二是期货交易结算制度的建立。**期货合约就是指由期货交易所统一制定的、约定在将来某个日期和地点交割一定标准数量和质量的实物商品或金融商品的可转移的协议。**一方面，在标准化合约中，除价格外，商品的品质、数量、交货时间、交货地点及付款条件等都进行了标准化的约定，这使得市场参与者能够非常方便地转让期货合约；同时，期货合约使生产经营者能够通过对冲平仓来解除自己的履约责任，这也使期货交易者能够方便地参与交易，大大提高了期货交易的市场流动性。另一方面，随着交易品种的增多和交易量的增加，期货交易的结算出现了较大的困难。为了处理日趋复杂的期货交易结算业务，专门从事该业务的结算所便应运而生。直到现代结算所的成立，真正意义上的期货交易才算产生，期货市场才算完整地建立起来。

（二）期货交易的种类

根据期货交易的标的不同，期货交易可以分为商品期货和金融期货。

1. 商品期货

商品期货（Commodity Futures） 是指以实物商品为交易标的物的期货。商品期货根据交易的标的不同，又可以分为农产品期货、金属期货、能源期货等。

期货交易是从现货商品的远期交易及带有期货贸易性质的交易活动发展而来的。到19世纪末，期货交易方式不断改进，标准化合约、保证金制度和每日结算制度等的逐步推出，使期货交易日臻完善，同时期货交易品种也日趋丰富。20世纪70年代，金融期货开始进入期货市场。

2. 金融期货

（1）金融期货的产生与发展。

所谓**金融期货（Financial Futures）**，是指以金融工具作为标的物的期货合约。20世纪70年代初，随着美元的两次贬值和美国政府宣布美元与黄金脱钩，布雷顿森林体系崩溃。国际货币制度从以美元为中心的固定汇率制走向浮动汇率制。由于浮动汇率制条件下的汇率变动受市场供求关系及其他各种因素的影响，汇率的波动频繁而且剧烈，因此人们迫切地需要能有效地回避或降低金融风险的金融衍生工具。金融期货正是在这种情况下应运而生的。

金融商品的同质性、价格的易变性及结算与交割的便利性，决定了金融期货在期货交易中具有比商品期货更为显著的先天优势；同时随着虚拟经济的发展，金融商品日益丰富，利用金融衍生工具规避金融风险的要求也更加强烈。因此金融期货从一出现就迅猛地发展起来，盛行发展100多年的商品期货被金融期货逐步取代，市场上十分活跃地涌现了外汇、利率、股票价格指数等金融衍生工具，它们是主要的金融期货品种。

(2) 金融期货种类。

金融期货主要有3种类型：**外汇期货、利率期货**和**股票价格指数期货**。

① **外汇期货**（Foreign Exchange Futures）。外汇期货是指协议双方同意在未来某一时期，根据约定价格——汇率，买卖一定标准数量的某种外汇的可转让的标准化协议。外汇期货是金融期货中较早出现的品种。20世纪70年代初，固定汇率制向浮动汇率制转变，为规避汇率风险，外汇期货应运而生。随着国际贸易的发展和世界经济一体化进程的加快，外汇期货交易一直保持着旺盛的发展势头。

目前，外汇期货交易的主要品种有：美元、英镑、欧元、日元、瑞士法郎、加拿大元、澳大利亚元等。

② **利率期货**（Interest Rate Futures）。利率期货是指协议双方同意在约定的将来的某个日期按约定的条件买卖一定数量有价证券的可转让的标准化协议。利率期货的标的物是一定数量的某种与利率相关的资产，即各种固定利率的有价证券。现行利率和预期利率的变化对固定利率有价证券的价格有着巨大的影响，这就为利率期货的产生创造了条件。

利率期货按期限可分为短期利率期货和长期利率期货，按债务凭证可分为国库券期货、各种期限的商业票据期货、国债期货和欧洲美元定期存款期货等。目前我国已上市交易3种国债期货，其标的分别为2年期国债期货、5年期国债期货和10年期国债期货。

③ **股票价格指数期货**（Share Price Index Futures）。股票价格指数期货是指协议双方同意在将来的某一时期按约定的价格买卖标的股票价格指数的可转让的标准化合约。股票价格指数期货交易的实质是，投资者通过股票价格指数期货将其对标的股票市场价格指数的预期风险转移至期货市场上来，这种风险是通过对股市走势持不同判断的投资者的买卖操作来相互抵消的。世界上最具代表性的股票指数有美国的道琼斯指数、标准普尔500指数、英国的伦敦《金融时报》工商业普通股股票平均价格指数、香港的恒生指数、日本的日经指数等。在具体交易时，股票价格指数期货合约的价值是用股票指数的点数乘以事先规定的单位金额，即使用期货合约乘数来计算的。如标准普尔500指数规定每点代表250美元，香港的恒生指数每点代表50港元等。我国沪深300股票指数的期货合约乘数为每点300元人民币。

 阅读专栏2—3

期货交易与现货交易的区别

期货交易是在现货交易的基础上对一般契约交易的发展。期货交易具有与现货交易不同的基本特征。

一、交易的对象不同

现货交易的直接对象是某一有具体形态的商品本身,而期货交易买卖的直接对象是期货合约。

二、交易的目的不同

现货交易是一手钱、一手货的交易,马上或在一定时期内进行实物交收和货款结算。证券的现货交易的主要目的也是筹集生产经营过程中所需的资金或为投资者提供投资获利的机会。但期货交易的主要目的不是到期获得实物,而是通过套期保值回避汇率风险,这也为一部分合法投机者提供了获利的机会,活跃了期货市场交易。

三、交易方式不同

现货交易一般是一对一谈判签订合同,所签订的合同是个性化的、非标准的合同,即使是远期合同,其具体内容也是由双方商定的;期货交易以公开、公平竞争的方式进行交易,双方所订立的合约是由期货交易所统一制定的、标准化的凭证。

四、交易场所不同

现货交易一般是分散交易的,特别是一些实物商品;期货交易必须在期货交易所内依照法规进行公开、集中交易,不能进行场外交易。

五、交易的保障制度不同

现货交易的有效合同一旦订立,将会受到《中华人民共和国民法典》等法律的保护。如果非不可抗力原因导致该合同不能履行,要依据相关法律追究相关责任人的责任;而在期货交易中主要是以保证金制度为期货合约的履行提供保障。

六、交易的结算方式不同

现货交易的结算方式是钱货两清;期货交易则是实行逐日盯市的交易制度,每日结算盈亏,投资者根据情况决定是否追加保证金或者对期货合约进行强制平仓。

七、交易商品的品种不同

现货交易的商品品种可以是一切进入流通的商品,而期货交易的商品具有特殊性。许多适宜于用现货交易方式进行交易的商品,并不一定适宜于期货交易。一般来说,商品是否能进行期货交易,取决于四个条件:一是商品是否具有价格风险,即价格是否波动频繁;二是商品的拥有者和需求者是否渴求避险保护;三是商品能否耐贮藏且便于运输;四是商品的等级、规格、质量等是否比较容易划分。这是四个最基本条件,只有符合这些条件的商品,才有可能作为期货商品进行期货交易。期货交易的商品品种是有限的,主要是农产品、石油、金属商品,以及一些初级原材料和金融产品等。

(资料来源:根据网络文献整理)

2.4.2 期权交易

期权交易与期货交易一样,也是随着市场经济的发展而发展起来的一种重要的金融衍生工具。自20世纪70年代现代期权交易开始以来,其发展十分迅猛,交易品种从商品期权发展到股票期权、利率期权、股票指数期权、货币期权和期货期权等。期权的交易数量也不断增加,2020年7月,美国单一股票期权日均交易量首次超过了股票的日均交易量。

（一）期权的基本概念

期权（Option），又称选择权，它的持有者可以在规定的期限内（或在一个特定的时间）按交易双方商定的价格购买或出售一定数量的某种资产。期权是一种合约，期权的买入方在向卖出方支付一定的权利金之后，合约就赋予了他向期权的卖出方在规定时间买进或卖出某种资产的权利。买入方可以在规定期限行使这个权利，也可以放弃行使这个权利；但对卖出方来说，则只能按合约规定出售或购进该种资产。由此可见，期权交易是一种权利的单方面让渡，这种权利仅属于买方。

期权合约需要考虑的因素包括以下三方面：第一是期权的期限，即期权的有效期；第二是期权标的物的种类、数量和敲定价格；第三是权利金，权利金又称期权费，是期权的买方拥有在一定期限内按协议价格买卖某种资产的权利而付出的代价。期权合约中指定标的物的买卖价格又称敲定价格（履约价格、协议价格）。期权的买方在约定时间按此价格购买或出售一定数量的指定的资产，卖方不得以任何方式拒绝。

【例 2-1】 2023 年 12 月 11 日，一份 2024 年 2 月到期的上证 50ETF 期权合约约定，持有者可以按 2.15 元（敲定价格）的价格购买一单位上证 50ETF 基金，每份期权合约的价格为 0.6 元（权利金）。这是一份看涨期权，甲买入这份期权，付出 0.6 元，获得到期买入标的资产上证 50ETF 基金的权利；乙卖出期权，收入 0.6 元，但必须在到期时应甲的要求履行卖出标的资产的义务。

假设到 2024 年 2 月 1 日时，上证 50ETF 基金市价为每单位 3 元，每份期权合约的价格涨至 0.8 元，则甲可采取以下两种策略。

其一，行使权利——甲有权按 2.15 元的价格从乙手中买入一单位上证 50ETF 基金；乙在甲提出行权要求后，必须无条件予以满足。而甲可以 3 元的市价抛出基金，每单位获利 0.25 元（3－2.15－0.6）。乙则损失 0.25 元（2.15－3＋0.6）。

其二，售出权利——甲可以 0.8 元的价格售出看涨期权，甲获利 0.2 元（0.8－0.6）。

假设到 2024 年 2 月 1 日时，上证 50ETF 基金价格下跌，低于敲定价格 2.15 元，甲就会放弃买入或售出的权利，这时甲要损失 0.6 元的权利金，乙则净赚 0.6 元。

（二）期权的种类

1. 根据期权的权利分类

（1）看涨期权。

看涨期权（Call Option） 又称买进期权、多头期权，它是指期权的买方在约定的期限内按协议价格买入一定数量某种资产的权利。

（2）看跌期权。

看跌期权（Put Option） 又称卖出期权、空头期权，是指期权的买方在约定的期限内按协议价格卖出一定数量某种资产的权利。

（3）双向期权。

双向期权（Double Option） 又称双重期权，它是指期权买方在向期权卖方支付了一定数量的权利金之后，期权买方即可获得在未来一定期限内按照合约约定的价格买入和卖出某种资产的双向权利。当期权买方预测期权标的物的未来价格将出现较大的波动，但难以确定其变动方向时，一般会倾向于购买双向期权。因为在双向期权中，只要标的物的价格与敲定价格之差大于权利金，期权买方就可以通过执行某项期权而从中获利；反之，双向期权的卖方则必须预测未来价格走势没有大的波动，才乐于出售该期权，以期赚取买方的权利金。

2. 根据期权的标的资产分类

（1）股票期权。

股票期权（Stock Option） 是以某一股票为标的的期权合约。在行使期权时，持有者可以按照协议价格买入或卖出相应数量的股票。

（2）股票指数期权。

股票指数期权（Stock Index Option） 是以变动的股票价格指数为对象的期权合约的买卖。在股票指数期权中，期权的买方预测该指数将会上升，且在有效期内指数变化确如其预料，则他可通过购买看涨期权并行权而从中获利；若买方预测该指数将会下跌，且在有效期内指数变化确如其预料，则他可通过购买看跌期权并行权而从中获利。

（3）货币期权。

货币期权（Currency Option） 是以外汇为基础的期权，包括外汇现货期权和外汇期货期权两种类型。在货币期权中，期权的买方向期权的卖方支付一定的权利金之后，他就具有了在规定的期限内按照合约约定的汇率价格向期权的卖方购入或出售一定数量的某种外汇现货或期货的权利。

（4）利率期权。

利率期权（Interent Rate Option） 是标的资产为国库券、国债、大额可转让存单等的期权。由于这些资产往往与利率水平的高低有着密切的关系，因此称为利率期权。

（5）期货期权。

期货期权（Options on Futures） 是以期货合约作为标的资产的期权合约，也称为期货合约期权，包括商品期货期权和金融期货期权。期货期权的买方向期权的卖方支付一定的权利金之后，买方就拥有了在规定的期限内按照合约约定的价格向期权的卖方购买或出售某种时期的期货合约的权利。因此，期货期权实际交割的并不是期货合约所代表的商品，而是期货合约本身。

3. 根据期权的执行时限分类

（1）欧式期权。

欧式期权（European Option） 是指期权的买方只能在约定时间到达时才有权向期权的卖方购买或出售合约所规定的某种标的资产的期权。

（2）美式期权。

美式期权（American Option） 是允许买方在约定时间到达前的任意时刻都有权向期权的卖方购买或出售合约所规定的某种标的资产的期权。

由此可见，与欧式期权相比，美式期权的买方在行权日期的选择上有较大的活动空间，有利于行权机会的选择。因此，一般美式期权比欧式期权的权利金要高一些。

（3）百慕大期权。

百慕大期权（Bermudan Option） 是允许买方在到期日之前约定的几个时刻都有权向

期权的卖方购买或出售合约所规定的某种标的资产的期权。它是介于美式期权与欧式期权之间的期权。

4. 根据期权交易的地点分类

(1) 场内期权。

场内期权（Exchange－traded Optioins）是指在期权交易所内以固定的程序和方式进行的期权交易。场内交易的是标准化的期权合约，标的物数量、敲定价格、期权合约的期限等都已在合约中作出约定，交易双方所需确定的只有权利金。

(2) 场外期权。

场外期权（Over－the－counter Options）是指不在期权交易所内进行交易的期权。场外交易的期权合约是非标准化合约，合约中的内容都需要由交易双方商定。

知识要点提醒 2－2

期权履约的三种情况

- 行使期权。当期权有内在价值时，期权的买方就会选择行使期权。
- 对冲。买卖双方都可以通过对冲的方式实施期权履约。
- 自动失效。如果期权是虚值，期权买方就不会行使期权，直到到期日期权失效。这样，期权买方最多损失所交的权利金。

2.4.3 权证交易

(一) 权证的概念

权证（Warrant）是一种有价证券，是持有者付出权利金购买后，有权利在某一特定期间（或特定时点）按约定价格向发行者购买或者出售标的证券。标的证券可以是股票、基金、债券、一揽子股票或其他证券。**权证在本质上与期权是相同的。**

中华人民共和国最早的权证交易出现在 1992—1996 年，当时部分上市公司发行了优先认股权并上市交易。但因过度的投机，1996 年 6 月底之后，权证退出中国的证券市场。2005 年，权证在中国证券市场消失 9 年之后，在股权分置改革的过程中，又有一部分上市公司以权证的方式补偿非流通股股东而支付对价。如宝山钢铁股份有限公司（简称宝钢集团公司）为获得其持有非流通股的流通权而支付的对价如下：于股权登记日登记在册的流通股股东每持有 10 股流通股将获得宝钢集团公司支付的 2.2 股股份、1 份认购权证，于对价被划入流通股股东账户之日，宝钢集团公司的非流通股份即获得上市流通权。

(二) 权证的种类

1. 按买卖方向分类

(1) 认购权证。

认购权证（Call Warrant）持有者有权按约定价格在特定期限内或到期日向发行者买入标的证券。

（2）认沽权证。

认沽权证（Put Warrant）持有者有权按约定价格在特定期限内或到期日向发行者卖出标的证券。

2. 按权利行使期限分类

（1）美式权证。

美式权证（American Style Warrant）持有者在该权证到期日前的任何交易时间内均可行使其权利。

（2）欧式权证。

欧式权证（European Style Warrant）持有者只可以在该权证到期日当日行使其权利。

（3）百慕大权证。

百慕大权证（Bermuda Style Warrant）是行权方式介于欧式权证与美式权证之间的权证。由于百慕大权证给予权证持有者较多的行权日选择，因此百慕大权证价格高于欧式权证但低于美式权证。

阅读专栏 2-4

期权与权证的区别

期权与权证都是一种选择权。持有者在支付一定的权利金后，就拥有按照合约内容，在规定的期间内或者特定的到期日，按约定价格买入或卖出标的资产的权利，期权和权证是持有者拥有权利（但没有义务）的证明。但两者又存在许多差别。

一、发行主体不同

期权没有发行者，每一位市场参与者在有足够保证金的前提下都可以是期权的卖方。而权证通常是由标的证券的上市公司、投资银行、证券公司或大股东等第三方发行的，交易双方为权证的发行者与持有者。

二、当事人不同

期权合约的当事人是期权合约的买卖双方，期权的买方（权利方）与期权的卖方（义务方）是一一对应的。而权证合约的当事人是发行者与持有者。

三、特点不同

期权是一种在交易所上市交易的标准化合约，交易标的、合约单位、执行价、到期日等都是固定的。而权证是非标准化合约，合约要素由发行者确定。

四、发行数量不同

期权的供给数量可以是无限的，只要买卖双方可以达成成交，就可以创造出持仓量。而权证的供给是有限的，它在权证发行时基本上已经确定，并受到发行者意愿、资金实力、上市流通的证券数量等因素限制。

五、投资者权益不同

投资者交易期权，除了可以买入期权合约，同时也可以卖出期权合约。在权证交易中，只有发行者才可以卖出权证收取权利金，投资者只可以买入权证。

六、履约担保方式不同

期权的卖方要承担义务并需要缴纳保证金，期权的买方不用缴纳保证金。在权证市场中，权证卖方，即权证发行者，应通过专用帐户提供标的证券或现金，作为权证行权的履约担保，或者提供经证券交易所认可的机构作为履约担保的不可撤销连带责任保证人。

七、行权价格方面不同

期权市场上，行权价格的确定是由交易所根据一定规则确定的，而权证的行权价格由发行者根据一定模型来确定。

（资料来源：根据相关文献整理）

第2章 在线答题

第 3 章

证 券 市 场

思维导图

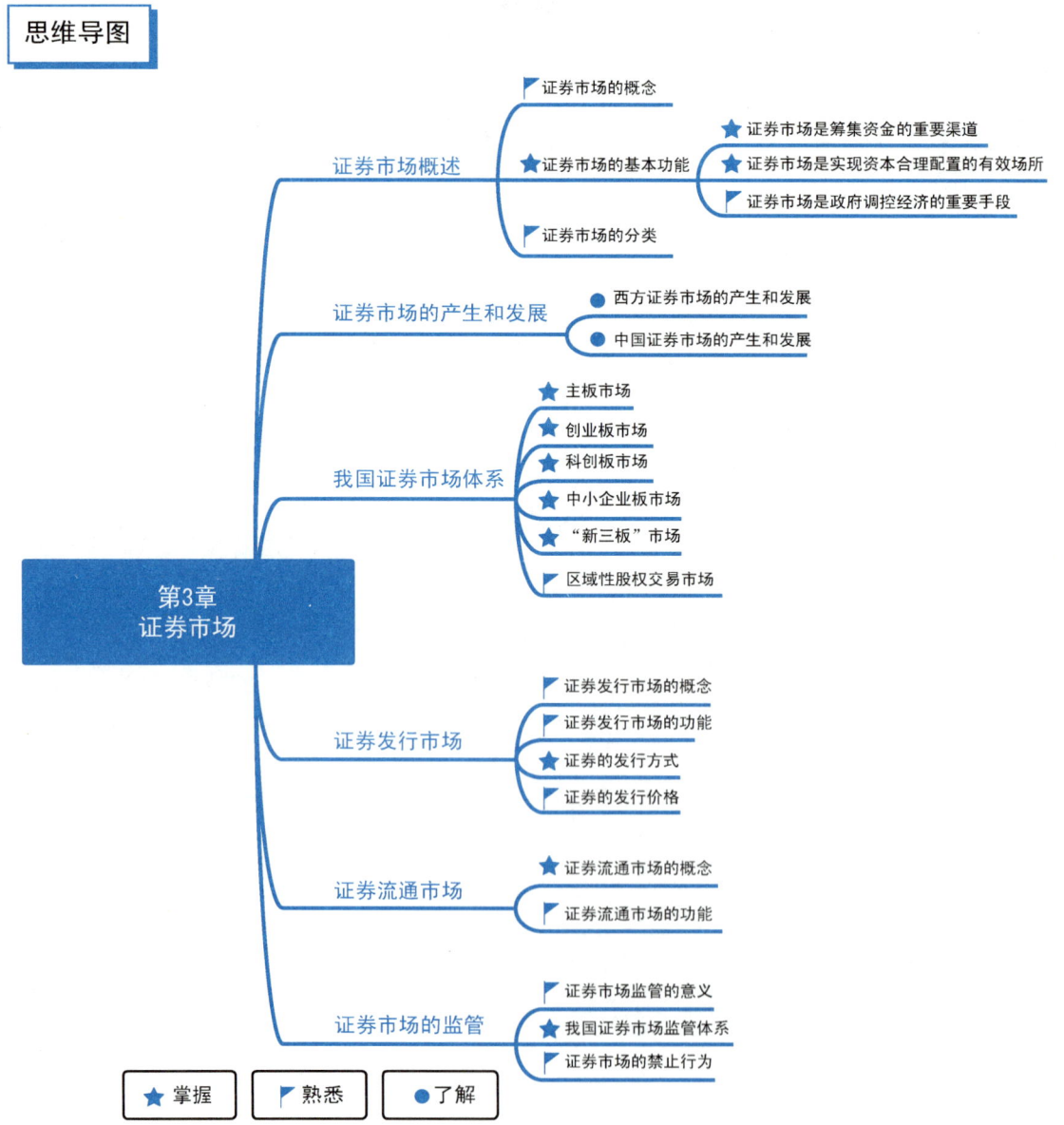

第3章 证券市场

教学目标

证券市场是各类证券发行和交易的场所,是市场经济发展到一定阶段,为解决资本供求矛盾而产生的市场。通过本章的学习,要能够理解证券市场以证券发行和证券交易的方式实现了筹资与投资的对接,它是市场经济发展的重要基础。我们应当了解证券市场的产生和发展,掌握我国证券市场体系的构成,熟悉证券市场监管的意义和证券市场的禁止行为。

导入阅读

股票的起源与股票市场的发展

1602年,在荷兰的阿姆斯特丹市建立的东印度公司是进行东方贸易的商业公司,它也是世界上最早发行股票的公司。据相关记载,荷兰东印度公司发行股票的时候,阿姆斯特丹市万人空巷,无论是政府官员,还是教师、律师等都争相购买它的股票。荷兰东印度公司成功地将分散的财富变成了自己对外扩张的资本,成千上万的荷兰国民,愿意把自己安身立命的积蓄投入这项利润丰厚,但同时也暗藏着巨大风险的商业活动中。究其原因,一方面是人们出于对财富的渴望,另一方面,荷兰政府也是荷兰东印度公司的股东之一。荷兰政府将一些只有国家才能拥有的权利折合为25000荷兰盾入股荷兰东印度公司,这就大大增加了该公司的权限和信誉。荷兰政府给荷兰东印度公司的特权是可以自组佣兵、发行货币、与其他国家订立正式条约等,这使该公司近乎独立主权国家。

股票的出现,促使股票交易所产生。1609年,位于荷兰阿姆斯特丹市的内达姆广场附近的阿姆斯特丹证券交易所成立,它是世界上最古老的证券交易所;1773年,在伦敦柴思胡同的乔纳森咖啡馆正式成立了英国第一个证券交易所,后来它演变为伦敦证券交易所;1792年,24名经纪人在纽约华尔街的一棵梧桐树下订立协定,形成了经纪人联盟,这就是纽约证券交易所的前身;1878年,东京股票交易所正式创立,它是东京证券交易所的前身;1891年,香港成立了香港股票经纪协会,后来它发展为香港证券交易所。

我国证券市场的产生可以上溯到20世纪初。1914年,中国颁布《证券交易所法》,1918年成立了北京证券交易所。中华人民共和国成立后,推行计划经济体制,因此我国取消了证券市场。20世纪80年代以来,在邓小平理论的指导下,在党中央和国务院的支持下,随着改革开放的深入和经济发展,我国证券市场逐步成长起来。1990年11月26日,上海证券交易所成立;1990年12月1日,深圳证券交易所成立。2021年9月3日,北京证券交易所注册成立。

(资料来源:根据相关文献整理)

3.1 证券市场概述

3.1.1 证券市场的概念

证券市场(Stock Market) 从广义上来讲是所有证券发行和交易的场所。随着现代市场经济和现代科学技术的发展，尤其是现代信息传播技术的发展，使得证券交易的方式和内容已经发生了根本性的变化。"距离"早已不再是制约证券交易的因素，"场所"已从证券市场的概念中逐步淡出，取而代之的则是无处不在、无所不能的网络系统。因此，证券市场可更为准确地定义为**"发行和交易所有证券所形成的经济关系的总和"**。

金融市场是融通货币资金的场所，在这一市场中通过金融机构和证券交易机构进行着货币与资本的借贷与交易。金融市场按其所融通货币资金的借贷关系建立时间的长短分为短期金融市场和长期金融市场。**短期金融市场亦称"货币市场"，它是指一年以下的资金借贷和短期金融工具交易的市场；长期金融市场则是我们所说的"资本市场"，它是指一年以上的中长期资金借贷和中长期金融工具交易的市场。**资本市场中主要包括银行中长期信贷市场、证券市场、保险市场等。证券市场是金融市场的重要组成部分，它通过证券信用的方式融通长期资金，通过证券的交易活动形成证券价格，并引导资金流动，从而保证社会资源的合理配置。证券市场不仅反映和调节货币资金的运动，而且对整个经济的发展与运行也有着重要的影响，它在资本市场乃至整个金融市场中都占有举足轻重的地位。金融市场体系的基本构成见图 3.1。

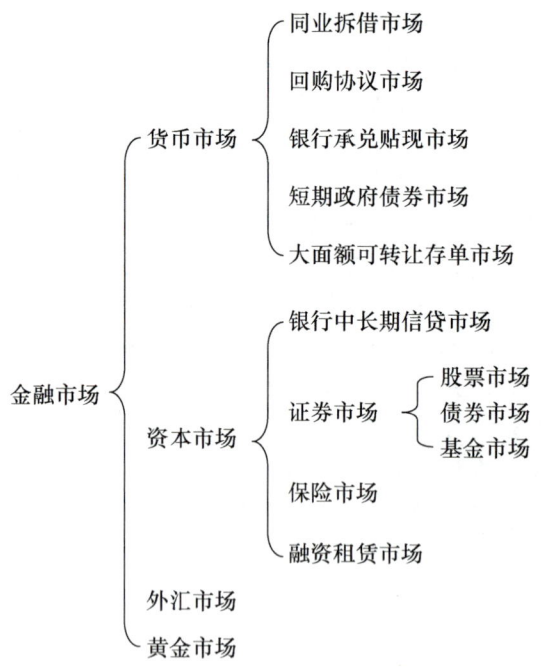

图 3.1 金融市场体系的基本构成

3.1.2 证券市场的基本功能

证券市场是市场经济中一种高级的市场组织形态，是筹资者筹集资金的重要渠道，是市场经济条件下有效调配社会资金的重要机制。它具有促进社会资源合理配置，提高社会效率的重要功能。

（一）证券市场是筹集资金的重要渠道

筹集资金是证券市场的首要功能。在国民经济运行过程中，各经济主体在不同时期货币的收入与支出不可能做到完全均衡。各经济主体在资金短缺时就要设法筹集资金满足自己各类经济活动的需要，而在资金盈余时，又要寻求投资的渠道，以获得更多的收益。证券市场以证券的形式为资金需求者和资金供给者融通资金提供了一种良好的机制和场所。资金需求者通过证券市场发行证券融入资金，而资金供给者也通过证券市场买入证券，实现资金价值的增值。这一过程解决了资金供求的矛盾，并满足了资金需求者和供给者各自不同的需要。

（二）证券市场是实现资本合理配置的有效场所

证券市场的产生与发展在很大程度上消除了生产要素在各部门之间转移的障碍。这是因为在证券市场中，企业的产权已经商品化、货币化、证券化，企业资产具有了两重性。证券化的企业资产可以通过在证券市场上出售或转让来方便地流动，这就为资金持有者自由地选择投资对象创造了便利的条件。证券市场提供的公开、公平、公正的交易环境，使得证券价格可以通过证券需求者之间和证券供给者之间的竞价以及证券的供求状况形成。因此，在证券市场有效运行的条件下，证券的价格反映了它所代表的资产的价格。证券市场可以通过证券价格的变化，引导资金流动，促进生产要素在各部门之间转移和重组，并实现资源的合理配置。

（三）证券市场是政府调控经济的重要手段

在计划经济的条件下，政府主要通过计划和行政的手段实现对宏观经济的调控。而在证券市场产生之后，政府则可以在证券市场上通过公开市场业务买卖政府债券，扩大或缩小各银行的货币准备金，从而间接地控制货币供应量，调控经济。

3.1.3 证券市场的分类

（一）按证券市场的职能分类

1. 证券发行市场

证券发行市场（Issue Market）是证券的发行者为筹集资金，按照一定的法律规定和发行程序，向投资者出售新证券所形成的市场。

2. 证券流通市场

证券流通市场（Secondary Market）是已发行的证券买卖流通的场所，是有价证券所有权转让的市场。

（二）按证券的性质分类

按证券的性质，**证券市场**分为**股票市场（Stock Market）**、**债券市场（Bond Market）**和**基金市场（Fund Market）**。

(三) 按交易组织形式分类

1. 场内市场

场内市场 (Floor Trading Market) 是指证券交易所市场，它是流通市场的核心。在场内市场交易必须遵守国家有关的证券法律规定，有组织地、规范地进行证券买卖，并有规定的时间和固定的交易场所。场内市场在管理上也具有严密的组织管理机构，只有证券交易所的会员证券经纪人才能在场内市场从事交易活动，一般投资者则必须通过具有会员资格的证券经纪人进行证券交易。

2. 场外市场

场外市场 (Over-the-counter Market) 又称"店头交易市场"或"柜台交易市场"，它是指证券交易所之外的证券交易市场。由于场外市场没有系统的交易章程和交易制度，也没有固定的交易场所和交易时间，因此它并非一个有形的市场。场外市场的交易对象一般是未上市的证券，交易主体具有多元化的特点，既有证券自营商和经纪人，也有证券交易所的会员和法人、机构投资者以及个人投资者，它的交易方式也是多元化的，随着科学技术的发展和客观条件的变化可以有多种选择。

3.2 证券市场的产生和发展

3.2.1 西方证券市场的产生和发展

证券市场是社会化大生产和商品经济发展的产物。在资本主义发展初期的原始积累阶段，西欧就已经有了证券交易。

15世纪的意大利商业城市中的证券交易主要是商业票据的买卖。16世纪在法国里昂、比利时安特卫普就已经有了证券交易所。当时进行交易的主要是国家债券。

1609年在荷兰的阿姆斯特丹成立了世界上第一个股票交易所。

英国在威廉三世时期出现了非正式的证券经营活动。1773年，股票商在伦敦柴思胡同的乔纳森咖啡馆正式组织了英国第一个证券交易所，它后来发展为1802年获英国政府正式批准的伦敦证券交易所。18世纪中叶在伦敦证券交易所进行交易的主要是英格兰银行、南海公司和东印度公司的证券，而集资修建运河的股票和其他许多股份公司的股票则是在非正式的地方性证券交易市场上进行交易。至19世纪中叶，英国一些非正式的地方性证券市场也逐步走上正规化。同时，英国证券市场的发展已达到制度化和组织化的程度，而且伦敦证券交易所也已成为世界证券市场的中心之一。

美国的证券市场起源于战时国会在独立战争中各种中期债券和临时债券的发行和交易。美国的证券交易首先是从费城、纽约开始，其后在芝加哥、波士顿等大城市扩展开来。1754年，一批从事证券买卖的商人在费城成立经纪人会。随着当地证券发行和交易规模的扩大，1790年，美国第一个证券交易所——费城证券交易所诞生。**1792年5月17日，纽约24名经纪人在华尔街一棵梧桐树下聚会，达成了著名的《梧桐树协议》**，该协议规定了公众委托交易收取手续费、佣金的最低标准和经纪人之间进行交易的规则等。1817年参与《梧桐树协议》的经纪人通过一项正式章程，共同组建了"纽约证券交易会"，并于1863年将其更名为"纽约证券交易所"。

第二次世界大战结束后，欧美和日本经济的恢复和发展以及各国经济的增长极大促进了世界证券市场的发展，具体表现为企业证券发行量增加，证券市场规模不断扩大，证券交易越来越活跃。自20世纪70年代开始，世界证券市场出现了高度繁荣的局面，不仅世界证券市场的规模扩大，证券交易日趋活跃，而且逐渐形成了融资方式证券化、投资主体法人化、证券交易多样化、证券市场自由化、证券市场国际化和证券市场电脑化等全新特征。

3.2.2 中国证券市场的产生和发展

我国证券市场的发展同样有着悠久的历史，最早可追溯到春秋战国时期，在清朝晚期时中国证券市场已较为规范并具有了一定的规模。中华人民共和国成立后的很长一段时间内，人们在意识形态上将证券、股份制与计划经济体制对立了起来，这使我国大多数人对中国证券市场的发展缺少必要的了解。

（一）中华人民共和国成立初期

中华人民共和国成立前，由于当时的政府滥发纸币，引发恶性通货膨胀，因此国民经济濒临崩溃。中华人民共和国成立前后，物价飞涨、投机盛行。为了稳定市场，有关部门于1949年6月1日成立了天津证券交易所，于1950年2月1日成立了北京证券交易所。这期间我国还发行过一些股票，但是市场投机性较强。随着我国财政好转，人民币币值趋于稳定，证券的交易量下降，证券投机活动受到控制，证券交易所业务逐渐萧条。1952年，我国政府宣布所有境内的证券交易所关闭停业。

中华人民共和国成立后，为了满足国家经济建设的需要，我国政府也通过发行国债筹措了一定数量的财政资金。但是，自1958年我国就停止了对外借款，1959年我国也停止了国内政府债券的发行，由此我国进入了一个既无内债也无外债的时代。此后，一直到1978年改革开放前的这段时期，我国不再存在严格意义上的证券市场。

拓展阅读 3-1

中华人民共和国成立前的证券市场

一、清朝时期

我国证券、股份制经济的发展有着悠久的历史，最早可追溯到春秋战国时期，当时就有一些诸侯国向世家大族、富商和百姓借贷，形成了最早的债券。汉唐以后，国家因军事需要临时向一些富商贷款借物，并依据出资比例分配收益的情况也常有发生。随着商业的发展，飞钱、会票、当票等商业票据出现，证券的品种更加丰富。特别值得一提的是明后清前，在一些投资大、收益高、又具有一定风险的行业，如上海沙船业，四川井盐业，云南、广东矿冶业和山西金融业，已经较多地采用"招商集资、合股经营"的经营组织形式。这种组织形式明显地具有资本主义的股份制特征，而"集资合股"的参与者共同签订的载明权利责任的契约，则是中国最早的股票雏形①。

第一次鸦片战争后，清政府将广州、厦门、福州、宁波、上海开放为通商口岸。此后不久，有价证券及其交易，就随着进入中国的外国银行在这些通商口岸出现。1864 年，汇丰银行为募集资金而面向华人发行了中国境内第一张股票。1872 年，李鸿章等人在上海创办了轮船招商局，它是我国近代第一家以西方股份制公司为学习对象，并通过向民间发行股票"招商集股"、筹集资金而兴办的新型股份制企业。

1869 年上海出现了中国第一家专营有价证券的公司——英商长利公司。1882 年 9 月，上海平准股票公司成立。该公司开创了中国有组织的华商证券市场的先河，为股票交易提供了便利，同时其内部组织严密，证券交易已较为规范。

1894 年，清政府为筹措甲午军费而效仿西方公司向国内发行"息借商款"公债，它是中国近代史上第一张规范的债券。此后，清政府又发行了"昭信股票"和"爱国公债"等债券。

二、民国时期

民国时期，是中国近代证券市场发展史中内容最丰富、变化最复杂的重要时期。这一时期，中国近代证券市场走完其形成、发展和衰亡的全过程②。近代中国产业经济的发展和政府公债的大量发行，使证券数量和品种迅速增加，证券交易市场改变了松散的市场结构，步入有组织的证券交易时代，中国证券市场出现了短暂的"繁荣"。但是恶性通货膨胀最终导致社会经济的全面崩溃。随着民国政府的倒台，畸形发展的证券市场也走到了尽头。

1914 年，北洋政府颁布了中国第一部证券专门法规《证券交易所法》，这标志着中国证券交易进入法制时代。同年上海股票商业公会成立，该公会在会址内部附设有证券交易市场，并对交易时间和不同证券的交易佣金都作了具体规定。1918 年 6 月，北京证券交易所获准开业，它成为中国开办的第一家证券交易所。1919 年 9 月，上海证券物品交易所获准成立，1920 年 2 月 1 日召开大会宣告成立，同年 7 月 2 日正式开业。1920 年 5 月 20 日，上海华商证券交易所宣告成立，并于同年 6 月 29 日开始在《申报》刊登上市证券行情。北京、上海两地三个证券交易所的成立，标志着中国证券市场进入了有组织的证券交易所时代。

（资料来源：根据相关文献整理）

（二）改革开放以后

1978 年 12 月，党的十一届三中全会召开，这标志着中国进入了改革开放的新时代。在邓小平理论的指导下，中国的证券市场从无到有，从小到大，四十多年来走过了一些成熟的证券市场上百年才能走完的历程。中国证券市场的出现和发展，是中国经济逐渐从计划体制向市场体制转型过程中最为重要的成就之一，而证券市场改革和发展的经验，也是中国经济改革宝贵经验的重要组成部分。

---

① 张春廷，《中国证券市场发展简史（清朝晚期）》，《证券市场导报》2001 年第 4 期，第 37—40 页。
② 张春廷，《中国证券市场发展简史（清朝晚期）》，《证券市场导报》2001 年第 4 期，第 45—52 页。

1. 萌芽与探索阶段（1980—1991年）

20世纪80年代，我国的改革开放正处于起步阶段，长期的计划经济思维使人们对于颇具资本主义色彩的证券市场持观望态度，很多人就连想都还不敢想。在"实践是检验真理的唯一标准"的思想指导下，人们冲破了意识形态上的重重束缚，解放思想、实事求是、勇于探索、大胆创新，中国的证券市场在摸索中逐步发展起来。

经国务院授权，由中国人民银行批准，上海证券交易所（以下简称上交所）于1990年11月26日成立，并于12月19日正式营业；深圳证券交易所（以下简称深交所）于1990年12月1日试营业，于1991年4月16日经中国人民银行批准成立，同年7月3日正式开业。尽管当时我国证券交易的规模还非常有限，上交所成立之初只有区区8只股票挂牌交易，深交所才有5只股票。但是两个交易所的建立，规范了证券的发行与交易行为，完善了中国的证券市场，极大地推进了我国证券市场的发展。

1991年8月28日，中国证券业协会成立。在中国证券市场的起步阶段，该协会在普及证券知识、开展国际交流以及提供行业发展信息等方面做了大量服务工作。

2. 快速成长阶段（1992—1998年）

1992年1月，邓小平同志在深圳视察期间表示，证券、股市，这些东西究竟好不好，有没有危险，是不是资本主义独有的东西，社会主义能不能用？允许看，但要坚决地试。邓小平南方谈话极大地激发了证券从业人员的工作热情，促进了证券业的发展，为我国证券业的长远发展奠定了良好的基础。

这一时期我国的证券市场取得了迅速的发展，上市公司数量迅速增加，从1991年的14家上升到1998年的851家。1998年我国股票总发行股本2526.79亿股，股票市价总值19521.81亿元。这一时期我国也在加强法治建设、保障证券市场的规范发展方面做了大量的工作，取得了显著成效。《中华人民共和国公司法》（以下简称公司法）于1994年7月1日实施。1993年4月22日国务院发布了《股票发行与交易管理暂行条例》，除此之外，这一阶段还出台了《公开发行股票公司信息披露实施细则》《证券交易所管理暂行办法》《关于从事证券业务的会计师事务所注册会计师资格确认的规定》《证券、期货投资咨询管理暂行办法》等。

1990年12月5日，专为有价证券交易的综合性场外交易设计的全国证券交易自动报价系统（STAQ系统）正式开始运行。1993年4月28日，由中国证券交易系统有限公司开发设计的NET系统投入试运行。但由于多方面的原因，STAQ和NET两个交易系统内的成交量日益萎缩。1999年9月9日，STAQ和NET两个系统停止运行。

3. 规范和发展阶段（1999年至今）

以《中华人民共和国证券法》（以下简称证券法）的实施为标志，我国进入了一个规范发展的重要时期。

（1）证券法治建设不断完善。

1999年7月证券法的实施标志着中国证券市场法治时代的到来，我国证券市场的法治建设进入了一个新的历史阶段。我国证券法为制订中国证券市场的法规体系奠定了基础，对中国证券市场的规范发展提供了重要指引。2019年新修订的证券法明确规定全面推行注册制，以此来强化证券市场监管，注重保护投资者权益。这标志着中国证券市场在市场化、法治化的道路上又迈出坚实的一步。

（2）股权分置改革基本完成。

股权分置改革可以说是自中国证券市场创立以来的中国经济发展史上的一次革命，是中国资本市场发展的重要里程碑。它完成了一个从半流通市场到全流通市场的重大转型，由此引领了中国证券市场的繁荣发展。

股权分置已成为证券市场发展的瓶颈和重要制约，必须消除非流通股和流通股的流通制度差异。2005年4月29日，中国证券监督管理委员会（以下简称中国证监会）宣布启动股权分置改革试点工作，并在此基础上全面推进股权分置改革。股权分置问题的基本解决，为中国证券市场的发展扫除一个重要的障碍，打破了制约我国资本市场健康发展的最主要的桎梏，也由此引发了中国股市的空前增长。

（3）多层次的资本市场基本建立。

围绕建设多层次资本市场体系，我国进行了一系列金融制度创新：2004年5月，深交所开设中小板，为我国创业板的开设进行了有益的探索；2009年10月30日，深交所开设创业板；2010年4月16日，中国金融期货交易所的股指期货正式上市交易；2014年11月17日，沪港通开通；2017年5月，中国证监会公布《区域性股权市场监督管理试行办法》；2019年7月22日，科创板在上交所正式开板；2021年9月3日，北京证券交易所注册成立。至此，我国多层次资本市场体系基本形成。

 阅读专栏 3-1

中国证券市场改革可为优质创新企业发展提供支持

据Wind数据库统计，截至2022年3月14日，在美国上市的中国概念股（简称中概股）数量已达280家。根据相关媒体的报道，除了京东外，百度、网易、携程、爱奇艺等公司可能也会向香港交易及结算所有限公司（简称港交所）申请二次上市。港交所表示，欢迎所有符合其《上市规则》的公司来港上市。据统计，目前约有19家中概股符合港交所二次上市标准，包括拼多多、腾讯音乐、好未来、微博等。

中概股集体回归的传闻由来已久。几年前，中国推动证券市场改革，计划设立科创板时，就有大量中概股企业意欲回归，奇虎360是成功案例。中概股的出现是一个特定历史阶段的产物：一方面以互联网为主的中概股公司大部分接受来自境外的风险投资，它们需要一个退出通道；另一方面，这些绝大部分在亏损期上市的中概股因为不符合条件而无法在中国证券市场上市，这就造成了中概股当时只能选择在美国纳斯达克上市。

现在，不管是港交所，还是内地正在落实的注册制，都对特殊VIE架构以及同股不同权安排给予了创新性的设计，这也就是说，中概股回归的障碍大幅减少，它们集体回归的可能性大大增加。例如香港还积极讨论，恒生指数可下调金融权重并允许纳入同股不同权以及二次上市企业。由此可见，中国证券市场已经为中概股的回归以及创业型企业在中国的上市创造了条件。

正是在这个时候，瑞幸咖啡造假事件曝光，美国政府也借机打压中概股。美国证券交易委员会（SEC）主席甚至提出，因为信息披露的问题，建议投资者不要将资金投入在美国上市的中国公司股票。

中概股是否只有赴美上市一个选项？事实上，亚洲各国并不缺乏资金，甚至美国股市和债券市场的大部分资金来自亚洲。亚洲此前只是缺乏一个接受和欢迎创业型公司的证券市场环境，但是现在愿意为此制定灵活的规则。纳斯达克的成功在于它的出现和规则与美国新经济的崛起相互配合、相互成就。目前，中国不缺乏创新型企业，大量独角兽公司正在排队等待上市，中国更不缺乏资金，而是缺乏一个规范、透明、公开的本地"纳斯达克"。不过，目前中国香港正在为这些公司创设新的规则，为中概股回归扫除诸多障碍，而深交所创业板也在与上交所科创板接轨。

我们正处于一个历史性的时刻。中国正在完善自己的证券市场，大力发展直接融资。与此同时，中国大力推进科技创新，推动数字产业以及其他新兴战略产业的发展，这些领域将诞生大量科技创新型中小企业，为科创板、创业板提供源源不断的上市资源。可以说，中国已为自己的"硅谷＋纳斯达克"时代做好了准备。

阿里巴巴、京东等成熟的中概股公司回归，将会为包括香港在内的中国证券市场的进一步国际化打下基础。随着新工业革命与数字经济浪潮的到来，中国在金融与科技创新领域相互支持、相互成就。与20年前不同，中国证券市场已经做好准备，可为越来越多的中国优质科技企业提供融资服务，这是中国资本市场的历史机遇。

（资料来源：《21世纪经济报道》2020年5月1日，有改动）

3.3 我国证券市场体系

根据社会经济发展对资本市场的需求，我国资本市场已形成了包括主板市场、创业板市场、科创板市场、中小企业板市场（现已和主板市场合并）、新三板市场和区域性股权交易市场等在内的多层次证券市场体系。

3.3.1 主板市场

主板市场也称"一板市场"，它是一个国家或地区证券发行、上市及交易的主要场所。主板市场对发行者的营业期限、股本大小、盈利水平、最低市值等方面的要求标准较高，上市企业多为大型成熟企业，具有较大的资本规模以及稳定的盈利能力。主板市场是资本市场中最重要的组成部分，是国民经济中各行各业优秀企业的集合，在很大程度上能够反映经济发展状况。上海、深圳证券交易所是我国证券市场的主板市场。

主板市场对发行者的资本规模、盈利能力等有较高的要求。 中国证监会制定的《首次公开发行股票并上市管理办法》从六个方面对首次公开发行股票并上市的股份有限公司作出限定性要求。第一，在主体资格上，该发行者应依法设立且合法存续，其持续经营时间应当在3年以上；第二，在财务会计上，该发行者最近3个会计年度净利润均为正数且累计超过人民币3000万元，净利润以扣除非经常性损益前后较低者为计算依据；第三，该发行者最近3个会计年度经营活动产生的现金流量净额累计超过人民币5000万元，或者最近3个会计年度营业收入累计超过人民币3亿元；第四，该发行者发行前股本总额不少于人民币3000万元；第五，该发行者最近一期末无形资产（扣除土地使用权、水面养殖权和采矿权等）占净资产的比例不高于 20%；第六，该发行者最近一期末不存在未弥补亏损。我国各行业的龙头企业基本上都选择在主板市场上市。

3.3.2 创业板市场

创业板市场又称**"二板市场"**，是相对于主板市场（或称"一板市场"）的资本市场，**它是指主板市场之外专为中小企业和新兴公司提供筹资途径的新市场。**创业板市场的上市公司往往成立时间比较短、规模较小，业绩也不突出，在主板市场上它们是不具有上市资格的。但是它们一般都具有巨大的盈利潜力、突出的成长性和广阔的发展前景等特点。若资本市场能够为它们提供融资和发展的舞台，它们很可能会出现爆炸式的成长，成为高科技产业的中坚力量。

创业板市场的设立，一方面为一些中小企业融资创造了条件，有助于优化资源配置、促进产业升级、分散投资风险、规范企业运作等；另一方面它具有完善风险投资机制的功能，为风险投资者构建了投资的有效退出渠道。

创业板市场具备完善的风险投资体系，它是为中小高科技企业提供直接融资服务的重要一环，也是多层次资本市场的重要组成部分。我国创业板市场在经过了 10 年左右的积极筹备，于 2009 年 10 月 23 日在深交所正式启动。

3.3.3 科创板市场

2019 年 7 月 22 日，科创板在上交所正式开市，中国资本市场又迎来了一个全新板块。**科创板重点关注三类企业：第一类，符合国家战略、突破关键核心技术、市场认可度高的科技创新企业；第二类，属于新一代信息技术、高端装备、新材料、新能源、节能环保以及生物医药等高新技术产业和战略性新兴产业的科技创新企业；第三类，互联网、大数据、云计算、人工智能等和制造业深度融合的科技创新企业。**截至 2021 年 12 月 31 日，科创板挂牌公司数已达 377 家，主要集中于新能源、新一代信息技术、生物医药、新材料、高端装备、节能环保等领域，这也体现了我国高科技企业的发展方向。

拓展阅读 3-2

科创板与主板、创业板的区别

一、试行注册制

目前我国主板、中小企业板和创业板股票的发行制度都是采用核准制，由中国证监会的发行审核委员会对企业的申报材料进行审核。科创板则试行注册制，由上交所负责发行上市审核，中国证监会作出准予注册的决定。从"审核制"变为"注册制"，既意味着企业进入资本市场的条件变得宽松，又意味着企业必须直面市场投资者更挑剔的眼光。

二、发行上市条件更包容

主板、中小企业板对盈利的连续性和绝对金额要求比较高，创业板对企业的盈利要求相对宽松，但都是需要企业连续盈利，才可以发行上市。相较而言，科创板的发行上市条件就包容得多，它对公司的市值及财务指标等设计了 5 套标准，包括市值、营业收入、经营活动现金流、研发投入和产品的技术优势。科创板的上市条件更强调公司的持续经营能力，但对其持续盈利能力要求相对较低。虽然也参考财务指标，但尚未盈利或存在累计未弥补亏损的企业，只要其核心产品有明显技术优势，就可以在科创板上市。

三、发行方式更加市场化

科创板股票的发行试行注册制，发行者申请发行股票，必须依法将要求公开的各种资料全面、准确、完整地向证券监管机构申报。证券监管机构的职责是对申报文件的全面性、准确性、真实性和及时性作形式审查，但不对发行者的资质进行实质性审核和价值判断。

四、发行定价更具有效性

科创板的新股定价以机构投资者为参与主体，打破了现有市场新股发行时，其市盈率不可超过23倍的限制。科创板强调定价有效性，遵循市场化定价询价原则，并通过线下配售等限制性措施，强化市场有效约束机制。此外科创板还通过引入私募参与线下询价配售、试行保荐机构跟投机制、鼓励高管参与战略配售、引入"绿鞋机制"等，保证定价机制市场化。

五、交易机制更加灵活

科创板的涨跌幅限制放宽到20%。首发、增发上市的股票，在科创板上市的前5个交易日不设涨跌幅限制，还增加了盘后固定价格交易。在交易数量方面，科创板的单笔申报数量是不小于200股，超过200股的部分，投资者可按1股为单位递增，限价申报最大不超过10万股，市价申报最大不超过5万股。在竞价交易的基础上，条件成熟时引入做市商制度。

科创板的企业业务模式较新、研发投入规模大，严重依赖核心项目、核心技术人员、少数供应商等，业绩波动可能性较大、不确定性较高。同时科创板的企业规模较小，流通市值较低，涨跌幅限制大，容易被操纵和炒作，因而具有较高的投资者适当性要求。目前按相关规定，个人投资者申请开通科创板交易权限的前20个交易日证券账户及资金账户内的资产日均不低于人民币50万元（不包括该投资者通过融资融券融入的资金和证券），并且还需要该投资者具备参与证券交易24个月以上的经历。

六、持续监管更严格

科创板在公司治理、信息披露监管方面的要求比主板、中小企业板和创业板严格得多，这也就是说，在科创板上市的公司更容易被退市。对于明显丧失持续经营能力的上市公司，第一年实施退市风险警示，第二年仍触及即退市。科创板简化了退市环节，触及终止上市标准的，股票直接终止上市，不再适用暂停上市、恢复上市、重新上市程序。因此在科创板上市的公司也具有更大的风险性，对投资者抵御风险能力的要求更高。

（资料来源：根据网络文献整理）

设立科创板是落实创新驱动发展战略和科教兴国战略、推动高质量发展的重大改革举措，有助于推动上海国际金融中心和科技创新中心的建设。目前，我国资本市场对科技创新在支持力度上还有不足，而科创板能很好地补齐短板，支持新兴科技企业的高速发展，进而推动新兴经济的发展。此外，科创板在设立的同时还试点注册制。这样成功积累了经验之后，就可以在我国资本市场的其他领域加以推广，那么对于整个资本市场来讲，注册制的推进都会大大加快。这将为我国资本市场的成熟稳定以及与国际资本市场更快更广地接轨打下良好的基础。

正是基于上述目的，发行者申请首次公开发行股票并在科创板上市，应当符合科创板定位，应当面向世界科技前沿、面向经济主战场、面向国家重大需求、面向人民生命健康。科创板应优先支持符合国家战略、拥有关键核心技术、科技创新能力突出、主要依靠核心技术开展生产经营、具有稳定的商业模式、市场认可度高、社会形象良好、具有较强成长性的企业。

 知识要点提醒 3-1

关于科创板强制退市的规定

- 一是重大违法强制退市，包括欺诈发行、重大信息披露违法和公共安全重大违法行为。
- 二是交易类强制退市，包括累计股票成交量低于一定标准，股票收盘价、市值、股东数量持续低于一定标准等。
- 三是财务类强制退市，即明显丧失持续经营能力的，包括主营业务大部分停滞或者规模极低，经营资产大幅减少导致无法维持日常经营等。
- 四是规范类强制退市，包括公司在信息披露、定期报告发布、公司股本总额或股权分布发生变化等方面触及相关合规性指标等。

3.3.4 中小企业板市场

中小企业板市场是深交所为了鼓励自主创新，而专门设置的中小型公司上市交易的板块。

2003年2月，国务院明确提出了分步推进创业板市场建设的要求。有关部门也考虑到世界上主要发达国家的创业板市场实施的效果并不理想，加之我国资本市场发展起步较晚，经验不足，因而有关部门认为还是要慎重稳妥地推进创业板市场的设立。2004年5月，经国务院批准，中国证监会批复，同意深交所在主板市场内设立中小企业板块市场。因此，我国的中小企业板市场在实质上也是对设立创业板市场的一种过渡与探索。中小企业板市场的总体设计，可概括为"两不变"和"四独立"：在现行法律法规不变、发行上市标准不变的前提下，在深交所主板市场中设立一个运行独立、监察独立、代码独立、指数独立的市场。这样，如果有些企业想上市，它们的经营规模可能达不到在主板上市的要求，那么它们可以选择在中小企业板市场上市。

中小企业板市场从资本市场架构上从属于主板市场。在创业板市场、科创板市场设立之后，中小企业板市场存在的价值已经不大了。因此，2021年2月，经国务院同意，中国证监会正式批复深交所合并主板和中小企业板市场。

3.3.5 "新三板"市场

（一）"新三板"市场的起源

全国证券交易自动报价系统（STAQ系统）和中国证券交易系统有限公司（简称中证交）开发设计的NET系统主要是为证券市场提供证券的集中交易及报价、清算、交割、登记、托管、咨询等服务。由此在全国形成了上交所、深交所和 STAQ、NET 两个计算机网络构成的"两所两网"的证券交易市场格局。20 世纪 90 年代后期，国家开始整顿场外非法交易市场，STAQ 和 NET 系统也于 1999 年 9 月 9 日停止运行。

2001 年 5 月 25 日，根据证监会意见，中国证券业协会决定选择部分证券公司试点开展原 STAQ、NET 系统挂牌企业的流通股转让业务，并同时承接了从上交所、深交所退市的企业的股票交易。2006 年，中关村科技园区非上市股份有限公司进入代办转让系统并进行股份报价转让，交易成员发生了根本的改变，为了加以区别形象地称之为"**新三板**"。"新三板"市场的规范名称是"**全国中小企业股份转让系统**"。2012 年，"新三板"市场扩容，上海张江高新技术产业开发区、武汉东湖新技术产业开发区和天津滨海高新区的高科技企业进入试点。2013 年 12 月 31 日起"新三板"市场面向全国接收企业挂牌申请。

（二）"新三板"市场的作用

"新三板"市场的建立可以使一些中小型高新技术企业的融资不再局限于银行贷款，更多的股权投资基金将会因为有了"新三板"市场的制度保障而主动投资。企业登陆"新三板"市场后，就要在专业机构的指导下先进行股权改革，明晰企业的股权结构和高层职责，规范信息披露，这样可以有效提高企业治理水平，促进企业的规范管理和健康发展，增强企业的发展后劲。"新三板"市场也为私募股权基金资本提供退出机制，因此在"新三板"市场上市的中小型高科技企业也更容易受到私募股权基金的青睐。在"新三板"市场挂牌对这些企业来说也具有一定的广告效应。

"新三板"市场主要为创新型、创业型、成长型中小企业发展提供服务。"新三板"市场将符合不同标准的挂牌公司分别纳入创新层和基础层管理。境内符合条件的股份有限公司均可通过主办券商申请在"新三板"市场挂牌，公开转让股份，并进行股权融资、债券融资、资产重组等。"新三板"市场的股票转让方式可以采用协议转让方式、做市转让方式、竞价转让方式或其他证监会批准的转让方式。

3.3.6 区域性股权交易市场

区域性股权交易市场也称"四板市场"，它是为特定区域内中小企业证券非公开发行、转让及相关活动提供设施与服务的场所，一般由省级人民政府依法对区域性股权市场进行监督管理，并负责风险处置。区域性股权交易市场对于促进企业特别是中小企业股权交易和融资、鼓励科技创新和激活民间资本、加强对实体经济薄弱环节的支持等具有积极作用。

2017 年 5 月 3 日，中国证监会颁发了《区域性股权市场监督管理试行办法》。该办法规定，区域性股权市场运营机构负责组织区域性股权市场的活动，并对市场参与者进行自律管理；各省、自治区、直辖市、计划单列市行政区域内设立的运营机构不得超过一家；区域性股权市场不得为其所在省级行政区域外企业证券的发行、转让或者登记存管提供服务；在区域性股权市场发行证券为非公开发行，不得采用广告、公开劝诱等公开或者变相公开方式发行证券；一般而言，在区域性股权市场发行的单只证券持有者数量累计不得超过 200 人，法律、行政法规另有规定的除外；投资者在区域性股权市场买入后卖出或者卖出后买入同一证券的时间间隔不得少于 5 个交易日。

拓展阅读 3-3

北京证券交易所

2021 年 9 月 3 日，北京证券交易所注册成立。这是我国设立的第一家公司制证券交易所。

北京证券交易所的设立有利于完善我国资本市场的层次布局，实现与上海证券交易所、深圳证券交易所之间的功能互补、错位发展。上海证券交易所基于上海的主板、科创板市场，主要服务于硬科技；深圳证券交易所基于深圳的主板、创业板市场，主要服务于新经济；北京证券交易所基于现有的"新三板"体系，服务创新型中小企业，特别关注"专精特新"的中小型企业。相对于创业板、科创板，北京证券交易所服务的企业更小、更新。

北京证券交易所立足于服务创新型中小企业，尊重创新型中小企业的发展规律和成长阶段，提升制度包容性和精准性，形成了一套契合中小企业特点的差异化制度安排。同时，还发挥"新三板"的枢纽作用，完善转板机制，允许在北京证券交易所上市的合格企业转板科创板、创业板，从而实现三大交易所的互联互通。

3.4 证券发行市场

3.4.1 证券发行市场的概念

证券发行市场，是证券的发行者为筹集资金，按照一定的法律规定和发行程序，向投资者出售新证券所形成的市场。证券发行市场通常无固定场所，是一个无形的市场。

证券发行市场是证券交易市场的基础和前提，只有有了证券的发行市场，并为证券的交易市场提供品种丰富、数量充足的证券，证券交易市场才会兴旺和繁荣。

3.4.2 证券发行市场的功能

证券发行是证券发行者将某种证券首次出售给投资者的行为，属于第一次交易，故证券发行市场也称为"一级市场"或"初级市场"。

（一）证券发行市场是国家和企业筹集长期资金的重要渠道

筹集资金是证券市场的首要功能，而这一功能的实现也正是依赖证券发行市场来完成的。在党的二十大报告中就明确提出了，要健全资本市场功能，提高直接融资比重，由此也深刻体现了证券市场在我国经济发展以及重大项目建设中的重要地位。在国民经济运行过程中，各经济主体在不同时期货币的收入与支出不可能做到完全均衡，如一些企业的商品售出之后货款却不能及时收回造成货币的短缺，有时一次购入的原材料又可能满足企业较长时间商品生产和销售的需要，从而造成资金的富余；企业利润的积累会形成资金的富余，企业规模扩张，以及收购、兼并等资本运作行为又都会产生大量的资金需求；政府部门也可能因为收支的不稳定而在资金的盈余与不足之间摆动。证券市场以证券的形式为需求者和供给者融通资金提供了一个良好的机制和场所，资金需求者通过证券市场发行证券融入资金，而资金供给者也通过证券市场买入证券，实现资金价值的增值，解决了资金供求的矛盾，并满足了各自不同的需要。

（二）证券发行市场具有证券创设功能

任何权利凭证若要进入证券市场并实现流通，必须首先取得合法的证券形式。证券发行就是创设证券并使其转让和流通。证券发行市场上的发行对象，可以是从未发行过证券的发行者创设的证券，也可以是证券发行者在前次发行后增加发行的新证券，还可以是因证券拆细或合并等而发行的证券。我国目前最常见的是股份有限公司首次公开募股（又称"上市"），或上市公司为了增加股本，以送股或配股等方式发行的新股票。上述情况都具有创设新证券的性质，属于证券发行活动。

3.4.3 证券发行市场的发行活动

（一）证券的发行方式

1. 根据发行对象的不同分类，可以将证券发行分为公开发行和非公开发行

（1）公开发行。

公开发行（Public Offering） 又称"公募发行"，是指发行者向不特定的社会公众投资者广泛地发售证券的一种发行方式。

证券的公开发行有严格的政策规定，发行者必须符合法律、行政法规规定的条件，并依法报经国务院证券监督管理机构或者国务院授权的部门核准或者审批。未经依法核准或者审批，任何单位和个人不得向社会公开发行证券。

采用公开方式发行的证券，所有合法的社会投资者都可以参加认购，其优势在于：第一，投资者范围广，筹集资金潜力大；第二，发行量大，投资者多，可避免对一级市场操纵；第三，公开发行证券可上市流通，证券的流动性可增加投资者的认同度。

由于公开发行涉及投资者多、社会影响大，因此各国都对公开发行有严格的要求，如发行者要有较高的信用，发行者的信息披露必须充分、准确、规范等。

公开发行证券的认定主要依据发行对象是否为特定对象。我国证券法规定，**凡是向不特定对象发行证券的或向特定对象发行证券累计超过两百人的为公开发行**。同时规定，**非公开发行证券，不得采用广告、公开劝诱和变相公开方式**。

公司公开发行证券的发行过程比较复杂，登记核准所需时间较长，发行成本较高。这种发行方式一般适合于发行数量大，发行者社会影响较大、知名度较高的情况。

（2）非公开发行。

非公开发行（Non-public Offering） 又称"私募发行""内部发行"，是指仅面向少数特定的投资者发行证券的方式。**非公开发行方式中的投资者一般都与发行者具有特定的关系**。发行对象也分为个人投资者和机构投资者，但个人投资者一般为公司老股东或发行者自己的员工。机构投资者多为与发行者有密切往来关系的金融机构或企业等。非公开发行方式

中发行者与投资者关系较为密切，相互之间都很了解，因而发行手续简单，发行费用低。

2. 根据发行价格与票面价格之间的关系分类，可以将证券发行分为平价发行、溢价发行和折价发行

证券的发行价格是指发行者将证券出售给投资者时所采用的价格，票面价格是指证券发行时每一单位证券所代表的资本额。发行价格的确定要考虑多种因素，如发行者收益水平、经营业绩的成长性、市场利率以及证券市场的供求关系等。证券的发行价格与票面价格一般是不一致的。

(1) 平价发行。

平价发行（Parity Issuing） 也称"等额发行"或"面额发行"，是指发行者把票面价格作为发行价格。由于证券发行后的交易价格通常要高于票面价格，平价发行能使投资者得到交易价格高于发行价格时所产生的额外收益，因此投资者认购热情较高。平价发行方式简单易行，但发行者筹集资金量较少。目前，平价发行在发达证券市场中用得很少，多在证券市场不发达的国家和地区采用。债券、基金等证券的发行多采用平价发行。

(2) 溢价发行。

溢价发行（Premium Issuing） 是指证券的发行价格高于票面价格。股票发行价格的高低主要决定于公司的净资产、盈利水平、发展潜力、所在行业、发行数量、证券市场的状态以及承销商的经营能力等。其中，股份有限公司的发展潜力，也就是其成长性对其发行价格有着重要的影响。对于一些成长性较好的公司，尽管其净资产、盈利水平等方面并不突出，但是其高成长性会带给投资者广阔的想象空间，可能会导致其高溢价发行。筹资者也可以筹集更多的资金。

(3) 折价发行。

折价发行（Discount Issuing） 是指证券的发行价格低于票面价格。

世界上各个国家一般都对证券发行的价格水平有具体的规定。**多数国家都规定不允许折价发行证券，我国亦是如此。**

3. 根据有无发行中介分类，可以将证券发行分为直接发行和间接发行

(1) 直接发行。

直接发行（Direct Issuing） 是指发行者不通过证券承销机构，而是自己直接将证券销售给投资者的发行方式。**直接发行方式一般为非公开发行。** 由于非公开发行的发行范围较小，发行对象明确，发行价格上有条件由发行者与投资者之间直接商谈确定，可节省向发行中介机构缴纳的手续费，因此可降低发行成本。股份有限公司首次发行的股票都由投资者直接认购，不会依赖承销商发行。此外，公司公积金转增股本、送红股、债转股、对原有股东增发新股等在公司内部的股本变化及发行新股均属直接发行。直接发行的发行成本低，但发行风险全部由发行者承担，容易导致发行失败。这种发行方式一般适用于发行量小、发行对象明确、发行者知名度高、发行风险低的证券。

(2) 间接发行。

间接发行（Indirect Issuing） 也称"承销发行"，是指发行者不直接参与证券发行，而是委托证券中介机构（又称"承销商"）承销的一种方式。**采用间接发行方式，发行者要向承销商支付一定的承销费用**，因而发行成本相对较高。但是对发行者来说，证券发行工作并不是经常发生的，他们对一级市场并不熟悉。因此在证券发行时，尤其是向社会公开

发行时,发行者并不了解发行过程中可能出现的各种情况,发行效果往往难如人愿。而对证券中介机构来说,承销证券是他们的主要业务之一,他们有着发达的营销网络和丰富的承销经验,一般可以保证有比较好的发行效果,而且可以为发行者承担发行风险。因此,在一般情况下,证券的公募发行多采用间接发行方式。同时,我国公司法也规定,发行者向社会公开募集股份,应当由依法设立的证券公司承销,即采用间接发行方式。

(二) 证券的发行价格

1. 股票发行价格的确定

股票的发行价格是指发行者将股票出售给投资者时所采用的价格。股票发行价格的确定主要有以下 4 种方法。

(1) 市盈率法。

市盈率 (Price Earning Ratio) 又称"本益比",是股票的市场价格与每股收益之间的比率。市盈率是用来衡量股票的市场价格是否具有投资价值的一个重要指标。在股票发行的过程中,也经常通过市场所认可的市盈率和股票发行者的盈利水平来确定股票的发行价格。市盈率的计算公式如下所示。

$$市盈率 = \frac{股票市场价格}{每股净收益} \qquad (3-1)$$

市盈率实际上反映了股票的市场价格是每股净收益的多少倍。在计算市盈率时的每股净收益一般以年为时间单位,因此也可以将市盈率理解为:投资者当前以股票的市场价格购买股票,在几年的时间内可以用股票的净收益收回成本。因此,一只股票的市盈率越低,就意味着对该股票的投资回收期越短,该股票的投资价值也就越大。每股净收益的计算公式如下所示。

$$每股净收益 = \frac{税后利润总额}{股份总额} \qquad (3-2)$$

发行者的每股净收益确定之后,就可以根据发行市盈率确定股票的发行价格,其计算公式如下所示。

$$发行价格 = 每股收益 \times 发行市盈率 \qquad (3-3)$$

发行市盈率一般是依据二级市场上股票的平均市盈率、发行者所在行业的平均市盈率、发行者的收益现状及其成长性等来确定。一般来说,**如果发行者在发行股票时二级市场上股票的市盈率较高、发行者所在行业的平均市盈率较高、发行者的收益状况较好、企业成长性较好时,发行市盈率就可以定得高一些。反之,就应当定得低一些。**发行者和承销商都是发行股票的利益主体,股票发行价格的高低直接关系到这两大主体的利益,发行者希望从市场中筹集更多的资金,而承销商则希望从更大发行额中抽取更多的承销费用。因此发行定价具有更多的主观性和随意性,发行的股票价格也往往被高估。如果通过行政方式按统一的市盈率来确定发行价格,虽可以解决上述问题,但对于不同行业的上市公司来说是不科学的,这也容易诱使发行者通过违规粉饰财务报表来提高发行的价格。

(2) 询价法。

询价法 (Inquiry Method) 就是股票的发行者及其保荐机构通过向询价对象询价的方式来确定股票发行价格的一种方法。

股票发行申请经中国证监会核准后,发行者应公告招股意向书,开始进行推介和询价。询价分为初步询价和累计投标询价两个阶段。

第一阶段,发行者及其保荐机构应向不少于 20 家询价对象进行初步询价,并根据询价对象的报价结果确定发行价格区间及相应的市盈率区间。公开发行股数在 4 亿股(含 4 亿股)以上的,参与初步询价的询价对象应不少于 50 家。

第二阶段,发行价格区间确定后,发行者及其保荐机构应在发行价格区间内向询价对象进行累计投标询价,并根据累计投标询价结果确定发行价格。符合规定的所有询价对象均可参与累计投标询价。

采用询价制度确定新股的发行价格时,参与询价的机构投资者可以先通过对即将发行股票的公司进行研究与估值,然后利用估值的结果参与询价,这样定出的发行价格更能够真实地反映该公司的投资价值。但是这样也容易导致投资者为了确保能申购有效,报价高于指导价,造成报价虚高的现象,由此进一步导致询价本身的价格发现功能丧失,价格扭曲,不能真实地反映该公司的基本情况。

(3) 净资产倍率法。

净资产倍率法(Method of Net Value of Assets) 又称"资产净值法",是指通过资产评估和相关的会计手段确定发行者募股资产的净现值和每股净资产值,然后根据证券市场的状况将每股净资产值乘以一定的溢价倍率或折扣倍率,以此确定股票发行价格的方法,其计算公式如下所示。

$$发行价格 = 每股净资产值 \times 溢价倍率(折扣倍率) \quad (3-4)$$

净资产倍率法在国外常用于房地产公司或资产现值重于商业利益的公司的股票发行。以这种方式确定每股发行价格,不仅应考虑公平市值,还须考虑市场所能接受的溢价倍率或折扣倍率。溢价倍率或折扣倍率的确定一般也要参考二级市场上股票的平均溢价倍率、发行者所在行业上市公司的溢价倍率、发行者的收益成长性等。

(4) 竞价确定法。

竞价确定法(Bidding Method) 是指交易过程中,由各股票承销商或者投资者以投标方式相互竞争确定股票发行价格。竞价确定法的具体步骤是:首先,投资者在指定的时间内通过证券交易场所的交易网络以不低于发行底价的价格并按限购比例数量进行认购委托;其次,申购期满后,由交易所的交易系统将所有的有效申购按照"价格优先,同价位申报时间优先"的原则,由高向低排序,并由高价向低价累计有效认购数量;最后,当累计数量恰好达到或超过本次发行数量时的价格,即为本次的发行价格,如果累计有效认购数量在价格达到发行底价时仍不能满足本次发行股票的数量,则底价为发行价。发行底价由发行者和承销商根据发行者的经营业绩、盈利预测、投资的规模、市盈率、发行市场和股票交易市场上同类股票的价格及影响发行价格的其他因素等,共同研究协商确定。

2. 债券发行价格的确定

债券发行价格是指债券的投资者在认购新发行债券时实际支付的价格。债券的发行价格可以分为三种:第一,平价发行,即债券的发行价格等于面值的发行;第二,折价发行,即债券的发行价格低于面值的发行;第三,溢价发行,即债券的发行价格高于面值的发行。在面值和票面利率确定的情况下，可以通过调整债券的发行价格使投资者的实际收益率与市场收益率的水平相匹配。

(1) 影响债券发行价格的因素。

① 面值。面值就是债券票面上所标明的债券的价值。面值反映了债券发行者到期时需要偿还投资者的本金额。

② 票面利率。债券的票面利率是指发行者每年向投资者支付的利息占票面金额的比率。票面利率的高低直接影响着发行者的投资成本和投资者的投资收益。在确定债券的票面利率时，一般要考虑债券期限的长短、市场利率的高低、利息的支付方式和债券的信用等级等因素。

③ 付息方式。债券的付息方式是指发行者在债券的有效期内，一次性或按一定的时间间隔向投资者支付债息的方式。债券的付息方式一般有一次性付息和分期付息两类。

④ 期限。期限即债券的偿还期限。

⑤ 市场利率。市场利率就是在确定债券的发行价格时所参考的市场收益率指标。

(2) 债券发行价格的确定方法。

债券的理论发行价格的确定其实就是一个求现值的过程，它等于各期利息的现值和到期还本的现值之和，折现率以发行时的市场利率为标准。利息支付方式的不同，债券的理论发行价格也不一样。下面仅以单利计息、按年付息的债券为例说明，该债券的理论发行价格的计算公式如下所述。

$$理论发行价格 = A \sum_{t=1}^{N} \frac{1}{(1+市场利率)^t} + \frac{面值}{(1+市场利率)^N} \quad (3-5)$$

式中，N 为债券的有效期限；A 为年息；t 为 $1 \sim N$ 之间的变量。

债券实际发行价格的确定应参考其理论发行价格，并结合市场利率的未来走向、公司的信用等级等因素综合确定。

阅读专栏 3-2

股票发行注册制

股票发行注册制主要是指发行者申请发行股票时，必须依法将公开的各种资料完全、准确地向证券监管机构申报。证券监管机构的职责是对申报文件的全面性、准确性、真实性和及时性进行形式审查，但不对发行者的资质进行实质性审核和价值判断，而将发行者（一般是股份有限公司）股票的价值高低留给市场来判断。

注册制的核心是保证该证券发行者提供的材料不存在虚假记载、误导性陈述和重大遗漏，至于该证券的价值判断要由市场来完成。股票发行实施注册制，并不意味着发行标准的降低和监管的放松。相反，注册制对事后监管提出了更高的要求，需要更加严厉地监管以维护市场的健康运行。这类发行制度的代表是美国和日本，且这种制度的市场化程度最高。

2015年12月9日，国务院常务会议审议通过了拟提请全国人大常委会审议的《关于授权国务院在实施股票发行注册制改革中调整适用〈中华人民共和国证券法〉有关规定的决定（草案）》。2015年12月27日，国务院实施股票发行注册制改革的举措获得中国最高立法机关的修法授权，2016年3月起我国正式施行股票发行注册制。

2020年10月9日，国务院印发的《关于进一步提高上市公司质量的意见》提出，将全面推行、分步实施证券发行注册制，支持优质企业上市。

（资料来源：根据相关文献整理）

3.5 证券流通市场

3.5.1 证券流通市场的概念

证券流通市场，是已发行的有价证券交易与转让的市场。在证券流通市场中，投资者根据对证券市场的认识与分析，选择较有利的机会买入或卖出证券，以实现获利的目的。正是因为证券流通市场的存在，才使证券的价值能够被发现，并实现社会资源的合理配置，实现资本市场的功能。

3.5.2 证券流通市场的功能

（一）为广大投资者提供了进行证券交易的场所

有了证券流通市场，投资者在证券发行市场购买的有价证券才可以交易和变现，社会资金的拥有者也才可以在这里购买所需要的证券，等待获利的机会。证券流通市场的交易活跃程度和交易价格直接影响着新证券在一级市场上的发行价格和发行速度，这对发挥资本市场的作用产生着积极的影响。

（二）有利于形成较为合理的证券价格

证券交易价格是在充分竞争的基础上，经过买卖双方的集中公开竞价形成的。尽管在证券流通市场中也可能存在一些价格操纵、黑幕交易等违规现象，但是与其他商品的交易相比，证券的公开化程度、透明度还是要高得多，其价格能够较好地反映证券的价值和供求关系。

（三）实现社会资源的合理配置

投资者在证券流通市场购买了一家上市公司的股票后，可以通过举手表决，参与该公司的重大经营决策、选择公司管理层的主要人员等，也可以抛弃这家上市公司而另择其他。这样才使得社会资金不断地流向了行业发展前景广阔、经营业绩优秀的上市公司，使它们具备优越的融资条件和良好的发展基础，由此社会资源也得到了合理配置。

（四）反映国民经济的变化趋势

在证券市场的有效性条件下，证券流通市场中证券价格的变化在一定程度上受发行者的利润、前景等多种因素的影响，证券市场价格的变化也在一定程度上反映出国民经济的变化趋势。由于证券价格循环一般先于商业循环发生,因此证券价格的变化往往也先于经济周期的变化,成为国民经济的"晴雨表"。由此可见,通过证券价格的波动,可以推测企业、行业,甚至国民经济的未来发展状况。

 阅读专栏 3-3

证券交易所市场的交易

证券交易所是证券买卖双方公开交易的场所,是一个有组织、有固定地点、集中进行证券交易的市场,它是整个证券市场的核心。证券交易所本身并不买卖证券,也不决定证券价格,而是为证券交易提供一定的场所和设施,配备必要的管理和服务人员,并对证券交易进行周密的组织和严格的管理,为证券交易的顺利进行提供一个稳定、公开、高效的环境。

证券交易所的组织形式大致可以分为两类:公司制和会员制。

公司制的证券交易所是以股份有限公司形式组织并以营利为目的的法人团体,一般由金融机构及各类民营公司组建。公司制证券交易所的章程中明确规定了作为股东的证券经纪商和证券自营商的名额、资格和公司存续期限。公司制证券交易所必须遵守该国公司法的规定,并在该国政府证券主管机构的管理和监督下,吸收各类证券挂牌上市,但它本身的股票不得在本交易所上市交易。同时,公司制证券交易所的任何成员公司的股东、高级职员、一般职员都不能担任它的高级职员,以保证交易的公正性。北京证券交易所即为公司制证券交易所。

会员制的证券交易所是一个由会员自愿组成的、不以营利为目的的社会法人团体。会员制证券交易所规定,只有会员才能进入交易所大厅进行证券交易,其他人要买卖在会员制证券交易所上市的证券,必须通过会员进行。会员制证券交易所对会员进行自律性管理,对于违反该证券交易所规章制度的会员,由交易所给予惩罚。上海证券交易所和深圳证券交易所均实行会员制,它们是非营利性的事业法人。

(资料来源:根据相关文献整理)

3.6 证券市场的监管

证券市场监管是指证券监管部门运用法律、经济和必要的行政手段,对证券的募集、发行、交易等行为以及证券中介机构的行为进行监督与管理。证券市场是国民经济的重要组成部分,对国民经济的发展有着举足轻重的影响。为了保证证券市场的稳定发展,有效防范和化解市场风险,保护广大投资者的权利和利益,各国都致力于建立全国统一的证券市场体系和与之相适应的集中监管体制,并把营造公开、公平、公正的市场环境作为市场监管的主要任务。为满足推进资本市场改革开放和稳定发展的需要,我国提出"法制、监管、自律、规范"的方针,并通过加强法治建设、落实监管措施、强化行业自律,达到使证券市场规范发展的目的。

证券市场监管的目标在于运用、发挥证券市场机制的积极作用,限制其消极影响;保护投资者利益,保障合法的证券交易活动,监督证券中介机构依法经营;防止人为操纵、

欺诈等违法行为，维持证券市场的正常秩序；根据国家宏观经济管理的需要，运用灵活多样的方式，调控证券发行与交易规模，引导投资方向，使之与经济发展相适应。

3.6.1 证券市场监管的意义

证券市场是集投资与投机于一体的市场，它有促进国民经济发展的积极作用，但也容易让一些不法分子利用监管体系中存在的漏洞，操纵市场、欺诈投资者。因此必须加强对证券市场的有效监管，以保证其健康发展。证券市场监管的意义有以下三点。

（一）加强证券市场监管是保障广大投资者权益的需要

投资者是证券市场的主体，信息上的不对称性又往往使他们成为违规交易中的受害者。只有坚持"公开、公平、公正"的原则，加强市场监管，确保上市公司质量和信息披露得及时、准确、真实、完整，才能切实保障投资者的利益。

（二）加强证券市场监管是控制市场风险、维护市场秩序的需要

证券市场是国民经济的重要组成部分，它又是一个参与者多、投机性强、敏感度高的高风险市场。如果没有完善的交易规则和良好的交易秩序，内幕交易、价格操纵、蓄意欺诈、垄断行市等不法行为能够低成本实现，那么这必将导致市场风险集聚，进而对国民经济的发展产生巨大的负面影响。

（三）加强证券市场监管是发展和完善证券市场体系的需要

证券市场监管体系是证券市场体系的重要组成部分。完善的证券市场监管体系，能够促进证券市场更好地实现筹资和融资功能，稳定证券市场，增强投资者信心，并促进社会资本的合理流动，从而推动社会经济的发展。

3.6.2 我国证券市场监管体系

我国证券市场经过这几十年的发展，已形成了由中国证券监督管理委员会、证券交易所、中国证券业协会、证券投资者保护基金公司等组成的监管体系。

（一）中国证券监督管理委员会

1992年10月，国务院证券委员会（简称"国务院证券委"）和中国证券监督管理委员会（简称"中国证监会"）宣告成立，这标志着中国证券市场统一监管体制开始形成。国务院证券委是我国对证券市场进行统一宏观管理的主管机构，中国证监会是国务院证券委的监管执行机构，它依照法律、法规对证券市场进行监管。

1998年4月，根据国务院机构改革方案，决定撤销国务院证券委，将其职能并入中国证监会。此次合并重组后的中国证监会是国务院直属正部级事业单位。2023年3月，中共中央、国务院印发了《党和国家机构改革方案》，中国证监会调整为国务院直属机构。

中国证监会及其在地方设立的稽查局、证监局等派出机构，对全国证券、期货市场实行集中统一监管，维护证券市场秩序，其主要职责包括：制定有关证券市场监督管理的规章、规则，并依法行使审批或者核准权；对证券的发行、上市、交易、登记、存管、结算等进行监督管理；依法对证券发行者、上市公司、证券公司、证券投资基金管理公司、证

券服务机构、证券交易所、证券登记结算机构的证券业务活动进行监督管理；依法制定从事证券业务人员的资格标准和行为准则，并监督实施；依法监督检查证券发行、上市和交易的信息公开情况；依法对中国证券业协会的活动进行指导和监督；依法对违反证券市场监督管理法律、行政法规的行为进行查处等。

（二）证券交易所

证券交易所不仅要为投资者提供交易的场所和交易信息，还要制定交易规则，维持交易秩序，同时还对证券交易活动的参与者实施监管。证券交易所监管的内容主要包括对上市公司的监管、对证券交易活动的监管以及对会员的监管。

1. 对上市公司的监管

证券上市后，在流通市场上不断地买进或卖出，发行者的状况直接影响到证券在交易所内的转让。对证券上市公司的监管主要包括信息披露监管和实时监控监管。证券交易所对上市公司未按规定履行信息披露义务的行为，可以按照上市协议的有关规定予以处理；对公司股票交易发生异常波动，有投资者发出收购该公司股票的公开要约、上市公司依据上市协议提出停牌申请、中国证监会依法作出暂停股票交易的决定、证券交易所认为必要时，应当暂停上市公司的股票交易，并要求上市公司立即公布有关信息。

2. 对证券交易活动的监管

证券交易所对证券交易活动的监管主要包括：交易证券的种类和期限；证券交易方式和操作程序；证券交易中的禁止行为；清算交割事项；交易纠纷的解决；上市证券的暂停、恢复与取消交易；证券交易所的开市、收市、休市及异常情况的处理；交易手续费及其他有关费用的收取方式和标准；对违反交易规则行为的处理规定；证券交易所证券交易信息的提供和管理；股价指数的编制方法和公布方式等。

3. 对会员的监管

证券交易所对会员的监管主要包括：取得会员资格的条件和程序席位管理办法；与证券交易和清算业务有关的会员内部监督、风险控制、建立电脑系统的标准并对电脑系统进行管理和更新等；会员的业务报告制度；会员所派出的代表在交易场所内的行为规范；对会员及其出市代表违法、违规行为的处罚等制定具体的会员管理规则。证券交易所还应当根据国家关于证券经营机构证券自营业务管理的规定和证券交易所业务规则，对会员的证券自营业务、代理客户买卖证券业务实施监管。

（三）中国证券业协会

证券业协会就是通过制订公约、章程、准则、细则，对证券市场活动进行自我监管的自律性组织。证券业协会是社会团体法人。证券业协会的权力机构为由全体会员组成的会员大会。我国证券法规定，证券公司应当加入证券业协会。

中国证券业协会成立于1991年8月28日。证券业协会的职责主要包括：协助证券监督管理机构教育和组织会员遵守证券法律、行政法规；依法维护会员的合法权益，向我国证券监督管理部门反映会员的建议和要求；收集整理证券信息，为会员提供服务；制定会员应遵守的规则，组织会员单位从业人员的业务培训，开展会员间的业务交流；对会员之间、会员与客户之间发生的证券业务纠纷进行调解；组织会员就证券业的发展、运作及有关内容进行研究；监督、检查会员行为，对违反法律、行政法规或者协会章程的，按照规定给予纪律处分；证券业协会章程规定的其他职责。

在国家有关发展证券市场的方针政策的指引下，中国证券业协会对会员实行自律性管理，发挥着政府与会员之间的桥梁和纽带的作用。中国证券业协会积极维护会员的合法权益，维护市场的公开、公平、公正和有序运行，促进我国证券市场健康稳定地发展。在规范证券机构的经营行为、控制市场风险、加强证券机构之间的交流、提高证券从业人员的素质、深化对证券市场的宏观研究、密切海内外同行之间的友好往来等诸多方面，中国证券业协会都在作出越来越大的贡献。

（四）证券投资者保护基金公司

证券投资者保护基金是为了在证券公司出现倒闭、破产等重大风险时，通过便捷的渠道并依据国家政策规范地保护投资者权益，特别是中小投资者的权益而设立的。证券投资者保护基金公司要监测证券公司风险，组织、参与被撤销、关闭或破产的证券公司的清算工作。这是对我国现有的国家行政监督管理部门、证券交易所、中国证券业协会等组成的全方位、多层次监管体系的一个重要补充。

3.6.3 证券市场的禁止行为

（一）禁止内幕交易

禁止内幕交易，就是禁止证券交易中内幕信息的知情人员利用内幕信息进行证券交易活动。内幕信息是指证券交易活动中，涉及公司的经营、财务或者对该公司证券的市场价格有重大影响但尚未公开的信息。知悉证券交易内幕信息的知情人员，在内幕信息公开前，不得买入或者卖出所持有的该公司证券，也不得泄露该信息、建议他人买卖该公司证券。若由于内幕交易行为给投资者造成损失的，行为人应当依法承担赔偿责任。

《中华人民共和国证券法》规定，证券交易内幕信息的知情人包括以下9类。

（1）发行人及其董事、监事、高级管理人员；

（2）持有公司百分之五以上股份的股东及其董事、监事、高级管理人员，公司的实际控制人及其董事、监事、高级管理人员；

（3）发行人控股或者实际控制的公司及其董事、监事、高级管理人员；

（4）由于所任公司职务或者因与公司业务往来可以获取公司有关内幕信息的人员；

（5）上市公司收购人或者重大资产交易方及其控股股东、实际控制人、董事、监事和高级管理人员；

（6）因职务、工作可以获取内幕信息的证券交易场所、证券公司、证券登记结算机构、证券服务机构的有关人员；

（7）因职责、工作可以获取内幕信息的证券监督管理机构工作人员；

（8）因法定职责对证券的发行、交易或者对上市公司及其收购、重大资产交易进行管理可以获取内幕信息的有关主管部门、监管机构的工作人员；

（9）国务院证券监督管理机构规定的可以获取内幕信息的其他人员。

（二）禁止欺诈行为

欺诈行为是指以获取非法收益为目的，在证券发行交易及相关活动中违反相关法律法

规、欺诈客户、虚假陈述、误导投资者的行为。

禁止国家工作人员、传播媒介从业人员和有关人员编造、传播虚假信息，扰乱证券市场。

禁止证券交易所、证券公司、证券登记结算机构、证券服务机构及其从业人员、证券业协会、证券监督管理机构及其工作人员，在证券交易活动中做出虚假陈述或者信息误导。

各种传播媒介传播证券市场信息时，必须真实、客观，禁止误导。

（三）禁止操纵市场行为

操纵市场行为是指投资者以获取不正当利益或者转嫁风险为目的，利用其资金、信息等优势或者滥用职权操纵证券市场价格，制造假象，诱导投资者在不了解事实真相的情况下作出证券投资决定，扰乱市场秩序。操纵证券市场行为给投资者造成损失的，行为人应当依法承担赔偿责任。

操纵市场行为主要包括以下 8 点。

（1）单独或者通过合谋，集中资金优势、持股优势或者利用信息优势联合或者连续买卖；

（2）与他人串通，以事先约定的时间、价格和方式相互进行证券交易；

（3）在自己实际控制的账户之间进行证券交易；

（4）不以成交为目的，频繁或者大量申报并撤销申报；

（5）利用虚假或者不确定的重大信息，诱导投资者进行证券交易；

（6）对证券、发行人公开作出评价、预测或者投资建议，并进行反向证券交易；

（7）利用在其他相关市场的活动操纵证券市场；

（8）操纵证券市场的其他手段。

第3章
在线答题

第 4 章

证券投资的收益与风险

思维导图

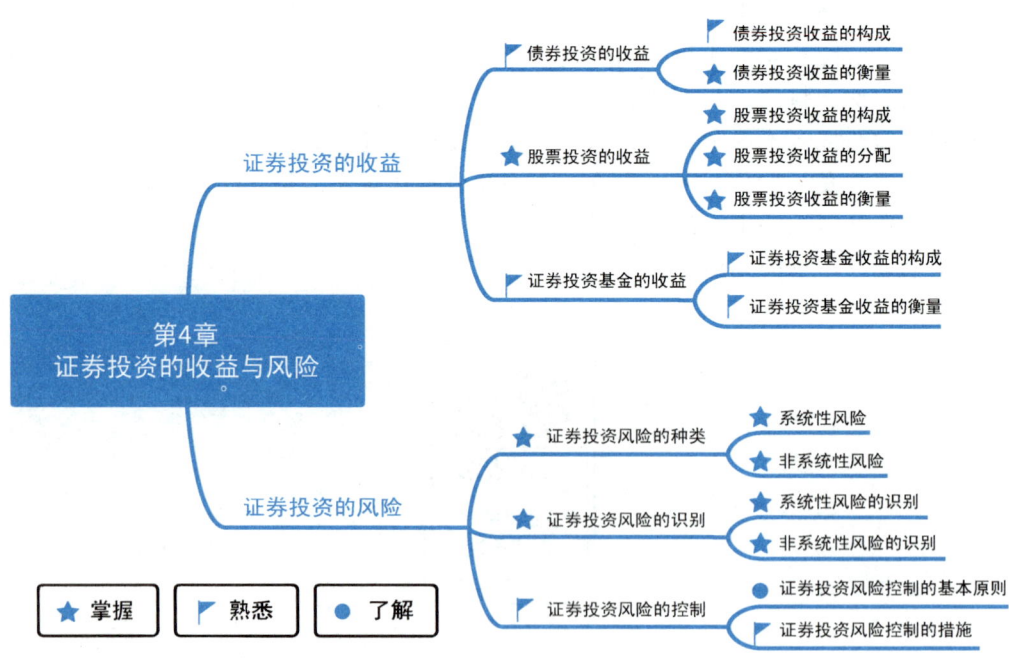

教学目标

收益是证券投资追求的目标,其高低也是对风险价值的体现。通过本章的学习,要能够衡量债券、股票、投资基金,以及投资组合收益,掌握证券投资风险的种类,掌握证券投资风险的识别,从而有效地控制和规避风险。

 导入阅读

梧桐树协议

1792年北美股市发生大恐慌,其始作俑者是个名叫威廉·杜尔的人。他利用财政部助理的职权之便,用"别人口袋里的钱"进行股市投机,导致股市大崩溃。一个杜尔的破产就摧毁了整个北美股市,这是什么原因呢?纽约的股票经纪人后来意识到,这与无序的场外交易有关。那个年代,美国没有股票交易所,也没有所谓的"证券从业资格认证",任何人只要愿意,都可以成为股票经纪人。这就带来了两个问题。

第一,股票价格谁说了算?没有股票交易所,没有报价牌,股票价格完全由买卖双方相互商定,这是场外交易的特色。但"讨价还价"也需要有参考价格。于是,普通股票交易者往往会参考"权威"。比如,杜尔买这只股票出了一个价格,人们便会在这一价格上谈交易。在场外交易中,"权威"起到了价格标杆的作用。当然,这也为他们操纵股票价格打开了方便之门。

第二,谁能保证股票经纪人的信用?通常来说,股票经纪人发挥着两个作用:一是作为交易"中介",找到股票的买家和卖家并撮合成交;二是提供市场信息,其中最重要的是市价,买卖双方需要知道一个"价格区间"。

由于股票经纪人同时扮演着"中介"和"看盘"的双重角色,为了撮合成交,他们存在着提供虚假消息的动机。当时美国股市并未建立一套约束股票经纪人的信用机制,导致"黄牛"泛滥。这些人本来就没什么声誉,当然也不在乎名声受损。

杜尔投机所引发的金融混乱,使得美国股市的发展一度陷入停滞,民众谈股色变。股票市场急需一套能够挽回人们信心的股市交易规则。1792年5月17日,24位股票经纪人在华尔街68号楼的一棵梧桐树下,签署了著名的《梧桐树协议》。

《梧桐树协议》的内容简单明了,译为中文不足百字,主要还是利用"联盟与合作"规则保护股票经纪人的利益,但是,它被人们视作美国金融业行业自律的开始。

(资料来源:根据网络文献整理)

从证券投资中得到收益是投资者进行证券投资的直接动因。投资收益是未来的,而且一般情况下难以预测。未来收益的不确定性就是证券投资的风险。投资者总是既希望回避风险,又希望获得较高的收益。但是收益和风险是并存的,通常收益越高,风险越大。收益是风险的补偿,风险是收益的代价,投资者如果能够掌握证券投资中收益与风险变化的规律,他们就可以在收益与风险之间加以权衡,即在风险相同的证券中选择收益较高的或在收益相同的证券中选择风险较小的进行投资,从而减小风险,提高收益。

4.1 证券投资的收益

证券投资收益（Securities Investment Return）是指证券投资者从事证券投资而获得的报酬。证券投资的收益包括两部分：第一，经常性收入，它是指证券的债息、股息及红利收入等。第二，资本利得，它是指证券买卖差价，可以是正值，也可以是负值。对于短期投资者而言，他们所追求的主要是资本利得。

4.1.1 债券投资的收益

（一）债券投资收益的构成

债券投资收益主要来自债券利息与差价收入。债券利息就是债券的票面利率与债券票面价格的乘积。由于供求关系的变化、市场利率的调整，以及不同债券、不同金融工具收益率的相互影响制约，债券价格也会随之波动，因此投资者在债券交易市场投资，亦可获得差价收入。但与股票相比，这部分收入所占比重不高，利息收入为债券收益的主要来源，所以与股票相比，债券收益比较稳定。

影响债券收益变化的因素很多，其中债券的**票面利率**、**债券价格**和**债券期限**是最直接的影响因素。

（二）债券投资收益的衡量

根据证券投资所包括的内容，若不考虑资金的时间价值，证券投资收益就是投资者在持有证券期间现金流入总和与现金流出总和的差额。由于证券收益的绝对数量与投资者所投入的资金量有着直接的联系，所以一般不以收益的绝对数量来衡量证券投资收益水平，而是以收益的相对数量，即收益率来衡量。对于债券和股票的投资收益水平我们也使用收益率来衡量。

由于债券收益率的计算比较复杂，所以在给出债券收益率的衡量公式之前，先作以下五点说明。

第一，所有计算均不考虑交易费用。

第二，利息计算有单利计息与复利计息之分，为简化计算我们只给出单利计息的收益率计算公式。

第三，为便于比较，所有收益率的计算均以年为单位（即计算结果是年收益率）。

第四，债券有附息债券、零息债券（贴现债券）和一次性还本付息债券之分，其收益率的具体计算公式不同，我们将分别介绍。

第五，债券有偿还期限，各个投资者持有期限可能不同。我们将其分为三类：第一类为**有效期**，即投资者在发行日买入债券并将其持有至偿还期兑现的这段时间；第二类为**待偿期**，指投资者从二级市场买入债券并将其持有至偿还期兑现的这段时间；第三类为**持有期**，是指投资者在发行日买入债券但在债券到期前将其在二级市场卖出，或在二级市场买入债券但未持有到期又在二级市场将其卖出的这段时间。在衡量债券收益率时我们也将分别列出不同期限的收益率计算公式。

1. 附息债券收益率的计算

(1) 有效期收益率。

$$有效期收益率(年收益率)=\frac{(F-P_0)/N+I_0}{P_0}\times 100\% \quad (4-1)$$

式中，F 为债券的票面金额；P_0 为债券的发行价格；I_0 为债券每年的利息收入；N 为债券的期限。

【例 4-1】 某企业债券，面额为 1000 元，票面利率为 10%，期限为 5 年，每年付息一次，于 2018 年 7 月发行，发行价为 950 元。则其有效期收益率具体计算如下所示。

$$有效期收益率(年收益率)=\frac{(F-P_0)/N+I_0}{P_0}\times 100\%$$

$$=\frac{(1000-950)/5+1000\times 10\%}{950}\times 100\%$$

$$\approx 11.58\%$$

(2) 待偿期收益率。

$$待偿期收益率(年收益率)=\frac{(F-P_1)+I_t}{n\times P_1}\times 100\% \quad (4-2)$$

式中，F 为债券的票面金额；P_1 为债券在二级市场上的买入价格；I_t 为待偿期内获得的利息总和；n 为投资者持有债券的时间（以年为单位）。

【例 4-2】 在例 4-1 中，若某投资者在 2019 年 7 月在二级市场上以 980 元的价格买进该企业债券，持有至偿还期兑现，期间获得 4 次利息收入，则其待偿期收益率具体计算如下所示。

$$待偿期收益率（年收益率）=\frac{(F-P_1)+I_t}{n\times P_1}\times 100\%$$

$$=\frac{1000-980+1000\times 10\%\times 4}{4\times 980}\times 100\%$$

$$\approx 10.71\%$$

(3) 持有期收益率。

$$持有期收益率(年收益率)=\frac{(P_2-P_1)+I_t}{n\times P_1}\times 100\% \quad (4-3)$$

式中，P_2 为债券在二级市场上的卖出价格；P_1 为债券在二级市场上的买入价格；I_t 为持有期内获得的利息总和；n 为持有期的时间（以年为单位）。

【例 4-3】 在例 4-2 中，若投资者未持有至偿还期兑现，而是在 2021 年 7 月在二级市场上以 995 元的价格卖出该企业债券，期间获得两次利息收入，则其持有期收益率具体计算如下所示。

$$持有期收益率(年收益率)=\frac{(P_2-P_1)+I_t}{n\times P_1}\times 100\%$$

$$=\frac{995-980+1000\times 10\%\times 2}{2\times 980}\times 100\%$$

$$\approx 10.97\%$$

2. 零息债券（贴现债券）收益率的计算

（1）有效期收益率。

$$\text{有效期收益率(年收益率)} = \frac{(F-P_0)/N}{P_0} \times 100\% \tag{4-4}$$

（2）待偿期收益率。

$$\text{待偿期收益率(年收益率)} = \frac{F-P_1}{n \times P_1} \times 100\% \tag{4-5}$$

（3）持有期收益率。

$$\text{持有期收益率(年收益率)} = \frac{P_2-P_1}{n \times P_1} \times 100\% \tag{4-6}$$

3. 一次性还本付息债券收益率的计算

（1）有效期收益率。

$$\text{有效期收益率(年收益率)} = \frac{F-P_0+I}{N \times P_0} \times 100\% \tag{4-7}$$

（2）待偿期收益率。

$$\text{待偿期收益率(年收益率)} = \frac{F-P_1+I}{n \times P_1} \times 100\% \tag{4-8}$$

（3）持有期收益率。

$$\text{持有期收益率(年收益率)} = \frac{P_2-P_1}{n \times P_1} \times 100\% \tag{4-9}$$

式（4-7）和式（4-8）中，I 为债券的利息，其他参数同前文所述。

4.1.2 股票投资的收益

（一）股票投资收益的构成

股票投资的收益与一般证券投资收益相同，也包括**经常性收入**和**资本利得**两个部分；具体来说包括**股息收入**、**红利收入**、**资本增值**、**市价盈利**等。

1. 股息收入

股息收入是股份有限公司按照投资者投入该公司的资本数量分配给投资者的息金。多数优先股股东都有固定的股息收入，但普通股股东一般没有此项收入。

2. 红利收入

红利亦称为股利。股份有限公司通常在年终结算后，将其盈利的一部分按股额分配给股东。红利的形式有现金红利、股票红利、财产红利和建业红利。

（1）现金红利亦称派现，是指股份有限公司以货币形式发放给股东红利。例如，某公司的分配方案是每 10 股派发现金红利 3 元（含税）。

（2）股票红利也称送红股，是指股份有限公司利用公司所创造的利润，以增发本公司股票的方式来代替现金向股东派息，通常是按股票的比例分发给股东。例如，某公司的分配方案是每10股送红股1股，这就是发放股票红利。股东得到的股票红利，实际上是向该公司增加投资。新建或正在扩展中的股份有限公司，往往会倾向于分派股票红利，这样就可以把资金锁定在该公司内部。

（3）财产红利是股份有限公司以实物或有价证券的形式向股东发放红利。

（4）建业红利是以股份有限公司筹集到的资金作为投资盈利分发给股东的红利。这种情况多发生在那些建设周期长、资金周转缓慢、风险大的股份有限公司，它们的建设时间长，不能在短期内盈利，但它们要保证红利的发放以吸引投资者。

红利的发放一般是在股东大会通过结算方案和利润分配方案之后进行的。有些股份有限公司一年派发两次红利，但是中期派息与年终派息有所不同，中期派息以该公司上半年的盈利为基础，而且还要考虑到在中期派息后该公司下半年不至于出现亏损，这些股份有限公司的董事会必须以此作为判断标准。

3. 资本增值

股份有限公司一般每年都会提留部分利润作为该公司的发展基金，例如资本公积金、盈余公积金、未分配利润等，使之形成该公司的净资产。因而该公司净资产的增值也是股票收益的一部分。

4. 市价盈利

市价盈利是投资者利用低价进、高价出所赚取的差价利润，这正是目前我国绝大部分投资者投资股票的直接目的。

在一些成熟的资本市场中，投资股票的长期收益是较高的。据统计，如果在1890年，将1美元投资于标准普尔500指数基金，到2020年将增至128353美元。同样的1美元投资于10年期国债，2020年只能变成395美元，投资于黄金只有85美元，投资于房地产也只有62美元。

（二）股票投资收益的分配

1. 上市公司利润的分配顺序

在股票的特征中我们已经提到，股票投资具有收益上的剩余性。上市公司的利润是按照以下顺序依次进行分配的。

（1）弥补以前年度的亏损，但不得超过税法规定的弥补期限（税前利润）；

（2）缴纳所得税；

（3）法定公积金不足弥补以前年度亏损的，弥补亏损；

（4）提取法定公积金；

（5）提取任意公积金；

（6）向股东分配利润。

由上述分配顺序可以看出，普通股股东所能获得的收益的高低，取决于该上市公司的经营状况和盈利水平。如果该上市公司收益丰厚，盈利水平较高，普通股股东所能获得的收益也就较多；但是如果该上市公司收益情况较差，在一些具有优先顺序的分配项目分配完以后，利润可能就已经所剩无几，此时普通股股东的收益也就无从谈起。普通股股东收益的不稳定性和高风险性由此可见一斑。

2. 股票收益的分配过程

上市公司的股票在交易日内处于不断流通的过程中，股票持有者在不断地发生变化。因此上市公司在进行分配时，就必须确定在何时点上在册的股票持有者才具有参与分配的权利。上市公司在分配过程中涉及的重要日期包括**公告日**、**股权登记日**、**除权（除息）日**、**支付日**等。下面以江苏卓胜微电子股份有限公司 2020 年年度权益分派方案为例进行说明。

（1）公告日。上市公司的分配方案由股东大会审议通过后向全社会予以公告的时间即为公告日。如本例中，《江苏卓胜微电子股份有限公司 2020 年年度权益分派方案实施公告》在 2021 年 4 月 21 日经 2020 年年度股东大会审议通过后，于 2021 年 4 月 23 日向社会公告，2021 年 4 月 23 日即为公告日。

（2）股权登记日。股权登记日是由上市公司在进行分配时确定的，在该日收盘后仍持有该公司股票的投资者享受分配的权利。在股权登记日收盘前的股票为"含权股票"。如本例中，江苏卓胜微电子股份有限公司 2020 年年度权益分派方案的股权登记日是 2021 年 4 月 29 日。

（3）除权（除息）日。除权（除息）日，是股权登记日的下一个交易日。在该交易日及以后交易日交易的股票成为"除权股票"，买入该股票的投资者不再享受此次分配的权利。而在股权登记日收盘时仍持有该股票的投资者，在除权（除息）日及以后卖出该股票，其所享受的分配的权利不受影响。如本例中，江苏卓胜微电子股份有限公司 2020 年年度权益分派方案的除权（除息）日是 2021 年 4 月 30 日。

（4）支付日。支付日是指现金红利的发放日以及新增可流通股份的上市日。如本例中，江苏卓胜微电子股份有限公司的红利发放日为 2021 年 4 月 30 日；新增无限售条件流通股起始交易日为 2021 年 4 月 30 日。

 阅读专栏 4-1

江苏卓胜微电子股份有限公司
2020 年年度权益分派方案实施公告

本公司及董事会全体成员保证信息披露内容的真实、准确、完整，没有虚假记载、误导性陈述或重大遗漏。

江苏卓胜微电子股份有限公司（以下简称"公司""本公司"）2020 年年度权益分派方案已获 2021 年 4 月 21 日召开的 2020 年年度股东大会审议通过，现将权益分派事宜公告如下。

一、股东大会审议通过的权益分派方案

1. 公司 2020 年年度权益分派方案已获 2021 年 4 月 21 日召开的 2020 年年度股东大会审议通过：以公司现有总股本 185311544 股为基数，向全体股东每 10 股派发现金红利

10.00 元人民币（含税），同时以资本公积金向全体股东每 10 股转增 8 股。在实施利润分配时，如确定的股权登记日的公司股本总数发生变动的，则以现金分红总额、转增股本总额固定不变的原则，按公司最新总股本对分配比例进行调整。

2. 自上述分配方案披露至实施期间公司股本总额未发生变化。

3. 本次实施的分配方案与股东大会审议通过的分配方案及其调整原则一致。

4. 本次实施分配方案距离股东大会审议通过的时间未超过两个月。

二、本次实施的权益分派方案

本公司 2020 年年度权益分派方案为：以公司现有总股本 185311544 股为基数，向全体股东每 10 股派 10.00 元人民币现金（含税；扣税后，通过深股通持有股份的香港市场投资者、QFII、RQFII 以及持有首发前限售股的个人和证券投资基金每 10 股派 9.00 元；持有首发后限售股、股权激励限售股及无限售流通股的个人股息红利税实行差别化税率征收，本公司暂不扣缴个人所得税，待个人转让股票时，根据其持股期限计算应纳税额①；持有首发后限售股、股权激励限售股及无限售流通股的证券投资基金所涉红利税，对香港投资者持有基金份额部分按 10% 征收，对内地投资者持有基金份额部分实行差别化税率征收），同时，以资本公积金向全体股东每 10 股转增 8 股。

本次权益分派方案实施前本公司总股本为 185311544 股，本次权益分派方案实施后总股本增至 333560779 股。

三、股权登记日与除权（除息）日

本次权益分派股权登记日为 2021 年 4 月 29 日，除权（除息）日为 2021 年 4 月 30 日。

四、权益分派对象

本次分派对象为：截至 2021 年 4 月 29 日下午深圳证券交易所收市后，在中国证券登记结算有限责任公司深圳分公司（以下简称"中国结算深圳分公司"）登记在册的本公司全体股东。

五、权益分派方法

1. 本次所送（转）股于 2021 年 4 月 30 日直接记入股东证券账户。在送（转）股过程中产生的不足 1 股的部分，按小数点后尾数由大到小排序依次向股东派发 1 股（若尾数相同，则在尾数相同者中由系统随机排序派发），直至实际送（转）股总数与本次送（转）股总数一致。

2. 本公司此次委托中国结算深圳分公司代派的 A 股股东现金红利将于 2021 年 4 月 30 日通过股东托管证券公司（或其他托管机构）直接划入其资金账户。

在权益分派业务申请期间（2021 年 4 月 22 日至 2021 年 4 月 29 日），如因自派股东证券账户内股份减少而导致委托中国结算深圳分公司代派的现金红利不足的，一切法律责任与后果由我公司自行承担。

---

① 根据先进先出的原则，以投资者证券账户为单位计算持股期限，持股 1 个月（含 1 个月）以内，每 10 股补缴税款 2.00 元；持股 1 个月以上至 1 年（含 1 年）的，每 10 股补缴税款 1.00 元；持股超过 1 年的，不需要补缴税款。

六、本次所送（转）的无限售条件流通股的起始交易日为 2021 年 4 月 30 日。

七、股份变动情况表

股份性质	本次变动前		本次变动	本次变动后	
	数量（股）	比例（%）	资本公积转增	数量（股）	比例（%）
一、有限售条件股份	79142343	42.71	63313874	142456217	42.71
高管锁定期	8701390	4.70	6961112	15662502	4.70
二、无限售条件股份	106169201	57.29	84935361	191104562	57.29
三、股本总数	185311544	100.00	148249235	333560779	100.00

注：最终的股份变动情况以中国结算深圳分公司确认的数据为准。

八、本次实施送（转）股后，按新股本 333560779 股全面摊薄计算，2020 年年度，每股净收益约为 3.22 元。

特此公告。

江苏卓胜微电子股份有限公司董事会
2021 年 4 月 23 日

（资料来源：http://www.maxscend.com/public/upload/file/20210508/20210508100220_95819.pdf.［2023-06-07］，有改动）

3. 除息价、除权价及除权除息价的计算

当上市公司公告上年度分红派息方案并获董事会及监事会批准后，即可确定股权登记日。在股权登记日收盘时手中仍持有该上市公司股票的投资者均有享受分红派息的权利。

如果该上市公司分配现金红利，称作**除息（Exclude Dividend）**；如果该上市公司是送红股、转增或者配股，称为**除权（Exclude Right）**；如果该上市公司既分红利又配股或转增、送红股，称为**除权除息（Ex-dividend and Ex-right）**。

在上市公司的除权（除息日），由于在上一交易日持有该公司股票的投资者已经参与了该公司的分配，在除权（除息日）及以后买入该公司股票的投资者不再拥有该公司股票上一年度收益分配的权利，因此要对股票进行除权或除息处理，股票的价格也会做相应的调整。**这时大盘显示的前收盘价不是前一天的实际收盘价，而是根据股权登记日收盘价与分红现金的数量、送配股的数量和配股价的高低等结合算出来的价格。**为了提示投资者注意这一变化，在大盘中股票简称的显示上也会做出相应的提示。如果本交易日为上市公司的除息日，则大盘显示该股票的简称为 XD×× （XD 是 Exclude Dividend 的简写）；如果本交易日为上市公司的除权日，则大盘显示该股票简称为 XR×× （XR 是 Exclude Right 的简写）；如果本交易日为上市公司的除权除息日，则大盘显示 DR×× （DR 为 Ex-dividend and Ex-right 的简写）。

（1）除息价的计算。

如果上市公司分配现金股利，则其除息价的计算公式如下。

$$除息价 = 股息登记日的收盘价 - 每股所分现金股利额 \quad (4-10)$$

【例 4-4】 某股票股息登记日的收盘价是 21.70 元，每股送现金股利 0.30 元，则下一交易日所显示股权登记日的收盘价为：除息价=21.70-0.30=21.40（元）。

(2) 除权价的计算。

如果上市公司是向投资者送红股,则其除权价的计算公式如下。

$$\text{送红股后的除权价} = \frac{\text{股权登记日的收盘价}}{1 + \text{每股送红股数}} \quad (4-11)$$

【例 4-5】 某股票股权登记日的收盘价是 24.75 元,每 10 股送 3 股,即每股送红股数为 0.30,则下一交易日所显示的股权登记日的收盘价计算如下。

$$\text{除权价} = \frac{24.75}{1+0.30} \approx 19.04 \text{(元)}$$

如果上市公司是向投资者配售新股,则其除权价的计算公式如下。

$$\text{配股后的除权价} = \frac{\text{股权登记日的收盘价} + \text{配股价} \times \text{每股配股数}}{1 + \text{每股配股数}} \quad (4-12)$$

【例 4-6】 某股票股权登记日的收盘价为 18.00 元,10 股配 3 股,即每股配股数为 0.30,配股价为每股 6.00 元,则下一交易日所显示股权登记日的收盘价计算如下。

$$\text{除权价} = \frac{18.00 + 6.00 \times 0.30}{1+0.30} \approx 15.23 \text{(元)}$$

(3) 除权除息价的计算。

$$\text{除权除息价} = \frac{\text{股权登记日的收盘价} - \text{每股所分股利现金额} + \text{配股价} \times \text{每股配股数}}{1 + \text{每股送红股数} + \text{每股配股数}}$$

$$(4-13)$$

【例 4-7】 某股票股权登记日的收盘价为 20.35 元,每 10 股派发现金股利 4.00 元,送 1 股,配 2 股,配股价为每股 5.50 元,即每股分红 0.40 元,送 0.10 股,配 0.20 股,则下一交易日所显示的股权登记日的收盘价计算如下。

$$\text{除权除息价} = \frac{20.35 - 0.40 + 5.50 \times 0.2}{1 + 0.10 + 0.20} \approx 16.19 \text{(元)}$$

按照上述公式计算的除权除息价,就其实质而言,相当于投资者在参与了上市公司的分配之后,其不含权股票价格的回落值。从理论上来说,在股权登记日买入的股票和在除权(除息)日买入的股票是完全等值的。但事实上,影响股票价格的因素很多,股票除权、除息之后价格的走势也难以预料,它与整个市场的状况、该上市公司的经营情况、分红送配的比例、投资者对该上市公司分配方案的认识等多种因素有关,并没有确定的规律可循。当实际开盘价高于计算的除权、除息价格时,就称为填权,参与分配的股东即可获利;反之,当实际开盘价低于计算的除权、除息价格时,就称为贴权,参与分配的股东的利益将会受损。但一般来说,上市公司股票在分配以后除权,其单位价格下降,流动性进一步加强,上升的空间也相对增加。不过,这并不能说上市公司可以随意分配,应根据公司自身的经营情况和国家有关法规来规范操作。

 知识要点提醒 4-1

关于除权与除息的特别提示

● 除权与除息是上市公司对投资者的回报,但是这种回报并不意味着在除权或除息的当天投资者会获得相应的收益,而是需要依据"在除权或除息前后投资者的资产保持等值"的原则计算除权（除息）价。因此，从表面上看，投资者参与除权或除息就像一场数字游戏，并没有获得任何实际利益。

- 对于除权与除息是上市公司对投资者的回报，可以这样来理解：正是由于上市公司能够创造价值、创造利润，因此投资者才会对上市公司的分红送配有所期待，股价也才能够涨升到股权登记日的收盘价水平。

（三）股票投资收益的衡量

股票因为没有偿还期限，不存在有效期和待偿期，因此股票收益率的衡量比债券要简单，只需考虑持有期收益率以及股利收益率的计算。

1. 股利收益率的计算

股利收益率（Dividend Yield Ratio），是指股份有限公司每年派发的现金股利与股票购买价格的比率。这个指标既可以用于计算已经获得的股利收益率，也可以用于预测未来可能得到的股利收益率。

$$股利收益率(年)=\frac{D}{P_1}\times 100\% \tag{4-14}$$

式中，D 为年现金股利；P_1 为股票的买入价格。

2. 持有期收益率的计算

持有期收益率（Rate of Holding Periods Return） 是指投资者持有股票期间的现金股利与买卖差价占股票买入价格的比率。

$$持有期收益率=\frac{D+(P_2-P_1)/n}{P_1}\times 100\% \tag{4-15}$$

式中，D 为年现金股利；P_1 为股票的买入价格；P_2 为股票的卖出价格；n 为持有期限（以年为单位）。

3. 配送后收益率的调整

投资者如果在股票持有期内有红利分配（包括现金红利和红股）或送配股的发生，对上面的持有期收益率的公式应做相应的调整。

$$持有期收益率=\frac{(P_1-P_0)+(D_1-G_1)}{P_0+G_1}\times 100\% \tag{4-16}$$

式中，P_0、P_1 分别为投资者买进、卖出股票的价格；D_1 为股票持有期收入，包括现金股利、红股、无偿送股和有偿配股等折算后的收入；G_1 为股票持有期内的支出，主要是有偿配股的缴款额。

4.1.3 证券投资基金的收益

对证券投资基金的投资是一种间接的证券投资，其收益来源于该基金投资于其他有价证券所获得的收益。基金投资收益一般高于债券的投资收益，但低于股票的投资收益。

（一）证券投资基金收益的构成

证券投资基金的**收益**由两部分构成。一是**基金红利**。基金份额持有者有权分享其基金财产收益。基金财产收益包括基金资产在运作过程中所得的基金红利、股息、债券利息、买卖证券价差、存款利息和其他收入,基金红利的高低取决于基金管理者的投资盈利状况。二是**买卖价格之差**。由于基金资产净值大多处在波动之中,所以无论是封闭式基金还是开放式基金的购进价格和卖出价格都可能不同,都存在差价。封闭式基金在二级市场进行交易,其交易价格除了受基金资产净值制约,同时还受到市场供求关系的影响,价格波动较大。开放式基金仅受基金资产净值的影响,不受供求关系影响,其"申购价"和"赎回价"之间的差价相对小些。

(二) 证券投资基金收益的衡量

证券投资基金的投资收益与股票投资收益都来源于经常性收入和资本利得,因此证券投资基金的收益衡量同股票相似。

1. 红利收益率

$$红利收益率 = \frac{D}{P} \times 100\% \tag{4-17}$$

式中,D 为投资者购买证券投资基金每年获得的红利(即每年分配到的基金收益);P 为基金单位购入价格。

2. 持有期收益率

$$持有期收益率 = \frac{D+(P_2-P_1)/n}{P_1} \times 100\% \tag{4-18}$$

式中,D 为年基金红利;P_1 为基金的单位购入价格;P_2 为基金的单位卖出价格或赎回价;n 为持有期限(以年为单位)。

 拓展阅读 4-1

投资组合收益的衡量

投资组合是指投资者所持有的各种证券的总称。通过构建投资组合,投资者可以有效分散风险。因此,投资者在实际投资中,常购买多种股票、债券、基金等金融产品,进行组合投资。衡量投资组合的收益,需要把投资者所持有的各种金融资产各自的收益率进行加权平均,权数为各金融资产在投资组合中的投资比重。

假设在一个投资组合 P 中有 m 种证券,每种证券的实现收益率分别为 r_1, r_2, ⋯, r_m,各证券的加权系数分别为 x_1, x_2, ⋯, x_m,且 $x_1+x_2+\cdots+x_m=1$,$x_i \geqslant 0$,则该投资组合 P 的收益率计算如下。

$$r_P = r_1 x_1 + r_2 x_2 + \cdots + r_m x_m = \sum_{i=1}^{m} r_i x_i$$

例如,某投资者持有 A、B、C、D 四种股票,组成一个投资组合,这四种股票价值占投资组合总价值的比例分别为 10%、20%、30%、40%,这四种股票的收益率分别为 8%、12%、15%、14%,则该投资组合的收益率计算如下。

$$r_P = 10\% \times 8\% + 20\% \times 12\% + 30\% \times 15\% + 40\% \times 14\% = 13.3\%$$

 阅读专栏 4-2

揭破"庞氏骗局"的玄机

一、"庞氏骗局"的前世今生

"庞氏骗局"源自一个名叫查尔斯·庞兹的意大利人。第一次世界大战后,他利用国际经济体系和货币金融体系的混乱,宣称购买欧洲的某种邮政票据,再转手卖给美国,便可以获取暴利。庞兹一方面在金融领域故弄玄虚,另一方面设置了巨大的诱饵,宣称所有的投资在45天之内都可以获得50%的回报。

为了迷惑大众,最初的一批参与者的确在规定时间内拿到了庞兹所承诺的回报。于是,大量参与者跟进。在一年左右的时间里,差不多有4万名波士顿市民变成庞兹的赚钱工具。他们共向庞兹投资了约1500万美元。

随着中国改革开放的不断深入,改头换面的"庞氏骗局"也大量进入中国。在20世纪80年代,我国南方地区曾经出现"老鼠会",又称金字塔销售计划,他们的成员以高息敛财,这就是"庞氏骗局"的翻版。此后的一些非法传销、非法集资案件,也深深烙着"庞氏骗局"的印迹。近年在证券市场中,也出现了"庞氏骗局"的身影,在中国证监会查处的一些非法证券发行、销售活动中,也普遍存在通过虚假陈述事实、夸大收益率、发展下线、资金拆补等方式招揽和吸引投资者参与的行为特征。

二、"庞氏骗局"的共性特征

一是低风险、高回报的反投资规律特征。众所周知,风险与回报成正比乃投资铁律,"庞氏骗局"往往反其道而行之。骗子们往往以较高的回报率吸引不明真相的投资者,但从不强调投资的风险因素。

二是"拆东墙、补西墙"的资金腾挪回补特征。由于骗子们根本无法实现承诺的投资回报,因此对于老客户的投资回报,只能依靠新客户的加入或其他融资安排来实现。

三是投资诀窍的不可知性和不可复制性。骗子们竭力渲染投资的神秘性,将其投资诀窍秘而不宣,并努力塑造自己的"天才"或"专家"形象。实际上,由于缺乏真实投资和生产的支持,骗子们根本没有可供仔细推敲的"生财之道",因此他们尽量保持投资的神秘性,宣扬投资的不可复制性是其避免外界质疑的有效招数之一。

四是投资的反周期性特征。"庞氏骗局"的投资项目似乎永远不受投资周期的影响,无论是与生产相关的实业投资,还是与市场行情相关的金融投资,投资项目似乎总是稳赚不赔。

五是投资者结构的"金字塔"特征。为了支付先加入投资者的高额回报,"庞氏骗局"必须不断地发展下线,通过利诱、劝说、亲情、人脉等方式吸引越来越多的投资者参与,从而形成"金字塔"式的投资者结构。

(资料来源:http://investor.szse.cn/warning/riskedu/t20090108_550418.html.[2023-06-18],有改动)

4.2 证券投资的风险

风险是指对投资者预期收益的背离,或者说是证券收益的不确定性。具体而言,证券投资的风险是指证券投资中存在的使投资者遭受损失的危险。收益与风险是证券投资的中心问题,其他各种问题都是围绕这个中心展开的。投资者既想要本金绝对安全,又想要收益丰厚,这是不切实际的幻想。投资者承担一份风险,往往会有一定收益作为补偿,风险越大,补偿越高,两者在一般情况下呈正相关关系。这可以用公式表示:收益率=无风险利率+风险补偿收益率。每个投资者对收益与风险的态度不同,有些人要求收益率高一点,而有些人宁可接受低一点的收益率,也不愿承担过大的风险。因此,在证券投资中,为了尽量回避各种风险,以获得最大的投资收益,投资者必须对证券投资的风险与收益的对称关系有充分认识,以便综合权衡利弊得失,并最合理地运用投资资金,达到风险尽可能小、收益尽可能高的投资目标。同时,投资者应采取可行的投资方式,高度警惕和避开前进途中的陷阱,将证券投资的风险减少到最低,以获得尽可能多的投资收益。证券投资的风险包括**系统性风险(Systematic Risk)**和**非系统性风险(Nonsystematic Risk)**。

4.2.1 证券投资风险的种类

(一) 系统性风险

系统性风险是指全局性的共同因素对所有证券的收益产生影响而引起的投资收益的可能变动。经济、政治和社会的变动是系统性风险的根源,它们使几乎所有的证券以同样的方式一起运动。由于这些影响因素来自企业外部,是企业无法控制和回避的,因此,系统性风险又叫不可回避风险。例如,如果经济进入衰退期,企业利润下降之势已很明显,那么股票价格就可能普遍下跌。平均而言,一种股票价格50%的变动可以解释为股市指数的变动,换句话说,典型的普通股票的总风险中大约有一半是系统性风险。**系统性风险**包括**政策风险、宏观经济风险、利率风险、购买力风险、汇率风险、市场风险**等。

1. 政策风险

政策风险是指政府有关证券市场的政策发生重大变化或是有重要的举措、法规出台,引起证券市场的波动,从而给投资者带来的风险。 政策风险多见于发展中国家的新兴资本市场。由于这些国家的市场化程度较低,法律架构不健全,监管不到位,人们对证券市场的认识不足,证券市场单纯依靠市场规律自发调节难以健康发展,因此这些国家的资本市场更多地要依赖政策对证券市场进行调控。我国的证券市场被人们称为"政策市",这也说明了政策风险对我国证券市场的影响较为明显。例如我国证券市场发展历史上的"1994年三大救市政策"和国有股减持举措等都导致证券市场产生了大幅的波动。

要降低政策风险的影响,投资者应加强对国内外政治经济形势的研究,了解政府有关部门对证券市场价格波动的监管政策,理智和冷静地对待证券市场过度火爆和过度低迷的局面,正确地判断政府可能采取的政策措施或出台时机,并及时作出反应。

2. 宏观经济风险

宏观经济风险主要是宏观经济因素的变化、经济政策的变化、经济的周期性波动及国际经济因素的变化等给投资者带来的意外收益或损失。

宏观经济因素的变动会对证券市场的运作以及企业的经营产生重大影响，例如经济体制的转轨、企业制度的改革、加入世界贸易组织、人民币加入 **SDR（Special Drawing Rights，特别提款权）**等。

经济政策对国家的经济发展有着十分重要的作用。一些关系到整个证券市场的产业政策、财政政策、货币政策、税收政策等的出台及变化，对企业的发展及经济效益都会产生直接的影响，从而影响投资者的投资收益。

经济的周期性波动也会给投资者带来较大风险。经济周期一般分为"萧条—复苏—繁荣—衰退"四个阶段。在经济复苏和繁荣时期，社会总需求、总投资旺盛，经济增长率上升，就业率和个人收入水平也有较大的提高，与此同时，证券市场的筹资与投资也十分活跃，证券投资收益较好。然而，在经济萧条和衰退阶段，特别是危机时期，社会经济活动处于停滞不前甚至萎缩状态，经济秩序不稳定，证券市场也必然受到冲击，从而出现以下情况：资金需求减少，市场交易规模随之缩小；股票价格大幅度波动并呈现跌势，投资者实际收益下降，甚至出现亏损。

随着经济全球化程度的不断提高，国际经济因素的变化对一国的证券市场的影响也日益显著。世界各国，尤其是经济强国，它们的经济发展状况、汇率和利率的变化、对外贸易政策以及证券市场的变化，都会对我国的证券市场产生间接或直接的影响。特别是我国实现进一步对外开放，人民币加入 SDR，更多的国内企业在海外证券市场上市之后，国际经济因素的变化对我国证券市场的影响也越来越明显。

3. 利率风险

利率风险是指市场利率变动引起的证券投资的风险。这里所说的利率是指银行信用活动中的存款和贷款利率。利率是经济运行过程中的一个重要经济杠杆，会经常发生变动，并给股票市场带来明显的影响。**一般来说，银行利率与证券价格之间具有"跷跷板"效应：银行利率上升，证券价格下跌；银行利率下跌，证券价格上涨**。这一现象实际上就是投资者追求投资收益的体现。利率下调，银行储蓄收益下降，投资者就会把钱拿出来买证券，证券价格便会随之上涨；相反，利率上调，人们觉得将钱存入银行收益更高，买证券的人随之减少，证券价格也随之下跌。

利率风险对不同证券的影响是不相同的。它对固定收益证券的影响较大，对长期债券的影响要大于短期债券。因此，投资者要想降低利率风险，就应在利率将要提高时，减少对证券，特别是固定利率债券、长期债券的持有量；在利率将要下调时，增持证券。

4. 购买力风险

购买力风险又称通货膨胀风险，它是指由于通货膨胀、货币贬值给投资者带来实际收益水平下降的风险。证券市场是企业等资金需求者直接融资的场所，因而社会货币资金的供给总量成为决定证券市场供求状况和影响证券价格水平的重要因素。当货币资金供应量增长过猛，出现通货膨胀时，证券的价格也会随之发生变动。

通货膨胀对证券价格有两种截然不同的影响。第一种，在通货膨胀之初，企业的房地产、机器设备等固定资产账面价值因通货膨胀而水涨船高，物价上涨不但使企业存货能以高价售出，而且可以使企业从以往低价购入的原材料上获利，名义资产与名义盈利增加，自然会使该企业的股票价格上涨。同时，预感到通货膨胀可能加剧的投资者，为保值也会抢购股票，刺激股票价格短暂上扬。第二种，当通货膨胀持续一段时期以后，便会使股票价格走势逆转，并给投资者带来负效益，企业资产的虚假增值逐渐暴露出来，新的生产成本因原材料等价格的上升而提高，企业利润相应减少，因此投资者开始抛售股票，转而寻找其他金融资产保值的方式，所有这些都将使股票市场需求萎缩，供大于求，股票价格自然也会显著下降。严重的通货膨胀还会使投资者持有的股票贬值，抛售股票得到的货币收入的实际购买力下降。

5. 汇率风险

汇率与证券投资风险的关系主要体现在两方面。一是**本国货币升值有利于以进口原材料为主的企业，不利于产品主要面向出口的企业**，因此，投资者看好前者，看淡后者，这就会引发相应股票价格的涨落；本国货币贬值所产生的效应正好相反。二是**对于货币可以自由兑换的国家来说，汇率变动也可能引起资本的输出与输入的变化，从而影响国内货币资金和证券市场的供求状况。**

6. 市场风险

市场风险是指证券市场的价格波动给投资者带来损益的可能性。这种价格波动可通过对股票价格指数或股价平均数的变动来分析。市场风险是难以回避的一种风险，它给投资者带来的后果有时是灾难性的。在证券市场低迷的行情中，逆市走强的证券还会存在，但极为难得，"覆巢之下，焉有完卵"，即使逆市飘红，也多为昙花一现。在大熊市到来之际，投资者大多难以逃脱亏损的厄运。

降低市场风险的影响，其一是**认清市场变动趋势并顺势而为**，通过分析判断，是牛市就入市投资，是熊市就远离证券市场；二是**选择大企业和业绩优良的企业进行投资**，因为这类企业对客观经济环境变化的承受能力和适应能力较强。

（二）非系统性风险

非系统性风险是指只对某个行业或个别公司的证券产生影响的风险，它通常由某一特殊的因素引起，与整个证券市场的价格不存在系统、全面的联系。例如某公司因管理者经营能力、消费者消费偏好、公司员工罢工等自身因素造成公司利润的变动。这种因行业或企业自身因素改变而带来的证券价格变化与其他证券的价格、收益没有内在的必然联系，因此不会影响其他证券的收益。**虽然非系统性风险并不会对整个证券市场产生根本性影响，但是对单个投资者而言却可能是致命的。**因此，投资者要通过审慎的投资选择来减少甚至避免非系统性风险。

非系统性风险的形式主要有以下3种。

1. 信用风险

信用风险又称违约风险，是指证券发行者在证券到期时无法还本付息而使投资者遭受损失的风险。公司资本结构不合理、融资不当是导致信用风险产生的一个重要原因。投资者可以通过观察一个公司的资本结构来预估该公司证券的信用风险程度。资本结构中负债较少的公司，其证券的信用风险低；负债比重大的公司，其信用风险高。投资者回避信用风险的最好办法是参考证券信用评级的结果。

2. 经营风险

经营风险是指因公司经营状况的变化而导致公司盈利水平变化，从而使投资者预期收益下降的风险。 经营风险的程度因公司而异，取决于公司的经营活动和所属行业。公司的收益和现金流量与其收入密切相关。例如，当公司收入突然下降时，由于普通股持有者在现金分配时排在最后，因此与公司的债券持有者相比，普通股持有者处于一个风险大得多的位置。公司在支付债务利息和到期本金后，可用于支付股息的收益已所剩无几，从而导致股东们所得股息减少或根本没有股息。与此同时，股票的市场价格一般也会随之降低，使股东们蒙受双重损失。

3. 流动性风险

流动性风险指的是资产变成现金方面的潜在困难导致的投资者收益的不确定性。 一种证券在不作出大的价格让步的情况下卖出的难度越大，该种证券的流动性风险程度就越大。在流通市场上交易的各种证券，其流动性风险差异很大，一些流动性强的证券，投资者可轻而易举地将其卖出，在价格上不引起任何波动；而一些流动性差的证券，投资者急着要将它们变现时，往往很难脱手，除非忍痛贱卖，在价格上让步，从而及时止损。

4.2.2 证券投资风险的识别

（一）系统性风险的识别

证券投资中的系统性风险是由基本经济因素和政治因素的不确定性引起的，因此对系统性风险的识别就是对一个国家一定时期内宏观的经济状况和政治形势作出判断。具体来说，可以从以下 8 个方面的变化进行分析。

1. 经济增长率

经济增长是支撑证券市场价格的重要基础，它也是决定证券价格走势的主要内容。目前世界各国通常用国内生产总值（GDP）的变化来反映经济增长率。

2. 国家经济政策

通过国家经济政策的变动，可以判断国家对经济增长状况及产业发展的态度。投资者应通过政府工作报告，政府颁布的法令、法规，官方报刊发表的重要经济类文章等多种渠道研判各种政策对意向投资企业的发展所带来的有利或不利影响，从而识别系统性风险给自己的投资所产生的影响。

3. 国家政治状况

国家政治状况体现在政治制度的稳定性、政府领导层的素质、政府的政治路线、政策的延续性、高层领导人的健康状况等方面。

4. 投资状况

经济增长率是一项事后指标，须待一个生产周期结束之后才能有确定的结果，而投资状况则更直接地反映当前的经济活动状况。投资规模、投资增长速度反映了国家的产业政策导向，反映了国家对一个部门、一个行业是鼓励、扶持，还是限制、打压的态度。如果投资规模较大,投资增长速度较快,那么这个行业应该会有较好的发展前景。

5. 信贷资金供给

银行的信贷资金是社会资金总供给中的主要组成部分,也是影响货币供应量和物价水平的重要因素。信贷规模扩大,资金供给充足,必将会导致股票价格的上涨。

6. 消费资金与个人消费支出的变化

消费资金的增减用城镇职工工资和农村个人收入增长率的变动来衡量,个人消费支出的变化可以分别用社会商品零售额和居民人均生活消费额两项指标来测算。消费资金与个人消费支出从不同角度反映了居民收入中用于消费的部分所占的比重,从而可以折算出居民储蓄资金的多少,进而计算出证券市场上个人投资的潜力及其对价格的影响。

7. 利率与通货膨胀率

利率和通货膨胀率与投资收益之间的相关程度极高,在各种利率中,尤其应注意本国中央银行的贴现率。中央银行的贴现率是商业银行向中央银行寻求短期资金融通时的利息率,它决定着各个商业银行存贷款利率的高低。考察通货膨胀率主要有三个参照指标:批发物价指数、消费物价指数与国内生产总值物价平减指数。

8. 政府财政收支

政府财政状况可以通过每年公布的预算与决算表反映出来,政府财政状况如果不好,不仅会导致国债收益下降,还会诱发通货膨胀,使整个经济状况恶化。

(二) 非系统性风险的识别

非系统性风险一般主要是由企业因素和市场因素的不确定性造成的。

1. 企业因素的分析与风险的识别

企业因素的变动会构成证券投资风险,因此,投资者可以从各种途径去详细了解意向投资企业的真实状况。一般来说,最简单的办法就是阅读该企业发布的各种文件,这些文件包括公司章程、招股说明书或上市公告书、董事会工作报告、公司财务资料审核报告等。投资者从公司章程中可以了解其行业归属、经营范围、资本实力、董事会、监事会和主要管理人员的构成、财务管理和自己可能获得的基本权益等方面的大体情况;从招股说明书和上市公告书中可以了解该公司的发展变革、股本构成及近期的经营实绩,从而更加深入地掌握其资信状况;从该公司董事会每年发布的年度报告中可以了解其经营状况、红利分配方案及有关该公司发展的动态信息,了解该公司的实际经营能力,以及自己的投资回报率。

公司财务资料审核报告一般包括资产负债表和损益表。上市公司的财务报表须经专职的、权威性的会计师事务所审核,并出具验资报告,一般来说内容比较真实可信。

2. 市场因素分析与投资风险识别

基本因素、企业因素的变动与股票投资风险之间的关系,可以通过各种宏观经济数据、报道、文件资料等反映出来,而市场因素分析与投资风险的识别就比较复杂了。但是,人们在实践中发现,可以从大量的统计数据构成的变动轨迹中进行分析与识别,这也就是说,借助技术分析方法,可以识别证券投资中的市场风险。

4.2.3 证券投资风险的控制

证券投资风险的控制是证券市场健康发展的重要基础。党的二十大报告就明确提出，要加强和完善现代金融监管，强化金融稳定保障体系，依法将各类金融活动全部纳入监管，守住不发生系统性风险底线。

（一）证券投资风险控制的基本原则

证券投资风险控制的目标包括确定风险控制的具体对象和风险控制的程度两层含义。投资者如何确定自己的目标，取决于自己的主观投资动机，也取决于意向投资证券的客观属性。风险控制可以遵循4大原则，即回避风险原则、减少风险原则、留置风险原则和共担（分散）风险原则。

1. 回避风险原则

回避风险原则是指事先预测证券投资风险发生的可能性，分析和判断该风险产生的条件和因素，在经济活动中设法避开它或改变它运行的方向。例如在股票投资中的具体做法是：放弃对风险性较大的股票的投资，转而投资其他风险性较低的金融资产或不动产，或改变直接参与股票投资的做法，求助于共同基金、间接进入市场等。相对来说，回避风险原则是一种比较消极和保守的风险控制的原则。

2. 减少风险原则

减少风险原则是指投资者在从事经济活动的过程中，不因风险的存在而放弃既定的目标，而是采取各种措施和手段设法降低证券投资风险发生的概率，从而减轻他们可能承受的经济损失。例如在股票投资过程中，投资者在已经了解到投资股票有风险的前提下，一方面，投资者不放弃股票投资；另一方面，他们积极运用各种技术手段，努力降低该风险发生的可能性，削弱该风险带来的消极影响，从而获得较丰厚的风险投资收益。对于大多数投资者来说，这是一种进取性的、积极的风险控制原则。

3. 留置风险原则

留置风险原则是指在证券投资风险已经发生或该风险无法避免和转移的情况下，投资者正视现实，从长远利益和总体利益出发，将证券投资风险承受下来，并设法把该风险损失减少到最低程度。例如在股票投资中，投资者在力所能及的范围内，确定承受证券投资风险的程度，在股价下跌、已经亏损的情况下，投资者应果断"割肉斩仓""止损"，并进行自我调整。

4. 共担（分散）风险原则

共担（分散）风险原则是指在证券投资中，投资者借助各种形式的投资群体合伙参与证券投资，以共同分担证券投资风险。这是一种比较保守的风险控制原则。投资者承受证券投资风险的压力减弱了，但他们获得高收益的机会也少了，因此遵循这种原则的投资者一般只能得到平均收益。

(二)证券投资风险控制的措施

1. 做好知识准备

证券投资本身是一门非常深奥的学问,涉及经济、管理、法律、统计、信息技术等多方面的综合知识。当然作为普通投资者并不需要对所有这些知识都有透彻的理解,但是若想成为一个稳健而成功的投资者,就必须花费心血和时间去学习证券投资知识、研究证券投资规律。如果投资者连一些基本的证券投资知识都没有就涉足证券市场,将会面临极大的风险。

2. 运用技术分析

所谓技术分析,是指投资者利用统计数据和图表,并根据证券的市场价格和交易量变动的趋势及两者之间的联系,对证券市场未来行情进行预测,择机买卖证券,以期免受价格下跌造成的损失并获取投资收益的措施。技术分析是建立在统计分析基础之上的,投资者可以依照技术指标或技术图形中所出现的买入或卖出信号进行操作。虽然技术分析不可能保证每次分析的结果都是正确的,但是从总体上来看它失误的概率要小一些,从而起到风险控制的作用。

3. 科学组合投资

"不要把所有的鸡蛋放到一个篮子里",形象地说明了组合投资对分散风险的重要性。科学地进行组合投资是最能体现分散风险原则的投资技巧。组合投资是指投资者将资金同时投入收益、风险、期限都不相同的若干种证券上,借助证券多样化效应,分散只投资一种证券的风险,进而减少所承受的投资总风险。值得注意的是,组合投资并不只是简单地将自己的资金分散购买多只股票。有效的组合投资应当具备以下三个条件:首先,投资者所选择的各类资产,其风险可以部分地互相冲抵;其次,在投资总额一定的前提下,组合投资的预期收益与其他组合相同,但其可能承受的风险比其他组合投资小;最后,在投资总额一定的前提下,组合投资的风险程度与其他组合投资相同,但预期的收益较其他组合投资高。

常见的组合投资有ETF,即<u>交易型开放式指数基金(Exchange Traded Fund)</u>,它是一种在证券交易所上市交易的开放式证券投资基金产品。ETF管理的资产是一揽子股票组合,这一组合中包含的股票种类与某一特定指数包含的成份股相同。如上证50ETF与上证50指数包含的成份股相同,上证50ETF中股票的构成比例与上证50指数的成份股构成比例也一致。ETF的交易价格取决于它拥有的一揽子股票的价值,即"单位基金资产净值"。由于上证50指数代表了上海证券交易所优秀上市公司的集合,而且它不断采取优胜劣汰的方法淘汰那些业绩出现明显下滑的上市公司,因此对于普通投资者而言,购买此类基金是进行投资、实现投资组合的一种简单而有效的方式。

4. 期货、期权交易

股票指数期货是一种新的金融交易品种,运用股票指数期货进行保值交易,可以使投资者大大地降低投资风险。

阅读专栏 4-3

ETF 与 LOF 的区别与联系

ETF（Exchange Traded Fund）又称交易型开放式指数基金、交易所交易基金。ETF 通常以拟合某一指数为目标，采用完全被动式管理方法。它为投资者同时提供了交易所交易以及申购、赎回两种交易方式：一方面，与封闭式基金一样，投资者可以在交易所买卖 ETF，而且可以像股票一样卖空和进行保证金交易（如果该市场允许股票交易采用这两种形式）；另一方面，与开放式基金一样，投资者可以申购和赎回 ETF，但在申购和赎回时，ETF 与投资者交换的是基金份额和"一揽子"股票。ETF 具有税收优势、成本优势和交易灵活的特点。

LOF（Listed Open-ended Fund）又称上市型开放式基金，它是对开放式基金交易方式的创新，其更具现实意义的一面在于以下两点。一方面，LOF 为封闭转开放提供技术手段。对于封闭转开放，LOF 继承了封闭式基金特点，并增加投资者退出方式的解决方案。另一方面，LOF 的场内交易减少了赎回压力。此外，LOF 为基金公司增加销售渠道，缓解银行的销售瓶颈。

LOF 与 ETF 的相同之处是它们同时具备了场外和场内的交易方式，二者同时为投资者提供了套利的可能。此外，LOF 与目前的开放式基金的不同之处在于它增加了场内交易带来的交易灵活性。

二者的区别表现在：首先，ETF 本质上是指数型的开放式基金，是被动管理型基金，而 LOF 则是普通的开放式基金，但它增加了交易所的交易方式，LOF 可能是指数型基金，也可能是主动管理型基金；其次，在申购和赎回时，ETF 与投资者交换的是基金份额和"一揽子"股票，而 LOF 则是与投资者交换现金；再次，在一级市场上申购赎回时，ETF 的投资者一般是较大型的投资者，如机构投资者和规模较大的个人投资者，而 LOF 则没有限定；最后，在二级市场的净值报价上，ETF 每 15 秒钟提供一单位基金净值报价，而 LOF 则是一天提供一单位基金净值报价。

（资料来源：根据相关文献整理）

第4章
在线答题

第 5 章

现代证券投资理论

思维导图

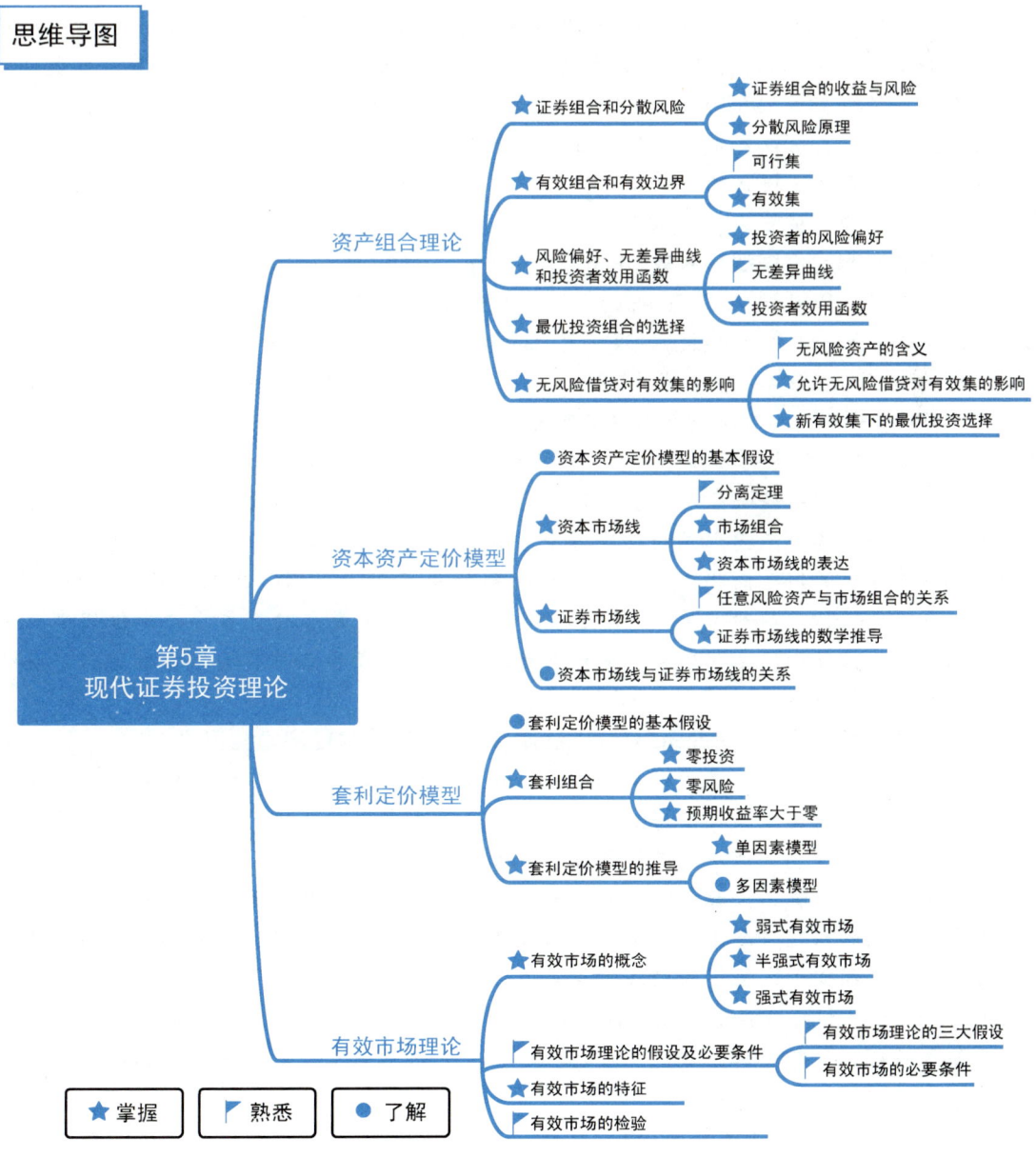

> 教学目标

通过本章学习，要透彻理解资产组合理论、资本资产定价模型、套利定价模型和有效市场理论，尤其应熟练掌握资本资产定价模型的应用。

> 导入阅读

现代证券投资理论与诺贝尔经济学奖

一、资产组合理论——Harry·M. Markowitz，1990 年诺贝尔经济学奖得主

哈里·马科维茨（Harry·M. Markowitz）1927 年出生于美国伊诺斯州的芝加哥，毕业于芝加哥大学。哈里·马科维茨一生著作颇丰，研究范围涉及金融微观分析及数学、计算机等在金融经济学方面的应用。他的理论也曾影响了他的同时代学者。由于其出色的、开创性的工作，哈里·马科维茨与威廉·夏普及默顿·米勒一起荣获 1990 年诺贝尔经济学奖。

哈里·马科维茨于 1952 年发表的经典之作《资产选择》一文，将以往个别资产分析推进到一个新阶段，他以资产组合为基础，配合投资者对风险的态度，从而进行资产选择的分析，由此便产生了现代的有价证券投资理论。哈里·马科维茨的研究被认为是金融经济学理论前驱工作，被誉为"华尔街的第一次数学革命"。

二、资本资产定价模型——William·F. Sharpe，1990 年诺贝尔经济学奖得主

威廉·夏普（William·F. Sharpe）1934 年出生于美国马萨诸塞州的坎布里奇市，毕业于加利福尼亚大学洛杉矶分校。威廉·夏普对经济学的主要贡献是将哈里·马科维茨的分析方法进一步发展为著名的资本资产定价模型（Capital Asset Pricing Model，简称 CAPM），它用来说明投资者如何在金融市场上确定反映风险和形成潜在收益的证券价格。威廉·夏普的一个重要理论是，投资的多样化只能消除非系统性风险，而不能消除系统性风险。

虽然从实际应用的效果来看，资本资产定价模型一直是激烈争论的焦点，受到各方质疑，因此扩展出了各种不同形式的拓展模型，如零 β 模型、跨期资本资产定价模型、多 β 模型等，斯蒂芬·罗斯也简化了假设，他从套利的角度重新提出了套利定价模型（Arbitrage Pricing Theory，简称 APT）。但是不可否认，威廉·夏普的资本资产定价模型，是现代金融市场价格理论的主要部分。该模型有助于计算投资和兼并有关的资本消耗，还被广泛用于经济统计分析。

三、有效市场理论——Eugene·F. Fama，2013 年诺贝尔经济学奖得主

尤金·法玛（Eugene·F. Fama）1939 年出生于美国马萨诸塞州的波士顿，1960 年毕业于马萨诸塞州塔夫茨大学，获得法文学士学位。后来尤金·法玛因选修了经济学课程而对经济产生了研究兴趣，所以他继续到芝加哥大学商学院攻读了 MBA 和博士学位。

尤金·法玛可以称为金融经济学领域的思想家，他是全世界引用率最高的经济学家之一。尤金·法玛的研究兴趣十分广泛，包括投资学理论与经验分析、资本市场中的价格形成、公司财务、组织形式生存的经济学等。他最主要的贡献是提出了著名的有效市场理论（Efficient Market Hypothesis，EMH）。尤金·法玛以严谨的理论性与实证方法的运用相结合为显著特征，并将实证方法建立在统计与经济分析基础上，他用实际数据和具体的调查来证明定义严谨的抽象的问题。

（资料来源：根据相关文献整理）

5.1 资产组合理论

现代证券投资理论的开端是以1952年哈里·马科维茨（以下简称马科维茨）的《资产组合理论》（*Portfolio Theory*）的发表为标志的。马科维茨采用"均值-方差"法量化收益和风险，这是第一次有学者明确地用数学语言描述了不确定环境下如何通过构建证券组合以实现投资者效用最大化的目标，这被称作"华尔街的第一次数学革命"。

5.1.1 证券组合和分散风险

（一）证券组合的收益与风险

1. 证券组合的收益

证券组合的预期收益$\overline{R_P}$等于组合里各种证券的预期收益率的加权平均数，计算公式如下所述。

$$\overline{R_P} = \sum_{i=1}^{N} x_i \overline{R_i} \tag{5-1}$$

式中，$\overline{R_i}$为证券组合中证券i的预期收益率；x_i为组合中证券i所占的比例；$\sum_{i=1}^{N} x_i = 1$；N为组合中证券的种类。

2. 证券组合的风险

证券组合的风险用方差σ_P^2和标准差σ_P分别表示如下。

$$\sigma_P^2 = \sum_{i=1}^{n}\sum_{j=1}^{n} \sigma_{ij} x_i x_j, \sigma_P = \sqrt{\sum_{i=1}^{n}\sum_{j=1}^{n} \sigma_{ij} x_i x_j} \tag{5-2}$$

式中，当$i \neq j$时，σ_{ij}为证券i与证券j收益的协方差，$\sigma_{ij} = \rho_{ij}\sigma_i\sigma_j$；当$i = j$时，$\sigma_{ij} = \sigma_i^2 = \sigma_j^2$，即$\rho_{ij} = 1$。

（二）分散风险原理

通过构建适当的证券组合可以实现分散和降低风险的目的。首先从包含两种证券的组合着手分析，再进一步扩展到包括n种证券的组合。

1. 两种证券的组合

按照式（5-1）和式（5-2），当证券组合中的证券数量为2（即$x_1 + x_2 = 1$）时，其预期收益$\overline{R_P}$和风险σ_P^2的计算公式分别表示如下。

$$\overline{R_P} = \sum_{i=1}^{N} x_i \overline{R_i} = x_1 \overline{R_1} + x_2 \overline{R_2} \tag{5-3}$$

$$\sigma_P^2 = \sum_{i=1}^{n}\sum_{j=1}^{n}\sigma_{ij}x_i x_j = x_1^2\sigma_1^2 + x_2^2\sigma_2^2 + 2x_1 x_2\sigma_1\sigma_2\rho_{12} \tag{5-4}$$

两种证券组合的收益取决于每一种证券的预期收益率，并且与其在证券组合中所占的比重线性相关。但证券组合的风险不只取决于每一种证券的风险，更关键是两种证券的相关系数 ρ。ρ 的取值范围为 $[-1, 1]$。

当 $-1<\rho<0$ 时，两种证券的收益的变动呈负相关关系；当 $0<\rho<1$ 时，两种证券的收益的变动呈正相关关系；当 $\rho=0$ 时，两种证券收益变动不相关，如图 5.1 所示。

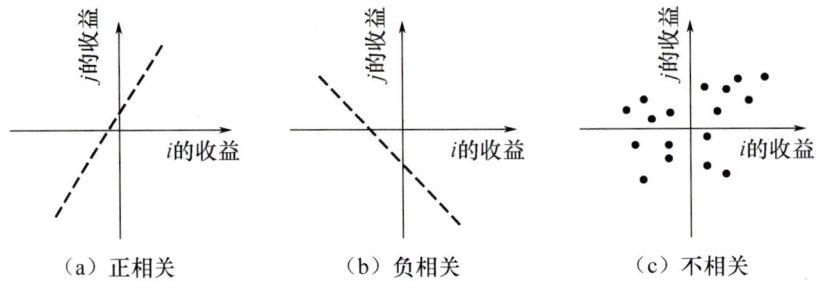

图 5.1　相关系数不同时两种证券收益变动的关系

当 $\rho=-1$ 时，两种证券完全负相关，而 $\rho=1$ 时完全正相关。

根据式（5-4），当 $\rho=-1$ 时，

$$\sigma_P^2 = x_1^2\sigma_1^2 + x_2^2\sigma_2^2 - 2x_1 x_2\sigma_1\sigma_2 = (x_1\sigma_1 - x_2\sigma_2)^2 \tag{5-5}$$

当 $\rho=1$ 时，

$$\sigma_P^2 = x_1^2\sigma_1^2 + x_2^2\sigma_2^2 + 2x_1 x_2\sigma_1\sigma_2 = (x_1\sigma_1 + x_2\sigma_2)^2 \tag{5-6}$$

当 $\rho=0$ 时，

$$\sigma_P^2 = x_1^2\sigma_1^2 + x_2^2\sigma_2^2 \tag{5-7}$$

由此可见，只要两种证券的相关系数不是 1，则证券组合的风险 σ_P^2 是小于单独投资于这两种证券的风险加权平均数的。**即投资者可以通过证券组合，在不影响收益的前提下，降低投资风险。**

【例 5-1】　假设 A 和 B 两种证券的预期收益率分别为 5% 和 8%，标准差分别为 9% 和 15%，投资者对证券 A 和 B 的配置比例分别为 x_A 和 x_B，且 $x_A + x_B = 1$。证券组合的预期收益率和方差的计算公式分别表示如下。

$$\overline{R_P} = x_A\overline{R_A} + x_B\overline{R_B} = 0.05x_A + 0.08x_B$$

$$\sigma_P^2 = x_A^2\sigma_A^2 + x_B^2\sigma_B^2 + 2x_A x_B\sigma_A\sigma_B\rho_{AB} = 0.0081x_A^2 + 0.0225x_B^2 + 0.027x_A x_B\rho_{AB}$$

给定几种相关系数，在证券 A 和 B 的不同配置比例下，该组合的预期收益率和标准差如表 5-1 所示，该表同时列出最小方差组合及其配置比例。

由表 5-1 可以看出，证券组合的收益只受到证券 A 和 B 预期收益率以及两种证券配置比例的影响，并且与配置比例线性相关，如图 5.2 所示。

表 5-1 不同配置比例下证券组合的预期收益率和标准差

x_A	x_B	预期收益率（%）	给定相关系数下证券组合的标准差（%）			
			$\rho=-1$	$\rho=0$	$\rho=0.5$	$\rho=1$
0	1	8	15	15	15	15
0.2	0.8	7.4	10.2	12.1	13.0	13.8
0.4	0.6	6.8	5.4	9.7	11.2	12.6
0.6	0.4	6.2	0.6	8.1	9.9	11.4
0.8	0.2	5.6	4.2	7.8	9.1	10.2
1	0	5	9	9	9	9
最小方差组合						
x_A			0.625	0.7353	0.9211	—
x_B			0.375	0.2647	0.0789	—
预期收益率（%）			6.125	5.7941	5.2367	—
标准差（%）			0	7.7174	8.9406	—

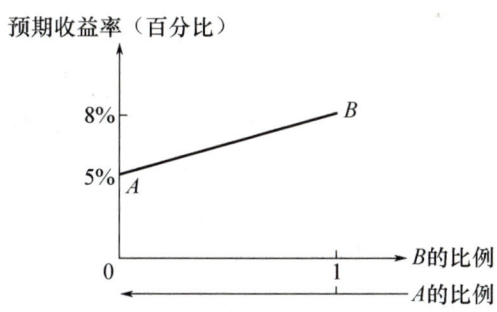

图 5.2 证券组合的预期收益率与配置比例

而相关系数 ρ_{AB} 对证券组合的预期收益率不会产生影响，但是会对该组合的风险产生重要影响，如图 5.3 所示。证券组合的风险受到证券 A 和 B 各自风险水平、证券配置比例，以及更关键的两者相关关系的影响。

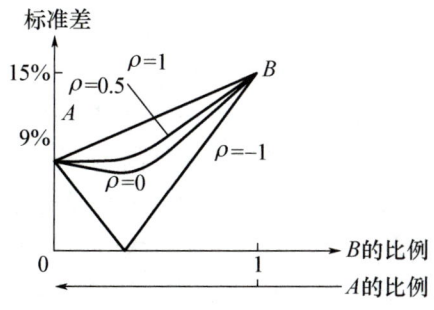

图 5.3 证券组合的风险与配置比例

综合图 5.2 和图 5.3，在以预期收益率 $\overline{R}$ 为纵轴、以风险 σ 为横轴的坐标系中，两种证券组合的风险与收益的关系如图 5.4 所示。由图 5.4 可知，当 $\rho_{AB}=1$ 时，证券 A 和 B 的不同配置使得组合的收益与风险落在直线 AB 上，即组合的收益与风险均取决于 A 和 B 的收益与风险的线性比例配置；当 $-1<\rho_{AB}<1$ 时，组合的收益与风险是一条曲线，随着低风险证券 A 持有比例的减少（或高风险证券 B 的持有比例增加），曲线呈现负斜率到正斜率的转变；当 $\rho_{AB}=-1$ 时，组合的收益与风险是一条折线。这也就是说，当两种证券的相关系数不等于 1 时，都会呈现在适当的资产配置比例下，组合的风险既小于高风险证券的风险，也同时小于低风险证券的风险（如表 5-1 中的最小方差组合）。

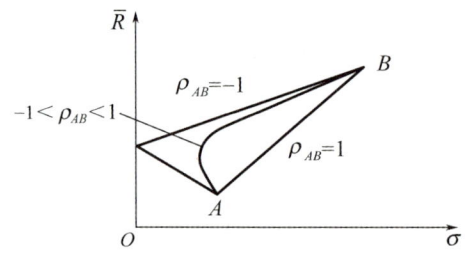

图 5.4　证券组合的风险与收益

2. n 种证券的组合

当组合中的证券数量由 2 扩展为 n 时，其预期收益和风险如式（5-1）和式（5-2）所示。**组合的预期收益率和每种证券的预期收益率线性相关，但是组合的风险受到各种证券的方差、配置比例及证券之间协方差的共同影响。**

以四种证券的组合为例，将式（5-2）以方差-协方差矩阵形式展开（式 5-8），可以看出，n 种证券组合的方差-协方差矩阵中一共有 n^2 项，单一证券的方差只占 n 项，另外 n^2-n 项是协方差。也就是说，随着组合中证券数量的增加，协方差对组合风险的影响随之增大，证券的方差的影响反而越来越小。若一个组合能包含市场中所有的证券，那么单一证券的影响几乎可以忽略不计，起到决定性作用的是协方差。

$$\sigma_P^2=\sum_{i=1}^n\sum_{j=1}^n\sigma_{ij}x_ix_j=\begin{Bmatrix}x_1x_1\sigma_1^2 & x_1x_2\sigma_{12} & x_1x_3\sigma_{13} & x_1x_4\sigma_{14}\\ x_2x_1\sigma_{21} & x_2x_2\sigma_2^2 & x_2x_3\sigma_{23} & x_2x_4\sigma_{24}\\ x_3x_1\sigma_{31} & x_3x_2\sigma_{32} & x_3x_3\sigma_3^2 & x_3x_4\sigma_{34}\\ x_4x_1\sigma_{41} & x_4x_2\sigma_{42} & x_4x_3\sigma_{43} & x_4x_4\sigma_4^2\end{Bmatrix} \quad (5-8)$$

根据上文分析可知，两种证券的相关系数小于 1，组合的风险就小于单一证券风险的加权平均数；同样原理，在包含 n 种证券的组合中，只要证券之间的变动不完全一致，也能够通过多种高风险证券构造出一个中低风险水平的组合。其原因在于不同证券的风险并非完全相关，在多种证券的组合中，单一证券收益率的变动可能被其他证券收益率的反向变动减弱甚至完全抵消，这样组合的总风险就可以大大降低。而组合的预期收益率只和单一证券的预期收益率及其配置的比例有关，不受到证券之间变动关系的影响。也就是说，当持有包含多个不完全正相关证券的组合时，投资者可以在不牺牲收益的前提下降低组合的风险，这就是分散风险的原理。在证券组合中，证券之间的相关关系越弱，分散风险的效果也就越好。

从理论上讲,一个证券组合包含足够多的相关关系较弱甚至负相关的证券,就可能完全消除所有风险。但是现实市场中,各种证券因受到多种共同因素如经济周期、利率波动等的影响,因此存在一定的正相关关系。分散投资可以消除的那部分风险是单一证券特有的非系统性风险,而由共同性因素所产生的、对所有证券都产生相似影响的系统性风险,是无法通过证券组合分散的(图5.5)。

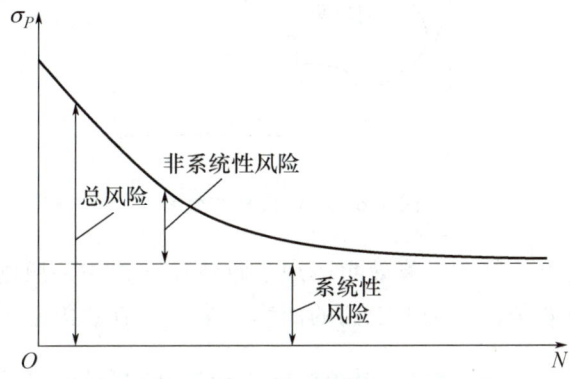

图 5.5 证券数量和系统性风险、非系统性风险的关系

 知识要点提醒 5-1

证券组合的收益率与风险

- 证券组合的收益率受到该组合内各种资产的预期收益率和其所占比例的影响。
- 证券组合的风险受到该组合内各种资产自身风险、所占比例及资产之间相关关系的影响。
- 证券组合中所包含的资产数量越大,对该组合风险起到更大影响的是各个资产之间的相关关系。

5.1.2 有效组合和有效边界

(一)可行集

现实市场中证券种类数量繁多,可以构成任意组合。可行集(Feasible Set)是指 n 种证券的所有组合的集合,现实市场中所有的证券及其所有任意可能的组合都存在于可行集的内部或边界上。如图 5.6 所示,可行集是由收益最低的 A、风险最小的 N、收益最高的 B、风险最大的 H 四个点所围成的区域,一般呈现伞的形状。在可行集中按照收益一定、风险最小及风险一定、收益最大的原则确定有效集。

(二)有效集

有效组合是满足在收益一定的情况下风险最小化,并且在风险一定的情况下收益最大化标准的证券组合。有效组合构成的集合即为有效集(Efficient Set)。由图 5.6 可知,有效集位于弧线 NB 上。因为若以最小风险的 N 点作水平线,同一风险下,在该水平线上方能提供更高收益的组合；若以最大收益 B 点作垂直线，同一收益水平下该垂直线左侧能提供更小风险组合，同时满足收益最大化和风险最小化这两个标准的组合，只能在 N、B 两点之间的最左上方边界上，因此有效集又可以称为有效边界。

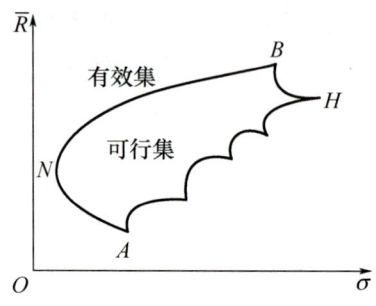

图 5.6　可行集与有效集

有效集具有以下特点：第一，有效集体现了收益风险正相关原则，它是一条向右上方倾斜的曲线；第二，有效集是一条向上凸的曲线；第三，有效集上不能有凹陷的地方。

5.1.3　风险偏好、无差异曲线和投资者效用函数

（一）投资者的风险偏好

马科维茨的资产组合理论对投资者的风险态度有两个基本假设：**不满足性**和**风险厌恶性**。一方面，不满足性体现于投资者在两个投资组合中进行选择时，若其他条件一致，他们总是会选择预期收益率更高的组合，如图 5.7 所示，在同样风险水平的 A 和 E 中，不满足的投资者会选择期望收益更高的 A。另一方面，风险厌恶性体现于在其他条件一致的情况下，投资者总偏向于选择风险更小的组合，如图 5.7 中，对同样收益水平的 A 和 F，风险厌恶的投资者会选择风险更小的 A。

（二）无差异曲线

理性投资者的目标是投资效用最大化，预期收益会带来正效用，风险会带来负效用，一般用无差异曲线描述投资者的效用（图 5.8）。

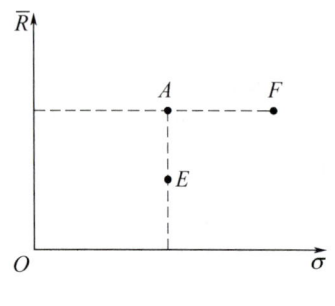

图 5.7　不满足性和风险厌恶性

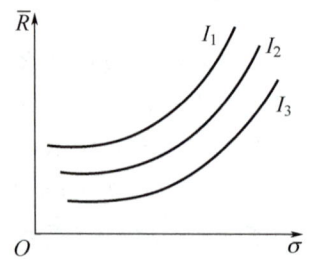

图 5.8　无差异曲线

一条无差异曲线代表理性投资者同等水平的效用满足程度，具有五种特征，具体如下所述。

第一，无差异曲线斜率为正。因为风险给投资者带来负效用，而收益带来正效用，因此无差异曲线的斜率必须为正，即高风险的投资具有高收益，才能满足投资者相同的效用要求。

第二，无差异曲线是下凸的。因为对理性投资者而言，边际效用递减，只有提供更多的收益补偿才能使得他们愿意承担更多的风险。

第三，同一投资者有无限多条无差异曲线。因为理性投资者的风险态度是唯一的，每一条无差异曲线上的收益与风险的组合都表示相同的效用水平。而根据投资者不满足性和风险厌恶性的特征，越靠左上方的无差异曲线具有越高的效用水平。

第四，同一投资者的任意两条无差异曲线在任意时点都不会相交。以反证法证明（图 5.9），假设某投资者的无差异曲线相交于 X 点。由于 X 与 A 位于无差异曲线 I_1 上，具有相同的效用；而 X 与 B 也同时位于无差异曲线 I_2 上，也具有相同效用水平，因此 A 与 B 也有着相同的效用水平。但是 B 的预期收益大于 A 且风险小于 A，对投资者而言，B 的效用程度明显比 A 要高，这与前述结论相悖。因此无差异曲线是不可能相交的。

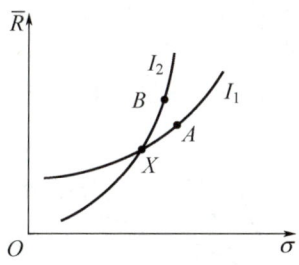

图 5.9 无差异曲线的相交

第五，无差异曲线的斜率反映投资者对风险的态度。图 5.10 分别描述了三种不同程度的风险厌恶的投资者。无差异曲线的斜率表示预期收益与风险之间的替代率，斜率越大意味着该投资者对风险的厌恶程度越高；斜率越小则表示该投资者对风险的厌恶程度越低。

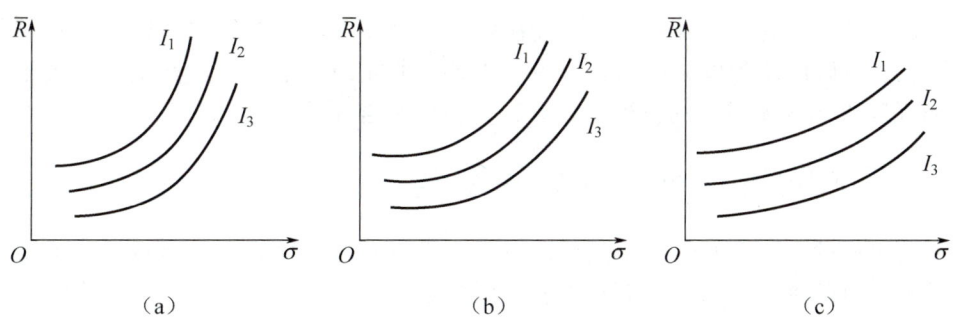

图 5.10 不同程度风险厌恶者的无差异曲线

（三）投资者效用函数

为了更清晰地衡量预期收益与风险对投资者效用满足程度的影响，这里可以引入投资

者效用函数 U。

$$U(\overline{R},\sigma)=\overline{R}-\frac{1}{2}A\sigma^2 \qquad (5-9)$$

式中，U 为效用值；A 为投资者的风险厌恶系数。对风险厌恶的投资者而言，A 的取值大于 0，其典型值介于 2 至 4 之间；而风险中性投资者的 A 的取值为 0，这表示风险的高低对该投资者没有影响；风险偏好投资者的 A 的取值则为负数。投资者的效用函数与有效集的切点，即为其最优投资组合。

5.1.4 最优投资组合的选择

根据上文分析，我们确定了有效集的形状，以及明确了投资者风险厌恶程度，接下来就可以确定满足投资者投资效用最大化的最优投资组合（图 5.11）。

由图 5.11 可以看出，虽然无差异曲线 I_3 上的组合能够给投资者带来更大效用，但是在可行集中找不到这样的资产或资产组合；I_1 上的组合在现实中存在，但不是有效组合；只有 I_2 代表了现实中可以实现的最高投资效用。有效集向上凸的特性和无差异曲线向下凸的特性决定了有效集和无差异曲线只有唯一切点 P。P 点所代表的就是最优投资组合（Optimal Portfolio），即能满足投资者效用最大化的有效组合。

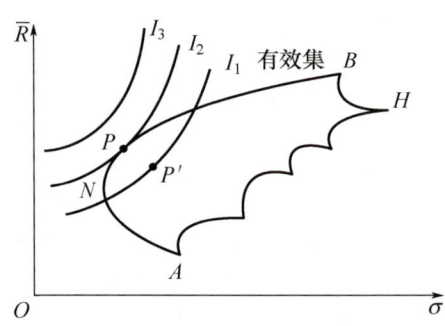

图 5.11　最优投资组合

对投资者而言，有效集是由证券市场决定的客观存在，无差异曲线则受到自身风险厌恶程度影响。风险厌恶程度越高的投资者，无差异曲线的斜率越大，其最优投资组合越接近 N；而风险厌恶程度越低的投资者，其最优投资组合越接近 B。

5.1.5 无风险借贷对有效集的影响

上文所讨论的资产及其组合都是风险资产，没有考虑无风险资产及按照无风险利率借入资金投资于风险资产的情况，而在现实生活中这些情况都是存在的。接下来将介绍在允许投资者进行无风险借贷的情况下，有效集以及最优投资选择将会如何变化。

（一）无风险资产的含义

理论上的无风险资产是指在持有期内具有确定性收益的资产，因为其最终价值没有任何不确定性，所以标准差应为 0，且与其他任意风险资产之间的协方差也为 0。

而在现实中，什么样的资产才能够称为无风险资产？一方面，无风险资产应没有违约风险，而公司发行的证券都有可能违约，因此基本没有违约风险的政府债券才有可能是无风险资产。另一方面，理论上的无风险资产也没有其他任何风险，而长期政府债券即使不存在违约可能，也会受到利率风险、流动性风险等因素的影响，因此短期政府债券才更符合无风险资产的特征。综上所述，在现实中，短期政府债券（尤其是短期国债）或与其风险水平类似的货币市场基金常被用来指代无风险资产。

（二）允许无风险借贷对有效集的影响

为更清晰地分析无风险资产对有效集的影响，简便起见，我们构建只包含无风险资产和一种风险资产的组合。假设该组合中无风险资产和风险资产的比例分别为 x_1 和 x_2，且 $x_1+x_2=1$；无风险资产和风险资产的预期收益分别为 R_f 和 $\overline{R_2}$，风险资产的风险为 σ_2，两者的协方差 σ_{12} 为 0。根据式（5-1）和式（5-2）可以得出，该组合的预期收益 $\overline{R_P}$ 和风险 σ_P 的计算公式如下所述。

$$\overline{R_P} = \sum_{i=1}^{N} x_i \overline{R_i} = x_1 R_f + x_2 \overline{R_2} \tag{5-10}$$

$$\sigma_P = \sqrt{\sum_{i=1}^{n}\sum_{j=1}^{n} \sigma_{ij} x_i x_j} = x_2 \sigma_2 \tag{5-11}$$

由式（5-11）可推导出式（5-12）。

$$x_1 = 1 - \frac{\sigma_P}{\sigma_2}, x_2 = \frac{\sigma_P}{\sigma_2} \tag{5-12}$$

将式（5-12）代入式（5-10），可得式（5-13）。

$$\overline{R_P} = R_f + \frac{\overline{R_2} - R_f}{\sigma_2} \sigma_P \tag{5-13}$$

式（5-13）中的 R_f，$\overline{R_2}$ 和 σ_2 均已知，$\overline{R_P}$ 为 σ_P 的线性函数，$\frac{\overline{R_2}-R_f}{\sigma_2}$ 为单位风险报酬，又被称为夏普比率。如图 5.12 所示，A 点表示无风险资产，B 点表示一种风险资产，这两种资产构成的任意组合的预期收益与风险落在直线 AB 上。直线 AB 被称为资产配置线，B 点左侧表示同时持有风险资产和无风险资产（$x_1+x_2=1$，且 $x_1>0$，$x_2>0$），而 B 点右侧表示以无风险利率借入资金以投资更多的风险资产（$x_1+x_2=1$，且 $x_1<0$，$x_2>1$）。

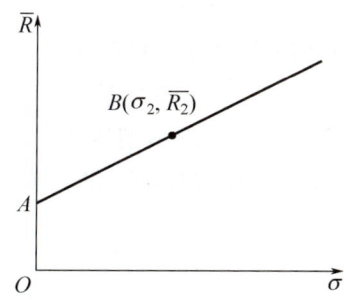

图 5.12　无风险资产和一种风险资产的组合

引入无风险借贷后就扩展了可行集的范围，投资者可以选择的就不仅是风险资产了，因此有效集也将产生变化。如图 5.13 所示，弧线 NB 表示原来的马科维茨有效集，我们可以从有效集中找到一点 T，使直线 AT 和弧线 NB 相切于 T 点。切点组合 T 属于马科维茨有效集，其特殊之处在于 T 点组合使得无风险资产和一种风险资产的资产配置线斜率最大化，即没有任何一种资产组合能够位于直线 AT 的左上方。因此 T 点组合被称为<u>最优风险组合（Optimal Risky Portfolio）</u>，而直线 AT 也取代了弧线 NB 成为新的有效集，因为相较于弧线 NB，直线 AT 上的每一个点都能提供相同预期收益下的更小风险以及相同风险下的更大收益。

（三）新有效集下的最优投资组合

当允许存在无风险借贷的情况下，直线 AT 成为新的有效集，进而对投资者的最优投资组合也会产生影响。<u>风险厌恶程度较高的投资者，其效用曲线 I 与有效集的切点组合 P（最优投资组合）偏左侧；风险厌恶程度较低的投资者的效用曲线 I' 与有效集的切点 P' 则偏右侧</u>，如图 5.14 所示。

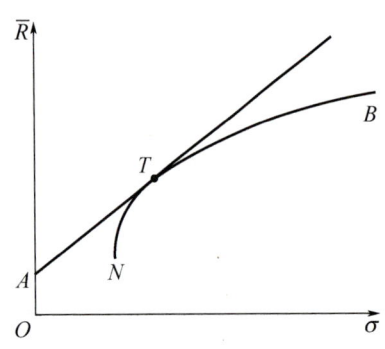

图 5.13　允许无风险借贷时的有效集

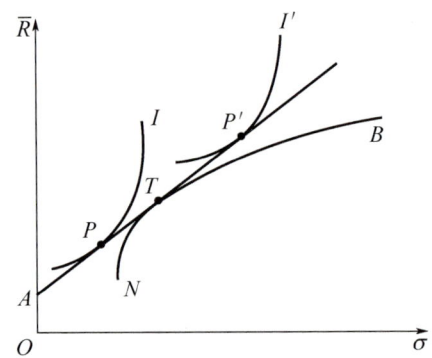

图 5.14　新的有效集与最优投资组合

5.2　资本资产定价模型

1964 年，威廉·夏普延续资产组合理论中最优风险资产的概念，研究了当市场组合成立前提下的证券收益与其系统性风险之间的关系，得出了<u>资本资产定价模型（Capital Asset Pricing Model，CAPM）</u>。资本资产定价模型表示，当市场均衡时，任意资产的预期收益率等于以无风险利率衡量的对投资时间的补偿和系统性风险的溢价。

5.2.1　资本资产定价模型的基本假设

传统资本资产定价模型的基本假设共有八点，具体如下所述。

第一，所有投资者的投资期限相同。

第二，投资者根据投资组合在单一投资期内的预期收益率和风险来进行决策。

第三，投资者永不满足且风险厌恶。即投资者在收益相同时选择风险更小的资产组合，在风险相同时选择收益更高的资产组合。

第四，每种资产都无限可分。

第五，投资者可以按照相同的无风险利率进行借贷。

第六，税收和交易费用忽略不计。

第七，信息是免费的，且对所有投资者来讲都可以立即获得。

第八，投资者对于各种资产的预期收益率、标准差、协方差等具有相同的预期。

5.2.2 资本市场线

（一）分离定理

延续资产组合理论的分析，在上述假设的基础上，可以得知两点，具体如下所述。

第一，根据相同预期的假设，可以推导出对每个投资者而言，最优投资组合 T（图 5.14）都是相同的，因此每个投资者的线性有效集都是一样的。

第二，所有投资者的最优选择都会落在有效集直线 AT 上，但是不同投资者有不同的风险偏好，这使得每个人的最优投资组合落在该有效集的不同位置上。

由此可得出**分离定理**（Separation Theorem）：投资者对风险和收益的偏好态度与该投资者风险资产组合的最优构成是无关的。

（二）市场组合

根据分离定理，可推导出资本市场是均衡的。因为最优风险组合对每个投资者而言都是一样的，如果某种证券没有存在于该组合中，即没有人或很少人购买该证券，那么会使该证券的价格下降，从而使预期收益率上升，一直到其出现在最优风险组合中。同样，当某种证券在最优风险组合中的存在比例过大，即投资者对其需求超过其供给量时，将导致该证券价格上升、收益率下降，这会降低该证券的吸引力，使得其在最优风险组合中的存在比例下降。

因此，**在均衡状态下，每种证券在均衡点处的最优风险组合中都有一个非零的比例，其价格都处于使该证券供求相等的水平上。同时无风险利率也使得可贷资金供求达到相等的均衡水平，即最优风险组合中各个证券的存在比例等于这些证券的相对市值，这样的最优风险组合被定义为市场组合**（Market Portfolio），用字母 M 表示。

（三）资本市场线的表达

根据资产组合理论的结论和资本资产定价模型的基本假设，我们可以找出有效投资组合的收益和风险之间的关系，如图 5.15 所示。M 代表市场组合，R_f 表示无风险利率。从 R_f 出发并且经过 M 的直线，就是**允许无风险借贷时的有效集，即资本市场线**（Capital Market Line，CML）。其计算公式表达如下。

$$\overline{R_P} = R_f + \frac{\overline{R_M} - R_f}{\sigma_M}\sigma_P \qquad (5-14)$$

式中，$\overline{R_M}$ 和 σ_M 分别是市场组合的收益与风险；$\overline{R_P}$ 和 σ_P 分别表示最优投资组合的收益与

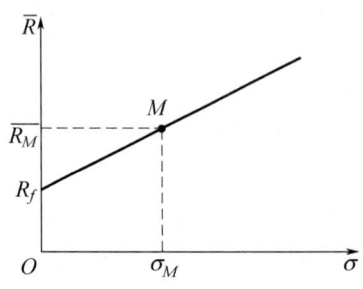

图 5.15 资本市场线

风险；资本市场线的斜率 $\dfrac{\overline{R_M} - R_f}{\sigma_M}$ 即夏普比率。**资本市场线上的每个点都是有效组合，其他任何非有效组合都位于资本市场线的下方。**

资本市场线描述了证券市场的均衡，有效组合的收益由两部分构成：**一是无风险利率 R_f，它表示了时间报酬；二是风险报酬** $\dfrac{\overline{R_M} - R_f}{\sigma_M} \sigma_P$。因此从本质上说，证券市场提供了进行时间和风险交易的场所。

 阅读专栏 5-1

消极投资策略有效吗？

资本市场线作为有效组合的资产配置线，是由无风险利率和最优投资组合决定的。但是在现实市场中，它可以由短期国债（或货币市场基金）和市场指数组合决定。所有投资者持有的市场指数组合都建立在相同的预期及资产构成上，因此这能体现出该指数反映的市场中所有的相关信息。投资者无须进行复杂的证券投资分析，直接可以通过持有该市场指数组合即可得到的有效资产组合而获得与其承担的风险相匹配的合理收益。因此，投资于市场指数组合这样的消极策略是有效的，这就是共同基金定理。如果投资者可以自由选择持有与市场组合相同的风险组合，那么他们也可以接受和市场组合资产构成一致的共同基金。当然，消极策略的有效还必须构建在市场有效的基础之上（我们将在本章第 4 节中介绍市场有效性）。

（资料来源：博迪，凯恩，马库斯，《投资学（第十版）》，机械工业出版社，2017 年，有改动）

5.2.3 证券市场线

（一）任意风险资产与市场组合的关系

资本市场线描述了均衡证券市场中有效组合收益和风险的关系，但是没有给出任意风险资产收益率的确定，接下来我们继续分析如何确定风险资产的收益。

根据式（5-2），可以得出市场组合 M 的标准差公式，如式（5-15）所示。

$$\sigma_M = \left(\sum_{i=1}^{n} \sum_{j=1}^{n} x_{iM} x_{jM} \sigma_{ij} \right)^{\frac{1}{2}} \tag{5-15}$$

式中,x_{iM}和x_{jM}分别表示证券i和j存在于市场组合中的比例。按照协方差的性质可以将式(5-15)展开,如式(5-16)所示。

$$\sigma_M = \left(x_{1M}\sum_{j=1}^{n}x_{jM}\sigma_{1j} + x_{2M}\sum_{j=1}^{n}x_{jM}\sigma_{2j} + x_{3M}\sum_{j=1}^{n}x_{jM}\sigma_{3j} + \cdots + x_{nM}\sum_{j=1}^{n}x_{jM}\sigma_{nj}\right)^{\frac{1}{2}}$$
(5-16)

可知,证券i与市场组合的协方差σ_{iM}等于证券i跟市场组合中每种证券协方差的加权平均数,具体计算公式表示如下。

$$\sigma_{iM} = \sum_{j=1}^{n}x_{jM}\sigma_{ij} \tag{5-17}$$

将式(5-17)代入式(5-16),进一步得到式(5-18),如下所示。

$$\sigma_M = (x_{1M}\sigma_{1M} + x_{2M}\sigma_{2M} + x_{3M}\sigma_{3M} + \cdots + x_{nM}\sigma_{nM})^{\frac{1}{2}} \tag{5-18}$$

式(5-18)表明市场组合的标准差是由所有证券与市场组合协方差的加权平均数的平方根构成的,权重就是每种证券在市场组合中的比重。这也表明了对市场组合的风险而言,重要的不是单一证券的风险,而是每种证券与整个市场组合的协方差。这也就是说,**单个证券的预期收益水平取决于其与市场组合的相互变动关系,具有较大协方差σ_{iM}值的证券需要相应提供较高的预期收益才能吸引投资者。**

(二)证券市场线的数学推导

假设我们构建一个包含两种资产的投资组合P,其中一种是任意的风险资产$i(\sigma_i, \overline{R_i})$,投资者的持有比例为$x$,另一种是市场组合$M(\sigma_M, \overline{R_M})$,投资者的持有比例为$1-x$。以上两种资产的协方差是$\sigma_{iM}$,相关系数是$\rho_{iM}$。则组合$P$的收益和风险的计算公式分别如下所示。

$$\overline{R_P} = x\overline{R_i} + (1-x)\overline{R_M} \tag{5-19}$$

$$\sigma_P = [x^2\sigma_i^2 + (1-x)^2\sigma_M^2 + 2x(1-x)\sigma_{iM}]^{\frac{1}{2}} \tag{5-20}$$

根据上文分析,在允许完全卖空的情况下,资产i和市场组合M的任意投资组合会落在弧线iM上,如图5.16所示。

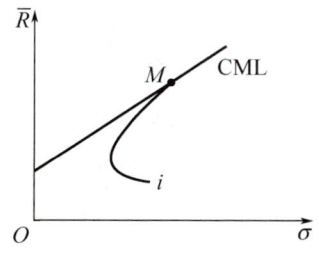

图 5.16 投资组合 P 的动态调整

弧线iM经过M点,因此该弧线在M点处的切线应该与资本市场线(CML)重叠,所以有着相同的斜率$\dfrac{\overline{R_M}-R_f}{\sigma_M}$。而在$M$点,相当于投资组合$P$中只持有市场组合,因此$x=0$,即可得到式(5-21)。

$$\left.\frac{\partial \overline{R_P}}{\partial \sigma_P}\right|_{x=0} = \frac{\partial \overline{R_P}/\partial x}{\partial \sigma_P/\partial x} = \frac{\overline{R_M}-R_f}{\sigma_M} \qquad (5-21)$$

求解式（5-21）即可得到证券市场线的表达式（5-22），计算公式如下所示。

$$\overline{R_i} = R_f + \left(\frac{\overline{R_M}-R_f}{\sigma_M^2}\right)\sigma_{iM} \qquad (5-22)$$

式（5-22）反映了单一证券 i 与市场组合的协方差及其预期收益率之间的均衡关系。我们将 $\frac{\sigma_{iM}}{\sigma_M^2}$ 定义成 β_i，则式（5-22）可以进一步写成式（5-23）。

$$\overline{R_i} = R_f + (\overline{R_M}-R_f)\beta_i \qquad (5-23)$$

式（5-23）所表达的就是**证券市场线（Security Market Line，SML）**。其中 β_i 被称为证券 i 的 β 系数，它反映了证券 i 与市场组合的相对变动敏感度。以 $\overline{R}$ 为纵轴、β 为横轴，证券市场线可以用图 5.17 描述。

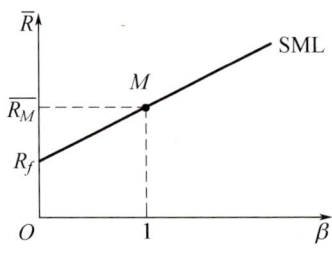

图 5.17　证券市场线

证券市场线描述的是当证券市场达到均衡时，任意风险资产的收益与风险线性相关。但是这里的风险，是指该风险资产的市场风险 β_i。由于市场组合的收益率的变动而产生的对风险资产收益率的影响程度决定 β_i 的大小。因此，任意风险资产的收益率由两部分构成：一部分是由无风险利率所决定的时间报酬，另一部分是由该风险资产与市场组合变动关系所决定的市场风险报酬。

而 β 系数决定该风险资产的收益水平：当 $\beta=1$ 时，$\overline{R_i}=\overline{R_M}$，该风险资产的风险与市场组合同步变化，因此其收益率也等于市场组合的收益率，这说明该风险资产属于**平衡型证券**；当 $\beta>1$ 时，$\overline{R_i}>\overline{R_M}$，这说明该风险资产属于**激进型证券**，如高科技类股票；当 $\beta<1$ 时，$\overline{R_i}<\overline{R_M}$，这说明该风险资产属于**防御型证券**，如农业类或医药类股票；当 $\beta=0$ 时，$\overline{R_i}=R_f$，这说明该风险资产是**无风险**的。因此在资本资产定价模型中，β 系数越大，表示市场风险越高，该风险资产的预期收益率也就越高，反之亦同。

5.2.4　资本市场线与证券市场线的关系

资本资产定价模型的主要结论可以归纳成两条线：**资本市场线（CML）**与**证券市场线（SML）**。两者都是描述证券市场均衡时的情况，但是它们有两点区别，具体如下所述。

第一，两者的适用范围不同。资本市场线描述了无风险资产和最优风险资产即市场组合 M 的线性组合的收益与风险的关系，资本市场线上的每一个组合都是有效组合。而不管是有效组合还是非有效组合都会落在证券市场线上,因为它描述的是任意风险资产与其市场风险的线性关系。

第二,两者的风险变量不同。资本市场线的风险是标准差 σ,衡量的是任意资产或组合的总体风险;而证券市场线的风险是 β 系数,反映的是任意证券相对于市场组合收益率的变动敏感度,它衡量的是系统性风险。

5.3 套利定价模型

1976 年,斯蒂芬·罗斯将无套利均衡的思想引入资产定价,推导出比资本资产定价模型更具有一般性的**套利定价模型(Arbitrage Pricing Theory,APT)**。该模型认为,**任意风险资产的收益也是由其时间报酬和因素风险报酬共同构成的**。

5.3.1 套利定价模型的基本假设

相较于资本资产定价模型的假设,套利定价模型的假设要更加简化,它分为五点,具体如下所述。

第一,证券市场是完全竞争的。

第二,投资者是理性的,他们权衡收益风险,追求效用最大化。

第三,投资者认为任何证券的预期收益率都共同受到 K 个风险因素的影响,且证券的预期是每个风险因素敏感度的线性函数,计算公式表示如下。

$$\overline{R_i} = a_i + b_{i1}\overline{F_1} + b_{i2}\overline{F_2} + \cdots + b_{iK}\overline{F_K} + \varepsilon_i \tag{5-24}$$

式中,$\overline{R_i}$ 为证券 i 的预期收益率;$\overline{F_K}$ 为第 K 个风险因素指数;b_{iK} 为证券 i 相对于风险因素 K 的变动敏感度;ε_i 为影响证券 i 收益率的随机误差项;a_i 为当所有风险因素为 0 时的证券收益率。

第四,组合中证券品种 N 必须远远超过模型中影响因素的种类 K。

第五,随机误差项 ε_i 用来衡量证券 i 收益中的非系统性风险部分,它与所有风险因素及其他证券的误差项都是彼此相互独立的。

5.3.2 套利组合

套利是利用同质证券的不同价格来获取无风险收益的行为。所谓同质证券,是指风险相当的证券,按照收益风险权衡原则,同等风险水平的证券应该具有相同的收益率。因此如果存在同质证券定价不一致的情况,投资者就可以通过构建**套利组合(Arbitrage Portfolio)**来实现无风险套利收益。套利组合具有三个**基本特征:零投资、零风险、预期收益率大于零**。

(一)零投资

套利组合不需要投资者追加任何投资,投资者卖出证券的同时买入另一部分证券,即自融资组合,其计算公式表达如下。

$$x_1+x_2+\cdots+x_n=0 \tag{5-25}$$

式中，n 是套利组合中证券的个数，下文提及的 x_i 是组合中任意证券 i 的比例，在此说明，以作区分。

(二) 零风险

套利组合是不存在任何风险的。假设存在 K 个风险因素，套利组合对某一个风险因素的敏感度等于该组合中每种证券对该因素敏感度的加权平均数，计算公式表达如下。

$$\begin{aligned}x_1b_{11}+x_2b_{12}+\cdots+x_nb_{1n}=0\\ x_1b_{21}+x_2b_{22}+\cdots+x_nb_{2n}=0\\ \cdots\cdots\\ x_1b_{K1}+x_2b_{K2}+\cdots+x_nb_{Kn}=0\end{aligned} \tag{5-26}$$

(三) 预期收益率大于零

$$x_1\overline{R_1}+x_2\overline{R_2}+\cdots+x_n\overline{R_n}>0 \tag{5-27}$$

5.3.3 套利定价模型的推导

套利是通过买入收益率偏高的证券的同时卖出收益率偏低的证券来实现锁定无风险收益。以债券为例，其结果是使收益率偏高的债券价格上升，从而收益率将会相应下降；卖出收益率偏低的债券使其价格下降，收益率上升。套利过程一直持续到每种证券的收益率恢复到合理水平，即与其风险程度相应的水平。接下来我们首先以单因素模型为例来推导这一过程。

(一) 单因素模型

套利活动的目标是使套利组合的预期收益最大化。套利组合的预期收益可表示如下。

$$\overline{R_P}=x_1\overline{R_1}+x_2\overline{R_2}+\cdots+x_n\overline{R_n} \tag{5-28}$$

根据套利组合的特征，存在两个零投资和零约束条件，再根据拉格朗日定理，可以构建函数，表示如下。

$$\begin{aligned}\max L=(x_1\overline{R_1}+x_2\overline{R_2}+\cdots+x_n\overline{R_n})-\lambda_0(x_1+x_2+\cdots+x_n)-\\ \lambda_1(x_1b_1+x_2b_2+\cdots+x_nb_n)\end{aligned} \tag{5-29}$$

函数 L 取最大值的一阶条件是对式（5-29）分别求 x_i 和 λ_i 的偏导并令其等于零，可进一步表示如下。

$$\frac{\partial L}{\partial \lambda_0}=x_1+x_2+\cdots+x_n=0 \tag{5-30}$$

$$\frac{\partial L}{\partial \lambda_1}=b_1x_1+b_2x_2+\cdots+b_nx_n=0 \tag{5-31}$$

$$\frac{\partial L}{\partial x_i}=\overline{R_i}-\lambda_0-\lambda_1b_i=0 \tag{5-32}$$

式（5-30）和式（5-31）分别对应约束条件零投资和零风险。由此，由式（5-32）可以得到均衡结果表示如下。

$$\overline{R_i} = \lambda_0 + \lambda_1 b_i \tag{5-33}$$

式（5-33）中的 λ_0 和 λ_1 分别表示什么含义呢？首先，我们知道无风险资产的收益率等于 R_f，而无风险资产的因素敏感度 $b_i = 0$，因此 $\lambda_0 = R_f$；其次，假设存在一个风险因素敏感度为 1 的纯因素组合 δ，因为 $b_\delta = 1$，所以 $\overline{R_\delta} = \lambda_0 + \lambda_1$，即 $\lambda_1 = \overline{R_\delta} - \lambda_0$。将 λ_0 和 λ_1 代入式（5-33），可进一步得到式（5-34）。

$$\overline{R_i} = R_f + (\overline{R_\delta} - R_f) b_i \tag{5-34}$$

式（5-34）就是单因素套利定价模型的定价公式。根据套利定价理论，在市场中只存在唯一一个风险因素的情况下，通过套利活动实现均衡的结果就是每种风险资产的收益率都由无风险利率决定的时间报酬和因素风险报酬构成，即**风险资产的收益率 $\overline{R_i}$ 是其因素敏感度的线性函数**（以预期收益率 $\overline{R}$ 为纵轴，风险系数 b 为横轴，如图 5.18 所示）。

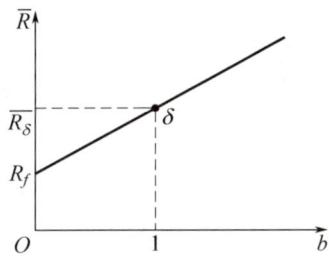

图 5.18　单因素套利定价模型下的资产定价线

（二）多因素模型

用同样的分析方法，可以将单因素模型扩展为多因素模型，即假设市场中存在 K 个风险因素共同影响各种风险资产，计算公式表示如下。

$$\overline{R_i} = R_f + (\overline{R_{\delta 1}} - R_f) b_{i1} + (\overline{R_{\delta 2}} - R_f) b_{i2} + \cdots + (\overline{R_{\delta K}} - R_f) b_{iK} \tag{5-35}$$

式中，$\overline{R_{\delta K}}$ 为第 K 个风险因素的纯因素组合收益率；b_{iK} 为风险资产 i 对第 K 个风险因素的因素敏感度；任意一个风险因素对其他风险因素的敏感度都为 0，即风险因素之间相互独立。

5.4　有效市场理论

现代证券投资理论仍然以"理性人"为基本假设。1970 年尤金·法玛提出了**有效市场理论（Efficient Market Hypothesis，EMH）**，他认为任何证券价格都是其价值的真实反映并且只能提供和其风险水平相应的正常收益率，这也成为有效市场的标准。

5.4.1　有效市场的概念

尤金·法玛把有效市场的定义为：**在一个证券市场中，如果所有可以影响证券价格的**

信息都被反映在该价格中，那么就称这样的市场为有效市场。在有效市场中，投资者都只能获得与风险水平相当的正常收益率。投资者可获得的信息分为三种类型：第一，过去的信息，即证券历史价格和成交量等；第二，现在公开的信息，包括当前公开的公司各类财务报表、股利分配方案及其他所有公开披露的信息等；第三，所有可获得信息，包括所有当前时刻发生的内幕信息。根据信息类型的不同，有效市场可以分为三个层次：弱式有效市场（Weak－form EMH）、半强式有效市场（Semi－strong－form EMH）和强式有效市场（Strong－form EMH）。

（一）弱式有效市场

弱式有效市场成立时，证券价格中已经反映了过去的信息，投资者无法通过对过去信息的分析，持续获得超额收益。这也就意味着同一证券不同时刻的价格变化是不相关的，通过历史价格和成交量等信息无助于判断证券价格未来走势，即技术分析方法此时失效。

（二）半强式有效市场

半强式有效市场成立时，证券价格中包含了当前时刻所有公开的信息，任何人都无法通过现在公开的信息获得超额收益。即投资者无法通过财务报表、公司重大事项等分析而获得超额收益，即基本分析方法此时失效。

（三）强式有效市场

强式有效市场成立时，所有可获得信息都已经反映在证券价格中，任何人、任何分析方法均无法获得超额收益。

5.4.2 有效市场理论的假设及必要条件

（一）有效市场理论的三大假设

有效市场理论的成立，是建立在以下三大假设的基础之上的。

假设一：投资者是理性的，可以合理评估证券价值。

经济学三大假设之一是经济人假设，又称"理性人"假设，即投资者是完全理性的。在该假设下，投资者认为证券的内在价值取决于其未来现金流按其风险收益率贴现后的净现值，他们还根据可获得信息来合理判断证券的内在价值。当证券价格出现偏离时，投资者买进价格低于内在价值的证券并同时卖出价格高于内在价值的证券，这样证券价格将会及时调整到与内在价值相符的水平，从而使得投资者不可能获得经过风险调整的超额收益率。因此，由完全理性的投资者构成的市场必然是有效市场。

假设二：即使市场中存在部分非理性投资者，他们的交易也是随机的，可以相互抵消，因此不会造成证券价格的偏离。

相较于假设一，这是较弱的假设。即使市场中存在非理性的投资者，也不能作为有效市场不成立的证据，因为只要非理性投资者的交易随机，当投资者数量足够多的情况下，非理性投资者的交易策略不相关，那么他们的交易就可能相互抵消，所以市场仍然可能是有效的。

假设三：即使非理性投资者的交易策略具有相关性，但是理性投资者可以消除非理

投资者可能造成的证券价格偏离。

假设三是在假设二的基础上进一步放宽的最弱程度的假设。根据资本资产定价模型，同一风险水平的证券收益应该一致。因此如果市场中非理性投资者的买入（或卖出）的行为持续推动证券价格偏离其内在价值，导致出现证券定价偏高（或偏低）的现象，那么理性的投资者就可以在卖出（或买入）该证券的同时买入和其风险相当但定价偏低的证券，由此达到风险对冲、锁定收益的目的。这种套利活动，同时对定价不一致的证券进行买卖，具有零投资、零风险、正收益的特征。因此，一旦市场中存在非理性投资者的交易策略所导致的证券价格偏离时，套利活动将会使得证券价格迅速恢复到其内在价值水平，从而不会影响市场有效性。

（二）有效市场的必要条件

在上述三大假设下，有效市场必须具备的必要条件有四点，具体如下所述。

第一，市场上存在大量证券，使得投资者能够找到风险相当的可替代证券来完成套利活动，进而推动价格恢复均衡。

第二，市场允许卖空。

第三，市场上存在理性投资者在市场中进行套利活动。

第四，交易成本和税金忽略不计。

5.4.3 有效市场的特征

（一）证券价格准确及时地反映新信息

有效市场的根本性问题，是证券价格对信息的反映。现实生活中每天都会产生大量信息，涉及经济、政治、社会、国际局势、自然环境、行业格局、公司自身情况等方面。看上去纷繁扰杂的信息却都与证券价格直接或间接相关，众多信息在综合作用下影响着证券价格的走势。如果市场是有效的，证券价格就能够对相应信息作出及时且准确的反应，这里所指的"及时"是指在信息发生的当下就能引发证券价格的调整，"准确"是指证券价格的调整幅度完全符合相应信息对证券价格的影响，如图5.19实线部分所示，这里假设信息是能够使得证券价格从P_0上调到P_1的利好信息，这种情况就是有效反应。图5.19的横轴为时间T，纵轴为证券价格P。

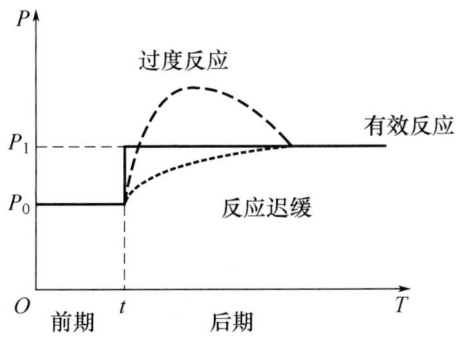

图 5.19 证券价格对信息的反应

图 5.19 的虚线部分表示的是证券价格对利好消息过度反应的情况,当新的利好信息发生的时候,投资者的买入行为推动证券价格上升,但是过度乐观的情绪使得市场需求膨胀,因而大量投资者买入该证券,导致其价格短期超涨,之后一段时间才能恢复到均衡水平。而点线部分则表示反应迟缓的现象,即当新信息出现,只有少数人意识到这是个利好信息开始买入证券,然后随着消息的逐步传播,越来越多的人得知利好,买入行为逐步增加,因而使证券价格缓慢地上升到包含新信息价值的合理水平。过度反应和反应迟缓都属于市场无效的表现。

(二) 资产收益率的任何范式只能与随时间改变的利率和风险溢价有关

在有效市场中,证券投资预期收益率随着时间变化,但是只源于无风险利率的变动或风险溢价变动。无风险利率的变动只受时间因子的影响,风险溢价的变动还有可能受到风险大小或者投资者风险厌恶程度的影响。

(三) 任何交易策略都无法取得超额利润

在有效市场中,当证券价格中已经反映了所有可获得信息,该证券收益率就由反映时间价值的无风险利率和反映其风险水平的风险溢价共同构成,即所有证券均只能提供正常收益,而不会存在超额收益,且投资者使用任何交易策略也都无法获得超额收益。因此,检验市场是否有效的一种方法就是检验某种特定的交易策略是否能够赚取超额收益。但是在检验时,首先必须选定一个资产定价模型来确定基准收益率,若选择<u>资本资产定价模型(CAPM)</u>,则基准收益率就等于无风险利率加上该投资的 β 系数乘以风险溢价;若选择的是<u>套利定价模型(APT)</u>,则基准收益率就等于无风险利率加上该投资的要素敏感度并乘以风险要素价格。由此可见,在检验各种交易策略时,实际上是在检验某个资产定价模型和有效市场是否同时成立。因此也需要注意到,如果检验结果表明不存在超额收益,那么这个市场相对于该信息是有效的;如果检验结果表明存在超额收益,则可能意味着该市场是无效的,但是也有可能是所选择的定价模型存在问题。

(四) 专业投资者的业绩与个人投资者应该是无差异的

如果市场是无效的,那么获得充分信息的投资者就可以通过市场定价的偏差来构造投资组合以获取超额收益。专业投资者通过其在信息挖掘、证券分析、资产定价、风险管理等领域的专业知识和丰富的投资经验,相较普通投资者在收集信息和分析信息方面有更明显的优势,因此专业投资者更有可能获取超额收益。但是若市场是有效的,那么证券价格中已经充分反映了所有信息,则普通投资者和专业投资者一样,将获取正常收益。

知识要点提醒 5-2

关于有效市场的重要提示

- 证券价格完全充分反映信息的市场是有效市场。
- 有效市场分为弱式有效市场、半强式有效市场和强式有效市场。
- 在有效市场中投资者只能获得正常收益。

5.4.4 有效市场的检验

(一) 弱式有效市场的检验

1. 价格独立性检验

在弱式有效市场中,历史价格等信息无助于预测未来价格走势,这也就意味着证券价格的时间序列在不同时期相互独立。常见的检验方法为序列自相关检验。检验证券价格的自相关性,即如果证券在第 i 期和第 j 期的价格变化的相关系数接近于 0,则证券价格序列不相关,这符合弱式有效市场的假定。Fama[1] 于 1965 年对 1957 年年底至 1962 年 9 月道琼斯工业平均指数成份股的价格相关性进行检验,发现股票价格变化的自相关系数大多处于 -0.1 到 0.1 的区间内,这表明自相关性不明显,基本符合弱式市场的假定。

2. 技术分析方法的检验

弱式有效市场的另一个结论是技术分析方法无效,换言之,如果检验得出技术分析方法可以获得超额收益,则弱式有效市场不成立。研究者可以通过模拟分析各种技术交易规则,并对其产生的收益情况进行检验。如 Fama 和 Blume[2] 于 1966 年对过滤规则进行了检验。过滤规则是指投资者在当下跌股票反弹超过一定比例时买入,在上升股票回落超过一定比例时卖出。Fama 和 Blume 将此比例设置为 1% 至 50% 之间,结果发现在扣除交易成本之后,投资收益率低于正常收益率。这说明过滤规则无效,证实市场弱式有效。

(二) 半强式有效市场的检验

在半强式有效市场中,证券价格反映所有公开信息,那么围绕着信息公开的时间,是否出现证券价格及时、准确地调整是验证市场是否能达到半强式有效的常用标准。而残差分析法是最早采用也是最普遍的一种检验方法,即围绕信息公开的前后时间,检验以残差表示的超常收益率的变化情况,来判断市场是否半强式有效。

1. 超常收益率的测算

以股票为例。首先,利用市场模型[3]计算股票的实际收益率,其计算公式表示如下。

$$r_{it} = \alpha_i + \beta_i r_{mt} + \varepsilon_{it} \qquad (5-36)$$

式中,r_{it} 为第 i 种股票在第 t 期的实际收益率;r_{mt} 为市场指数在第 t 期的实际收益率;α_i、β_i 为回归系数;ε_{it} 为第 t 期的残差。

其次,股票的正常收益率表示如下。

$$\overline{r_{it}} = \alpha_i + \beta_i r_{mt} \qquad (5-37)$$

式中,$\overline{r_{it}}$ 是第 i 种股票在第 t 期的正常收益率。

---

[1] Eugene Fama, "The Behavior of Stock-Market Prices," The *Journal of Business*, 38, no. 1 (Jan. 1965): 34-105.

[2] Eugene Fama and Marshall Blume, "Filter Rules and Stock-Market Trading," The *Journal of Business*, 39, no. 1 (Jan. 1966): 226-241.

[3] William Sharpe, "A Simplified Model for Portfolio Analysis," *Management Science* 9, no. 2 (Jan. 1963): 277-293.

再次，计算股票的超常收益率。因超常收益率等于市场模型中的残差项，该方法又称残差分析法。

$$AR_{it}=\varepsilon_{it}=r_{it}-\overline{r_{it}}=r_{it}-(\alpha_i+\beta_i r_{mt}) \quad (5-38)$$

式中，AR_{it} 是第 i 种股票在第 t 期的超常收益率。

最后，分别计算若干只股票在第 t 期的平均超长收益率和若干只股票在一段时间 T 内的累计超长收益率。

$$AAR_t = \frac{1}{n}\sum_{i=1}^{n} AR_{it} \quad (5-39)$$

$$CAAR = \sum_{t=1}^{T} AAR_t \quad (5-40)$$

式中，AAR_t 是 n 只股票在第 t 期的平均超常收益率；CAAR 是 n 只股票在一段时间 T 内的累计超常收益率。

平均超常收益率中的时间 t，是某一重要信息发布的时刻；累计超常收益率中的时期 T，表示上述信息公布之前和之后的一段时间。因此，累计超常收益率是以信息发布时点为中心，由该时点前后的平均超常收益率加总而得的。因为残差分析法通常围绕信息发生时刻计算超常收益率，因此又称事件分析法。

2. 残差分析法的应用

若市场是半强式有效市场，假设某公司公布了重大利好信息，则可能会出现以下两种情况。

第一种情况，如果这一利好信息是投资者未预期到的，那么在信息公布之前，该公司的证券价格不会产生大的波动，投资者的投资收益率维持在正常收益率的水平；在信息公布当天，如果该公司的证券价格一次性上涨达到利好信息包含的增值幅度，那么这会带来正的超常收益率；但从公布后的第二天起，该证券价格会恢复稳定，收益率维持在新的正常收益率的水平。

第二种情况，如果这一利好信息是投资者已经预期到的，投资者对这一利好信息的预期是逐渐形成的，那么该证券价格在信息公布之前就会逐渐走高，获得逐渐增加的超常收益率；在信息公布的当天，信息内容已被市场完全消化，该证券价格不会再出现波动或仅仅只有小幅度波动；之后，该证券价格趋于稳定。图 5.20 和图 5.21 分别表示这两种情况，0 时刻是信息公布的时刻。

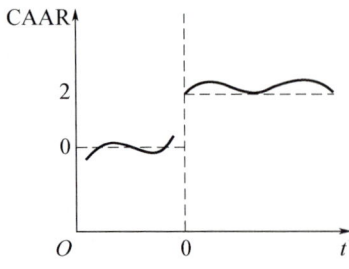

图 5.20　未被预期到的 CAAR

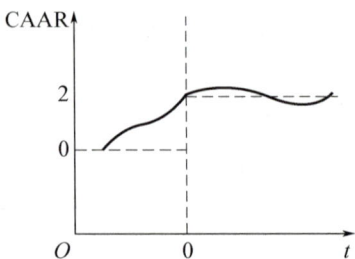

图 5.21　被预期到的 CAAR

在市场无效的情况下，且这一利好信息出乎投资者预料，其累计超长收益率的表现如图 5.22 所示。证券价格在信息公布之前并不会出现大幅波动，但是在信息公布当天，投资者会迅速买入该证券获得超常收益率。这样过度追涨促使证券价格进一步拉高，超常收益率持续走高。

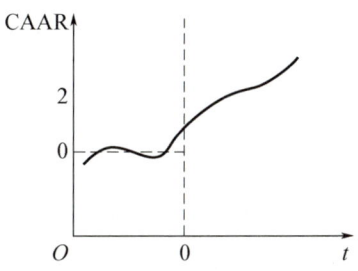

图 5.22　市场无效的 CAAR

（三）强式有效市场的检验

在强式有效市场成立的情况下，证券价格已经充分反映了所有可获得信息，不管这些信息是否公开。在这种市场中，没有任何一个投资者能够获得超额收益。因此对强式有效市场的检验主要就从以下 4 个角度展开。

1. 内幕人员交易

内幕人员包括公司的高管、董事会成员和其他可以通过履行职务接触或者获得内幕信息的人员等。在公司重要信息发生时刻，若内幕人员能够持续获得高出平均水平的利润，则证明该市场是无效的。

2. 做市商

由于做市商通过报价维持市场交易的正常连续运行，他们相比其他普通投资者拥有更快、更便利的渠道获取和交易相关的指令信息，从而可能获得超额收益。

3. 证券分析师

在考虑交易成本之后，如果投资者听从专业的证券分析师的建议进行投资，无法获得超额收益，就可以证明市场是有效的。

4. 专业基金经理

这一点主要通过分析专业基金经理的基金业绩来验证市场有效与否。若专业的基金经理的基金业绩低于投资者直接采取购买并持有市场组合所产生的收益率，则证明市场是强式有效的。

拓展阅读 5-1

有效市场假设不成立的证明

有学者研究证明市场能够达到一定程度的有效性，但也有实证证据显示，市场也可能处于无效状态。以下介绍一些典型的市场无效的证据。

一、小公司效应

小公司效应指的是在排除风险因素后，小公司股票的收益率明显高于大公司股票的收益率。Banz[1] 于 1981 年根据纽约证券交易所 1931—1975 年的月度数据，按照规模差异建立了两个投资组合：规模最大的普通股股票组合和规模最小的普通股股票组合。每个组合分别包含 10 种、20 种、50 种股票。尽管两个组合的规模有明显差异，但是通过股票配置调整后的组合 β 系数是一样的。因此，按照市场模型，决定资产收益率的是其系统性风险水平，当 β 系数一致时，资产的收益率也应是相同的。但是 Banz 的实证结果显示，以 10 种股票的组合为例，小规模股票组的年化收益率要比同 β 系数的大规模公司高出 19.8%。这就说明市场能够为小公司提供超额回报，市场是无效的。同时这也说明，资产收益率不仅和市场组合收益率相关，规模也是影响资产收益率的因素之一。

二、一月份效应

进一步的实证显示，小公司效应不但存在，而且在每年一月份的时候表现更明显。Keim[2] 在 1983 年将公司按规模分成 10 组，比较了每月最小规模和最大规模公司组的平均超额收益情况，1963—1979 年的平均月差额显示一月份平均小公司每天股价上升达 0.714%，一月份头 5 天的上升幅度超过了 8.16%。分析一月份效应的原因，与美国的纳税规定有一定关系。为减少纳税，投资者会在年前将降价的股票抛出，新的一年到来后，他们才会再度投资。这种明显的规律预示着投资者可以在一月份增加对小公司的投资，即可获得超额收益，这显然违背了半强式有效市场的假设。

小公司效应也指小公司容易被忽略，有信息不对称或情况不确定的风险，因此投资者要求更高的回报。Arbel 和 Strebel[3] 在 1983 年提出被忽略公司效应，发现被忽略公司的一月份平均收益率为 7.62%，热门公司一月份的平均收益率仅为 2.48%，中等热门公司一月份的平均收益率为 4.95%。由于小公司规模小、流动性弱，容易被忽略，因此小公司的信息较难获得，信息不对称使得小公司成为可以获得较高利润的高风险投资对象。

三、周末效应

周末效应表现为每周周一的平均收益率往往低于周二至周四的平均收益率。最早发现这一表现的是 French[4]，他通过对 1953—1977 年每个交易日的收益率进行测算，日收益率的计算方法是前一个交易日收盘时买入、第二个交易日收盘时卖出所获得的收益率。若市场是有效的，不同交易日的收益率不应该存在明显规律。另外由于周末休市，周一的日收益率相当于上周五收盘买入持有至周一卖出，而周二到周五的日收益率的投资期只有一天，周一的日收益率更高符合货币的时间价值理论。但实际上的结果却显示，周一的收益率是最低的，甚至是负数，即周一的收盘价一般是每周最低点，周五的收盘价一般是每周

---

[1] Rolf W. Banz, "The Relationship between Return and Market Value of Common Stock," *Journal of Financial Economics* 9, no.1 (1981): 3-18.

[2] Donald B. Keim, "Size-Related Anomalies and Stock Return Seasonality: Future Empirical Evidence," *Journal of Financial Economics* 12, no.1 (1983): 13-32.

[3] Avner Arbel, Paul Strebel, "Pay Attention to Neglected Firms," *Journal of Portfolio Management* 9, no.2 (1983): 37-42.

[4] Kenneth R. French, "Stock Returns and the Weekend Effect," *Journal of Financial Economics* 8, no.1 (1980): 55-69.

最高点。因此，周一买入，周五卖出，可以预计每年获得13.4%的平均收益率，这也违背了有效市场理论的假设。

四、颠倒效应

在有效市场中，价格总是合理反映其所包含的信息。在没有重大信息的影响下，股票的市场表现也不会发生变化。但是 De Bondt 和 Thaler[1]在1985年发现股票价格在一段时间内表现差，而在接下来的阶段表现可能变好；反过来，在一段时间内表现好的股票在接下来阶段的表现又可能变差。如果对股票业绩进行为期5年的排序，基期表现不好的股票组（含35种业绩最差的股票）在以后的3年中的平均累计收益比基期表现最好的股票组（含35种业绩最好的股票）的累计收益高出25%。按照这种规律，投资者可以采用反向投资策略，选择最近表现不佳的股票，放弃最近表现优异的股票，则可能获得超额收益。

Lakonishok 等[2]认同 DeBondt 和 Thaler 的观点，他们认为这些颠倒现象是市场无效的证据。由于太强调公司业绩对股价的影响，因此市场把近期表现良好公司的股价过度抬高，把近期业绩较差公司的股价压得过低。当投资者发现过错时，价格就颠倒了过来。这恰好说明市场不是有效的，有系统偏差。但是 Fama 和 French[3]却认为，这些现象并不表明有效市场理论不成立，这些现象的实质是一种额外的风险，这些公司的股票之所以有较高期望收益，是因为它们面对着更高的风险。

阅读专栏 5-2

行为金融学对传统的挑战

传统金融理论在以"理性人"和有效市场为其理论假设的基础上，发展了资产组合理论、资本资产定价理论、套利定价理论等一系列经典理论，传统金融理论一方面承袭了经济学"理性范式"的研究思路，取得了重大成功，但从另一方面来看，它忽视了对投资者实际决策行为的研究。随着行为金融学的发展，行为经济学家和实验经济学家提出了许多悖论，如"股权风险溢价难题""羊群效应""阿莱斯悖论"等。传统的"理性人"假设已经无法解释在现实中投资者的经济生活与行为，预期效用理论也遭到人们的质疑。虽然部分经济学家开始完善传统金融理论，修改效用函数、技术和市场信息结构等，但迄今为止还没有满意的答案。在这种情况下，行为金融学的悄然兴起突破了传统金融理论的基本假设，它以心理学研究成果为依据，从投资者的实际决策心理出发，对投资者行为进行了研究，并获得一定的成功。2002年行为经济学家丹尼尔·卡内曼（Daniel Kahneman）获得了诺贝尔经济学奖，这标志着行为金融学在传统经济学和金融学基础上的研究已经得到了主流经济学界的认可。行为金融学不仅是对传统金融的革命，也是对传统投资决策模式的

---

[1] Werner F. M. De Bondt, Richard Thaler, "Does the Stock Market Overreact?" *The Journal of Finance* 40, no. 3 (1985): 793-805.

[2] Josef Lakonishok, Andrei Shleifer, Robert W. Vishny, "Contrarian Investment, Extrapolation, and Risk," *The Journal of Finance* 49, no. 5 (1994): 1541-1578.

[3] Eugene F. Fama, Kenneth R. French, "Common Risk Factors in the Returns on Stock and Bond," *Journal of Financial Economics* 33, no. 1 (1993): 3-56.

挑战。行为金融学的理论应用于股票交易实践，也产生了许多股票交易策略，它在国内外基金公司、投资咨询公司等金融机构的实际应用中也取得了优秀的成果。

（资料来源：根据网络文献整理）

实战篇

第 6 章

证 券 交 易

思维导图

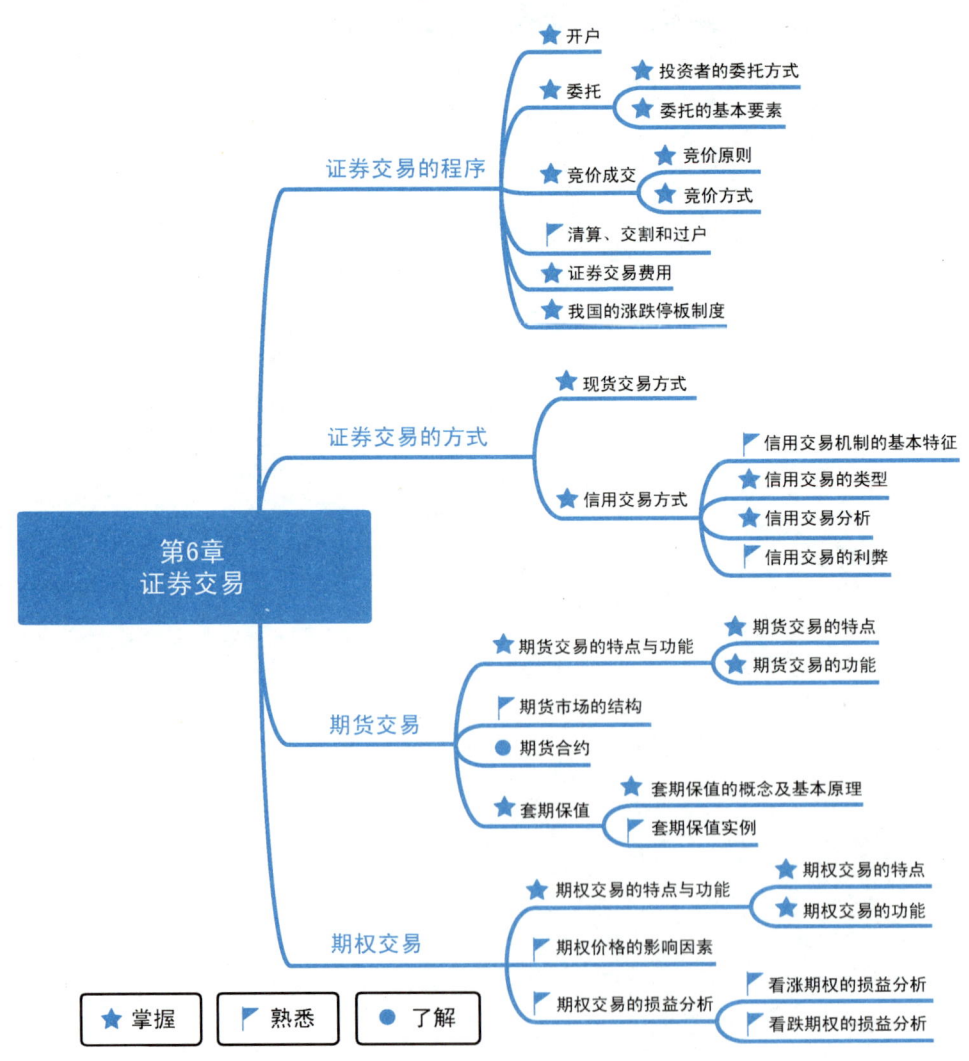

教学目标

通过本章的学习，要掌握我国证券交易的程序、证券交易的方式，还应掌握主要的信用交易方式，具备独立从事证券投资交易的知识和能力。

 导入阅读

投资者如何参与公司治理？

一、了解法律法规，熟悉公司治理最新动态

《中华人民共和国公司法》（以下简称公司法）规定了上市公司治理的基本架构。2002年发布的《上市公司治理准则》是指导中国上市公司治理实践的纲领性文件，该文件于2018年修订。同时，我国还发布了多份规范性文件，例如《企业内部控制基本规范》《上市公司章程指引》《上市公司股东大会规则》《关于在上市公司建立独立董事制度的指导意见》《关于规范上市公司与关联方资金往来及上市公司对外担保若干问题的通知》《关于加强社会公众股股东权益保护的若干规定》《关于进一步落实上市公司现金分红有关事项的通知》等。

二、关注相关信息披露，了解公司治理实际情况

上市公司的治理情况最终会以公告的形式披露出来，投资者可以通过互联网了解意向投资公司的章程、股东大会规则、董事会专门委员会议事规则、独立董事制度、内控制度、投资者关系管理制度等相关的公司治理制度。同时投资者通过阅读上市公司临时公告，可以了解公司业务的独立性、关联交易和对外担保行为、董事会和监事会以及高管的任职资格和选聘情况、股权激励计划的制订及执行情况等。另外，投资者还需注意阅读上市公司的定期报告，了解相关公司的股权结构、与实际控制人之间的产权和控制关系、董事会和监事会以及高管的薪酬情况、独立董事履职情况、现金分红情况、公司内部控制及自我评估情况等。

三、充分行使股东权利，积极参与公司治理活动

投资者应积极参与对有关议案的投票，特别是利用便利的网络投票条件，充分行使参与公司治理的权利。此外，通过走进上市公司活动、网上年报业绩说明会制度和证券交易所平台，投资者还可以与公司管理层直接进行沟通交流，从而亲身参与到公司治理中，起到有效的监督作用。

（资料来源：根据相关文献整理）

6.1 证券交易的程序

这里所讲的证券交易的程序是指股票交易的程序，其他证券的交易程序与之基本相似。股票交易的程序主要包括：开户、委托、竞价成交、清算、交割和过户等。

6.1.1 开户

投资者要参与股票交易,首先要开立账户。账户分为**股票账户**和**资金账户**。

(一)股票账户

股票账户可到分设在各地的证券公司登记办理,也可网上办理。办理股票账户开户手续时,投资者需提供身份证(原件和复印件)、填写相应的表格,并缴纳一定的开户费用,领取股票账户卡。

法人开立法人股票账户应提供有效的法人注册登记证明、营业执照复印件、单位介绍信、社团组织批准件、法定代表人的证明书及身份证复印件、法定代表人授权证券交易执行人的姓名、性别及其被授权人的有效身份证件、法定代表人授权证券交易执行人的书面授权书,还应提供法人地址、联系电话、邮政编码、机构性质等。

通过证券公司对投资者进行开户审查,主要是对投资者的合法性和真实性进行验证,以便于维护正常的市场秩序。所谓合法性是指只有国家法律允许进行证券交易的自然人和法人才能到指定机构开立证券账户。对国家法律、法规不准许开户的对象,证券经营机构和中介机构不得予以开户。根据有关规定,证券管理机关工作人员、证券交易所管理人员、证券业从业人员、未成年人未经法定监护人的代理或允许者、未经授权代理法人开户者、因违反证券法规,经有权机关认定为市场禁入者且期限未满者、其他法规规定不得拥有证券或参加证券交易的自然人是不得开立股票账户从事股票交易的。所谓真实性是指投资者开立证券账户时所提供的资料必须真实有效,不得虚假隐匿。

(二)资金账户

资金账户在投资者准备委托的证券公司处开立,因为投资者只有通过他们才可以从事股票买卖。在办理时,投资者须携带身份证明及已开设的股票账户卡,选择一家方便、可信、服务质量高的证券公司开立资金账户。由于经纪业务是各证券公司的主要业务内容,他们主要依赖投资者在自己的各个营业部进行证券交易活动而收取相应的佣金,因而每一家证券公司都非常欢迎投资者在自己的营业部开立资金账户。

随着科学技术的不断发展,投资者存、取证券保证金已不需要再到证券公司营业部的资金柜台完成,而只需要利用电话、网络、委托终端等方式进行银证转账业务就可以轻松完成。当前各证券公司都与有关银行之间建立了联系,投资者只要与证券公司之间签立一份银证转账协议,投资者在指定银行的储蓄资金就可转存为证券保证金;同样,投资者的证券保证金也可以转存为指定银行的储蓄资金,这样就大大方便了投资者。我国证券法规定,证券公司客户的交易结算资金应当存放在商业银行,以每个客户的名义单独立户管理。这就是证券行业实施的第三方托管制度。

投资者进行股票交易时,股票账户和资金账户一并使用,缺一不可。

投资者在开立资金账户时可以自行设定密码,但必须妥善使用和管理,不可泄露,以防造成不应有的损失。

6.1.2 委托

由于一般投资者不可以进入股票交易所直接参与买卖,只能由证券公司以接收委托的形式代其进行股票交易，因此投资者必须将自己买卖股票的意图、种类、条件等告知证券公司的经纪人，以实现自己的交易。

（一）投资者的委托方式

按投资者委托指令的不同，**委托方式**可以分为：**市价委托、限价委托、中止委托（撤单）**三种。

1. 市价委托

市价委托（Market Order）是指投资者在向证券公司发出代理买卖某种证券的委托指令时，明确其买卖可由证券公司随行就市确定交易价格。这也就是说，证券公司在受理市价委托的交易后，可以根据市场价格的变动选择自身认为有利的时机买入或卖出证券。由于股票市场价格剧烈的波动性，任何人都很难把握最佳的买入、卖出时机，市价委托方式容易引发投资者与证券公司之间的纠纷，因此很长一段时间内我国基本不采用这种方式。随着计算机及网络技术的发展，股票交易的撮合都是由计算机根据投资者的要求进行的，这基本上消除了市价委托中人为因素的影响。为了提高市场效率，上海和深圳证券交易所自2006年起又开始实行市价申报方式，并提供了若干种不同方式供投资者选择。

目前，上海证券交易所市价委托的类型有四种，分别为：最优五档即时成交剩余撤销申报、最优五档即时成交剩余转限价申报、本方最优价格申报、对手方最优价格申报；深圳证券交易所市价委托的类型有五种，分别为：对手方最优价格申报、本方最优价格申报、最优五档即时成交剩余撤销申报、即时成交剩余撤销申报、全额成交或撤销申报。

现在的市价委托与过去不同，在委托过程中增加了一定的限定条件，由此适应了计算机自动撮合的需要，避免了投资者与证券公司之间可能出现的纠纷。**与限价委托方式相比，市价申报方式在一定程度上可以保证投资者买卖指令及时成交，有利于提高市场效率**。但与此同时，由于行情信息差异，市价申报方式委托指令报送之前投资者无法预知其交易价格，存在一定的不确定性。一般来说，市价申报的成交效率越高，行情波动越剧烈，其价格的不确定性风险越大。

2. 限价委托

限价委托（Limit Order）是指投资者在委托证券公司代理证券买卖过程中，要求证券公司必须按限定的价格或者比限定价格更为有利的价格进行证券的交易，即必须以限价或低于限价买入证券，以限价或高于限价卖出证券。以限价委托方式成交的各类委托绝对尊重了投资者的意愿，避免了市价委托中可能出现的投资者与证券公司之间的纠纷。

3. 中止委托

中止委托（Stop Order）俗称"撤单"，它是指投资者在其委托受价格或时间因素的影响且尚未成交之时，可以发出撤销委托的指令，终止原来的委托。撤单为投资者提供了一个反悔的机会，可以更为有力地保障投资者的利益。如当投资者已以一定价位委托买入某只股票后，发现这只股票价格出现了大幅度下跌，且投资者根据当时的情况判断这只股票价格可能会跌至比自己委托买入价格更低的水平，那么他就可以在自己的委托尚未成交之时，发出撤销委托的指令，以获得更为理想的收益。

(二) 委托的基本要素

投资者在确认了自己的身份信息并进入委托界面之后，就可以根据自己的委托意愿选择交易的**证券品种**、**交易方向**、**填写交易数量**、**委托价格**等。

投资者在委托过程中要认真操作，以避免无效委托的发生。无效委托包括：卖出的股票数额大于持有的股票数额；买入股票所需的资金大于账面剩余资金；委托价格超出了现行的涨跌停板范围；委托操作的时间不在正常的交易时间内；已在其他证券公司处做了指定交易；买卖已停牌的股票；输入无效账号；等等。

尽管目前各类委托系统都具有自动验证审查并提示的功能，如果发生了上述无效委托，那么系统会自动提示委托无效。但即使如此，也可能因此耽误投资者的宝贵时间，错失获利的机会。此外，在有些情况下投资者的一些误操作依旧可能会给自己带来巨大的损失。如有投资者本来已有某只股票，且涨势良好，为了更多地获利，本来他想在较低的价位上再买入一定数量的该股票，但误将买入操作为卖出，因此造成惨重的损失。

拓展阅读 6-1

如何提高委托成功率

投资者在委托的过程中，除了避免无效委托的发生外，还要尽量提高委托的成功率。委托成功率的高低，与委托价格填写是否恰当密切相关。根据我国股票市场的竞价交易原则，当股票价格在涨跌停板范围内波动时，采用"价格优先，时间相同"的原则，投资者在输入委托价格时，应参考最新的成交价，买进时适当填高一些，卖出时适当填低一些，这样可以大大提高委托的成功率。实际成交价格也不一定就是输入的委托价格，这就是股市中所说的"高买低成，低卖高成"。特别是当投资者在参与集合竞价时，由于是集中撮合，最终成交价并不一定是委托指令中的委托价格，而是按照集合竞价的撮合原则所取得的一个唯一价格，全部成交都是以这个价格成交的。因此，投资者买入委托的价格高一些或者卖出委托的价格低一些，都不一定会直接影响本人的收益，却可以使委托的成功率大大提高。当股票价格处在涨跌停板的位置时，买卖成交都很困难，此时应依据"时间优先"的原则，尽早地输入委托价格，以提高委托的成功率。此外，按照一般规律，在证券价格的整数位上，投资者的委托分布较为集中，按照时间优先的原则，成交的难度就比较大。这时如果避开整数价格位，买入委托的价格略高于整数价格位，卖出委托的价格略低于整数价格位，就可能使委托的成功率大大提高。如 8.51 元的买入委托价格就可能比 8.50 元的买入委托价格成功率要高许多；8.49 元的卖出委托价格就可能比 8.50 元的卖出委托价格成功率要高许多。

6.1.3 竞价成交

证券市场的一个重要特点就是它具有的一个公开、透明的竞价环境。在证券市场上，众多的投资者分别代表着买方和卖方，他们按照一定的交易规则和程序，在充分竞争的基础上公开竞价，达成交易。

（一）竞价原则

证券交易所内的证券交易是按照"价格优先、时间优先"的竞价原则确定成交的。所谓"价格优先、时间优先"是指：在买入委托中，价格高者优先成交；在卖出委托中，价格低者优先成交；在委托价格相同的各类委托中，先申报者优先成交。

（二）竞价方式

目前，证券交易所一般采用两种竞价方式，即在每日开盘时采用的集合竞价方式和在正常交易时间内的连续竞价交易方式。

1. 集合竞价

上海证券交易所和深圳证券交易所的交易时间均为前市9：30—11：30，后市13：00—15：00，每周开市五天，周六、周日及固定节假日休市。另外，在遇有股价暴涨暴跌或其他意外事件等特殊情况时，证券交易所有权停市或变更开市时间。

尽管股票的开市时间是9：30，但是从9：15分开始，证券交易所的主机就开始运行并接收投资者的委托。集合竞价（Call Auction）是指对一段时间内接收的买卖申报一次性集中撮合的竞价方式。我国上海证券交易所和深圳证券交易所规定，每个交易日的9：15—9：25为开盘集合竞价时间，14：57—15：00为收盘集合竞价时间，在上述时间段内，电脑交易主机不接受参与竞价交易的撤销申报。

集合竞价进行集中撮合的原则是：第一，成交量最大；第二，高于基准价的买入申报及低于基准价的卖出申报全部成交；第三，在与基准价格相同的买卖双方中有一方申报全部成交。

在经过集合竞价之后，参与集合竞价的投资者的委托可能有三种情况：全部成交、部分成交、不成交。对于未成交部分，系统将其自动转入连续竞价，并直至委托有效期结束。

2. 连续竞价

连续竞价（Continuous Auction）是指在正常交易时间内，电脑交易主机对有效申报按"价格优先、时间优先"的原则逐笔进行撮合。我国深圳证券交易所规定，每个交易日的9：30—11：30、13：00—14：57为连续竞价时间；上海证券交易所规定，每个交易日的9：30—11：30、13：00—15：00为连续竞价时间。在上述时间段内，未成交的申报可以撤销。

 拓展阅读 6-2

科创板股票交易的特别规定

一、投资者适当性管理

科创板股票交易实行投资者适当性管理制度。投资者在开通科创板股票交易的前20个交易日，证券账户及资金账户内的资产日均不得低于人民币50万元（不包括该投资者通过融资融券融入的资金和证券）；同时该投资者要具有24个月以上参与证券交易的经历。

科创板上市公司面向世界科技前沿、面向经济主战场、面向国家重大需求、面向人民生命健康，因此具有较强成长性。但它们的未来发展也具有很高的不确定性，潜伏着巨大的市场风险。因此科创板的投资者必须要具有较强的抵御风险的能力。证券公司应当对投资者是否符合科创板股票投资者适当性条件进行核查,并对个人投资者的资产状况、投资经验、风险承受能力和诚信状况等进行综合评估。证券公司还应重点评估个人投资者是否了解科创板股票交易的业务规则与流程,以及他们是否充分知晓科创板股票投资风险,并向投资者充分揭示科创板股票交易风险事项,提醒投资者关注投资风险,引导其理性、规范地参与科创板股票交易。投资者参与科创板股票投资之前,必须以纸面或电子形式签署科创板股票风险揭示书。

二、单笔申报数量限制

投资者通过限价申报买卖科创板股票,单笔申报数量应当不小于200股,且不超过10万股;投资者通过市价申报买卖的,单笔申报数量应当不小于200股,且不超过5万股;盘后固定价格交易,单笔申报数量应当不小于200股,且不超过100万股。单笔申报数量超过200股的部分,投资者可以以1股为单位递增。投资者在申报卖出时,如果余额不足200股应当一次性申报卖出。

三、申报价格限制

在连续竞价阶段买卖科创板股票,投资者买入申报价格不得高于买入基准价格的102%;卖出申报价格不得低于卖出基准价格的98%。

买入基准价格,为即时揭示的最低卖出(即卖一)申报价格;卖出基准价格,为即时揭示的最高买入(即买一)申报价格。

四、涨跌幅限制

科创板股票竞价交易涨跌幅限制比例为20%。在科创板首次公开发行上市的股票,上市后的前5个交易日不设价格涨跌幅限制。

五、盘后固定价格交易

盘后固定价格交易,是指在收盘集合竞价结束后,上海证券交易所交易系统按照时间优先顺序对收盘定价申报进行撮合,并以当日收盘价成交的交易方式。

每个交易日的15:05—15:30为盘后固定价格交易时间。

(资料来源:根据《上海证券交易所科创板股票交易特别规定》整理)

6.1.4 清算、交割和过户

证券清算是指在每个交易日中每个证券经营机构成交的证券数量和金额分别予以轧抵,然后通过证券交易所对证券和价款的净差额进行计算的处理过程。

我国实施的是股票"T+1",资金"T+0"的交易制度。"T"是指交易当天,投资者当天买入的股票不能在当天卖出,须待下一个交易日方可卖出,即股票"T+1",但当日卖出股票资金当日就可以回笼,当日就可以使用,即资金"T+0"。但我国的权证市场自设立之初就一直是采用"T+0"的交易制度。

股票清算后,即可办理交割手续。所谓交割就是卖方向买方交付股票而买方向卖方支付价款。由于深圳证券交易所和上海证券交易所都早已实现了无纸化交易,证券交易已不再是"一手交钱、一手交货"的实物交易方式,证券和资金都以无形的方式存在于投资者的账户之中,因此投资者在交易完成后的交割,实际上是以转账的方式与交易同时进行的。由于我国证券监督机构禁止人为操纵、过度投机等行为,因此采取了股票"T+1"

的交易制度，买入股票的投资者在下一个交易日才可以卖出股票。

投资者在完成交易过程之后，须办理变更证券持有者姓名的手续。由于现代证券交易的对象多为无纸化证券，没有实物载体，因此所有者对相应证券的所有权无法凭实物券来体现，而是在所有者的相关资料中对证券的所有权及变化情况进行记载。随着交易的完成，股票从卖方转移到买方，就意味着股票原持有者拥有的权利的转让，新的股票持有者则拥有了所获得那部分股票所代表的权利。对已交易部分的证券的所有者的情况进行登记、修改，这就是通常所说的过户手续。

上海证券交易所和深圳证券交易所的过户手续均采用电脑自动过户，买卖双方一旦成交，过户手续就已经办完。因此，对于我们普通投资者而言，清算、交割、过户对自己的交易与收益都没有什么直接的影响，没有必要为此劳心费神，只要经常地核对一下自己的资金账户、证券账户就可以了。

 阅读专栏 6-1

"T+0" 交易制度

"T+0" 表示的是证券交易和结算的一种制度，在实际的股票交易过程中，"T+0" 又可以细分为 "T+0" 交易制度和 "T+0" 结算制度。"T+0" 交易制度是一种通俗的叫法，正式名称为"当日回转交易"。"T+0" 交易制度就是投资者当天卖出股票获得的资金在当天就可以买入股票，同时当天买入的股票在当天就可以卖出。而 "T+0" 结算制度则表示的是证券买卖成交实际发生当天证券和资金就清算交割完成的结算机制。

股价走向受多方面因素的影响，具有较大的不确定性。当投资者追高买入股票后，一旦遭遇股价下跌，在 "T+1" 交易制度下将无法及时止损。这也是众多投资者呼吁恢复 "T+0" 交易制度的原因之一。

此外，现行 "T+1" 交易制度也存在一定的不合理性。比如沪深 300 股指期货作为对冲市场风险的一大工具，实行的就是 "T+0" 交易制度，但标的股票却实行 "T+1" 交易制度。这明显对股票投资者不公平。

我国资本市场仍不成熟，在投资者结构中中小散户的占比较大，单边市的特征未发生根本性改变，市场监控监测手段仍不够充足，在现阶段引入 "T+0" 制度可能引发三种风险。一是加剧市场波动。目前我国 A 股市场换手率较高，"炒小、炒差、炒新"的现象还比较普遍。引入 "T+0" 制度可能诱使中小投资者更加频繁地交易股票，这样会虚增市场中的资金供给，对证券价格产生助涨助跌的效果。二是不利于投资者权益保护。在 "T+0" 的交易制度下，当日买入的股票可以在当日卖出，这为高频交易提供了条件。相较于进行高频交易的专业投资者，中小投资者在交易技术和交易设备方面都处于较为不利的地位，因此贸然引入 "T+0" 制度会造成证券市场的不公平，损害中小投资者的利益。三是可能为操纵市场的行为提供空间。在现行的交易制度下，通过一买一卖来操纵股票价格至少需要两个交易日的时间，而在 "T+0" 的交易制度下，股票可以在一个交易日内多次换手，频繁交易为操纵市场的行为提供了更多便利。

此前针对全国两会代表提出的关于恢复 "T+0" 制度的议案，在 2021 年两会期间，中国证监会发言人表示，恢复 "T+0" 交易制度属于资本市场基础制度的重大调整，需要进一步开展政策研究和制度准备,逐步形成市场共识。同时,中国证监会也表示将坚持稳中求进的原则,深入研究论证推出"T+0"交易制度的可行性等问题。

6.1.5 证券交易费用

证券交易费用主要由佣金和印花税两部分组成。

1. 证券交易佣金

佣金是证券公司为投资者代理买卖证券时收取的费用。佣金一般是根据成交金额并按一定比例计算的。

我国现行的佣金收取标准是依据中国证监会、原国家发展计划委员会(现称"国家发展和改革委员会")、国家税务总局于2002年4月4日联合发布的《关于调整证券交易佣金收取标准的通知》。该通知规定,A股、B股、证券投资基金的交易佣金实行最高上限向下浮动制度,证券公司向客户收取的佣金(包括代收的证券交易监管费和证券交易所手续费等)不得高于证券交易金额的3‰。同时为了避免各证券公司之间的恶性竞争,该通知还规定了证券交易佣金也不得低于代收的证券交易监管费和证券交易经手费。

证券交易监管费由证监会收取,证券交易所代收,按股票交易额的0.02‰收取。证券交易经手费是在场内交易完成后由证券交易所向证券公司收取的,A股交易经手费按成交金额 0.0487‰双边收取。

2. 证券交易印花税

证券交易印花税是从普通印花税发展而来的,它是专门针对股票交易发生额征收的一种税。对于中国证券市场,证券交易印花税是政府增加税收收入的一个手段,也是政府调控股市的重要工具。

中国股市成立至今,A股市场曾多次调整印花税率。现行的印花税税率为0.5‰,只对出让方征收。上海、深圳证券交易所主要证券交易品种交易费用及收取标准见表6-1。

表6-1 上海、深圳证券交易所主要证券交易品种交易费用及收取标准

收费项目	交易品种	上海证券交易所	深圳证券交易所	备 注
佣金	A股	不超过成交金额的3‰	不超过成交金额的3‰	起点为5元
	债券	不超过成交金额的0.2‰	不超过成交金额的0.2‰	起点为1元
	基金	不超过成交金额的3‰	不超过成交金额的3‰	起点为5元
	权证	不超过成交金额的3‰	不超过成交金额的3‰	起点为5元
印花税	A股	成交金额的0.5‰	成交金额的0.5‰	只对出让方征收
	债券	免交印花税	免交印花税	
	基金	免交印花税	免交印花税	
	权证	免交印花税	免交印花税	

续表

收费项目	交易品种	上海证券交易所	深圳证券交易所	备 注
过户费	A 股	成交金额的 1‰	免交过户费	上海证券交易所起点为 1 元
	债券	免交过户费	免交过户费	
	基金	免交过户费	免交过户费	
	权证	免交过户费	免交过户费	

6.1.6 我国的涨跌停板制度

涨跌停板制度源于国外早期证券市场。证券市场为了防止交易价格的暴涨暴跌，抑制过度投机现象，对每只证券当天价格的涨跌幅度予以适当限制，即限定证券交易价格在一个交易日中的最大波动幅度。

在我国实施涨跌停板制度之前，暴涨、暴跌的情况较为严重，这对抑制过度投机，保持市场稳定，保护投资者利益，尤其是保护中小投资者利益，以及进一步推进市场的规范化方面带来了极为不利的影响。

我国证券市场现行的涨跌停板制度是 1996 年 12 月 13 日发布的，并于 1996 年 12 月 16 日开始实施。该制度规定，**除上市首日之外，股票（含 A 股、B 股）、基金类证券在一个交易日内的交易价格相对上一交易日收市价格的涨跌幅度不得超过 10%**，超过涨跌限价的委托为无效委托。后又规定 **ST 股票的涨跌幅度不得超过 5%，科创板股票涨跌幅比例为 20%**。首次公开发行上市的科创板股票，上市后的前 5 个交易日不设价格涨跌幅限制，但是根据《上海证券交易所科创板股票异常交易实时监控细则（试行）》，科创板股票在前 5 个交易日内涨幅达到 30%、60% 两个档位后，就会被采取临时停牌的措施。

 知识要点提醒 6-1

美股市场的价格限制机制

- 我国的涨跌停板制度与国外相关制度的主要区别在于股价达到涨跌停板后，不是停止交易，而是不得在涨跌幅限制以外的价格区间内进行交易，在涨跌停板价位及其之内的价格区间交易仍可继续进行，直到当日收市为止。
- 美股市场价格限制机制分为"市场范围熔断"和个股"限涨-限跌"（LULD）。
- "市场范围熔断"是针对整个市场而言，机制一旦触发，将暂停整个美国市场上所有交易所上市的股票的交易。"市场范围熔断"机制可以分为三级：一级市场熔断，是指市场下跌达到 7%，触发后，美国东部时间 9：30—15：25（含），全市场所有股票暂停交易 15 分钟；二级市场熔断，是指市场下跌达到 13%，触发后，美国东部时间 9：30—15：25（含），全市场所有股票暂停交易 15 分钟；三级市场熔断，是指市场下跌达到 20%，触发后，当天全市场停止交易，直至下个交易日开盘。

- 以纽交所为例，在每天开盘时，纽交所会立即公布个股"限涨-限跌"（LULD）波段，以决定该股票因波动会在什么价格停牌。如果交易高于或低于该区间，LULD机制就会被触发。

6.2 证券交易的方式

在证券交易过程中，依据投资者在交易过程中现金支付比例、履约期限等因素，证券交易的方式可分为现货交易、信用交易两种。

6.2.1 现货交易方式

由于在早期的证券交易中大量使用现金，因此现货交易（Spot Transaction）亦称"现金现货"，它是指证券买卖成交后，按成交价格及时进行实物交收和资金清算的交易方式，即卖出者交出证券，买入者支付货款，当场交割，钱货两清。

现货交易是证券交易中最古老的交易方式，最初的证券交易都是采用这种方式进行的。后来，由于交易数量的增加等多方面的原因，当场交割有一定困难。因此，在以后的实际交易过程中采取了一些变通的做法，即成交之后允许有一个较短的交割期限，以便大额交易者备款交割。各国对此规定不一，有的规定成交后第二个工作日交割，有的规定在例行的交收日期交割。在未交割前，双方均不可解约或冲销，若其中一方到交割日不能履约，将按有关交易规则处以罚金并承担责任。

现货交易有以下几个显著的特点：第一，成交和交割基本上同时进行；第二，它是实物交易，即卖方必须实实在在地向买方转移证券，没有对冲；第三，在交割时，购买者必须支付现款；第四，交易技术简单，易于操作，便于管理。一般来说，现货交易是一种投资行为，它反映了购买者有进行长期投资的意愿，他希望能在未来的时间内，从证券上取得较稳定的利息或分红等收益，而不是为了获取证券买卖差价。

6.2.2 信用交易方式

信用交易（Credit Transaction）又称"保证金交易""垫头交易"（我国称为融资融券），它是投资者通过交付保证金取得证券公司经纪人的信用而进行的交易。在这种方式下，证券的买卖双方在交易过程中不是全部使用自己的资金，而是通过缴纳保证金得到证券公司的信用，由其垫付其余部分资金进行证券的交易。各国法律、证券市场的发展状况及成熟程度不同，因而投资者缴纳保证金的比例也不同。

（一）信用交易机制的基本特征

1. 资金疏通性

货币市场和资本市场是金融市场的两个有机组成部分，这两个市场之间的资金流动必须保持顺畅，否则势必使金融市场的整体效率降低。信用交易机制以证券金融机构为中介，一头连接着银行金融机构，另一头连接着证券市场的投资者，通过融资融券交易引导资金在两个市场之间有序流动，从而提高证券市场的整体效率。因此，从信用交易机制的基本功能看，它是货币市场和资本市场之间重要的资金通道，具有资金疏通性。

2. 信用双重性

一方面，投资者以部分自有资金（或证券）及向金融机构借入的其余部分资金（或证券）买入（或卖出）某种证券，投资者向证券金融机构借入的垫付款（或证券）是建立在信用基础之上的，这是证券金融机构与投资者之间形成的第一重信用关系；另一方面，证券金融机构垫付的差价款可以是其自有资金，但在多数情况下是向银行申请的贷款，作为贷款方，证券金融机构将来必须偿还这部分贷款的本金和利息，因而在银行与证券金融机构之间便形成第二重信用关系。因此，从信用关系角度看，信用交易机制具有信用双重性。

3. 财务杠杆性

由于信用交易机制是以信用授受关系为基础的，因而能够把投资者虚拟的资金需求（融资）和虚拟的证券供给（融券）导入市场，使资金充分发挥效能。投资者可用同样的资金购买更多的证券，或以较少的资金购买同样数量的证券，从而提高投资的财务杠杆比率。

4. 可调控性

信用交易机制的信用双重性和财务杠杆性决定了这一交易机制具有很强的风险性。然而信用交易的成立，必须以投资者向证券金融机构按规定缴纳一定数额的保证金为前提。保证金通常分为初始保证金、维持保证金和最低保证金，初始保证金比例由金融监管当局根据市场资金供求状况进行规定和调整，它是一种重要的选择性货币政策工具；维持保证金比例和最低保证金比例则由证券交易所和证券公司经纪商根据市场的资金供求状况确定和调整。这就为管理者控制风险，实现货币政策和市场稳定目标提供了可调控的工具。因此，从宏观管理角度看，信用交易机制又具有可调控性。

（二）信用交易的类型

信用交易分为保证金买空和保证金卖空。

1. 保证金买空

保证金买空是指投资者预计某一证券的价格将要上涨，他便以提交保证金的方式向证券公司经纪人融资购买该证券，然后待其价格上涨后卖出。之所以选择保证金买空是因为投资者没有资金或没有足够的资金，但他可以通过信用交易的方式买到相当数量的证券，并在他认为合适的价位让证券公司经纪商卖出。

2. 保证金卖空

保证金卖空是指投资者预计某一证券的价格将要下跌，他便以提交保证金的方式向证券公司经纪人借入一定数量的证券，并委托证券公司经纪人先行卖出，而后待到价格下跌到预期程度时，再按市场价格买入相同种类的证券归还给证券公司经纪人。进行保证金卖空操作时，投资者没有证券，但他可以通过信用的方式获得证券，并先行卖出。

证券公司经纪人根据投资者的指令完成操作后，扣除买卖手续费和对投资者贷款的利息后，余下的即为投资者的投资收益。卖空者进行卖空操作时一般从三个来源借入证券：

一是自己的证券公司经纪人，二是信托公司，三是金融机构。一般情况下是由证券公司经纪人从信托公司或金融机构处获得证券。

（三）信用交易分析

信用交易与现货交易相比具有更大的风险性，因而为确保安全，信用交易的管理更加规范与严格。

1. 保证金

投资者若要以信用交易的方式进行证券交易，首先要在某一证券公司处开设保证金账户。投资者的保证金分为现金保证金和权益保证金。现金保证金就是投资者通过缴纳现款而设立的保证金；权益保证金可以用在证券交易所上市交易的股票、证券投资基金、债券、货币市场基金、证券公司现金管理产品及证券交易所认可的其他证券充抵。若投资者缴纳的是现金保证金，则可将金额计入保证金金额；若投资者缴纳的是权益保证金，证券公司将根据投资者所提供的权益保证金的证券市值或净值以及其品质，按照一定的折算率计算保证金金额。如上证180指数、深圳100指数的成份股股票的折算率最高不超过70%，其他A股股票折算率最高不超过65%。而那些被实施风险警示、暂停上市、进入退市整理期的证券，静态市盈率在300倍以上或者为负数的A股股票及权证的折算率为0%。

保证金比例是指投资者融资买入或融券卖出时交付的保证金与融资、融券交易金额的比例，计算公式如下所示。

$$融资保证金比例 = \frac{保证金}{融资买入证券数量 \times 买入价格} \times 100\% \qquad (6-1)$$

$$融券保证金比例 = \frac{保证金}{融券卖出证券数量 \times 卖出价格} \times 100\% \qquad (6-2)$$

保证金比例分为初始保证金比例和维持保证金比例。初始保证金比例用于衡量建立新的交易头寸时的保证金额度。根据相关规定，投资者在融资买入证券时，融资保证金比例不得低于100%；投资者在融券卖出证券时，融券保证金比例不得低于50%。投资者在持仓过程中，保证金比例随着证券价格的波动是在不断变化的，投资者在持仓过程中保证金的比例称之为维持保证金比例。维持保证金比例不得低于证券公司所确定的最低保证金比例，否则需要投资者追加保证金以防损失而导致违约。

保证金制度主要包含三个内容：一是逐日盯市制，即要求每日计算每一个保证金账户保证金比例，防止风险和信用膨胀；二是保证金追加制，即当维持保证金比例下降到最低保证金比例之下时，证券公司通知客户存入现金或证券，或偿还部分贷款；三是强制平仓制，即当保证金追加制无法实施时，证券公司强制出售当事人保存在证券金融机构的证券。另外，还要制定限制性规则，如证券公司不得将维持保证金用于自营业务，未经客户允许不得将保证金和抵押证券用于其他业务交易等。

2. 信用交易的盈亏分析

【例6-1】 某投资者拥有自有资本10万元。他预测到某现价为20元的股票价格将要上涨，遂将10万元资本作为保证金支付给证券公司，并通过信用交易方式进行股票交易。假定初始保证金比例为100%，这样投资者可以从证券公司处获得融资10万元，共可购买此股票 10000 股。经过一段时间以后，该股票从 20 元上涨到 30 元，投资者在此价位将手中的股票全部抛出（为了简便计算，证券交易过程中发生的有关利息、佣金和所得税暂且不计）。

在采用现货交易时，这位投资者拥有的 10 万元自有资本只能购买 5000 股该种股票。这时投资者的收益情况计算如下所示。

$$收益额 = 股票市值 - 资本金投入额$$
$$= 5000 \times 30 - 5000 \times 20 = 50000 （元）$$

$$收益率 = \frac{收益额}{资本金投入额} \times 100\%$$
$$= \frac{50000}{5000 \times 20} \times 100\% = 50\%$$

在采用信用交易方式时，这位投资者通过融资可以购买此股票 10000 股。该投资者在 30 元的价位上将手中的股票全部抛出后，他的收益情况计算如下所示。

$$收益额 = 股票市值 - 资本金投入额 - 融资额$$
$$= 10000 \times 30 - 5000 \times 20 - 5000 \times 20 = 100000 （元）$$

$$收益率 = \frac{收益额}{资本金投入额} \times 100\%$$
$$= \frac{100000}{5000 \times 20} \times 100\% = 100\%$$

【例 6-2】 如果投资者的判断失误，会对投资者的收益产生什么影响呢？再如例 6-1，若经过一段时间以后，该股票价格不仅没有上涨，反而持续下跌。若股价跌至 12 元，试分析一下采用信用交易和现货交易，投资者的损失分别是多少？

如果股价跌至 12 元，当投资者采用现货交易时，收益情况计算如下所示。

$$收益额 = 股票市值 - 资本金投入额$$
$$= 5000 \times 12 - 5000 \times 20 = -40000 （元）$$

$$收益率 = \frac{收益额}{资本金投入额} \times 100\%$$
$$= \frac{-40000}{5000 \times 20} \times 100\% = -40\%$$

当投资者采用信用交易时，收益情况计算如下所示。

$$收益额 = 股票市值 - 资本金投入额 - 融资额$$
$$= 10000 \times 12 - 5000 \times 20 - 5000 \times 20 = -80000 （元）$$

$$收益率 = \frac{收益额}{资本金投入额} \times 100\%$$
$$= \frac{-80000}{5000 \times 20} \times 100\% = -80\%$$

通过上述分析可以看出，信用交易在活跃证券市场、为投资者提供交易方便、提高投资者收益水平的同时，所蕴含的风险也是显而易见的。在本例中，如果股价跌至 12 元，即跌至保证金实际维持率为零时的股价水平时，对于采用现货交易的投资者而言，其资本金损失了 40%，但他仍有东山再起的机会，还可以在股价回升时减少损失甚至获利；但对于采用信用交易的投资者而言，证券公司在投资者无力追加保证金的情况下，就会对投资者证券账户上的股票进行强制平仓，收回的资金用于偿还贷款，支付手续费、利息和其他费用，这时投资者将血本无归，而且几乎不会再有扳本的机会。

（四）信用交易的利弊

与现货交易相比，采用信用交易的投资者不仅可以通过融资的方式做多获利，也可以通过融券的方式做空获利，这样可以最大限度地活跃资本市场，提高证券的交易量。证券公司可以在信用交易的过程中获得一定的利差和更多的佣金收入。

1. 信用交易的好处

对投资者而言，信用交易具有显著的杠杆作用，它使投资者能够超出自身所拥有的资金力量进行大宗的证券交易。在现货交易的条件下，投资者只能进行与自有资本等量的证券交易。同时，投资者在证券价格下跌的条件下，仍然可以通过做空和提交保证金的方式从证券公司处融得证券并先行卖出，而后待到证券价格下跌到预期程度时，再按较低的市场价格买入相同种类的证券归还给证券经纪人，这给投资者带来了现货交易模式下不可能具有的收益。

对证券经纪人而言，证券经纪人通过向投资者提供信用交易方式，从中可以提取相应的佣金，这是经纪人收益的一部分。

对证券市场而言，信用交易方式给投资者提供了更多的获利方式，给证券经纪人提供了获得更高收益的可能，这样能够极大地刺激市场参与者的热情，并起到活跃市场、创造更多交易机会的作用。

2. 信用交易的弊端

信用交易是一柄"双刃剑"，它在给投资者以较少的资本，获取较大利润的机会的同时，也同样潜藏着巨大的风险。如上所述，若证券行情未按投资者预计的方向变动，采用现货交易时投资者损失会相对较小，而且有挽回损失的机会。但如果采用信用交易，投资者的损失会巨大。特别是当其损失已达到其保证金的数量时，如果不能及时地追加保证金，证券公司可能会强制平仓。这时投资者就会血本无归，而且永远失去了挽回损失的机会。证券经纪人向投资者提供信用交易，若投资者损失，证券经纪人也会承担相应风险。当风险逐渐累积，还会波及整个市场。

过多使用信用交易，会造成市场虚假繁荣，人为地形成证券价格波动。为此，各国对信用交易都进行严格管理，以尽量减少信用交易的不利影响。例如，从 1934 年开始，美国的信用交易由美国联邦储备银行负责统一管理。该行的监理委员会通过调整保证金比例来控制证券市场的信用交易量。另外，美国各证券交易所也都有追加保证金的规定。例如当保证金维持率低于最低维持率时，证券经纪人有权要求投资者增加保证金，使之达到规定的比率，否则，证券经纪人就有权出售证券，其损失部分由投资者负担。同时证券公司为了防止意外，当投资者采用信用交易时，除了要求他们支付保证金外，证券公司还要求他们提供相应的抵押品，以确保安全。通常被用作抵押品的，就是交易中委托买入的证券。

阅读专栏 6-2

投资者参与融资融券交易时应注意什么

融资融券交易作为证券市场一项具有重要意义的创新交易方式,一方面为投资者提供了新的获利模式,另一方面也蕴含着比普通交易更复杂的风险,以下三点值得投资者关注。

一、盈利和亏损都将进一步放大

融资融券交易具有杠杆交易的特点,投资者在进行融资融券交易时,利润和亏损都将进一步放大。

二、融资利息、融券费用按自然日天数计算

融资融券交易不仅需要支付交易的手续费,还需要支付利息费用。投资者无论是进行融资交易还是进行融券交易,都需要支付利息费用。融资利息按照实际使用资金的自然日天数计算,自融资交易指令成交当日起至融资结束之日止。而融券利息按照投资者实际使用证券的自然日天数计算,自融券交易指令成交当日起至融券结束之日止。比如,投资者融资买入某只证券后,如果该证券价格下跌,则投资者不仅要承担投资损失,还要支付融资利息;投资者融券卖出某只证券后,如果该证券的价格上涨,则投资者既要承担证券价格上涨而产生的投资损失,又要支付融券利息。

投资者进行融资融券交易,到期未足额偿还融资融券本金及利息费用或者未按融资融券合同约定的时间足额偿付权益补偿价款的,证券公司会对逾期的本金及利息费用收取罚息。

三、实施强制平仓的几种情况

证券公司为保护自身债权,对投资者信用账户的资产负债情况实时监控,在一定条件下可以对投资者的担保资产执行强制平仓。投资者应特别注意可能引发强制平仓的几种情况,具体如下所述。

第一,客户信用账户处于平仓状态而且未能在合同约定时间内补足担保品的;第二,投资者融资融券合同终止仍有未清偿债务的;第三,投资者融资融券合约到期仍有未清偿债务的;第四,司法机关依法对投资者信用账户的资产采取财产保全或者强制执行措施的;第五,投资者融入证券发生要约收购,投资者未能按合同约定了结融券合约并归还证券的;第六,投资者融入证券公告终止上市,投资者未能按合同约定了结该笔融券合约并归还证券的;第七,投资者因涉及诉讼、仲裁、经济纠纷等可能严重影响其偿付能力的;第八,出现其他法定或约定情形,需要提前解除或终止合同时,投资者尚有未清偿债务的。

(资料来源:http://investor.szse.cn/warning/riskedu/t20110909_550479.html.〔2023-06-27〕,有改动)

6.3 期货交易

6.3.1 期货交易的特点与功能

(一) 期货交易的特点

1. "以小博大"

在进行期货交易时,投机者只需根据市场风险程度缴纳一定数量的保证金,**保证金率一般为期货合约价值的 5%~18%**,因而期货交易与现货交易相比,显著地放大了交易的收益与风险。这也是投机者对期货交易乐此不疲的主要原因。

2. 流动性强

由于期货交易的标准化合约中唯一的变量是价格,其他要素如数量,质量,交割的时间、地点、程序等都由期货交易所统一规定,交易双方必须严格履行,因此期货交易的互换性和流通性较高。

3. 获利方式多,操作简便、灵活

期货交易在期限上种类繁多,远期、近期及现货间价格变化复杂,它利用各种价格差额牟取利润的方式多种多样,这就使得投机者有了充分施展才能的天地。尤其是期货投机中**既可以先买后卖,也可以先卖后买**,只要判断准确就可以从中获利。

4. 信息公开,交易效率高

期货交易品种集中,信息通达,通过公开竞价的方式使投资者在平等的条件下公开竞争。同时,期货市场是一个规范的市场,成交方式、结算与担保、合约的买卖或平仓、风险的处理、实物交割等都有严格、详尽的规定和规范,运作高效。

5. 结算方式独特

采取逐日盯市的结算方式,实现每日无负债的结算,有效降低了期货交易的违约风险。

(二) 期货交易的功能

1. 风险转移功能

风险转移功能是指为了防范价格变动而带来的经济风险,可以通过套期保值将价格风险转移给愿意承担风险的投机者。 期货交易回避价格风险的功能主要体现在生产经营者通过在期货市场上进行套期保值业务,买进或卖出与现货市场上数量相等但交易方向相反的商品,使两个市场交易的损益相互抵补,从而回避现货交易中商品价格的波动带来的风险,锁定生产经营成本,实现预期利润。

2. 价格发现功能

**所谓价格发现功能是指在一个公开、公平、高效、竞争的市场环境中,通过激烈的竞价，能够比较真实地反映出商品价格的变动趋势。

在市场经济条件下，价格是根据市场供求状况形成的。期货市场之所以具有价格发现功能，首先是因为现代期货交易是集中在高度组织化、监管严格的期货交易所内进行的，交易的透明度高，这样有助于提高资源配置的效率；其次是因为在期货交易所内，交易者众多、供求集中、市场流动性强，期货交易的参与者有广泛的信息渠道、丰富的专业知识，他们根据各自对未来价格走势的预测报出自己认为理想的价格，与众多的对手竞争。这样形成的价格，一方面实际反映了大多数人的预期，具有权威性，能够比较真实地代表供求关系；另一方面，期货交易价格是通过自由报价、公开竞争形成的，并且有价格公开报告制度。在期货交易所内达成的每一笔交易的成交价格，都要向市场内交易者及时报告并通过传播媒介公之于众。这样交易者能够及时了解期货市场的交易情况和价格变化，及时对价格走势作出判断，进一步调整自己的交易行为。交易者对自己的价格预期不断调整，并通过连续、公开的竞价又形成新的价格，这使期货价格具有权威性、连续性、超前性的特点。

6.3.2 期货市场的结构

（一）期货交易所

期货交易所是为期货交易者提供场所、设施、服务和交易规则，以保证期货交易公开、公正、公平地进行的机构。期货交易所的组织形式分两种：**不以营利为目的会员制交易所**和**自负盈亏的公司制交易所**。我国的郑州商品交易所、大连商品交易所、上海期货交易所都是会员制期货交易所。中国金融期货交易所是公司制期货交易所，由上海期货交易所、大连商品交易所、郑州商品交易所、上海证券交易所、深圳证券交易所5家股东出资组成。

会员制交易所会员有两大类。一类是一般会员，也称为自营商，他们只能自己参与期货交易，但不能以期货经纪人的身份接受非会员的委托从事期货交易。另一类是期货经纪公司会员，他们既可以自己参与期货交易，也可以作为非会员的期货经纪人，帮助他们从事期货交易。期货交易所的多数会员是期货经纪公司会员。如上海期货交易所现有约80%会员为期货经纪公司会员。期货经纪公司还可以在外地开设一些远程交易终端，以增加期货经纪业务，获取更多的佣金收入。

公司制期货交易所适用于公司法，股东大会是公司的最高权力机构。公司制期货交易所以盈利为目的，将从交易所进行的期货交易中收取的各种费用作为盈利来源，在出资人之间进行分配。

期货交易所的主要职能是：提供期货交易的场所、设施及相关服务；制定并实施期货交易所的业务规则；设计期货合约、安排期货合约上市；组织、监督期货交易、结算和交割；制定并实施风险管理制度，控制市场风险；保证期货合约的履行；发布市场信息；监管会员期货业务，查处会员违规行为；指定交割仓库并监管其期货业务；指定结算银行并监督其与本所有关的期货结算业务；等等。

（二）期货结算所

期货结算所又称清算所，是期货交易中专门从事结算业务的管理机构。当今世界各国期货结算所的组成形式大体有三种：第一种是期货结算所隶属于期货交易所，期货交易所的会员也是期货结算会员；第二种是期货结算所隶属于期货交易所，但期货交易所的会员只有一部分财力雄厚者才成为期货结算会员；第三种是期货结算所独立于期货交易所之外，成为完全独立的期货结算所。

我国境内四家期货交易所的结算机构均为交易所的内部机构，既提供交易服务，也提供结算服务。郑州商品交易所、大连商品交易所、上海期货交易所实行全员结算制度，即期货交易所会员均具有与期货交易所进行结算的资格，既是交易会员又是结算会员。中国金融期货交易所采取会员分级结算制度，根据会员能否直接与期货交易所进行结算分为结算会员与非结算会员。

期货结算所的功能和作用主要是：负责期货合约买卖的结算；承担期货交易的担保；监督实物交割；公布市场信息；等等。

期货交易所的结算实行保证金制度、每日无负债结算制度等。

所谓保证金制度，就是按期货交易所规定，期货交易的参与者在进行期货交易时必须存入一定数额的履约保证金。履约保证金是用来作为确保买卖双方履约的一种财力担保，其额度通常为期货合约总值的 $5\%\sim10\%$。履约保证金水平随市场交易风险大小而调整，在价格波动较大时，要求较高的履约保证金水平，而在价格波动较小时，要求较低的履约保证金水平。

所谓每日无负债结算制度，亦称逐日盯市制度，是指在每个交易日结束之后，期货交易所结算部门先计算出当日各期货合约结算价格，核算出每个会员每笔交易的盈亏数额。若出现履约保证金账户上贷方金额低于维持保证金水平，期货交易所就通知该会员在限期内缴纳追加履约保证金，以达到初始保证金水平；否则，该会员就不能参加下一交易日的交易。

（三）期货经纪公司

期货经纪公司（或称经纪所）是非会员客户参与期货交易的中介，其主要任务是代理客户进行交易、管理客户保证金、执行客户下达的交易指令、记录交易结果，并运用先进的设施和技术，为客户提供商品行情、市场分析及相关的咨询服务。

作为期货交易活动的中介，期货经纪公司在期货市场构成中具有十分重要的作用。一方面它是期货交易所与众多交易者之间的桥梁，拓宽和完善交易所的服务功能；另一方面，它为交易者向期货交易所提供从事期货交易活动的财力保证。

（四）期货交易者

参与期货交易的企业、个人等，他们或通过期货经纪公司，或自身就是期货交易所的自营会员，在期货交易所内进行期货交易。

期货交易者根据参与期货交易目的的不同基本上分为两类：套期保值者和投机者。

套期保值者从事期货交易的目的是利用期货市场进行保值，以减少价格波动带来的风险，确保生产和经营的正常利润。

投机者又称风险投资者。投机者参加期货交易的目的与套期保值者相反，他们愿意承担价格波动的风险，其目的是希望以少量的资金来博取较多的利润。期货交易的投机方式五花八门，其做法远比套期保值复杂得多。期货市场如果没有投机者参与，其回避风险和发现价格的两大功能就不能实现。投机者参加期货交易可增加期货市场的流动性，起到"润滑剂"的作用。

（五）期货市场监管部门

期货市场监管部门指国家指定的对期货市场进行监管的单位。我国目前确定中国证监会及其下属派出机构对中国期货市场进行统一监管，国家市场监督管理总局负责对期货经纪公司的工商注册登记工作。

我国期货市场由中国证监会作为国家期货市场的主管部门进行集中、统一管理的基本模式已经形成，对地方监管部门实行由中国证监会垂直领导的管理体制。根据各地区证券业、期货业发展的实际情况，我国在部分监管对象比较集中、监管任务比较重的中心城市，设立证券监管办公室，作为中国证监会的派出机构。此外，还在一些城市设立特派员办事处。

6.3.3 期货合约

期货合约是期货交易的买卖对象或标的物，它是由期货交易所统一制定的，规定了某一特定的时间和地点交割一定数量和质量商品的标准化合约，期货价格则是通过公开竞价达成的。

一般期货合约规定的标准化条款包括以下五点。第一，标准化的数量和计量单位。如上海期货交易所规定每张铜合约单位为 5 吨，每个合约单位称为 1 手。第二，标准化的商品质量等级。在期货交易过程中，交易双方无须再就商品的质量进行协商，这就大大方便了交易者。第三，标准化的交割地点。期货交易所在期货合约中为期货交易的实物交割确定经期货交易所注册的统一的交割仓库，以保证双方交割顺利进行。第四，标准化的交割期和交割程序。期货合约具有不同的交割月份，交易者可自行选择，一旦选定之后，在交割月份到来之时如仍未对冲掉手中的期货合约，就要按期货交易所规定的交割程序进行实物交割。第五，交易者统一遵守的交易报价单位、每天最大价格波动限制、交易时间、期货交易所名称等。

6.3.4 套期保值

（一）套期保值的概念及基本原理

规避价格风险是期货市场的基本功能之一，实现价格风险转移的手段就是套期保值。

套期保值（Hedging）是交易者将期货交易与现货交易结合起来，利用期货市场进行品种相同、数量相当，但方向相反的期货交易，为交易者在现货市场上的交易进行保值。具体来讲，套期保值指在期货市场上买入（或卖出）与现货市场交易方向相反、数量相等的同种商品的期货合约，因而无论现货市场价格怎样波动，交易者最终都能取得在一个市场上亏损的同时在另一个市场盈利的结果，并且亏损额与盈利额大致相等，从而达到规避现货商品价格风险的目的。

知识要点提醒 6-2

套期保值如何规避风险

- 套期保值之所以能够达到规避风险的目的，主要是因为同种商品的期货价格走势与现货价格走势基本一致。特别是随着期货合约到期日的逐步临近，价格的影响因素已渐明朗，基差将逐渐趋近于零。当期货价格严重偏离现货价格时，交易者就会在期货、现货两个市场间进行套利交易，套利的结果就是期货与现货价格趋于一致。
- 如果在期货、现货这两个市场做方向相反的交易，交易者就可以实现在一个市场出现亏损的同时，在另一个市场盈利，从而达到锁定成本或利润水平、实现保值的目的。

套期保值交易的特点如下：第一，套期保值交易的交易量一般比较大；第二，套期保值在期货市场上的买卖位置或头寸一般比较稳定，不会随意变动；第三，套期保值在期货市场上保留期货合约的时间一般比较长，很少有投资者在买进或卖出后很快进行对冲。

（二）套期保值实例

1. 买入套期保值

买入套期保值又称多头套期保值，是指套期保值者先在期货市场上买入与其将在现货市场上买入的现货商品数量相同、交割日期相同或相近的该商品的期货合约。该套期保值者在现货市场上买入现货商品的同时，在期货市场上进行对冲，卖出原来所买进的该商品期货合约。通过买入套期保值，可将套期保值者经营成本或利润水平维持在进行套期保值时商品的价格水平上。买入套期保值主要是套期保值者担心自己将来实际买入现货商品或偿还债务时价格上涨而采取的一种保值措施。

【例 6-3】某饲料厂计划 11 月份需要 1000 吨玉米作为原料。在 9 月时玉米的现货价格为每吨 1010 元，该饲料厂对该价格比较满意。因担心 11 月玉米价格可能上涨导致原材料成本上升，因此该饲料厂决定在期货市场上进行套期保值交易。交易情况如表 6-2 所示。

表 6-2 买入套期保值交易实例

现货市场	期货市场
9月玉米价格 1010 元/吨	买入 10 手 11 月玉米合约，价格为 1010 元/吨
11月买入 100 吨玉米：价格为 1050 元/吨	卖出 10 手 11 月玉米合约，价格为 1050 元/吨
亏损 40 元/吨	盈利 40 元/吨
最终结果净获利=40×1000−40×1000=0（元）	

注：1 手=10 吨，后同。

从该例可以看出，完整地买入套期保值涉及两笔期货交易：第一笔为在所确定的保值位置买入期货合约；第二笔为在现货市场买入现货商品的同时，在期货市场上卖出对冲原先持有的头寸。通过这一套期保值交易，虽然现货市场价格出现了对该饲料厂不利的变动，价格上涨了 40 元/吨，从而原材料成本提高了 40000 元；但是在期货市场上的交易盈利使该饲料厂盈利了 40000 元，从而消除了价格变动带来的不利影响，达到了保值的目的。

在买入套期保值交易中，套期保值者所需付出的代价只不过是期货交易保证金的利息及其他的一些交易费用。若保证金比例为5％，当3个月利率为2％时，保证金的利息仅为1010元（1000×1010×5％×2％＝1010）。以此和一些相关的交易费用为代价，就可以规避由于价格上涨而带来的40000元的损失。如果该饲料厂是通过提前进货的方式来减少现货价格上涨而带来的损失，不仅需要支付大量的货款（10.1万元），而且3个月的仓储、损耗等费用也是比较庞杂的。但一旦采取了套期保值策略，在规避由于价格的不利变动而产生损失的同时，也失去了由于价格的有利变动而可能得到的获利机会。如本例中，如果现货市场价格下跌，饲料厂就可以得到更便宜的原料，从而降低生产成本；但是进行了套期保值之后，期货市场上的损失却使该饲料厂丧失了可能得到的利益。

2. 卖出套期保值

卖出套期保值又称空头套期保值，是指套期保值者先在期货市场上卖出与其将在现货市场上卖出的现货商品数量相同、交割日期相同或相近的该商品期货合约。该套期保值者在现货市场上卖出现货商品的同时，在期货市场上进行对冲，买入原来所买进的该商品期货合约。**通过卖出套期保值，可将套期保值者的经营成本或利润水平维持在进行套期保值时商品的价格水平上。** 卖出套期保值主要是套期保值者担心自己将来实际卖出现货商品时价格下跌而采取的一种保值措施。

【例 6-4】 7月，玉米的现货价格为每吨1100元，某农场对该价格比较满意，但是玉米9月才能出售，该农场担心到时现货价格可能下跌，从而减少收益。为了避免将来价格下跌带来的风险，该农场决定进行玉米期货交易。交易情况如表6-3所示。

表 6-3 卖出套期保值交易实例

现货市场	期货市场
7月玉米价格1100元/吨	卖出100手9月玉米合约，价格为1100元/吨
9月卖出1000吨玉米，价格为1040元/吨	买入100手9月玉米合约，价格为1040元/吨
亏损60元/吨	盈利60元/吨

最终结果净获利＝60×1000－60×1000＝0

从该例可以得出，完整地卖出套期保值也是涉及两笔期货交易：第一笔为在所确定的保值位置卖出期货合约；第二笔为在现货市场卖出现货的同时，在期货市场买进对冲原先持有的头寸。通过这一套期保值交易，虽然现货市场价格出现了对该农场不利的变动，价格下跌了60元/吨，使其减少销售收入60000元；但是在期货市场上的交易却使其盈利了60000元，从而消除了价格不利变动的影响，达到了保值的目的。

在卖出套期保值交易中，套期保值者可以规避由于价格下跌而带来的销售收入减少的风险，但同时也失去了若出现价格的有利变动而可能得到的获利机会。如本例中，如果现货市场价格上涨，农场可以取得更高的销售收入；但是进行了套期保值之后，期货市场上的损失却使其在现货市场上可能得到的利益不复存在。

6.4 期权交易

6.4.1 期权交易的特点与功能

(一) 期权交易的特点

1. 交易双方权利义务不同

一般的交易活动中的交易双方,其权利和义务是对称的,即交易双方当中的任何一方都是既有要求对方履约的权利,又有自己向对方履约的义务。而期权交易中交易双方的权利义务存在明显的不对称性,期权的买方只有权利而没有义务,期权的卖方只有义务而没有权利。

2. 交易双方的履约保证不同

期权交易中,期权的买方因在合约中未规定其义务,因而不需要开立保证金账户,也不需要缴纳任何保证金。而期权的卖方负有履约的义务,需要开立保证金账户,并按规定缴纳保证金。

3. 交易双方的盈亏特点不同

期权交易中,买方的潜在亏损是有限的,仅限于其支付的期权费,而可能取得的利润却是无限的;相反,期权的卖方在交易中所取得的利润是有限的,仅限于其收取的期权费,但他可能遭受的损失却是无限的。

(二) 期权交易的功能

1. 期权交易的保值功能

与股票、期货等投资工具相比,期权的与众不同之处在于其非线性的损益结构,期权交易者的损益并不随标的物市场价格的变化呈线性变化。期权交易具有一定的保值功能,这一点近似于保险业务。如果从期权买方角度来看,购入某种商品或金融工具的期权,实际上可以将其视为一种对该商品或金融工具价格波动的"保险"业务。

2. 期权的投机功能

期权的投机功能主要是指基于投资者对市场走势的判断,买入或者卖出期权的交易行为。最典型的期权投机交易是买入或卖出期权合约,当然与保值功能相比其最主要的特点是投机者持有期权头寸,而保值功能是指在原有的期权头寸基础上持有方向与其相反的期权头寸来管理风险。

3. 期权交易的价格发现功能

期权交易的价格发现功能是投资者通过投机交易或套利交易实现的。和期货一样,期权也有较强的投机功能。大量的期权投机与套利交易促使期权交易实现了价格发现的功能。

6.4.2 期权价格的影响因素

期权价格，又称期权费、权利金等，它是期权的买方支付给卖方的费用。正因为期权的买方向卖方支付了期权费，才换取了按一定期限、按敲定价格向期权的卖方购买或出售某种标的资产的选择权。在场内交易的期权合约均为标准化的期权合约，其中标的物数量、敲定价格、期权合约的期限等都已在合约中由交易所统一确定，期权价格是期权合约中唯一的变量。因此，期权价格的高低对交易双方收益的影响至关重要。

期权交易中，期权价格的高低是由交易双方通过竞价产生的。期权价格的重要意义就在于，对于期权的买方而言，他获得了按敲定价格向期权的卖方购买或出售某种资产的选择权，这也可以说是拥有了一定的获利机会，而伴随着这一机会的风险就是期权费的损失；对于期权的卖方而言，卖出一份期权就可以立即获得一笔期权费收入，而且不必马上进行标的物的交割。但他必须做好买方对期权合约的行权准备，同时要承担在行权过程中可能产生的无限损失风险。

期权价格的影响因素有很多，主要包括以下五点。

（一）期权的理论价值

期权的理论价值是决定期权价格的基础。期权的理论价值包括期权的内涵价值和时间价值两部分。一方面，期权的内涵价值是指假如当前以敲定价格行权，期权的买方可以获得的利润，也就是当前标的物价格与敲定价格之差。当期权标的物的市场价格上涨，市场价格与敲定价格之差增大时，看涨期权的期权价格就会上涨，看跌期权的期权价格就会下跌；当期权标的物的市场价格下跌，市场价格与敲定价格之差减小时，看涨期权的期权价格就会下跌，看跌期权的期权价格就会上涨。另一方面，期权的时间价值是指随着时间的推移，期权标的物的价格朝着对期权买方有利的方向变化的可能，而使其愿意为此付出的期权价格。交易当时距到期日的时间越长，期权合约的时间价值越大，期权价格也就越高。如在同一敲定价格下，距离到期日6个月的期权合约与距离到期日2个月的期权合约相比，虽然两者的敲定价格相同、市场价格相同，即内涵价值相同，但两者的时间价值不同，前者必须支付更高的期权价格方可成交。

（二）期权合约中的相关要素

期权交易是以期权合约为载体的。期权合约中的相关要素对期权价格的确定有着重要的影响。在同样的条件下，期权合约的敲定价格越低，看涨期权的价格越高，看跌期权的价格越低。期权的有效期限越长，行情变动的可能性越大，期权卖方潜在损失的可能性越大，其所要求的期权价格越高，而期权买方有利行权的机会增多，他也愿意接受较高的期权价格。

(三) 期权的供求情况

当期权合约供大于求时，期权价格就会下跌；当期权合约供不应求时，期权价格就会上涨。

(四) 利率变动情况

一般而言，当利率提高时，金融资产的市场价格会降低，期权合约的内涵价值降低，其价格下跌；当利率降低时，金融资产的市场价格会提高，期权合约的内涵价值提高，其价格相应上涨。

(五) 期权标的物的市场价格变动趋势和活跃程度

当期权标的物价格未来的涨势基本确立时，这一标的物看涨期权的价格就会上涨，看跌期权的价格就会下跌；当期权标的物价格未来的跌势基本确立时，这一标的物看涨期权的价格就会下跌，看跌期权的价格就会上涨。期权标的物价格的变动幅度越大，则可能提供的获利机会越多，这一期权合约的价格就会上涨；期权标的物价格的变动幅度越小，可能提供的获利机会越少，这一期权合约的价格就会下跌。

6.4.3 期权交易的损益分析

(一) 看涨期权的损益分析

期权是一种金融衍生工具，它的价值也是通过基础证券价值的衍生而来的。基础证券价值的变化，对期权交易者的损益有着直接的影响。如某投资者以每股 2 元的价格买入敲定价格为每股 20 元的 A 股票的看涨期权，只有当 A 股票的价格在到期之前超过 20 元，该期权才有价值，投资者可以通过行权或出售该期权而获利；但是他如果判断失误，A 股票的价格在到期时也没有超过 20 元，这时期权将变得一文不值，他将损失全部的期权费。

【例 6-5】 投资者 A 和 B 分别为看涨期权的买入方与卖出方，他们就 X 公司的股票达成看涨期权交易。该期权的有效期为 3 个月，欧式期权，行权日为 6 月 15 日，敲定价格为 20 元/股，期权费为 2 元/股，每份期权合约的股数为 100 股。

那么，对于这份看涨期权，交易双方损益情况的变化如图 6.1 所示（为便于分析，暂不考虑经纪人佣金等费用）。

对于期权的买方而言，他可能有以下几种选择（假设到 6 月 15 日 X 公司股票的市场价格为 S）。

(1) $S \leq 20$ 元（敲定价格），A 将放弃行权，每份期权合约他要亏损 200 元。

(2) 20 元 $< S <$ 22 元（敲定价格＋期权费），A 将选择行权，尽管他行权后仍会亏损，但每份期权合约的亏损额低于 200 元。

(3) $S = 22$ 元（敲定价格＋期权费），A 将选择行权，这时他处于盈亏平衡状态。

(4) $S > 22$ 元（敲定价格＋期权费），A 将选择行权，这时他处于盈利状态，该股票市价越高，A 所获得的利润越高。如本例，若 X 公司股票的市价为 28 元，则每份期权合约 A 将获利 600 元，收益率高达 300%。

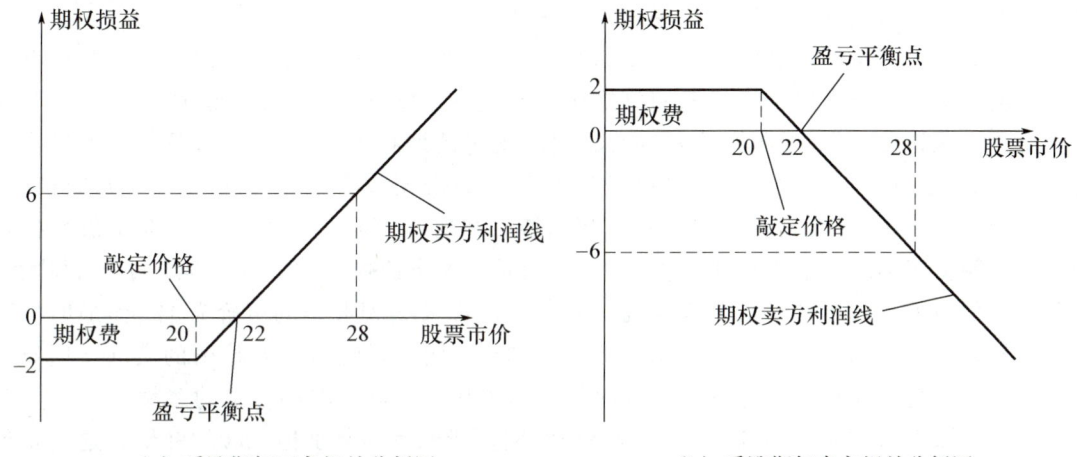

(a) 看涨期权买方损益分析图　　　　(b) 看涨期权卖方损益分析图

图 6.1　看涨期权损益分析图（单位：元）

在期权合约的有效期内，随着股票价格的变化，期权费也在不断地变化，A 也可以在适当的时机将期权合约卖出，获取期权费的差额。

(二) 看跌期权的损益分析

【例 6-6】 投资者 A 和 B 分别为看跌期权的买入方与卖出方，他们就 X 公司的股票达成看跌期权交易。期权的有效期为 3 个月，欧式期权，行权日为 6 月 15 日，敲定价格为 20 元/股，期权费为 2 元/股，每份期权合约的股数为 100 股。

那么，对于这份看跌期权，交易双方损益情况的变化如图 6.2 所示（为便于分析，暂不考虑经纪人佣金等费用）。

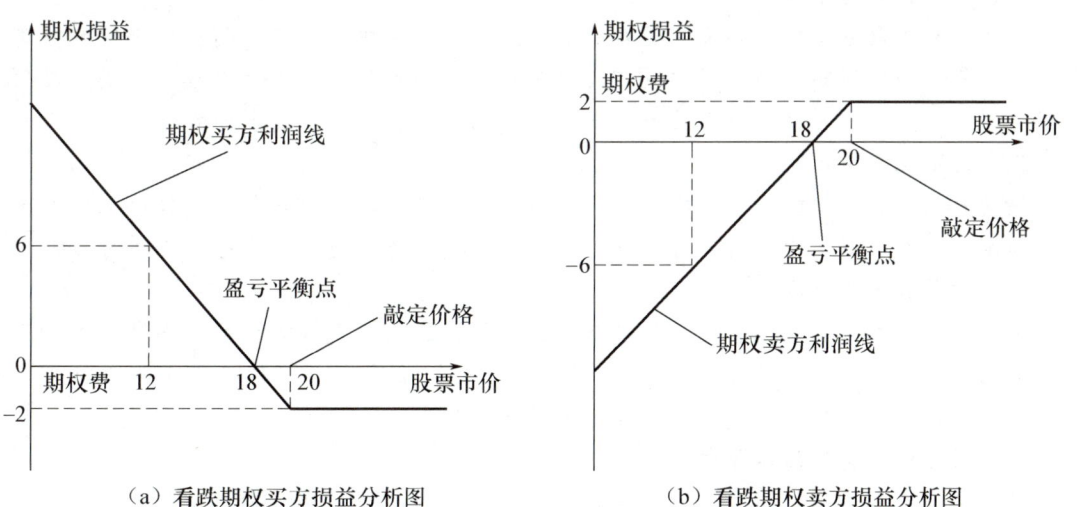

(a) 看跌期权买方损益分析图　　　　(b) 看跌期权卖方损益分析图

图 6.2　看跌期权损益分析图（单位：元）

看跌期权的损益分析与看涨期权相似，只是看跌期权的买方在付出期权费之后所获得的是在约定的期限按协议价格出售给期权卖出方一定数量某种资产的权利。因此合约到期时标的证券的价格越低,看跌期权买入方的获利越大。

如本例,敲定价格为20元/股,期权费为2元/股,盈亏平衡价格为18元/股。也就是此时期权买入方可以以18元/股的价格从市场上买入股票,而以20元/股的价格卖给期权卖出方,获得的2元/股利润恰好补偿了他所支付的期权费。当X公司股票的市场价格高于20元(敲定价格)时,A将选择放弃行权,每份期权合约他要损失200元期权费;当市场价格处于18~20元时,A也将选择行权,尽管他行权后仍会亏损,但每份期权合约的亏损额低于200元;当市场价格低于18元时,A将选择行权,这时他处于盈利状态,该股票市价越低,A所获得的利润越高。如本例,若X公司股票的市价为12元/股时,则每份期权合约A将获利600元,收益率高达300%。同样,随着股票价格的波动,期权费也在不断地变化,A也可以选择有利的时机卖出期权合约,获取期权费的差额。

对于看跌期权的卖方B来说,他所获得的期权费就是其所承担风险的补偿,这也是他盈利的上限值。当股价低于盈亏平衡点价格后,卖方B将会出现亏损,股价越低他的亏损越大,亏损额理论上也是无限的。但是现实中,标的证券价格成为负数的可能性是不存在的。

期权交易是零和交易,买方A的盈利就是卖方B的亏损,买方A的亏损就是卖方B的盈利。

 阅读专栏6-3

期权交易与期货交易的区别

期权交易与期货交易都有保值和投机的功能,但是,这两种功能发挥的程度由于受到各种因素的影响,在具体表现上有相当显著的差异。

一、权利和义务不同

期货合约的双方的权利和义务是对等的,只有合约对冲抵消,否则在到期时双方都必须履行期货合约;而期权合约买卖双方的权利和义务不对等,买方拥有权利,卖方必须承担义务,当买方要求履行期权合约时,卖方必须相应地买入或者卖出标的资产。

二、标准化要求不同

期货合约是标准化的合约,在期货交易所内进行交易,这也是其与远期合同的最大区别;而期权合约,有场内交易的标准化合约形式,也有场外交易的非标准化合约形式。

三、收益和风险不同

期货交易双方所承担的收益和风险都是无限的,这取决于双方所处的头寸及标的资产价格变动的方向。期权交易的买方享有权利,具有收益的无限可能,最大损失仅为期权费;而卖方的有限收益是权利金,损失可能是无限的。

四、关于保证金的规定不同

期货交易因双方都有损失的可能性,所以都必须缴纳保证金。期权交易的买方处于有利地位,损失不会超过其已经缴纳的期权费,所以交易所不要求期权买方缴纳保证金;但是期权卖方必须缴纳保证金,以保证其在不利的条件下履约。

五、买卖匹配方式不同

期货交易的买方处于标的资产的多头方向,卖方处于标的资产的空头方向。期权交易的买方可能处于标的资产的买方（看涨多头），也可能处于标的资产的卖方（看跌多头），即期权交易的买卖双方与最终履行期权合约时标的资产的买卖双方可能不同。

六、风险转移内容不同

利用期货交易进行套期保值可以规避价格风险，以确定性取代不确定性，这样在转移不利风险的同时，把获利的可能性也同样转移出去；期权交易可以实现只把不利的风险转移出去而保留有利的机会。

第6章
在线答题

第 7 章

证券投资基本分析

思维导图

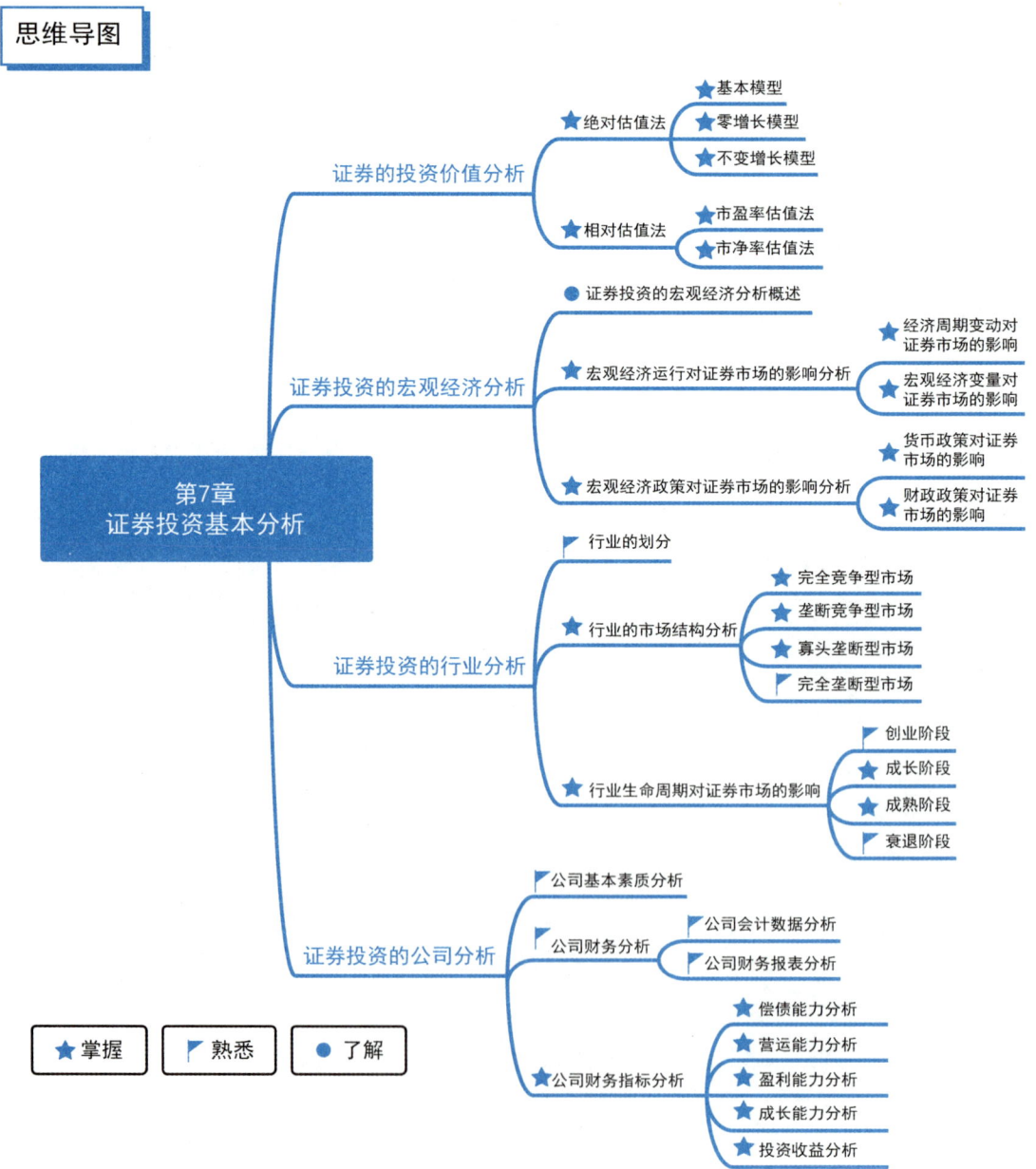

第7章 证券投资基本分析

教学目标

通过本章学习，要理解证券投资基本分析的原理与逻辑思路，掌握证券的投资价值分析、宏观经济分析、行业分析、公司分析方法，并能够在投资实践活动中灵活运用。

导入阅读

股权分置改革

由于中国证券市场特殊历史原因和特殊的发展演变，A 股市场的上市公司在内部普遍形成了非流通股和社会流通股。股东所持向社会公开发行的股份，且能在证券交易所上市交易的，称为流通股；而公开发行前的暂不上市交易的股份，称为非流通股。这两类股票形成了"不同股、不同价、不同权"的市场制度与结构，这种现象被称为股权分置。

股权分置不能适应资本市场改革开放和稳定发展的要求，必须通过股权分置改革，消除非流通股和流通股的流通制度差异。有著名的业内人士把股权分置问题形容成悬在中国证券市场上的"达摩克利斯之剑"，只有落下来才能化剑为犁。股权分置改革是为了解决 A 股市场相关股东之间的利益平衡问题而采取的举措。

股权分置的由来和发展可以分为以下三个阶段。

第一阶段：股权分置问题的形成。我国证券市场在设立之初，对国有股流通问题总体上采取搁置的办法，在事实上形成了股权分置的格局。

第二阶段：通过国有股变现解决国企改革和发展资金需求的尝试，开始触及股权分置问题。1998 年下半年到 1999 年上半年，为了解决推进国有企业改革发展的资金需求和完善社会保障机制，我国开始进行国有股减持的探索性尝试。但由于实施方案与市场预期存在差距，因此试点很快被停止。2001 年 6 月 6 日，国务院颁布的《减持国有股筹集社会保障资金管理暂行办法》也是该思路的延续，但同样由于市场效果不理想，因此中国证监会于 2001 年 10 月 22 日宣布停止执行上述办法的第五条。

第三阶段：作为推进资本市场改革开放和稳定发展的一项制度性变革，解决股权分置问题正式被提上日程。2004 年 1 月 31 日，国务院发布《国务院关于推进资本市场改革开放和稳定发展的若干意见》，明确提出"积极稳妥解决股权分置问题"。

（资料来源：根据相关文献整理）

基本分析法又称基本面分析法，是指证券投资者根据经济学、金融学、财务管理学及投资学等基本原理，对决定证券价值及价格的基本要素，如宏观经济指标、经济政策走势、行业发展状况、产品市场状况、公司销售和财务状况因素等进行分析，评估证券的投资价值，判断证券的合理价位，并提出相应投资建议的分析方法。 基本分析法的内容主要包括宏观经济分析、行业分析、公司分析等。基本分析法的优点主要是能够比较全面地把握证券价格的基本走势，应用起来也相对简单。这种方法的缺点主要是预测的时间跨度相对较长，对短线投资者的指导作用比较弱。基本分析法主要适用于周期相对比较长的证券价格预测、相对成熟的证券市场，以及预测精确度要求不高的领域。本章先从证券本身出发，进行证券的投资价值分析。然后使用基本分析法，进一步进行证券投资的宏观经济分析、行业分析、公司分析。

7.1 证券的投资价值分析

有价证券本身没有价值,它表示的是因资本供求关系而产生的一种权利,这种权利可以给投资者带来收益,还可以使有价证券在证券市场上进行买卖而形成一定价格。投资者可以通过低买高卖、高卖低买赚取价差而获得收益,从而使得有价证券具有一定投资价值,有价证券的市场价格围绕其价值上下波动。本节主要探讨证券的主要类型之一——股票的估值法。

股票的估值方法有两类:**绝对估值法**与**相对估值法**。绝对估值法是基于公司自身的财务数据来估计股票内在价值的方法;相对估值法是利用类似企业股票的市场价格来估计目标企业股票内在价值的方法。

7.1.1 股票估值法及模型——绝对估值法(贴现现金流估值法)

绝对估值法的核心理念是"股票的内在价值是未来预期现金流以合理贴现率贴现的现值",这类方法的关键是对股票未来现金流的预测和股票合理贴现率的确定。由于对未来现金流的理解有不同视角,因此产生了多种不同的绝对估值法。

(一)基本模型

贴现现金流模型运用收入资本化定价方法来决定普通股股票的内在价值。按照收入的资本化定价方法,任何资产的内在价值是由拥有这种资产的投资者在未来时期内所收到的现金流决定的。由于现金流是未来的预期值,因此必须按照一定贴现率贴现成现值。这也就是说,一种资产的内在价值等于预期现金流的贴现值。对于股票来说,这种预期的现金流即未来时期预期支付的股利,因此,贴现现金流模型,即通过收入资本化方法所建立的模型被称为股利贴现模型,其一般形式如下所述。

$$V = \frac{D_1}{(1+k)^1} + \frac{D_2}{(1+k)^2} + \frac{D_3}{(1+k)^3} + \cdots + \frac{D_t}{(1+k)^t} = \sum_{t=1}^{\infty} \frac{D_t}{(1+k)^t} \qquad (7-1)$$

式中,D_t 为在时间 t 与某一特定普通股相联系的预期现金流,即在未来时期以现金形式表示的每股股票的股利;k 为在一定风险程度下现金流的合适的贴现率;V 为股票的内在价值。

(二)零增长模型

1. 一般形式

零增长模型是假定股利增长率 g 等于零,这也就是说未来的股利按一个固定数量支付。

根据这个假定,我们用 D_0 来替换上述公式中的 D_t,得到式(7-2)。

$$V = \sum_{t=1}^{\infty} \frac{D_0}{(1+k)^t} = D_0 \sum_{t=1}^{\infty} \frac{1}{(1+k)^t} \qquad (7-2)$$

因为 $k>0$，按照数学中无穷级数的性质，可知：$\sum_{t=1}^{\infty}\dfrac{1}{(1+k)^t}=\dfrac{1}{k}$

将上式代入式(7-2)，得出零增长模型公式：式(7-3)。

$$V=\dfrac{D_0}{k} \tag{7-3}$$

式中，V 为股票内在价值；D_0 为在未来无限时期支付的每股股利；k 为必要收益率。

【例 7-1】 假定某公司在未来无限时期支付的每股股利为 8 元，某公司的必要收益率为 10%，当前市价每股 65 元，求：(1) 公司股票的内在价值 V 是多少？(2) 当前是否值得买入？

答：(1) 内在价值 $V=\dfrac{D_0}{k}=\dfrac{8}{10\%}=80$（元）

(2) 推导结论：内在价值每股 80 元大于当前市场每股 65 元，该公司的股票市价被低估，当前值得买入。

2. 零增长模型实践中的应用

零增长模型的应用受到相当大的限制，因为某一股票永远支付固定股利是不现实的。但在特定情况下，比如在决定优先股的内在价值时，它具有一定实用性，因为优先股支付的股利不会因为每股收益的变化而改变，而且优先股没有固定期限，预期支付显然是能永远进行下去的。

（三）不变增长模型

1. 基本公式

假设股利按照固定的增长率增长，那么就会建立不变增长模型，如下所示。
$D_t=D_{t-1}(1+g)=D_0(1+g)^t$，将其代入式（7-1），即可得到式（7-4）。

$$V=\sum_{t=1}^{\infty}\dfrac{D_0(1+g)^t}{(1+k)^t}=D_0\sum_{t=1}^{\infty}\dfrac{(1+g)^t}{(1+k)^t} \tag{7-4}$$

运用数学中的无穷级数的性质，如果 $k>g$，那么可以推导出式（7-5）。

$$\sum_{t=1}^{\infty}\dfrac{(1+g)^t}{(1+k)^t}=\dfrac{1+g}{k-g} \tag{7-5}$$

把式（7-5）代入式（7-4），得到不变增长模型，如下所示。

$$V=D_0\dfrac{1+g}{k-g} \tag{7-6}$$

又因为：$D_1=D_0(1+g)$，有时把式（7-6）写成式（7-7）的形式。

$$V=\dfrac{D_1}{k-g} \tag{7-7}$$

【例 7-2】 假如某年某公司支付每股股利 1.80 元，预计在未来期限该公司股票的股利按照每年 5% 的速度增长。假定必要收益率为 11%，当前每股股价为 40 元，求：(1) 该公司股票的内在价值 V 是多少？(2) 当前是否值得买入？

答：(1) $D_1 = 1.80 \times (1+5\%) = 1.89$(元)

内在价值 $V = \dfrac{1.89}{(11\% - 5\%)} = 31.5$(元)

(2) 每股内在价值 31.5 元小于当前市价每股 40 元，该公司的股票市场价格被高估，当前不值得买入。

2. 与零增长模型的关系

零增长模型是不变增长模型的特例。如果增长率等于零，股利将永远按固定数量支付，此时不变增长模型就是零增长模型。

比较这两种模型，虽然不变增长模型的假设比零增长模型的假设有较小的应用限制，但其实用性依然比较差。并且，由于不变增长模型是多元增长模型的基础，所以其地位非常重要。

限于篇幅，本节不再对多元增长模型展开叙述。

7.1.2 股票估值法及模型——相对估值法

相对估值法是利用一些财务指标间接计算股票的内在价值的一种方法，主要有：**市盈率估值法**与**市净率估值法**。

(一) 市盈率 (P/E) 估值法

1. 市盈率 (P/E) 指标

市盈率又称本益比，是股票的市场价格与每股收益之间的比率，计算公式如下所示。

$$\text{市盈率} = \dfrac{\text{股票市场价格}}{\text{每股净收益}} \quad (7-8)$$

【例 7-3】假设某上市公司的股票市场价格为 25 元，预计其当期的每股收益为 0.5 元，则市盈率 $= \dfrac{25}{0.5} = 50$ 倍。

2. 市盈率 (P/E) 估值法的应用

$$\text{每股内在价值} = \text{市盈率} \times \text{每股收益} \quad (7-9)$$

式中，市盈率为市场可比公司市盈率或者基准市盈率；每股收益为被估值公司的每股收益，每股收益即每股净利润。

一般而言，市盈率越低，投资价值越大，投资风险越低；市盈率越高，投资价值越小，投资风险越高。

市盈率在不同行业间的对比差异非常大，一般来说，传统行业的市盈率低，具有高成长性的行业的市盈率高。某公司股票的市盈率较高，表明投资者认为该公司获利的潜力较大，愿意付出更高的价格购买该公司的股票。如果公司的业绩像期望的那样增长，甚至比预期更高，那么投资者很可能从公司股票价格上涨中获得较高的投资收益。但是，高市盈率也蕴含了巨大的风险，一旦公司的成长性未能达到投资者的预期，他们就会大量抛售这家公司的股票，使得其股票价格大幅下跌。

市盈率估值法具有一定的局限性，因为股票市价是一个时点数据，是动态的。而每股收益则是一个时期的数据,是静态的。这种数据口径上的差异和收益预测的准确程度都为投资分析带来一定的困难。同时,会计政策、行业特征及人为运作等各种因素也使每股收益的确定口径难以统一,给准确分析带来困难。

市盈率(P/E)估值法简单实用,但准确性略差,并且只能适用净利润为正数的公司,**合理的市盈率水平一定要与公司当期业绩增长率相匹配**。

 阅读专栏 7-1

市盈率的陷阱

对于大部分投资者而言,市盈率是首选的估值指标,因为其简单明了。

在美国股市,像石油、电力、钢铁、房屋建造等板块的市盈率通常都在 7 倍左右,服装、家电、保险、储蓄银行等板块的市盈率通常都在 11 倍左右。许多低市盈率公司都是处于成熟行业的企业,其潜在增长的可能性很小。最低市盈率的行业板块通常产生的不仅仅是最低的预期,而且还有较低的股本回报率。投资者若投资低市盈率股票,其股票或许没有活力甚至增长率为负值。

低市盈率公司如果被低估,那么可能就是一个值得投资的标的,关键在于其收益质量。举例来讲,若公司通过外延性收购而不是依靠内生性增长,其收益质量就较低。因此,需要审视公司连续几年的会计报表,以剔除那些收益质量较低的公司。

约翰·内夫是低市盈率投资者的典范。但是他显然与本杰明·格雷厄姆不同,他考虑的是公司的根本性质,而这一点正是本杰明·格雷厄姆所忽略的。约翰·内夫需要是股价低的好公司:健康的资产负债表、令人满意的现金流、高于平均水平的股票收益、优秀的管理者、持续增长的美好前景、颇具吸引力的产品或服务、一个具有经营余地的强劲市场。看起来,市盈率貌似简单,但其实并不简单。

一个较低的市盈率通常可以预示出公司的增长前景已经到了尽头,因此仅仅根据低市盈率而进行投资是很危险的。结合合理的增长率因素进行低市盈率投资可以为我们提供很多的保障,但是其前提是我们愿意进行长期的投资。

(二)市净率(P/B)估值法

1. 市净率指标

市净率是指股票价格与每股净资产的比率。用公式表示如下所示。

$$市净率 = \frac{每股价格}{每股净资产} \quad (7-10)$$

2. 市净率(P/B)估值法的应用

$$每股内在价值 = 市净率 \times 每股净资产 \quad (7-11)$$

式中,市净率可以使用市场可比公司市净率或者基准市净率,每股净资产为被估值公司的净资产。

市净率估值法比较适用于金融类公司或者净利润为负数的公司。市净率可理解为股票市价是每股净资产的倍数。一般来说,市净率较低的股票,投资价值较高,股价的支撑度较高,投资风险较小。然而,决不能机械地以市净率高低作为投资决策的唯一依据。"买股票就是买公司的未来"，行业成长性之间的巨大差异，也决定了公司之间市净率衡量标准的显著区别。

7.2　证券投资的宏观经济分析

根据证券估值模型得出的证券价格只是证券的理论价格，它是在高度简化和严格不变条件下的结果。而实际的证券市场受到多重因素的影响和作用，这些因素也在不断发生变化，从而引起证券市场价格的波动。因此，证券市场价格不可能按照纯粹的理论价格呈线性运动。综上所述，在进行证券投资基本分析时，更需要全面的宏观经济分析、综合的行业分析和深入细致的公司分析。其中，宏观经济分析在证券投资分析中占首要位置。

证券投资的宏观经济分析，是指分析各种宏观经济基本因素特别是宏观经济运行景气状态及宏观经济政策走向对证券市场及其投资活动的影响。从本质上看，证券市场态势与宏观经济有根本性的关联。证券市场的运行一方面集中反映着该体系自身的运行情况，另一方面又极大受制于宏观经济运行的整体环境。

7.2.1　证券投资的宏观经济分析概述

（一）证券投资的宏观经济分析意义

1. 把握证券市场的总体变动趋势

在证券投资领域中，宏观经济分析非常重要。投资者只有把握住经济发展的大方向，才能把握证券市场的总体变动趋势，做出正确的长期决策；只有密切关注宏观经济因素的变化，尤其是货币政策和财政政策因素的变化，才能抓住投资证券市场的时机。

2. 判断整个证券市场的投资价值

证券市场的投资价值与国民经济整体素质、结构变动息息相关。证券市场的投资价值是指整个市场的平均投资价值。从一定意义上来说，整个证券市场的投资价值就是整个国民经济增长质量与速度的反映，因为不同部门、不同行业与成千上万个公司相互影响、相互制约，共同影响国民经济发展的速度和质量。宏观经济是个体经济的总和，因而公司的投资价值必然在宏观经济的总体中综合反映出来。因此，宏观经济分析是判断整个证券市场投资价值的关键。

3. 掌握宏观经济政策对证券市场的影响力度与方向

证券市场与国家宏观经济政策息息相关。在市场经济条件下，国家通过货币政策和财政政策来调节经济，或挤出泡沫，或促进经济增长。这些政策直接作用于公司，从而影响经济增长速度和公司效益，并进一步对证券市场产生影响。因此，必须认真分析宏观经济政策，掌握其对证券市场的影响力度与方向，以准确把握整个证券市场的运行趋势和各个证券品种的投资价值变动方向。这无论是对投资者、投资对象，还是对证券行业本身乃至整个国民经济的快速健康发展都具有重要的意义。

综上所述，宏观经济对证券市场的影响是基础性的，也是全局性的和长期性的。因此，投资者想要成功进行证券投资，必须先要分析宏观经济状况及其走势，股市中常有"顺势者生，逆势者亡""选股不如选时，选时不如选势"等谚语，其中，"势"一方面是股市运行大势，另一方面也是宏观经济形势。只有充分把握宏观经济形势，认清股市运行大势，投资者才能区分股市投资风险，抓住股市中的投资机会。

（二）宏观经济分析的方法

1. 经济指标

宏观经济分析可以通过一系列的经济指标的计算、分析和对比来进行。经济指标是反映经济活动结果的一系列数据和比例关系。

经济指标有三类。一是先行指标，这类指标可以对将来的经济状况提供预示性的信息。从实践来看，通过先行指标对国民经济的高峰和低谷进行计算和预测，得出结论的时间可以比实际高峰和低谷的出现时间提前半年。先行指标主要有货币供应量、股票价格指数等。二是同步指标，通过这类指标算出的国民经济转折点大致与总的经济活动的转变时间同时发生。换句话说，这些指标反映的是国民经济正在发生的情况，并不预示将来的变动。同步指标主要包括失业率、国内生产总值等。三是滞后指标，这些指标反映出的国民经济的转折点一般要比实际经济活动晚半年。滞后指标主要有银行短期商业贷款利率、工商业未还贷款等。

2. 计量经济模型

计量经济模型，就是表示经济现象及其主要因素之间数量关系的方程式。经济现象之间的关系大都属于相关或函数关系，建立计量经济模型并进行运算，就可以探寻经济变量间的平衡关系，分析影响平衡的各种因素。

计量经济模型主要有经济变量、参数以及随机误差三大要素。为证券投资而进行宏观经济分析，主要使用宏观计量经济模型。

3. 概率预测

概率预测方法运用得比较多也比较成功的是对宏观经济的短期预测，主要是对国内生产总值及其增长率、通货膨胀率、失业率、利息率、个人收入、个人消费、企业投资、公司利润及对外贸易差额等指标的下一时期水平或变动率的预测，其中最重要的是对前三项指标的预测。

7.2.2 宏观经济运行对证券市场的影响分析

（一）经济周期变动对证券市场的影响

1. 经济周期的含义

理论研究和经济发展的实践均表明，多种因素的影响使得宏观经济的运行总是呈现出周期性变化。这种周期性变化表现在许多宏观经济统计数据的周期性波动上，如国内生产总值（GDP）、消费总量、投资总量、工业生产指数、失业率等。由于GDP是最常见、综合性最强的衡量宏观经济的指标，因此，宏观经济的周期性变化通常用GDP的系列统计数据来表示。经研究表明，**宏观经济周期**一般经历**四个阶段：萧条期、复苏期、繁荣期、衰退期**。这也就是说，如果从 GDP 的下降开始算起，那么，它首先经历 GDP 处于下降的衰退阶段，下降至最低点为萧条阶段，然后经过不断回升的复苏阶段，达到欣欣向荣的繁荣阶段，繁荣之中又孕育着衰退的再次来临。如此循环往复，周而复始，其中每四个阶段构成一个经济周期。

经济周期作为宏观经济运行的一种规律存在于我们的经济生活之中，它的存在并不依赖于国家、制度等。第二次世界大战后，由于各国加强了对宏观经济的干预，所以经济周期由繁荣至萧条的波幅已大大减小，但经济周期仍然存在，而且周期的长度明显延长。换句话说，国家干预经济的政策只能在一定程度上削弱经济周期的振幅，却不能根除经济周期。另外，经济周期也不像数学中的周期那样具有严格的波长和波幅，这也给经济周期的阶段性判断带来困难。

2. 经济周期与证券市场波动

在各类证券市场中，股票市场（以下简称股市）最具有代表性，故以下分析中证券市场均以股市作为代表。经济周期的时间有长有短，形态也多种多样，可以说没有完全相同的经济周期。

其一，股市运行大体上与经济周期相一致。其**一般规律**是：**经济繁荣，股市上涨；经济衰退，股市下跌**。

萧条阶段，经济下滑至低谷，百业不振，公司经营情况不佳，股价低位徘徊。由于预期未来经济状况不佳，公司业绩得不到改善，大部分投资者都已离场观望，股价下跌，只有那些有远见的投资者在默默低吸。

复苏阶段，经济复苏，公司经营状况开始好转，业绩上升。此时，由于先知先觉的投资者的不断吸纳，股价回升，初步形成底部反转之势。随着投资者的认同感不断增强，股价上涨，股市底部反转趋势确立。

繁荣阶段，公司经营业绩大好。由于经济的好转和股价上升趋势的形成得到了大多数投资者的认同，投资者的投资回报也在不断增加，因此，投资者的投资热情高涨，推动股价大涨，整体经济运行和股市均呈现一派欣欣向荣的景象。此时，一些有远见的投资者在充分分析宏观经济形势的基础上认为经济高速增长的繁荣阶段即将过去，默默地卖出股票。此时股价仍在不断上扬，但多空双方的力量在逐渐发生变化，因此，股价上扬已成强弩之末。

衰退阶段，繁荣之后衰退来临不可避免，由于繁荣阶段的过度扩张，社会总供给超过总需求，经济增长减速，经济过热，物价上涨，工资、利率等大幅上升，使公司营运成本上升，公司业绩下滑。投资者慢慢形成对衰退的共识而卖出股票，股市表现为下跌趋势。

其二，股市的变动周期虽然大体上与经济周期相一致，但在时间上两者并不完全相同。从实践上来看，股市走势相比经济周期的提前时间约为几个月到半年甚至更久。换句话说，股市走势对宏观经济运行具有预警作用。这就是"股市是经济的晴雨表"及在经济指标分析中股票价格指数作为先行指标的原因所在。

从前述分析可以看出，股市完成中长期的底部、形成上升趋势，完成中长期顶部、形成向下的趋势在时间上比经济周期的四个阶段都要提前（图 7.1）。当然，股市的"晴雨表"功能是就其中长期趋势而言的。股市的每一次短期波动，与宏观经济状况并无特别严格的对应关系。

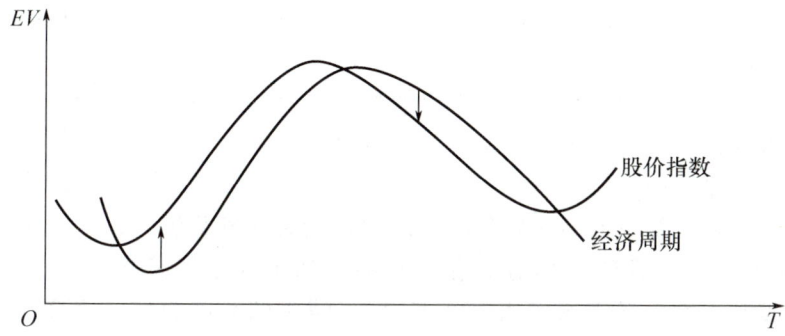

图 7.1　股价指数的变动周期与经济周期的相关性

图 7.1（以时间 T 为横轴，以经济变量 EV 为纵轴）描绘了股价波动与经济周期相互关联的一个总体轮廓，股市股价的涨落包含投资者对经济走势变动的预期和投资者的心理反应等因素，这个轮廓给我们以下三点启示。

第一，宏观经济总是处在周期性运动中。股价伴随宏观经济运动相应地波动，但股价波动超前于宏观经济运动。

第二，投资者应收集有关宏观经济的资料和政策信息，随时注意动向。投资者还须正确把握当前经济发展处于经济周期的何种阶段，对未来作出正确判断，切忌盲目从众。

第三，投资者应把握经济周期，认清经济形势。不同行业受经济周期的影响程度是不一样的，在具体分析某类股票行情时，投资者应深入细致地探究其运行周期的起因，了解政府控制经济周期采取的政策措施，并结合行业特征及具体公司的经营状况进行综合分析。

（二）宏观经济变量对证券市场的影响

1. 国内生产总值（GDP）变动对证券市场的影响

GDP 变动是一国经济的根本反映。GDP 的持续上升表明宏观经济处于良性发展状态，制约宏观经济的各种矛盾趋于或达到协调，人们有理由对未来经济产生好的预期；相反，如果 GDP 处于不稳定的非均衡增长状态，暂时的高产出水平并不表明一个好的宏观经济形势，不均衡的发展可能激发各种矛盾，从而孕育一次新的经济衰退。证券市场作为经济的"晴雨表"，如何对 GDP 的变动作出反应呢？我们必须将 GDP 与经济形势结合起来进行考察，不能简单地以为 GDP 增长，证券市场就将伴之以上升的走势，实际上有时恰恰相反。关键是看 GDP 的变动是否将导致各种经济因素（或经济条件）的变化，常见的 GDP 变动主要有以下四种情况。

（1）持续、稳定、高速的 GDP 增长。

在这种情况下，社会总需求与总供给协调增长，经济结构逐步合理并趋于平衡，经济增长来源于需求刺激并使得闲置的或利用率不高的资源得以充分调配，这体现了经济发展的良好势头，此时证券市场将基于下述原因而呈现上升趋势。

首先，伴随总体经济成长，上市公司利润持续上升，股息和红利不断增长，公司经营环境不断改善，产销两旺，投资风险也越来越小，公司的股票和债券从而全面升值，促使证券价格上涨。

其次，人们对经济形势形成了良好的预期，投资积极性得以提高，从而增加了对证券的需求，促使证券价格上涨。

最后，随着国内生产总值 GDP 的持续增长，国民收入和个人收入都不断得到提高，收入增加也将增加证券投资的需求，从而使证券价格上涨。

（2）高通货膨胀下的 GDP 增长。

当经济处于严重失衡下的高速增长时，总需求大大超过总供给，这将表现为**高通货膨胀（High Inflation）**，这是经济形势恶化的征兆，如不采取调控措施，必将导致未来的"滞胀"（通货膨胀与经济增长停滞并存）。这时经济中的矛盾会突出地表现出来，公司经营将面临困境，居民实际收入也将降低，因而失衡的经济增长必将导致证券市场下跌。

如 2007 年 10 月 16 日至 2008 年 6 月 20 日，我国的通货膨胀率从 3% 持续上涨至 8.4%，上海证券综合指数则从最高 6124.03 点持续下降到最低 2695.34 点。

（3）宏观调控下的 GDP 减速增长。

当 GDP 呈失衡的高速增长时，政府可能采用宏观调控措施以维持经济的稳定增长，这样必然减缓 GDP 的增长速度。如果调控目标得以顺利实现，而 GDP 仍以适当的速度增长，而非负增长或低增长，说明宏观调控措施十分有效，经济矛盾逐步得以缓解，这为经济的进一步增长创造了有利条件，这时证券市场亦将反映这种好的形势而呈平稳渐升的趋势。

（4）转折性的 GDP 变动。

如果 GDP 在一定时期内呈负增长，当负增长速度逐渐减缓并呈现向正增长转变的趋势时，表明恶化的经济环境逐步得到改善，证券市场走势也将由下跌转为上升。

2. 通货膨胀（紧缩）对证券市场的影响

通货膨胀（Inflation）、**通货紧缩（Deflation）**和**失业（Unemployment）**一直是困扰各国政府的主要经济问题。通货膨胀与通货紧缩存在的原因，以及它对经济的影响，是十分复杂的问题，对此几乎没有一个完整的阐述。而政府对通货膨胀进行控制的宏观政策往往只能以一定的代价（比如增加失业率）来实现。

（1）通货膨胀对证券市场的影响。

通货膨胀对股价特别是个股的影响，也无永恒的定式，它完全可能同时产生相反方向的影响，对这些影响进行具体分析和比较必须从该时期通货膨胀的原因和通货膨胀的程度、经济结构和形势、政府可能采取的干预措施等方面入手，其复杂程度可想而知，这里，我们只能说明一般性的原则。

第一，温和的、稳定的通货膨胀对股价的影响较小。此时的股价仍保持以往的价格趋势，如果通货膨胀在一定的可容忍范围内增长，而经济处于景气（扩张）阶段，社会总生产和就业都持续增长，那么股市持续上涨。

第二，严重的通货膨胀是很危险的，经济将被严重扭曲，货币以 5%～10% 甚至更快的速度贬值，人们将会囤积商品，购买房屋以期资金保值。这可能从两个方面影响股价：其一，资金流出金融市场，引起股市持续下跌；其二，经济扭曲并失去效率，公司一方面筹集不到必需的生产资金，同时，原材料、劳务价格等成本飞涨，使公司经营严重受挫，盈利水平下降，甚至破产倒闭，股市持续下跌。长期的严重通货膨胀，必然恶化经济环境与社会环境，股市也会受大环境影响而下跌。**切记高通货膨胀的情况下无"牛市"。**

（2）通货紧缩对证券市场的影响。

通货紧缩主要是指物价水平普遍持续下降的经济现象。尽管从表面上来看，物价水平的下跌可以提高货币的购买力，增强公众的消费能力。但是，物价的下跌使商品销售减少和公司收入下降，公司只能缩小生产规模，就业相应减少。因此在通货紧缩的初期，由于货币购买力的增强，公众的消费和投资增加，所以带动了证券市场的兴旺。但是随着就业机会的减少，公众对未来的收入预期趋于悲观，公众将相应减少支出，公司商品积压明显增加，就业形势进一步恶化。此时房地产和商业的经营状况率先恶化，累及这些行业的股票价格下跌，这些领域的投资者遭受损失。随着通货紧缩的加剧，需求不足可能遍及所有的生产领域，公司经营状况恶化，股市长期下跌，大部分投资者可能损失惨重。

造成通货紧缩的原因很多，可能是国外金融危机导致对出口商品需求的减少，也可能是国内居民消费和投资的不振，更可能是两者的共同作用。通货紧缩的直接原因是货币供给增长速度的下降、总需求的不足导致商业银行"惜贷"，央行宽松的货币政策难以作用到位。例如，我国自1997年10月以来，物价总水平连续21个月负增长的背后，正是货币供给增长速度的下降。

投资者要防范通货紧缩的风险，不仅要关注总需求的变动趋势，更要了解本国货币供给的形势。例如，在20世纪90年代末期，通货紧缩对我国证券市场的不良影响已经表现出来，只是因为我国金融领域的宏观调控比较到位，我国人民银行对M_0（流通中现金）、M_1（狭义货币）和M_2（广义货币）的投放比例明显上升，证券市场表现相对稳定。但是，只要通货紧缩现象没有得到彻底扭转，投资者就不能对这种风险掉以轻心。

3．国际收支状况对证券市场的影响

（1）贸易顺差的影响。

持续的贸易顺差可以增加本国的国内生产总值，促使公众收入增长，从而带动国内证券市场上涨。我国2005—2007年的出口顺差使得证券市场呈上升趋势。而2007年下半年发生的美国次贷危机及2008年爆发的全球金融危机改变了这一格局，致使证券市场呈下跌趋势。

（2）贸易逆差的影响。

一国若持续出现贸易逆差，则外汇储备减少，进口支付能力恶化，本国经济受影响而不景气，则该国证券市场也会持续呈下跌趋势。

（3）国际收支顺差的影响。

国际收支长期大幅顺差，一般情况下，政府为了增加出口，保护就业，可能会抑制本国货币升值，并增发本国货币收购外币，从而使本国证券市场呈上升趋势。

国际收支逆差对证券市场影响与上述分析相反。

4．就业状况的变动对证券市场影响

证券市场的投资不论是机构投资还是个体投资，都是社会大众化的投资。就业状况不仅反映了宏观经济状况，而且与证券市场资金供给的变化有密切关系。

在经济增长初期，人们的就业收入用于支付个人消费，之后人们手中积累了一定的多余货币转而投资于证券，随之证券市场发达兴旺。在经济繁荣期，就业率高，收入普遍增长，资金源源不断流入证券市场推高证券价格，而投资者因财富效应增加消费信贷，银行甘愿承担授信品质低的信贷风险。当一些有远见的投资者抛售证券离场时，证券指数下跌，大多数人会补仓推动证券价格上扬，但后续资金乏力，证券指数终究跌落下来。随着投资者损失加重，消费投资减少，就业机会下降，经济危机爆发，人们斩仓出逃。接着经济持续衰退，失业率上升，证券市场也进入一个长期的下跌趋势中。

7.2.3 宏观经济政策对证券市场的影响分析

宏观经济政策主要包括货币政策（Monetary Policy）、财政政策（Fiscal Policy）及贸易政策（Trade Policy）等。经济政策的变动对证券市场价格的影响最为敏感，也最为直接，因为它直接影响到资金的流向和流量，同时它也直接反映了一国宏观经济的运行和国家宏观调控的政策意向。

（一）货币政策对证券市场的影响

1. 货币政策的含义

货币政策是各国中央银行（以下简称央行）为实现一定的宏观经济调控目标运用各种货币政策工具调节货币供求的方针和策略的总称，是国家宏观经济政策的重要组成部分。

2. 货币政策类型及对证券市场的影响

就货币政策变动的方向而言，主要有两类：宽松的货币政策和紧缩的货币政策。

一般来说，实行宽松的货币政策将使得证券市场呈上升趋势，具体分析如下。

第一，宽松的货币政策为公司生产发展提供充足的资金，利润上升，从而证券价格上升。

第二，社会总需求增大，刺激生产发展，同时居民收入得到提高，因而对证券投资的需求增加，证券价格上升。

第三，银行利率因为货币供应量增加而下降，部分资金从银行转移出来流向证券市场，这扩大了证券市场的需求，同时利率下降还提高了对证券价值的评估，两者均使证券价格上升。

第四，货币供应量的过度增加将引发温和的通货膨胀，而温和的通货膨胀或在通货膨胀初期，市场表现出繁荣，公司利润上升，加上投资者受保值意识驱使，资金转向证券市场，这使证券价值和对证券的需求均增加，从而证券价格上升。

当证券市场呈下跌趋势时，具体分析如下。

当通货膨胀上升到一定程度，将会降低居民生活水平，恶化经济环境，导致经济危机爆发，因此政府实施紧缩政策（包括紧缩财政政策和紧缩货币政策）将为时不远，紧缩的货币政策将直接减少全社会的投资需求和消费需求，公司业绩普遍前景黯淡，当市场对此作出反应时，投资者争先恐后地将资金从证券市场撤出，股价将会下跌。

3. 具体的货币政策工具对证券市场有其特殊的影响

货币政策工具又称货币政策手段，是指各国央行为实现货币政策目标所采用的政策手段。各国央行使用的基本货币政策工具包括法定存款准备金率、再贴现政策、公开市场业务等。

（1）存款准备金率对证券市场的影响。

存款准备金全称法定存款准备金，是指凡具有吸收存款业务的金融机构都必须将吸收的存款按一定的比率缴存到央行。缴存金额占存款总额的比率称为存款准备金率或存款准备率。这一货币政策工具通常被认为是最猛烈的宏观调控工具之一。其小幅调整，也会通过货币乘数关系引起货币供应量的巨大波动。当一国央行上调存款准备金率时，货币乘数的变化使更多的存款从商业银行流向央行，商业银行的资金来源减少，放款能力降低，货币供应就会紧缩，社会资金供应紧张，证券价格有下跌的趋势；反之，下调存款准备金率，有利于证券价格上涨。

(2) 再贴现政策对证券市场的影响。

再贴现是指商业银行将贴现买入的未到期商业票据提交至央行，由央行扣除再贴现利息后支付贴现款项。再贴现率是基准利率，全社会各种非基准利率都将随其变化而变化。本国央行通过调高或降低再贴现率来影响商业银行的信用量，以达到信用扩张或信用收缩的目的。如果提高再贴现率，商业银行的借入资金成本增大，就会迫使其提高再贷款利率，而全社会融资成本就会提高，从而起到减少贷款量和货币供应量的作用；反之，就会刺激贷款的扩大和货币供应规模。再贴现政策对证券市场影响的作用机制与存款准备金率对证券市场的影响一样。

(3) 公开市场业务对证券市场的影响。

公开市场业务是指央行在金融市场上公开买卖有价证券，以此来调节市场货币量的政策行为。政府如果通过公开市场回购债券来增大货币供应量，则一方面减少了国债的供给，从而减少证券市场的总供给，使得证券价格上扬，特别是被政府购买的国债（通常是短期国债）的价格首先上扬；另一方面，政府回购国债相当于向证券市场提供了一笔资金，这笔资金最直接的效应是提高投资者对证券的需求，从而使整个证券市场价格上扬，然后增加的货币供应量将对经济产生影响。由此可见，公开市场业务这一调控工具能够最先、最直接地对证券市场产生影响。

(二) 财政政策对证券市场的影响

1. 财政政策的含义

财政政策是政府依据客观经济规律制定的指导财政工作和处理财政关系的一系列方针、规则和措施的总称。

2. 财政政策的类型及对证券市场的影响

财政政策分为**扩张性（也称宽松）财政政策**、**紧缩性（也称从紧）财政政策**和**中性财政政策**。

一般来说，紧缩性财政政策将使得过热的经济受到控制，证券市场呈下跌趋势；而扩张性财政政策刺激经济发展，证券市场呈上升趋势。

扩张性财政政策对证券市场的影响表现如下所述。

(1) 减少税收，降低税率，扩大减免税范围。

扩张性财政政策的经济效用是增加微观经济主体的收入，以刺激经济主体的投资需求，从而扩大社会供给。其对证券市场的影响为：增加人们的收入，同时增加了他们的投资需求和消费支出。前者直接引起证券市场价格上涨，后者则使得社会总需求增加，总需求增加反过来刺激投资需求，公司扩大生产规模，公司利润增加。同时，公司税后利润增加，也将刺激公司扩大生产规模的积极性，进一步增加利润总额，从而促进证券价格上涨。

（2）增发国债，扩大财政支出，加大财政赤字。

扩张性财政政策的效应是扩大社会总需求，从而刺激并增加了投资信心，证券市场趋于活跃，价格自然上扬。与政府购买和支出相关的公司将最先最直接从财政政策中获益，因而有关公司证券价格将率先上涨。

（3）增加财政补贴。

财政补贴往往使财政支出扩大。其政策效应是扩大社会总需求和刺激供给增加，促使证券市场呈上升趋势。

增发国债是增加财政补贴，扩大财政支出，弥补财政赤字的重要手段。

紧缩性财政政策的经济效应及其对证券市场的影响与上述分析相反，在此不再赘述。

  知识要点提醒 7-1

货币政策和财政政策对证券市场的影响小结

- 货币政策对证券市场的影响：一般来讲，央行实施持续宽松货币政策时，证券市场呈上升趋势；央行实施持续紧缩货币政策时，证券市场呈下跌趋势。
- 财政政策对证券市场的影响：一般来讲，央行实施扩张性财政政策时，证券市场呈上升趋势；央行实施持续紧缩性财政政策时，证券市场呈下跌趋势。

除了货币政策与财政政策以外，收入政策及汇率政策对证券市场也有一定影响，限于篇幅，不再继续探讨。

7.3 证券投资的行业分析

行业通常是指一个企业群体。在企业群体中，各成员企业因其产品（有形与无形）在很大程度上可以相互替代而处于一种彼此紧密联系的状态，并且因产品可替代性的差异又与其他企业群体相区别。

与宏观经济分析重要性的原因一样，行业分析也是不可缺少的。宏观经济分析主要分析了社会经济的总体状况，但没有对社会经济的各组成部分进行具体分析。宏观经济的发展水平和增长速度反映了各组成部分的平均水平和速度，但各部门的发展并非都和总体水平保持一致。在宏观经济运行态势良好、速度增长、效益提高的情况下，有些部门的增长与国内生产总值增长同步，有些部门增长高于或是低于国内生产总值增长。因此，宏观经济分析为证券投资提供了背景条件，但没有为投资者解决投资领域的问题，因此如果要对具体投资对象加以选择，那么还需要进行行业分析。

 阅读专栏 7-2

选股首先要选行业

1957 年美国标准普尔 500 指数中，最初的 500 只成份股地位如同中国最早上市的"老八股"，只有少数公司存活下来。西格尔教授研究发现，其中表现最佳的是 20 家基业长青公司，它们在 1957 年的总收益率为 387 倍，到 2003 年它们的总收益率就暴涨到 4625 倍。其中有 11 只是食品饮料股，另外还有 6 只是医药股：雅培（1280 倍）、百时美施贵宝（1208 倍）、辉瑞（1054 倍）、默克（1002 倍）、先灵葆雅（536 倍）、惠氏（460 倍），它们在 20 家基业长青股的涨幅排名中分列为第 2、3、5、7、15、18 位。6 只医药股中有 4 只是千倍股，20 只基业长青股中上涨超过 1000 倍的有 7 只，其中有 4 只是医药股。

（资料来源：根据网络文献整理）

7.3.1 行业的划分

行业的发展前景与许多因素有关，因此行业的分类也有多重标准。按照不同的分类方法可把行业分成不同的类型。

1. 按照行业的要素集约度分类

按照行业的**要素集约度**，可以把行业分为**资本密集型**、**技术密集型**、**资源密集型**和**劳动密集型**。资本密集型行业是指需要大量的资本投入的行业，技术密集型行业的技术含量较高，资源密集型行业对资源的依赖程度比较高，而劳动密集型行业则主要依赖劳动力。它们之间并没有严格的界限，有些行业同时是资本密集型行业和技术密集型行业，如汽车行业、电力行业。由于通常情况下资本是不可替代的短缺资源，因此资本密集型行业容易产生垄断；技术密集型行业则因技术的不断更新容易产生十分残酷的竞争；至于劳动密集型行业，由于劳动是一种可替代性较强的生产要素，加之大规模机械设备的使用，因此劳动密集型行业特别容易受到技术革新的冲击。

2. 按照行业采用技术的先进程度分类

按照行业**采用技术的先进程度**分类，可分为**新兴行业**与**传统行业**。新兴行业一般指采用新兴技术进行生产经营且产品技术含量比较高的行业，如新一代信息技术、高端装备制造业等。传统行业一般指采用传统技术进行生产经营，产品技术含量比较低的行业，如农业、矿业等。由于技术的不断更新与发展，新兴行业与传统行业的区分是相对的。

一般来说，新兴行业也称朝阳行业，传统行业也称夕阳行业。

3. 按照行业目前所处生命周期的阶段分类

行业的生命周期可分为四个阶段，即初创阶段、成长阶段、成熟阶段和衰退阶段。

处于初创阶段的行业由于新产品会得到专利权的保护，所以边际利润也相当高。在如此具有诱惑力的投资机会面前，众多公司会把所有的利润都投入这个行业，于是该行业的规模急剧膨胀。但是，行业的发展速度最终会慢下来。高利润率驱使众多的新公司进入该行业，日益增强的竞争会使产品价格下降，边际利润也因此下降。新技术被证实后，其发展前景变得日趋明朗，风险水平也就随之下降，这消除了新公司进入该行业的后顾之忧。当内部投资机会逐渐失去吸引力之后，公司利润中用于内部投资的比例也减小了，现金红利也随之增加。最后，当该行业步入成熟，我们就会看到具有固定现金流入、固定股利发放、风险相对较低的"现金牛"。它们的增长率应与整体经济的发展同步。因此，处于生命周期较早阶段的行业将供高风险、高回报的投资机会，而在一个成熟的行业中大多是低风险、低回报。

4. 按照中国证监会规定的行业分类

中国证监会发布的《上市公司行业分类指引》（2012年修订）将在我国境内上海、深圳两大证券交易所上市的公司共分为19个门类。

 **拓展阅读 7-1**

上市公司行业分类指引

2012年10月26日，中国证监会发布《上市公司行业分类指引》（2012年修订）。该指引将在我国境内上海、深圳两大证券交易所上市的公司以营业收入为分类标准进行分类，当公司某类业务的营业收入比重大于或等于50%，则将其划入该业务相对应的类别；当公司没有一类业务的营业收入比重大于或等于50%时，如果某类业务营业收入比重比其他业务收入比重均高出30%，则将该公司划入此类业务相对应的行业类别；否则，将其划为综合类。该指引具体将行业共分为19大门类。

A. 农、林、牧、渔业

B. 采矿业

C. 制造业

D. 电力、热力、燃气及水的生产和供应业

E. 建筑业

F. 批发和零售业

G. 交通运输、仓储及邮政业

H. 住宿和餐饮业

I. 信息传输、软件和信息技术服务业

J. 金融业

K. 房地产业

L. 租赁和商务服务业

M. 科学研究和技术服务业

N. 水利、环境和公共设施管理业

O. 居民服务、修理和其他服务业

P. 教育

Q. 卫生和社会工作

R. 文化、体育和娱乐业

S. 综合类

[资料来源：根据《上市公司行业分类指引》（2012年修订）整理]

5. 按照行业所属的板块分类

以股票为例，所谓板块，就是具有某种特征或概念的股票的集合。把具有某种相同特征、相同概念的股票归集在一起，形成一个板块，有助于投资者在股票投资中比较和选择投资对象，因此板块分析方法是投资实践中总结出来的用于投资对象选择的一种重要的比较和分析方法。同一板块的股票的价格有很强的关联性，一种股票的价格上涨通常会带动一批同板块的股票走强，同样，一种股票的价格下跌通常会使一批同板块的股票走弱。

7.3.2 行业的市场结构分析

国民经济中各行业所处的市场是不同的,即存在不同的市场结构。**市场结构反映市场竞争或垄断的程度**。根据该行业中企业数量的多少、进入限制程度和产品差异,基本上可以分为四种市场结构:**完全竞争型市场**、**垄断竞争型市场**、**寡头垄断型市场**、**完全垄断型市场**。

1. 完全竞争型市场

完全竞争型市场是指许多企业生产同质产品,其竞争不受任何阻碍和干扰的市场结构。其特点如下所述。

(1) 生产者众多,各种生产资料可以完全流动。
(2) 生产者可自由进入或退出市场。
(3) 产品是同质无差别的。
(4) 生产者永远是价格接受者而不是价格制定者。
(5) 生产者是否盈利基本由市场对产品的需求来决定。
(6) 市场信息对买卖双方都是畅通的。

完全竞争型市场形成的根源是企业产品的同质性,所有的企业都无法控制产品的市场价格。在现实经济中,完全竞争型市场是很少见的,对应的市场是初级产品(如农产品)市场,该市场类似完全竞争市场。

2. 垄断竞争型市场

垄断竞争型市场是不完全竞争市场的组成部分之一,它在现实经济中是最常见的。广义的不完全竞争市场包括垄断竞争型市场、寡头垄断型市场和完全垄断型市场。在不完全竞争市场中,每个企业都在市场上具有一定的垄断力,但它们之间又存在竞争,造成这种市场结构的原因是产品的异质性。垄断竞争型市场的特点如下所述。

(1) 生产者众多,各种生产资料可以流动。
(2) 生产的产品同种不同质,即产品存在差异性,这是垄断竞争与完全竞争的主要区别。
(3) 生产者可以树立自己产品的信誉,从而对其产品价格有一定的控制能力。

垄断竞争形成的根本原因是产品的异质性产生垄断和产品的同质性(可替代性)产生竞争。现实中对应的市场为制成品(如纺织、服装等轻工业产品)市场等。

3. 寡头垄断型市场

寡头垄断型市场是相对少量的生产者在某种产品生产中占据很大市场份额,从而控制了这个行业供给的市场结构。寡头垄断形成的原因有两点:一是这类行业初始投入资本较大,阻止了大量中小企业的进入;二是这类产品只有大规模生产时才能获得好的效益,在竞争中自然淘汰了大量中小企业。其特点如下所述。

(1) 行业中只有少数几家较大生产者。
(2) 生产者的决策相互影响。
(3) 生产者对产品的市场价格和交易具有较强垄断控制能力。

现实中对应的市场有资本密集型、技术密集型产品(如钢铁、汽车等重工业)市场,少数储量集中的矿产品（如石油等）市场等。

4. 完全垄断型市场

完全垄断型市场是独家企业生产某种特质产品（没有或缺少相近替代品）的市场类型。**完全垄断**可分为两种类型：**政府完全垄断**（公用事业居多，如国有铁路、邮政、电信等部门）和**私人完全垄断**（如政府授予或行政的特许专营，专利生产的独家经营，资本雄厚、技术先进的排他性私人垄断经营）。其特点如下所述。

（1）市场被独家企业控制，其他企业不可以或不可能进入该行业。

（2）产品没有或缺少相近的替代品。

（3）垄断者根据市场供需制定理想价格和产量（高价少销或低价多销）。

（4）垄断者制定产品价格与产量的自由性有限度（反垄断法和政府管制约束）。

现实中对应的市场有公用事业（如公交公司、地铁公司、煤气公司、自来水公司和供电局等）和某些资本、技术高度密集型或稀有金属矿藏的开采等接近完全垄断的市场。

7.3.3 行业生命周期对证券市场的影响

行业对证券市场的影响，主要表现为行业生命周期的不同阶段变化规律对证券市场价格产生的影响。

（一）行业生命周期理论

和世界上的万事万物一样，行业也会经历一个由出生到成长再到衰落的发展演变过程，即行业的生命周期。一个典型的行业生命周期应有四个阶段：**创业阶段**（也叫幼稚期），此时具有较高的发展速度；**成长阶段**，其发展速度已经降低，但仍高于经济的整体发展速度；**成熟阶段**，其发展速度与整体经济一致；**衰退阶段**，其发展速度已经慢于经济中的其他行业，或者已经慢慢萎缩。

（二）行业生命周期不同阶段的特征与证券价格变化

1. 创业阶段

创业阶段是一个行业的起步阶段。在这一阶段，新行业刚刚诞生或初建不久，如同一个初生的婴儿，具有明显的幼稚性。表现在行业组织方面，只有为数不多的创业企业介入这一新兴行业，行业中的企业数量最少，集中程度高，技术相对不成熟，行业的产品品种单一，质量较低且不太稳定。同时，作为新行业，其被大众普遍了解和认可尚需一个过程，因而行业的市场规模狭小，市场需求增长缓慢，需求的价格弹性也很小。但是，行业因为创立投资、产品的研究开发和新产品的推介等需要大量投入而固定费用较高，所以行业的利润微薄。表现在市场竞争方面，由于新行业可发展的空间还很大，因此除技术障碍外，进入的壁垒相当低。而且由于行业发展的当务之急是扩大行业的影响，拓展行业市场，因此各企业相互竞争程度较弱，产品品种单一，各企业的产品定价行为也各自为政。

由于投资者对处于创业阶段的行业缺乏信心，对前景还无法形成良好的预期，因此企业股价不会就此上升，基本处于风险高、收益低的状态。

2. 成长阶段

成长阶段是行业发展的黄金时期。在这一阶段，新行业快速成长，开始暴露出其朝阳行业的风采。在行业组织方面，由于行业的发展得到了广泛的认同，因此市场需求增长迅速，市场规模增大，需求的价格弹性增大；且随着生产技术的日渐成熟和稳定，产品呈现多样化、差异化，质量稳定提高；行业的固定费用也随之下降，但由于市场拓展和广告宣传的费用增加，因此可变费用也开始上升；行业的利润迅速增长，且利润率较高。在竞争状况方面，新行业的竞争力显著增强；在行业内部，行业的集中程度低，进入壁垒低，且行业的市场容量急剧扩大，大量的新厂商纷至沓来，破壁而入，自由竞争；而这一阶段的主要竞争形式为价格竞争，领导价格制是经常出现的定价形式。

在成长阶段，行业不仅高速成长，而且此时的成长具有较强的可测性。由于受不确定因素的影响较少，因此行业的波动也较小。在这种情况下，各生产厂商一方面通过扩大产量、提高市场份额来增加收入；另一方面他们依靠提高生产技术、降低成本以及研制和开发新产品的方法来争取竞争优势，战胜竞争对手并维持自身的生存。在激烈的市场竞争中，资本和技术力量雄厚、经营管理有方的厂商将占有优势，而那些财力与技术实力相对较弱、经营不善或新加入的厂商（因产品的成本较高或不符合市场的需要）则往往被淘汰或被兼并。因此，这一时期行业的利润虽然增长很快，但行业内部竞争压力也非常大，破产率与合并率相当高。

在成长阶段的后期，行业中生产厂商与产品竞争优胜劣汰的规律使得市场上生产厂商的数量在大幅度下降之后便逐渐稳定下来。市场需求基本饱和，产品的销售增长率减慢，迅速赚取利润的机会减少，整个行业开始进入稳定期。

从价格变化趋势来看，投资者对这一阶段的行业有了明显的判断，企业股票的内在价值大于市场价格，企业股票的市场价格会先于行业的成长而上升，并基于良好的预期，使得企业股价逐步攀升。

3. 成熟阶段

成熟阶段是行业发展的巅峰阶段，通常会持续相对较长的时期。在这一时期，通过激烈的市场竞争和优胜劣汰而生存下来的少数大厂商基本上垄断了整个行业的市场，每个厂商都占有一定比例的市场份额，由于彼此势均力敌，市场份额比例发生变化的程度较小，因此，成熟阶段也是行业发展的稳定阶段。这一阶段的主要特征是：行业的集中程度很高，并出现了一定程度的垄断，行业的利润因此达到了很高的水平，而风险却因市场比例比较稳定而较低；进入的壁垒高，主要体现为规模壁垒，新厂商很难打入成熟阶段的市场；市场需求虽然仍在增长，但增长速度已明显减缓；产品开始再度同质化，需求的价格弹性减小；由于垄断，通常会出现合谋价格现象，但厂商与产品之间的竞争手段已逐渐从价格手段转向各种非价格手段，如提高质量、改善性能和加强售后服务等。

在成熟阶段，行业的发展很难较好地保持与国民经济同步增长。而在宏观经济衰退时，成熟阶段的行业还可能遭受较大损失。但是，由于技术创新，某些行业或许实际上会有新的增长。因此，在这一阶段的证券市场价格表现为：价格处于较高的位置，市场的整体内在价值小于市场价格，投资者对市场的预期明显不如成长期的良好预期，如存在差异性预期，是基于部分行业的科技推动、政府扶持和消费倾向的影响，使证券价格仍有上升的余地,而大部分行业的利润处于稳定或下降阶段,其证券价格将由原来的高点逐步走低,直到行业进入衰退阶段。

4. 衰退阶段

在经过一个较长的稳定阶段后,行业就进入衰退阶段,衰退阶段是行业发展的暮年时期。衰退阶段的行业具有与初创阶段相类似的一些特征,如由于新产品和替代品的大量出现,原有行业的竞争力下降,市场需求开始逐渐减少,销售下降,价格下跌,利润降低,再加上其他更有利可图的行业的不断涌现,使得一些厂商不断地从原有行业撤出资金,原行业厂商数量减少。当正常利润无法维持或现有投资折旧完毕后,整个行业便逐渐解体了。

不过,与人的生命不同,步入暮年的行业未必一定面临死亡。从历史看,真正被完全淘汰的行业很少,行业内的企业发展呈现"生多死少"的特征,多数情况是行业自此进入一个发展停滞、随波逐流的状态。

当一个行业进入衰退阶段的开始,其证券价格先于该行业利润的下降而下降,同样是基于投资者对市场的预期而给出的明显反应。当然,一个企业一般并不会随着一个行业的退出而消失,而是在调整企业战略后转入另一个行业(至少会延长产品的生命周期),因而其证券也不会随着行业的消失而退出市场,除非该企业连年亏损。

(三)行业生命周期的影响因素分析

受多种因素的影响,行业的实际生命周期比上述理论化的行业生命周期要复杂得多。这些影响因素主要有行业市场需求变化、技术进步、政府的影响和干预及社会习惯的改变等。

1. 行业市场需求变化

市场需求是人类社会发展的原动力。当市场上存在尚未得到有效满足的潜在需求,而技术进步推出相应的产品,然后由各厂商组织生产时,新行业就诞生了。因此,新行业的形成过程实际上就是对社会潜在需求的发现和给予有效满足的过程。需求是新行业得以产生的基础,没有需求的新产品只是一种创新游戏,不可能最终发展成为一个新行业。由于新产品只有在扩大到一定规模后才可能形成新行业,因此新产品相当规模的潜在需求的存在和逐步满足是新行业形成的第一个条件。一般来说,只有在潜在需求达到一定规模,以至于许多厂商可以同时进行专业化生产且都能获得利润时,新行业的形成才有可能。需求的稳定和饱和推动行业生命周期进入成熟阶段和衰退阶段,需求的总量决定了行业成熟后的规模,需求的性质决定了行业属于劳动密集型、资本密集型、资源密集型还是技术密集型行业。

2. 技术进步

技术进步是厂商生产新产品以满足社会潜在需求的关键。技术进步一方面创造新产品,开拓新领域,从而使新行业不断出现;另一方面也创新工艺,推动现有行业的技术升级。当今世界上许许多多的行业都是技术进步的结果,而另一些行业在技术进步的冲击下衰落或消亡。例如,电灯的出现极大地削减了对煤气灯的需求;蒸汽动力行业则被电力行业逐渐取代;激光排版技术诞生后,传统的铅字排版技术便退出历史舞台。

技术进步不仅使新产品的推出成为可能，而且能提高新行业的生产效率，降低成本，从而加速该行业的市场扩张，使该行业进入快速成长期。技术进步还使行业形成更大的规模经济，使厂商能够从生产规模的扩大中获利，从而壮大新行业。此外，通过技术进步改变行业的生产方式以降低成本或创新产品还可以刺激和创造市场需求，为行业的发展拓展空间。当然，如前所述，技术进步也可能导致行业衰退。

现今社会，科技发展一日万里，这为经济的飞速发展提供了强大的技术支撑，也促进了行业的加速更新和升级，落后于时代的行业注定要被淘汰。因此，行业生命周期在技术发展日新月异的今天已演变成技术的生命更替。

3. 政府的影响和干预

自凯恩斯主义诞生以来，各国政府均加强了对宏观经济的干预。无论是奉行自由主义的国家还是强调统一集权的国家，在这一点上没有实质的区别，有的仅仅是程度或方式的不同而已。日本通过实施强有力的行业政策实现了第二次世界大战后的经济腾飞，这更使得政府干预主义风靡全球。我国是一个有着计划经济传统的社会主义国家，在实施市场化改革后仍然强调对经济的干预。

因此，就一般情况而言，政府的影响和干预是在一定条件下起一定作用的。所谓条件，就是政府的影响和干预必须符合经济发展的规律。说到底，政府的影响和干预本身就是经济规律的一部分。

政府影响和干预经济的目的在于维护经济的公平和自由竞争，保证经济的健康运行和发展。因此，政府影响和干预的行业主要有：自然垄断型行业，主要包括城市公用事业，如煤气、电力、供水、排污、邮电等；公共运输业，如铁路、公路、桥梁、码头、航空、航运和管道运输等；涉及经济发展全局和国家安全的行业，主要包括行业关联度较高的金融业、高科技行业、传媒及出版业、教育行业、国防行业等；一般竞争性行业，政府对一般竞争性行业的干预主要是反垄断和反欺诈，维护自由和公平竞争。

党的二十大报告明确指出，推动经济社会发展绿色化、低碳化是实现高质量发展的关键环节。这对我国制定未来产业政策具有明显的导向作用。在政府相关政策的激励下，与绿色转型和低碳化相关的新能源等有关行业未来必将得到长足发展。政府对行业的干预主要是通过补贴、税收、关税、信贷、价格等经济手段来实现的，其他手段还有规划指导、额度限制、市场准入、企业规模限制、环保标准限制、安全标准限制、直接行政干预等。

4. 社会习惯的改变

社会习惯对关系经济增长的消费、储蓄、投资、贸易等诸多方面产生影响，因而也就必然对行业的发展和生命周期各阶段的更替产生重要的影响。例如，社会公众对安全性的强烈要求促使汽车行业加固汽车保险杠、安装乘员安全带、改善燃油系统、提高防污染系统的质量等，而大众环保意识的觉醒则推动了环保行业的迅速发展。

（四）行业生命周期与行业发展的关系

1. 增长型行业运动状态与行业生命周期的变动关系

增长型行业的运动状态与行业生命周期的变动关系呈不紧密的相关性，具体表现为：经济高涨时，高增长行业的发展速度通常高于平均水平，经济衰退时期，其所受影响较小甚至仍能保持一定增长。其这样的原因是：增长型行业主要依靠技术进步、新产品推出及更优质服务，使其经常呈现出增长形态。

2. 周期型行业运动状态与行业生命周期的变动关系

周期型行业的行业运动状态与行业生命周期的变动关系呈紧密相关性，具体表现为：经济处于上升时期，这些行业会紧随其扩张，经济衰退时，这些行业也相应衰落，且变化幅度往往在一定程度上夸大经济周期性。这样的原因是：需求收入弹性较高。经济上升时，对这些行业相关产品的购买相应增加；经济衰退时，对这些行业相关产品的购买被延迟到经济改善后。现实中的典型周期型行业是消费品业、耐用品制造业及其他需求收入弹性较高的行业。

3. 防守型行业运动状态与行业生命周期的变动关系

防守型行业的经营状况在行业生命周期上升和下降阶段都很稳定，具体表现为：行业生命周期处于衰退阶段对这种行业的影响比较小，甚至有些防守型行业在经济衰退时期还会有一定的实际增长。这样的原因是：该类型行业的产品需求相对稳定，需求弹性小。现实中的典型防守型行业有生活必需品或必要公共服务（如食品业和公用事业）行业。

综上所述，投资者应该尽可能选择处于行业成长阶段的企业投资，并密切关注行业需求变化对企业经营业绩的影响，及时决策。

 阅读专栏 7-3

投资要精选没有"天花板"的行业

股市中有一些行业一直表现不佳。它们大都属于注定有"天花板"的行业。可以分为以下五类。

第一，售价天花板。这一点比较好理解，就是价格受限制。很多行业就是没有自主提价能力。如水电燃气、公共交通和公园等公用事业，它们的价格受到政府的严格管制。此外，报纸也没有涨价能力，它只能在广告上向企业提价。

第二，容量天花板。这一点也比较好理解，就是规模受限制。公路隧道桥梁，名山名水，通行者如云，旅游者如雨，毕竟容量就是那么大，要在这些行业产生涨几十倍的股票概率较低。黄金地段的百货公司和餐馆也是如此，除非走连锁经营的道路。

第三，产量天花板。有些企业的产能就是物资储量，非常固定，除非对外收购。沃伦·巴菲特一直不喜欢矿业股，他说："我很难想象一座矿山采掘三十或五十年后变成一口空洞的样子"。

第四，需求天花板。它可以分成两种情况。一种是本来就没有很大的需求，很多高端处方药没有非处方药赚钱。很多细分市场的龙头企业长远而言也不适合长期投资。另一种是需求中断，这是最为致命的天花板，可称为"夕阳天花板"。只要想一想黑白、彩色胶卷突然被遗弃，寻呼机不再鸣叫，养路费收费行业员工随着税费改革突然失业，甚至全行业消失，这都会让长期投资者不寒而栗！经济上的自然选择让新产品和新服务不断涌现，又让它们中的一大部分最终消亡。奥地利经济学家约瑟夫·熊彼特的"创造性毁灭"思想时时提醒我们注意需求的变迁和产业的变迁。

第五，成长天花板。又称"恐龙天花板"，指的是企业自身发展过大造成的效应。有些企业在行业中发展成了巨无霸,把企业变成了行业。例如,某一企业在世界集装箱领域占据了百分之七十以上的份额之后,某一企业在世界港口装卸机械占有百分之九十以上份额之后,它们的成长性就大大削弱,缺乏后劲,缺乏市场空间。

(资料来源:http://blog.eastmoney.com/panjt6709/blog_221415173.html.[2023-07-01],有改动)

7.4 证券投资的公司分析

以股票为例,股票是发行它的公司的影子。上市公司的盈利能力、偿债能力、资本结构等财务状况是确定公司股价的基础。因此,公司分析是证券投资基本面分析法的重要组成部分,是确定公司股票内在价值的重要内容。

7.4.1 公司基本素质分析

(一)公司所属行业的竞争地位分析

首先是看公司所属行业的性质,与其他行业相比在哪些方面有优势,并且在哪些方面相对不足。

其次是找出公司在所处行业中的竞争地位,如公司规模、产品售价、获利能力等。公司之间的比较,只有放在行业背景下才能得出客观、公正的结果。

证券投资中对于上市公司所处行业中的地位分析是确定对于目标公司投资的重要分析内容,公司在所处行业中的地位直接影响到其在该行业中的竞争优势,进而影响到其成长性、盈利性、经营的风险性等各个方面。行业地位较高的上市公司,则在所属行业中的竞争能力比较强,一般而言其盈利能力也比较高。

具体分析公司在行业中的竞争地位一般应从以下五个方面入手。

第一,科研开发水平。这是决定公司竞争地位的首要因素。

第二,经营模式。分为单一经营和多种经营。

第三,产品、市场开拓能力和市场占有率。还要看重点产品、拳头产品和主导产品的生命周期。

第四,新产品开发程度。产品不断更新的公司才能处于有利的竞争地位。

第五,公司发展潜力分析。尤其应注重分析公司的长远发展战略。

随着我国证券市场的发展,上市公司的行业地位也会更加明确地揭示出其所属行业内的竞争能力,这对投资者选择具有投资价值的公司有着重要的现实意义。

(二)公司的地理区位分析

不同上市公司处于不同的地理区位与行政区域。**地理区位,是指地理范畴上的经济增长极或经济增长点及其辐射范围。**不同地理区位的自然条件、资源状况、产业政策、政府扶持力度等都不相同,因此考察公司时自然要结合公司所处的地理区位进行分析。上市公司的地理区位是其发展的外部环境,不同行业上市公司受地理区位和区域环境影响不同。

1. 地理区位内的自然和基础条件

自然和基础条件包括矿产资源、水资源、能源、交通、通信设施等，它们在地理区位经济发展中起着重要作用，也对地理区位内的上市公司的发展起着重要的限制和促进作用。分析地理区位内的自然条件和基础条件，有利于分析本地理区位内上市公司的发展前景。

如果上市公司所属的行业与当地的自然和基础条件不符，公司的发展就可能受到很大的制约。例如，在水资源稀缺的内陆地区从事大量耗水的工业项目，其项目的前景就难以乐观。

2. 地理区位内政府产业政策和其他相关的经济支持

为了进一步促进区域经济的发展，当地政府一般相应地制订了经济发展的战略规划。相应的产业政策，确定了地理区位内优先发展和扶持的产业，并给予相应的财政、信贷及税收等诸多方面的优惠措施。这些措施有利于引导和推动相应产业的发展，相关产业内的公司将因此受益。如果地理区位内的上市公司的主营业务符合当地政府的产业政策，一般会获得诸多政策支持，对自身进一步的发展有利。

3. 地理区位内的比较优势和特色

比较优势包括地理区位的经济发展环境、条件与水平、经济发展现状等方面有别于其他地理区位的特色。特色在某种意义上意味着拥有优势，可以利用自身的优势发展本地理区位的经济，这无疑在经济发展中找到了很好的切入点。比如，地理区位在电脑软件和硬件方面或在汽车工业方面已经形成了比较优势和特色，那么该地理区位内的相关上市公司在同等条件下比其他地理区位主营业务相同的上市公司具有更大的竞争优势和发展空间，因为该地理区位的配套服务设施齐全，专业人才集聚，信息流和物流都更为顺畅便捷。

（三）产品分析

1. 产品的竞争能力分析

（1）成本优势。

成本优势是指公司的产品依靠低成本获得高于同行业其他公司的盈利能力。 在很多行业中，**成本优势是决定竞争能力的关键因素**。公司一般通过**规模经济、专有技术、优惠的原材料和低廉的劳动力实现成本优势**，具体分析如下所述。

第一，规模经济。由资本的集中程度决定的规模效益是决定公司生产成本的基本因素。当公司达到一定的资本投入或生产能力时，根据规模经济的理论，公司的生产成本和管理费用将会得到有效降低。

第二，专有技术。对公司技术水平的评价可分为评价技术硬件部分和软件部分两类。技术硬件部分主要针对机械设备、单机或成套设备，软件部分主要针对生产工艺技术、工业产权、专利设备制造技术和经营管理技术、生产能力和生产规模、公司扩大再生产的能力等。

第三，原材料和劳动力成本。应考虑公司的原料来源是否稳定以及公司的生产部门所处地区的劳动力是否充足。

取得了成本优势，公司在激烈的竞争中便处于优势地位，这意味着公司在竞争对手失去利润时仍有利可图；同时，取得成本优势也使其他想利用价格竞争的公司有所顾忌，成为价格竞争的抑制力。

（2）技术优势。

技术优势是指公司拥有比同行业其他竞争对手更强的技术实力及研究与开发新产品的能力。这种能力主要体现在生产的技术水平和产品的技术含量上。

在现代经济中，公司新产品的研究与开发能力是决定公司竞争成败的关键，因此，任何公司，一般都确定了占销售额一定比例的研究开发费用，这一比例的高低往往能决定公司的新产品开发能力。

产品的创新包括研制出新的核心技术，开发出新一代产品；研究出新的工艺，降低现有的生产成本；根据细分市场进行产品细分；等等。

技术创新，不仅包括产品技术创新，还包括人才创新，因为技术资源本身就包括人才资源。现在大多数上市公司越来越重视人才的引进，在激烈的市场竞争中，谁先抢占智力资本的制高点，谁就具有决胜的把握。技术创新的主体是高智能、高创造力的实践创新、理论创新、制度创新及人才创新，实施人才创新战略，是上市公司竞争制胜的务本之举。

（3）质量优势。

质量优势是指公司的产品以高于其他公司同类产品的质量赢得市场，从而取得竞争优势。因公司技术能力及管理等诸多因素的差别，不同公司间相同产品的质量是有差异的。

消费者在进行购买选择时，虽然有很多因素会影响他们的购买倾向，但是产品的质量始终是影响他们购买倾向的一个重要因素。质量是产品信誉的保证，质量好的产品会给消费者带来信任感。严格管理，不断提高公司产品的质量，是提升公司产品竞争力的行之有效的方法。具有产品质量优势的上市公司往往在该行业占据领先地位。

2．产品的市场占有率

公司产品的市场占有率，在衡量公司产品竞争力中占有重要地位。以下从2个方面进行分析。

（1）公司产品销售市场的地域分布情况。从这一角度可将公司的销售市场划分为地区型、全国型和世界范围型，大致地评估一个公司的经营能力和实力。

（2）公司产品在同类产品市场上的占有率。市场占有率是指一个公司的产品销售量占该类产品整个市场销售总量的比例。

20世纪60年代中后期，美国波士顿咨询公司对美国57个公司的620种产品进行了历时3年的调查，从中发现一条普遍规律：市场占有率高的公司，产品质量较高，研究开发及促销费用金额的比重高，资金利润率也高；反之，市场占有率低的公司，资金利润率也低。

总之，市场占有率越高，表明公司的经营能力和竞争力越强。公司产品市场占有率将影响到公司的发展前景、新产品开发的能力及公司盈利能力，这些是进行投资选择的重要参照指标。

3．分析产品的品牌

产品品牌是一个复合概念，它由品牌名称、品牌认知、品牌联想、品牌标志、产品色彩、品牌包装及商标等要素组成。它是整体产品的一部分，是制造商为其产品规划的商业名称，其基本功能是将制造商的产品与竞争企业的同类产品区别开来。

美国营销学教授菲利普·科特勒（Philip Kotler）认为，品牌就是一个名字、名词、符号或设计，或是上述的总和，其目的是要使自己的产品或服务有别于其他竞争者。产品品牌的影响力是指品牌开拓占领市场并获得利润的能力。其基本指标包括品牌知名度、品牌认知度、品牌美誉度、品牌偏好度、品牌占有率、品牌满意度、品牌忠诚度等，这些指标来源于消费者对品牌的评价和认可，其中，核心指标是品牌忠诚度。

基于产品品牌在公司产品的重要地位和作用，在投资实践中也应认真分析产品品牌的地位、影响力等因素，从而理解公司的实际价值。

（四）公司经营管理能力分析

1. 公司管理人员的素质和能力分析

所谓素质，是指一个人的品质、性格、学识、能力、体质等多方面特性的总和。在现代公司里，管理人员不仅担负着对公司生产经营活动进行计划、组织、指挥、控制等管理职能，而且他们从不同方面负责或参与对各类非管理人员的选择、任用与培训工作。因此，管理人员的素质是决定公司能否取得成功的一个重要因素。在一定意义上，是否有卓越的公司管理人员和管理团队，直接决定着公司经营的成败。

一般而言，公司的管理人员应该具备如下素质。

第一，从事管理工作的愿望。公司管理是组织、引导和影响他人为实现组织目标而努力的专业性工作，胜任这一工作的前提条件是必须具有从事管理工作的愿望。只有那些具有影响他人的强烈愿望，并能从管理工作中获得乐趣、真正得到满足的人，才可能成为一个有效的管理者；反之，倘若没有从事管理工作并对他人施加影响的愿望，这个人就不会花费时间和精力去探索管理活动的规律性和方法，亦缺乏做好管理工作的动力，不可能致力于提高他人的工作效率，也难以成为一个优秀的管理人员。

第二，专业技术能力。管理人员应当掌握必要的专业知识，能够从事专业问题的分析研究，能够熟练运用专业工具和方法等。这是因为公司的各项管理工作，不论是综合性管理还是职能管理，都有其特定的技术要求。例如，计划管理要求掌握制定计划的基本方法和各项经济指标的内在联系，管理人员应能够综合分析公司的经营状况和预测未来的发展趋势，并善于运用有关计算工具和预测方法。

第三，良好的道德品质修养。管理人员能否有效影响和激发他人的工作动机，不仅取决于公司赋予管理者的职权大小，而且在很大程度上取决于管理者的影响力。管理者只有具备能对他人起到榜样、楷模作用的道德品质修养，才能赢得被管理者的尊敬和信赖，建立起威信和威望，使之自觉接受管理者的管理，提高工作的效率。

2. 公司管理风格及经营理念分析

管理风格是公司在管理过程中一贯坚持的原则、目标及方式等的总称。经营理念是公司发展一贯坚持的一种核心思想，是公司员工坚守的基本信条，也是公司制定战略目标及实施战术的前提条件和基本依据。经营理念往往是管理风格形成的前提。

一般而言，公司的管理风格和经营理念有**稳健型**和**创新型**两种。

稳健型公司的特点是在管理风格和经营理念上奉行稳健原则，一般不会轻易改变业已形成的管理和经营模式。因为现有的模式是公司内部经过各方面反复探索、学习、调整和适应才形成的，这意味着公司的发展达到了较理想的状态。奉行稳健型原则的公司发展一般较为平稳，大起大落的情况较少；但是由于不太愿意从事风险较高的经营活动，这类公司较难获得超额利润，跳跃式增长的可能性较小，而且有时由于过于稳健，可能会因此丧失大发展的良机。

创新型公司的特点是在管理风格和经营理念上以实践创新、理论创新与制度创新为核心，这类公司在经营活动中的开拓能力较强。创新型的管理风格是此类公司获得持续竞争力的关键。创新型公司依靠自己的开拓创造，有可能在行业中率先崛起，获得超常的发展。但创新并不意味着公司的发展一定能够获得成功，有时实行的一些冒进式的发展战略也有可能迅速导致公司经营的失败。

投资者分析意向投资公司的管理风格，可以跳过现有的财务指标来预测该公司是否具有可持续发展的能力；而分析该公司的经营理念则可用以判断该公司管理层制定何种公司发展战略。

3. 公司业务人员素质和创新能力分析

公司业务人员的素质也会对公司的发展起到很重要的作用。作为公司的员工，应该具有如下的素质：熟悉自己从事的业务、具备必要的专业技术能力、对公司忠诚、拥有对本职工作的责任感、具有团队合作精神等。具有以上这些基本素质的公司业务人员，才有可能做好自己的本职工作，才有可能贯彻落实公司的各项管理措施并完成公司的各项经营业务，才有可能把自身的发展和公司的发展紧密地联系在一起。

在创新型的公司管理风格下，还需要具有创新能力的公司员工，如技术创新、新产品的开发必须要由技术开发人员来完成，而市场创新的信息获得和创新方式则缺少不了市场营销人员的努力。因此，公司业务人员的素质，包括创新意识和业务技能也是公司发展不可或缺的要素。对员工的素质进行分析可以判断该公司发展的持久力和创新能力。

（五）上市公司成长性分析

从欧美发达国家的经济发展史来看，公司的成长性问题无论是对宏观经济、资本市场还是对投资者都具有十分重大的意义。

公司的成长性是指公司在自身的发展过程中，其所在的产业和行业受国家政策扶持、具有发展性、产品前景广阔、公司规模呈逐年扩张、经营效益不断增长的趋势。一个优秀的公司，不但要有较高的收益、可靠的安全性，也应当有较好的发展前景。成长性是公司的灵魂，是国民经济可持续发展的主要动力，也是衡量上市公司经营状况和发展前景的重要指标。

分析公司成长性的**核心财务指标**主要有**营业收入增长率**、**营业利润增长率**、**净利润增长率**等。

公司成长性的分析具体还要从公司的经营战略和公司规模变动特征及扩张潜力等方面进行进一步的分析。

1. 公司经营战略分析

经营战略是公司在面临激烈变化与严峻挑战的环境，为求得长期生存和不断发展而进行的总体性谋划。它是公司战略思想的集中体现，是公司经营范围的科学规定，同时它也是制定规划的基础。经营战略是在符合和保证实现公司使命的条件下，在充分利用环境中存在的各种机会和创造新机会的基础上，确定公司同环境的关系，规定公司从事的经营范围、成长方向和竞争对策，合理地调整公司结构并分配公司的全部资源。

经营战略具有全局性、长远性和纲领性,它从宏观上规定了公司的成长方向、成长速度及实现方式。由于经营战略决策直接牵涉公司的未来发展,其决策对象是复杂的,所面对的问题常常是突发性的、难以预料的。

2. 公司规模变动特征及扩张潜力分析

公司规模变动特征和扩张潜力一般与公司所处的行业发展阶段、市场结构、经营战略密切相关,它是从以下五个方面具体考察公司的成长性的。

第一,公司规模的扩张是由供给推动还是由市场需求拉动,是通过公司的产品创造市场需求还是生产产品去满足市场需求,是依靠技术进步还是依靠其他生产要素等,投资者可以以此找出企业发展的内在规律。

第二,纵向比较公司历年的销售、利润、资产规模等数据,把握公司的发展趋势,是加速发展、稳步扩张还是停滞不前。

第三,将公司销售、利润、资产规模等数据和公司的增长率与行业平均水平及主要竞争对手的数据进行比较,了解其行业地位的变化。分析公司的成长性,要考虑该公司连续3年以上的发展状况,这也就是说,投资者必须从连续4年以上的财务报表中获得相应的数据。

第四,分析预测公司主要产品的市场前景及公司未来的市场份额。投资者应对公司的投资项目进行分析,并预测其销售和利润水平。

第五,分析公司的财务状况、公司的投资和筹资潜力。

7.4.2 公司财务分析

(一) 公司会计数据分析

会计数据构成了上市公司财务报表的主体,是外部投资者用以对上市公司进行分析的数据基础。以往我们在对上市公司进行财务分析时,通常对会计数据进行直接加工处理,而忽视了财务报表的原始数据有可能并没有真实、准确地反映公司现实经营的状况。会计数据分析的目的就是评估一家公司的会计记录是否真实地反映了其经营活动。通过对公司的会计政策和会计预测进行评估,证券分析人员能够知道其所使用的会计报表在多大程度上扭曲了经济现实,进而对这种扭曲进行恢复,这为后面的财务分析提供一个尽可能真实的数据基础。

1. 影响公司会计数据质量的因素

造成会计数据和其所代表的经济现实之间出现偏差的因素主要有以下3点。

(1) 会计准则。

会计准则在限制经理层对会计数据进行不当处理能力的同时也不可避免地减少了会计数据所代表的信息量。比如,股份有限公司的研发费用计入当期管理费用,但研发的结果可能是许多项目没有产生有价值的结果,而有些项目却很有价值。现行的会计制度不允许对两种结果进行不同的会计处理。

(2) 预测的偏差。

在权责发生制下,公司的收入和费用的确认含有主观的成分。一项交易发生之后,如果经理人员不能准确无误地对交易结果进行预估和测算就会造成会计数据和经营实际结果的偏差。

例如在现行会计制度下，当一家公司卖出商品而尚未收回货款时，公司会要求经理人员对应收账款的回收概率进行预测，以确认坏账准备的提取比例和提取方法。认知水平的差异或者主观因素的影响，会导致一定的预测偏差。

（3）经理人员通过影响会计数据来达到自己的目的。

经理人员完全有能力在会计制度许可的范围内，按自己的意愿对财务报表施加影响。如在坏账准备提取的比例上，在存货的计价上，在固定资产折旧的方法上，会计制度都允许有自主选择的灵活性。

2. 进行会计数据分析的步骤

证券分析可以按以下步骤对上市公司的会计数据质量进行分析。

第一步：弄清哪些会计政策对公司经营的影响最大。

现行会计制度对公司采用何种会计政策赋予了很大的自由空间。比如，公司可以自由选择的折旧方法包括平均年限法、工作量法、年数总和法、双倍余额递减法，可自由选择的库存商品成本计价方法包括先进先出法、加权平均法、移动平均法、个别计价法、后进先出法。为了保证会计政策的连续性和可比性，相关法律规定一种会计政策一经确定就不得随意更改，如需更改，应在会计报表附注中加以说明。

第二步：重点检查容易出现数据不真实的会计科目。

根据现行会计制度，上市公司的管理者在选择会计政策时有较大的自由度。公司经理既可以利用这一自由度更好地向股东反映公司的经营状况，也可以利用它们掩盖经营问题，误导投资者。上市公司也正是从各项收入与费用的会计数据入手进行利润操纵的。比如，大幅增加与销售额增加相关的应收账款，处置长期资产而产生巨大利润；进行关联方交易带来利润增加；利用会计政策、会计估计的选择与变更进行利润调整；利用其他应收款科目回避费用的提取；利用其他非常性收入增加利润总额；等等。

（二）公司财务报表分析

公司财务报表分析是指以财务报表和其他资料为依据和起点，采用专门的方法，系统分析和评价公司的过去和现在的经营结果、财务状况及其变动，其目的是了解过去，评价现在，预测未来，帮助投资集团或投资者改善决策。 财务报表分析的最基本功能是将大量的报表数据转换成对特定决策有用的信息，减少决策的不确定性。

1. 公司财务报表分析的基本内涵

（1）公司财务报表分析的起点是财务报表，分析使用的数据大部分来源于公开发布的财务报表。因此，公司财务分析的前提是正确理解公司财务报表。

（2）公司财务报表分析是个过程。所谓分析，是把研究对象（一种现象、概念）分成较简单的组成部分，找出这些部分的本质属性和彼此之间的关系，以达到认识对象本质的目的。公司财务报表分析是把整个财务报表的数据分成不同部分和指标，并找出有关指标的关系，以达到认识公司偿债能力、盈利能力和营运能力的目的。

（3）公司财务报表分析的结果是对公司的偿债能力、盈利能力和营运能力作出评价，或找出存在的问题。

(4) 公司财务报表分析的目的性。对外发布的财务报表是根据全体使用者的一般要求设计的,并不适合特定报表使用者的特定要求。报表使用者要从中选择自己需要的信息,重新排列,并研究其相互关系,使之符合特定决策要求。公司财务报表分析的一般目的可以概括为:评价公司过去的经营业绩,衡量公司现在的财务状况,预测公司未来的发展趋势。根据分析的具体目的,公司财务报表分析可以分为:流动性分析、盈利性分析、财务风险分析、专题分析(如破产预测、注册会计师的分析性检查)等。

2. 公司财务报表分析的方法

公司财务报表分析的方法有**比较分析法**和**因素分析法**。

(1) 比较分析法。

比较分析法是对两个或几个有关的可比数据进行对比,揭示其差异和矛盾。比较分析法是最基本的分析方法。比较分析法的具体方法种类繁多,主要有以下两种分类。

第一,按比较对象(和谁比)分类。

① 与本公司历史比,即不同时期(2~10年)指标之间相比,也称趋势分析。

② 与同类公司比,即与行业平均数或竞争对手比较,也称横向比较。

③ 与计划预算比,即实际执行结果与计划指标比较,也称差异分析。

第二,按比较内容分类。

① 比较会计要素的总量。总量是指财务报表项目的总金额,如总资产、净资产、净利润等。总量比较主要用于时间序列分析,如研究公司利润的逐年变化趋势,看其增长潜力。有时也用于同行业对比,看公司的相对规模和竞争地位。

② 比较结构百分比。把利润、资产负债表、现金流量表转换成结构百分比报表。如收入为100%,看利润各项目的比重。结构百分比报表用于发现有显著问题的项目,可以揭示进一步分析的方向。

③ 比较财务比率。财务比率反映各会计要素的相互关系及其内在联系。比率的比较是最重要的分析。它们是相对数,排除了规模的影响,使不同的比较对象建立起可比性。财务比率的计算是比较简单的,但对它加以说明和解释,是相当复杂和困难的。

财务报表比较分析法的核心在于解释公司经营状况变化的原因。这是个研究过程,分析得越具体、越深入,则分析效果越突出。如果仅仅是计算出财务比率指标而不进行深入分析,那么这种分析就流于表面,起不到实质效果。

(2) 因素分析法。

公司的活动是一个有机整体,每个指标的高低都受若干因素的影响。从数量上测定各因素的影响程度,可以帮助人们抓住主要矛盾,或更有说服力地评估经营状况。因此,**因素分析法是依据分析指标和影响因素的关系从数量上确定各因素对指标的影响程度。**

因素分析的方法具体分为以下4种。

① 差额分析法。如固定资产净值增加的原因分析,可分为原值变化和折旧变化两部分。

② 指标分解法。如资产利润率,可分解为资产周转率和销售利润率的乘积。

③ 连环替代法。按照先后顺序用报告期数值依次替代基本期数值,测定各因素变动对指标值的影响,如影响成本降低的因素分析。

④ 定基替代法。分别使用分析值替代标准值,测定相关因素变动对财务指标的影响变化,如标准成本的差异分析。

在实际的因素分析中，以上各种方法是结合使用的。

3. 公司财务报表分析的局限性

（1）公司财务报表本身的局限性。

公司财务报表是会计的产物，会计有特定的假设前提，并要执行统一的规范。我们只能在规定意义上使用财务报表数据，不能认为财务报表揭示了公司的全部实际情况。

公司财务报表的局限性具体表现在以下 4 点。

① 历史成本报告资产，不代表其现行成本或变现价值。
② 假设币值不变，不按通货膨胀率或物价水平调整。
③ 稳健原则要求预计损失而不预计收益，有可能夸大费用，少计收益和资产。
④ 按年度分期报告，只报告了短期信息，不能提供反映长期潜力的信息。

（2）公司财务报表的真实性问题。

公司财务报表分析不能解决公司财务报表的真实性问题，但是财务分析人员及投资者通常要注意以下 4 点与此有关的问题。

① 要注意财务报表和报告是否规范。不规范的财务报表和报告，其真实性也应受到质疑。
② 要注意财务报表和报告是否有遗漏。遗漏是违背充分披露原则的，遗漏很可能是在不想讲真话，也不能说假话的情况下形成的。
③ 要注意分析财务报表中数据的反常现象。如无合理的原因，则应考虑该数据是否真实和连贯。
④ 要注意审计报告的意见及注册会计师的信誉。

7.4.3 公司财务指标分析

财务报表中有大量的数据，可以根据需要计算出很多有意义的比率或指标，这些比率或指标涉及公司经营管理的各个方面。上市公司公开披露的信息很多，投资者想要正确把握公司的财务现状和未来，就需要正确使用财务指标。对上市公司来说，最重要的财务指标是每股净收益、每股净资产和净资产收益率。证券信息机构定期按照这三项指标公布上市公司排行榜，可见其重要性。

财务指标分析涉及公司管理的各个方面，大致可分为以下七个大类：**偿债能力分析**、**资本结构分析**、**营运能力分析**、**盈利能力分析**、**成长能力分析**、**投资收益分析**和**财务结构分析**。上述各指标之间是相互关联的。例如，盈利能力会影响短期和长期的流动性，而资产营运的效率又会影响盈利能力。因此，财务分析需要综合应用上述指标。考虑到本课程特点，在此主要介绍公司的**偿债能力分析**、**营运能力分析**、**盈利能力分析**、**成长能力分析**和**投资收益分析**。

（一）偿债能力分析

1. 短期偿债能力

短期偿债能力是指公司偿还短期债务的能力。 短期偿债能力不足，不仅会影响公司的资信，增加今后筹集资金的成本与难度，还可能使公司陷入财务危机，甚至破产。一般来说，公司应该以流动资产偿还流动负债，而不应变卖长期资产，因此用流动资产与流动负债的数量关系来衡量短期偿债能力。

$$流动比率 = \frac{流动资产}{流动负债}$$

$$速动比率 = \frac{流动资产-存货-待摊费用}{流动负债}$$

$$现金比率 = \frac{现金+有价证券}{流动负债}$$

流动资产既可以用于偿还流动负债，也可以用于支付日常经营所需要的资金。因此，流动比率高一般表明公司短期偿债能力较强，但如果过高，则会影响公司资金的使用效率和获利能力。流动比率究竟多少合适没有定论，因为不同行业的公司具有不同的经营特点，其流动性也各不相同；另外，这还与流动资产中现金、应收账款和存货等项目各自所占的比例有关，因为它们的变现能力不同。为此，可以用速动比率（剔除了存货和待摊费用）和现金比率（剔除了存货、应收账款、预付账款和待摊费用）进行辅助分析。一般认为流动比率为 2，速动比率为 1 比较安全，过高有效率低之嫌，过低则有管理不善的可能。

2. 长期偿债能力

长期偿债能力是指公司偿还长期负债利息与本金的能力。一般来说，公司的长期负债主要用于长期投资，因而最好是用投资产生的收益偿还其利息与本金。通常以**资产负债率（Debt to Asset Ratio）**和**利息收入倍数（Interest Coverage Ratio）**两项指标衡量公司的长期偿债能力。

$$资产负债率 = \frac{负债总额}{资产总额} \times 100\%$$

$$利息收入倍数 = \frac{经营净利润}{利息费用} = \frac{(净利润+所得税+利息费用)}{利息费用}$$

资产负债率又称财务杠杆，由于所有者权益不需偿还，所以财务杠杆越高，债权人所受的保障就越低。但这并不是说财务杠杆越低越好，因为有一定的负债表明公司的管理者能够有效地运用股东的资金，帮助股东用较少的资金进行较大规模的经营，所以财务杠杆过低说明公司没有很好地利用其资金。

利息收入倍数考察公司的营业利润是否足以支付当年的利息费用，它从公司经营活动的获利能力方面分析其长期偿债能力。一般来说，这个比率越大，长期偿债能力越强。

（二）营运能力分析

营运能力以公司各项资产的周转速度来衡量公司资产利用的效率。

周转速度越快，表明公司的各项资产进入生产、销售等经营环节的速度越快，那么其形成收入和利润的周期就越短，经营效率自然就越高。一般来说，包括以下五个指标。

$$应收账款周转率 = \frac{销售收入}{应收账款平均余额}$$

$$存货周转率 = \frac{销售成本}{存货平均余额}$$

$$流动资产周转率 = \frac{销售收入}{流动资产平均余额}$$

$$固定资产周转率 = \frac{销售收入}{固定资产平均净值}$$

$$总资产周转率 = \frac{销售收入}{总资产平均值}$$

由于上述这些周转率指标的分子、分母分别来自资产负债表和利润表,而资产负债表数据是某一时点的静态数据,利润表数据则是整个报告期的动态数据,因此为了使分子、分母在计算口径上保持一致,就必须将取自资产负债表上的数据折算成整个报告期的平均额。通常来讲,上述指标越高,说明公司的经营效率越高。但指标只是一个方面的问题,投资者在进行分析时,还应注意各资产项目的组成结构,如各种类型存货的相互搭配、存货的质量与适用性等。

(三) 盈利能力分析

盈利能力是各方面关心的核心,也是公司成败的关键,只有长期盈利,公司才能真正做到持续经营。因此无论是投资者还是债权人,都对反映公司盈利能力的指标非常重视。一般用下面五个指标衡量公司的盈利能力。

$$销售毛利率 = \frac{销售收入 - 销售成本}{销售收入} \times 100\%$$

$$销售净利润率 = \frac{净利润}{销售收入} \times 100\%$$

$$营业利润率 = \frac{营业利润}{销售收入} \times 100\%$$

$$资产报酬率 = \frac{净利润}{总资产平均值} \times 100\%$$

$$净资产收益率 = \frac{净利润}{净资产平均值} \times 100\%$$

上述指标中,销售毛利率、营业利润率和销售净利润率分别说明公司生产(或销售)过程、经营活动和企业整体的盈利能力,越高则获利能力越强;资产报酬率反映股东和债权人共同投入资金的盈利能力;净资产收益率则反映股东投入资金的盈利状况。净资产收益率是股东最为关心的内容,它与财务杠杆有关,如果资产的收益率相同,那么财务杠杆越高的公司净资产收益率也越高,因为股东用较少的资金实现了同等的收益能力。每股利润只是将净利润分配到每一份股份,目的是更简洁地表示权益资本的盈利情况。衡量上述盈利指标是高还是低,一般要通过与同行业其他公司相比较才能得出结论。

(四) 成长能力分析

公司的成长能力,也就是成长性,直接关系到公司的合理估值与真实价值,这对投资者而言至关重要。

在投资实践当中,成长性好的公司具有更广阔的发展前景,因而更能吸引投资者。一般来说,可以通过公司在过去几年中销售收入、营业利润、净利润等指标的增长幅度来预测其未来的增长前景。

$$销售收入增长率 = \frac{本期销售收入 - 上期销售收入}{上期销售收入} \times 100\%$$

$$营业利润增长率 = \frac{本期营业利润 - 上期营业利润}{上期营业利润} \times 100\%$$

$$净利润增长率 = \frac{本期净利润 - 上期净利润}{上期净利润} \times 100\%$$

$$可持续增长率 = 净资产收益率 \times 利润再投资比率$$

式中,利润再投资比率=1-股利支付率。

当然,在评价公司成长性时,最好掌握公司连续若干年的数据,以保证对其获利能力、经营效率、财务风险和成长性趋势的综合判断更加精确。

(五) 投资收益分析

投资收益是投资者选择上市公司作为自己的投资对象最重要的依据之一。衡量上市公司投资收益的主要指标是每股收益、每股净资产、市盈率、市净率等。后两者在本章前文已详细说明,在此不再赘述。

1. 每股收益 (每股净利润)

$$每股收益 = \frac{净利润}{普通股总股数}$$

每股收益也称为每股盈利、每股净利润,它是指公司税后利润与发行在外的普通股总股数之间的比率。它是每一股普通股股份所能享有的公司净利润或需承担的公司净亏损。每股收益是衡量上市公司盈利能力的最重要的财务指标,也是投资者决策的重要依据。

目前,中国证监会要求我国上市公司须根据归属于公司普通股股东的净利润和扣除非经常损益后归属于公司普通股股东的净利润分别计算基本每股收益和稀释每股收益。

基本每股收益是按照"归属于公司普通股股东的净利润或扣除非经常损益后归属于公司普通股股东的净利润"除以"当期实际发行在外普通股的加权平均数"得到的每股收益。

稀释每股收益是假设公司所有发行在外的稀释性潜在普通股均已转换为普通股,从而分别调整归属于普通股股东的当期净利润和发行在外普通股的加权平均数计算而得的每股收益。稀释性潜在普通股主要是指上市公司发行的可转换公司债券、认股权证、股票期权等可能在以后期间享有取得普通股权利的一些金融工具,它们在转换为普通股之后,就会增加普通股数量,从而降低每股收益。

2. 每股净资产

"净资产"是指公司的资产总额减去负债以后的净额,也称"股东权益"或"所有者权益"。每股净资产是指股东权益与发行在外的普通股总股数的比率。

$$每股净资产 = \frac{股东权益}{普通股总股数}$$

每股净资产指标反映了在会计期末每一股份的账面价值,在理论上提供了股票的最低价值。如在公司性质相同、股票价格相近的条件下,每股净资产越高,则公司发展潜力越大,其股票的投资价值就越大,投资者所承担的投资风险也就越小。在有些情况下,股票价格跌破每股净资产,这说明市场环境已是极度低迷,投资者对市场前景已是极度悲观,投资者信心已完全丧失。但是"物极必反",这也很可能是新一轮行情的开始。

 **拓展阅读 7-2**

宁德时代：赌性坚强

巴菲特说投资一家好企业，看三个条件：right business，right people，right price。下面从这三个方面对宁德时代新能源科技股份有限公司（以下简称宁德时代）进行分析。

一、看生意模式

段永平说过，向巴菲特学到的最重要认知就是生意模式。"护城河"实际上是生意模式中的一部分，好的生意模式往往具有很宽的"护城河"，好的生意模式往往是对好的未来现金流的保障。

（一）宁德时代介绍

宁德时代主营新能源汽车动力电池和风光电储能系统，2017 年起在动力锂电池领域雄踞世界第一，2020 年国内动力电池市场占有率 50%，全球 24.3%。

宁德时代崛起的关键有以下四点。

第一，宁德时代 CATL，2011 年脱胎于宁德新能源 ATL，宁德新能源 ATL 从 2012 年至今在锂离子手机电池领域位居全球第一。宁德时代 CATL 在锂离子电池领域有深厚的技术积累。

第二，专注主业，没有多元化经营。

第三，宁德时代充分享受了三元锂电池带来的政策红利。宁德时代在创业初期没有采取磷酸铁锂电池技术路线。2015 年，工信部发布《汽车动力蓄电池行业规范条件》，其核心内容是"中国新能源汽车发展要以中国动力电池生产商为主，以能量密度为王"。这句话的前半部分直接将松下、LG 等外资动力电池厂商淘汰出局，后半部分则指向了当时能量密度表现一般的磷酸铁锂电池，国内以宁德时代为首的三元锂电池厂商迎来政策春风。

第四，宁德时代通过商业模式创新，大范围锁定下游主机厂（整车厂）和上游原材料供应商。公司一方面与下游主机厂大范围签署各种合资、战略合作及长期供货协议；另一方面，与上游供应商建立战略合作关系，如钴供应商格林美，格林美锁定了原始钴供应商嘉能可未来 5 万吨以上产能，占全球钴产量的一半。如此，宁德时代的供应链清晰可见。

（二）宁德时代的收益模式

1. 宁德时代如何获取收益

段永平说过，生意模式就是产生净现金流的模式，好的生意模式就是能长期产生大量净现金流的模式，典型代表如贵州茅台。

一般来说，净资产收益率（ROE）高的公司商业模式好，因为净资产收益率不包括债务，总资产收益率（ROA）也很重要。净资产收益率和总资产收益率对了解一个公司的生意模式是有帮助的，但不是充分条件。净资产收益率是果，生意模式是因。

宁德时代赚钱吗？赚钱，近年来净资产收益率超过 10%。

2. 宁德时代的收益率

宁德时代赚得多吗？不算多，顶级的生意模式如贵州茅台，净资产收益率稳定在 30%以上，总资产收益率稳定在 20%以上。

宁德时代的总资产收益率本来就不高，还在持续下行，为什么？这是快速扩张的结果。2016 年年末，宁德时代总资产 87 亿元，净利润 29 亿。2020 年年末，宁德时代总资产 1566 亿，净利润 61 亿。2016—2020 年，宁德时代资产规模扩张了 18 倍，净利润只增长了 1 倍。未来扩张的产能如果按预期充分利用，宁德时代总资产收益率和净资产收益率都会提升（表 7-1）。

表 7-1 宁德时代的主要财务指标

宁德时代主要财务指标	年份						
	2014	2015	2016	2017	2018	2019	2020
净资产收益率（%）	16.59	123.22	34.07	19.30	11.75	12.83	11.27
总资产收益率（%）	1.93	16.46	15.66	10.72	6.05	5.72	5.91
毛利率（%）	25.73	38.64	43.70	36.29	32.79	29.06	27.76
净利润（亿元）	0.56	9.51	29.18	41.94	37.36	50.13	61.04
经营现金流（亿元）	-1.39	6.65	21.09	24.49	113.13	134.72	184.30
现金流与利润是否一致	不一致	一致	一致	基本一致	一致	一致	一致

3. 宁德时代的赚钱能力

近年来，宁德时代经营现金流与净利润基本相当，说明其赚钱能力较好。

4. 宁德时代长期的毛利率是否合理

宁德时代的毛利率近年来呈下滑趋势，2020 年基本倒退回 2014 年的水平。究其原因，一方面是新能源汽车补贴政策逐步"降温"，另一方面是上游原材料价格上涨。电池行业一窝蜂上产能，必然引发上游原材料供应紧张，原材料疯狂涨价在情理之中。

（三）宁德时代的收益是否稳定

巴菲特认为影响收益稳定性的重要因素有竞争优势、"护城河"、差异化与提价能力等。

段永平说过，好的商业模式就是长期能赚很多钱且能持续，也就是有很宽的"护城河"的那种。步步高的生意竞争太激烈，这种公司的生意模式就不好，不是很好的投资目标。

宁德时代有竞争优势吗？宁德时代目前市场份额位居世界第一，规模优势明显。宁德时代在技术上是领先的，2020 年有小波折，已成功化解。宁德时代已经暂时解决了高镍电池的安全性问题，因磷酸铁锂电池有成本优势，它也已经布局，同时还投入研发软包电池。

"护城河"是否长期坚固，或者企业是否有长期竞争优势？宁德时代的长期竞争优势包括产品差异化和企业文化。

现有技术依旧正常迭代，宁德时代在不犯重大错误的情况下，其他厂商一时追不上它。业界对固态电池寄予厚望，但固态电池尚需时日，丰田汽车公司预计最快于 2025 年将固态电池投入商用，宁德时代预计于 2030 年将固态电池投入商用。在颠覆性电池技术商用前，中高端电池领域，主机厂离不开宁德时代。因此，在颠覆性电池技术出现前，宁德时代很有可能继续保持技术领先。

总体而言，宁德时代处于动力电池的黄金赛道，并处于有利地位。但这个赛道竞争非常激烈，需要它全力以赴。

二、看人、看企业文化

看人就是看企业领导人，而企业文化跟其领导人有很大关系。

（一）对比宁德时代和步步高的企业文化

1. 愿景

步步高的愿景：成为更健康、更长久的企业。

宁德时代的愿景：立足中华文化、包容全球文化，打造世界一流创新科技公司，为人类新能源事业做出卓越贡献,为员工谋求精神和物质福祉提供奋斗平台!

2. 使命

步步高的使命:对消费者,提供高品质的产品和服务;对员工,营造和谐、相互尊重的工作氛围;对商业伙伴,提供公平合理、对等互利的合作平台;对股东,使其投入的股本有高于社会平均收益的回报。

宁德时代的使命:以创新成就客户,让生活充满正能量。

(二)宁德时代企业文化中存在的主要问题

1. 急功近利

(1)宁德时代以长期要求员工加班加点著称。

段永平曾说,好企业的经营理念都是很相近的。一家企业如果总是强迫员工加班加点,那是其领导管理水平有问题。

(2)宁德时代领导人曾毓群赌性坚强。

宁德时代董事长兼总经理曾毓群的办公室墙上挂了"赌性坚强"四个大字,有人问:"为什么不挂'爱拼才会赢'呢?"曾毓群正色答道:"光拼是不够的,那是体力活,赌才是脑力活。"他还常说一句话:"假如我们不是世界第一,我们没有存在的价值。"由此可以看出,曾毓群赌性很强,非常看重市场排名。

段永平曾说,"行业第一"对消费者而言并没有实际意义,很少有用户因为看到某企业是"行业霸主"而购买生产的商品。所以总体来讲,企业最关心的是消费者体验,而不是行业排名,不然就容易犯错误,如发动价格战等。

(3)宁德时代扩张过猛。

2020年12月,曾毓群表示,锂电池行业到2025年将迈入T·Wh(10亿千瓦时)时代。宁德时代2020年年底电池产能突破100G·Wh,2021年年底将突破170G·Wh,2022年年底达250G·Wh。当全部项目达产时,其每年的电池产能将会超过600G·Wh。

从新能源汽车市场的发展空间来看,宁德时代的产能扩张存在一定的合理性。但未来它必须霸占全球市场大约三分之一的份额,才能满足全部产能释放。

宁德时代未来发展受挫可能由于两种情况:急于扩大产能或急于上新技术。未来10年,如果出现颠覆性的电池技术,宁德时代现在的技术就会过时,这可能造成巨大的压力。

2. 店大欺客

2020年,动力电池紧俏,宁德时代要求主机厂承包生产线,或签订长期购买协议,如果达不到承诺购买量,就要赔偿。曾毓群认为,没有钱的承诺是不严肃的。一些新能源汽车企业抱怨:"宁德时代有店大欺客的做法"。

3. 公司员工流动性大

宁德时代的员工流动性大,是潜在隐患。

段永平曾说,企业要使员工有稳定的工作和收入;要营造和谐、相互尊重的工作氛围;尽量改善工作环境;培养人,尽量减少人才流失。

小结:好的企业文化并不必然带来好的生意模式,但好的生意模式,一定有好的企业文化。好的企业文化能够延续一个好企业的生命周期,减少企业犯错误的概率,或者企业犯了错误能及时发现改正。

宁德时代的企业文化可谓瑕瑜互见。一方面,它做事很专注,这是它得以领先对手的核心原因,也是后续遇到困境时,有可能东山再起的核心原因;另一方面,它还不能理解何为好的企业文化,以及好的企业文化的巨大价值。而急功近利、店大欺客、对待员工有失尊重等问题,可能会让它翻车。

三、看价格

如果能够找到企业的长期竞争优势,就可以进入看价格的环节。

段永平的算法如下。预测10年后一家企业每年能赚多少钱,如果该企业现在的市值是10年后净利润的2~3倍以内(远期市盈率),价格则是合理的。在计算价格时,需要用的是一种模糊的估值方式。巴菲特说过,模糊的准确好于精确的错误。

(一)2030年中国新能源汽车销量

2020年2月,理想汽车CEO李想称,他认为未来10年全球乘用车的年销量会在6500万~7000万辆徘徊。2030年全球新能源乘用车的销量在4000万辆左右,中国的销量会达到2000万辆。同年瑞士银行预计:到2030年,中国电动汽车销量将大幅增加到1800万辆,约占新车销量的60%。谨慎起见,我们预测2030年中国新能源汽车销量达1500万辆。

(二)2030年宁德时代的市场份额

2020年,全球动力电池在电动车上的装机量达137G·Wh,同比增长17%,其中宁德时代连续第四年夺得冠军,全年装机量达34G·Wh,同比增长2%,低于行业增速。究其原因,2020年夏天,广汽埃安(Aion S)车型发生多起自燃事故,搭载的正是宁德时代的811三元锂电池。自燃事件使宁德时代对各家整车厂商的供应比例出现不同程度的下滑。

有学者认为50%是宁德时代在国内市场占有率的瓶颈,据此推测:2030年国内销售的1500万辆新能源车中,宁德时代占一半,即750万辆用宁德时代的电池。

(三)2030年动力电池价格

2020年8月,天津力神电池股份有限公司常务执行副总裁王念举预测,到2025年,一度电池的售价在500元左右,一辆车大概需要价值500×150=75000(元)的电池。

大体测算,宁德时代2030年的销售收入预计为750(万辆车)×7.5(万元电池)=5600(亿元)。

(四)2030年宁德时代销售净利率

如果毛利率离底部不远,那么销售净利率离底部也不远。宁德时代2014—2019年销售净利率分别为6.41%、16.68%、19.61%、20.97%、12.62%、12.58%,2020年为11.68%。

我们可以假设2030年宁德时代的销售净利率为10%。

(五)2030年宁德时代净利润

2030年,宁德时代动力电池的销售收入为5600亿元,净利润为560亿元。叠加储能系统,宁德时代的净利润可能在600亿元~700亿元左右。有学者认为,在2030年,3倍以下的远期市盈率在其可接受的范围内。

(资料来源:根据网络文献整理)

第 8 章

证券投资技术分析

思维导图

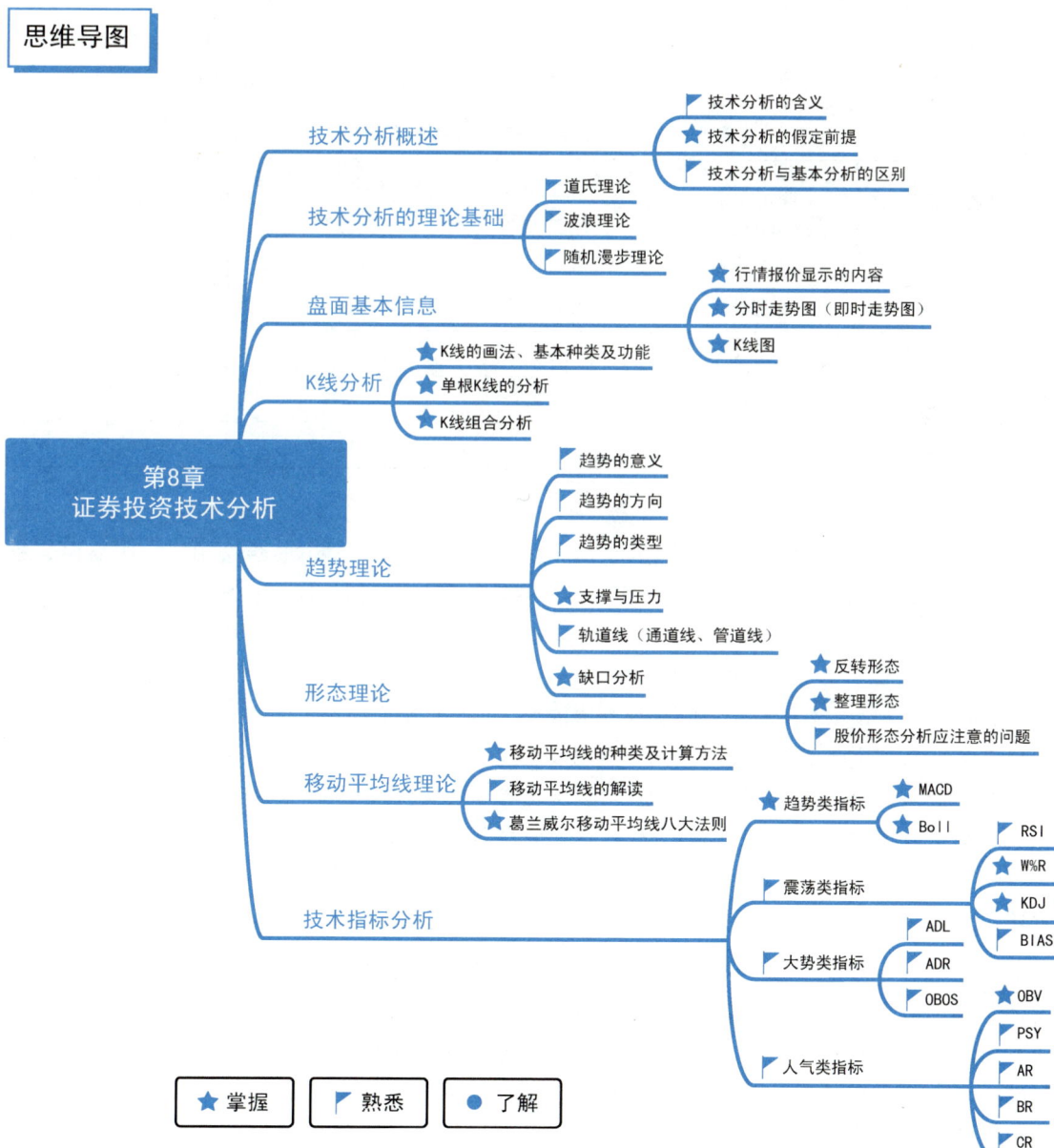

教学目标

通过本章学习，要能够准确理解证券投资技术分析的思想精髓，熟悉证券投资技术分析的主要理论，正确认识证券投资基本分析与技术分析的重要联系，掌握证券投资技术分析的主要分析方法。

 导入阅读

上证指数 2440 点以来暴涨 50% 但 1419 只股票创下新低

2440.91 点，这是上证指数 2014—2020 年的最低点，2021 年春节前的最后一个交易日，上证指数报收 3655.09 点，这意味着上证指数自 2019 年 1 月 4 日的最低点以来，区间涨幅高达 49.74%。而同期的深证成指、中小板指和创业板指更是直接翻倍。

表 8-1 各主要证券指数与区间涨跌幅

证券代码	证券名称	2019 年 1 月 4 日收盘指数	2021 年 2 月 10 日收盘指数	区间涨跌幅（%）
000001.SH	上证指数	2154.87	3655.09	48.32
000300.SH	沪深 300	3035.67	5807.72	95.89
399001.SZ	深证成指	7284.84	15962.25	125.16
399005.SZ	中小板指	4716.47	10797.85	135.35
399006.SZ	创业板指	1245.16	3413.81	161.09

上述指数表现异常亮眼，但有 4 成的股票创下了 2440.91 点以来的新低。2018 年 9 月 30 日（含）以前共有 3522 家上市公司，2019 年 1 月 4 日至 2021 年 2 月 10 日期间，这 3522 家公司的中位数涨幅只有 10.9%，平均涨幅为 47.37%，这意味着绝大部分投资者都无法跑赢沪深 300 指数。在这 3522 家中，2019 年 1 月 4 日至 2021 年 2 月 10 日，共有 2098 只股票上涨，占比为 59.57%；有 1419 只股票出现了下跌，占比为 40.29%；另外 5 只股票涨跌幅为 0。这意味着，即便投资者在 2019 年 1 月 4 日入场，那么至今赚钱的概率也不到 6 成，亏钱的概率则超过了 4 成。毫无疑问，在股票市场上赚钱正在变得越来越困难。

在注册制时代的背景下，国内股市已经没有了"大牛市"的行情。对投资者而言，只有系统掌握科学的证券投资方法，才更有可能取得较好收益。

（资料来源：https://finance.sina.com.cn/stock/focus/2021-02-10/doc-ikftpnny6213875.shtml.[2023-06-28]，有改动）

证券投资是以获取投资收益为目的的一项经济活动。为了实现证券投资收益最大化，投资者必须对投资对象进行慎重、缜密的分析，科学地进行投资决策。**证券投资分析**的方法有很多，但归纳起来可以分为两大类：**基本分析**和**技术分析**。基本分析是对公司基本面情况进行分析，以证券的内在价值作为投资决策的依据；技术分析是对证券成交量情况和价格走势情况进行分析，并以此作为投资决策的依据。基本分析的目的是认识证券的投资价值，研究证券是否具有投资价值；而技术分析侧重于对价格和成交量的变化规律进行研究，主要是解决证券在什么时机进行投资的问题。**投资者可能会对这两种方法有所侧重，但是任何一位投资者都不可能将两种方法完全割裂开来。**大多数成功的投资者都是能够将两种方法有机地结合起来加以运用。

8.1 技术分析概述

8.1.1 技术分析的含义

所谓**技术分析（Technical Analysis）**，是指投资者利用数学、统计学理论，以技术图形和技术指标为分析工具，对证券市场未来的价格变化趋势进行预测的研究活动。

技术分析的对象主要是证券价格、成交量、价格变化的幅度及其所经历的时间跨度四个方面，简称价、量、时、空。技术分析可以简单地归结为对证券的价、量、时、空四大要素的分析。

证券价格是投资者进行投资分析的最主要的依据。尽管技术分析本身并不注重证券价格所处的位置，而着重考虑证券价格的走势以及技术指标。然而事实上，任何一位投资者都不可能完全抛开证券价格所处的位置而孤立地分析技术指标和走势。如果证券价格已严重背离了它的价值，即使该证券走出了完美的底部技术图形，也是以多头陷阱的成分居多。因此价格及其所处的位置在技术分析中也是需要考虑的一个重要因素，这实际上也蕴含了基本分析的思想精髓。

在技术分析中，证券的价量关系是其市场行为最基本的表现，反映了大部分的市场行为。某一时点上的价格与成交量是市场上买卖双方力量的均衡点。价格变化，说明买卖双方的力量对比发生了变化。但是这一变化还必须要能够得到市场的认同。成交量就是市场对于价格的变化的认同程度的反映。**价升量增，说明市场对于这一价格的变化认同度高，价格还有进一步上涨的趋势；如果价升量减，说明买方对于这一价格的变化认同度低，价格的上涨缺乏基础。**反之，价跌量减，说明卖方对于这一价格的变化认同度低，价格进一步下跌的空间就受到了限制。当然，价格与成交量之间的关系也是非常复杂的，如有时市场上出现重大利好时，可能会出现无量空涨的情况。当然，这也从另一个角度说明了市场对这一价格变化的充分认同。

在技术分析的过程中，价格变化的空间与完成这一变化所需要的时间之间的对比，也是判断证券价格未来走势的重要参考依据。价格的快速上涨必须要有强大的外在动力的推动，如果这一动力不足以保证证券价格的这种快速上涨，市场就会选择证券价格回落这一方式来缓和证券价格上涨与动力不足之间的矛盾。因此，**我们在分析证券价格未来走势的过程中，不仅要考虑证券价格已经上涨了多少，还必须要考虑该证券完成这一上涨变化所经历的时间的长短。**如果是在短时间内急涨，则证券价格回调的动能较大，可能随时会出现回落；但在"慢牛"行情中，充足的时间、充分的换筹、持有证券成本的不断提高、均线系统的有力支撑，将会使行情走得较远。比如，同样是上涨了 15%，一只股票只用了 3

个交易日，另一只股票却用了一个月。前者可能随时会出现回落，而后者却可能还有较大的上涨空间。

8.1.2 技术分析的假定前提

技术分析的理论基础基于三项合理的市场假定前提：市场行为涵盖一切信息；证券价格沿趋势移动；历史会重演。

（一）市场行为涵盖一切信息

这一前提是进行技术分析的基础。它的提出与有效市场假设是一致的。根据有效市场假设，如果信息是高度对称的、透明的，每一位投资者都可以在相同的时间知晓市场上所有信息，任何信息都会迅速而充分地反映在市场行为中，并在证券价格上得到体现。作为投资者，没有必要花精力去研究究竟是什么原因导致证券价格的波动，只需要从证券的量价变化判断其对市场行为的影响程度即可。

这一假设是有其合理性的。因为任何一个因素对证券市场的影响最终都必然体现在证券价格的变动上。证券价格大幅度上涨，说明肯定有利好消息存在；证券价格大幅度下跌，说明肯定有利空消息存在。投资者只需要关心这些市场因素对证券市场的影响程度，而不需要过多地关注这些市场因素到底是什么。但是，这一假设是建立在有效市场的前提下的。在证券市场中，尤其是在像中国这样处于转轨时期的发展中国家的证券市场中，市场的弱有效性非常显著，信息的完全透明、对称是难以做到的。如果投资者按照信息失真或价格操纵导致的证券价格波动来进行技术分析，其出现错误的可能性也是显而易见的。因此，在进行技术分析的同时，还需要对信息的可靠性及公司的基本面进行科学的判断和准确的分析。

（二）证券价格沿趋势移动

这一假设认为证券价格的变动是有规律的，即有保持原来运动方向的惯性。这是技术分析最核心的一项内容。一般来说，如果一段时间内证券价格一直持续上涨或下跌，那么今后一段时间，如果不出意外，证券价格也会按这一方向继续上涨或下跌，没有理由改变这一既定的运动方向。正是因为这一假设的存在以及对其合理性的判定，才会有"追涨杀跌"这一操作策略的存在空间。技术分析中的指标分析、图形分析等都是建立在这个假定前提下的。在这些技术分析方法中，买点的选择并不是证券价格的最低点，而是在证券价格由最低点出现上涨并已形成上涨趋势时；卖点的选择也不是证券价格的最高点，而是在证券价格由最高点出现下跌并已形成下跌趋势时。

这一假设同样也有其不合理之处。证券价值使得证券的价格是不可能沿着一种趋势一直发展下去的。而且证券价格波动被认为是最没有规律可循的，如果片面地强调这一假设，不管证券价格处在一种什么样的位置，而投资者一味地去"追涨杀跌"，势必会导致投资的失败。

（三）历史会重演

这一假设是建立在对投资者心理分析的基础上的。在一个证券市场上，影响证券供求的力量来自人。而人的行为，往往受其过去的经验和教训的影响。"江山易改，本性难移",因此人们的交易行为将趋于一定的模式。当市场上出现与过去相同或类似的情况时,思维定式促使众多的投资者都按照过去的操作思路来进行操作,"顺势而为"的思想也使一些有不同认识的投资者选择了相同的操作,这样证券价格的走势也就重演了历史。这也就是说,过去出现过的价格走势和变动方式今后还会不断地出现。同时,一些技术分析理论,如波浪理论、道氏理论等,尽管来自证券投资的实践之中,但是投资者对它们的研究也进一步强化了心理误区,导致了历史的重演。正是"历史会重演"这一假设合理性的存在,使得技术分析能够根据技术指标的水平和一些技术图形形态的出现来判断证券价格未来的走势。例如,股票市场中有投资心理五部曲谚语:"酸溜溜、失望、生气、买进、套牢。"这也说明了失败的投资者在不断地在重复着过去的错误。

这一假设同样也有其不合理之处。历史确实会有相似之处,但是绝不是简单地重复。尤其是证券市场,其发展变化还受到大量人为因素的影响,历史的差异总会或多或少地存在。这也就决定了技术分析不可能百分之百准确。但是,一种分析方法如果能够做到胜多败少,其存在就有价值。

8.1.3 技术分析与基本分析的区别

众所周知,技术分析和基本分析两种分析方法的目的是一致的,都是为了指导投资者实现投资收益最大化的目标,科学地决定投资行为。但这两种分析方法所采用的方法、研究的方向是大不相同的。

从分析方向上来看,基本分析是对公司基本面情况的分析,集中研究供给与需求的经济力量中能够造成价格上涨、下跌或横向盘整的相关因素,以证券的内在价值作为投资决策的依据,从而预测该证券的价格走向;而技术分析专门研究市场行为,侧重于对价格和成交量变化规律的研究,主要解决在什么时机进行投资的问题。

从分析内容上来看,基本分析重视消息、新闻,主要从主观上对掌握的各种材料加以判断。基本分析一般会从政治、经济、金融、企业经营状况和企业管理等各个方面去收集资料,再加以综合研究判断,不但分析整个经济形势,景气变动,产业结构变化,还进一步研究个别企业的业绩、获利能力、管理能力、工作效率、财务结构变化、股息红利分配政策等,从而挖掘有价值的投资对象。技术分析则更重视量与数,以统计学作为基础来进行实际操作,比较客观。

从理论分析上来看,技术分析研究市场价格移动所产生的影响,而基本分析研究市场价格移动的动因。

拓展阅读 8-1

使用技术分析方法时应注意的问题

像大多数事物一样,技术分析也有两面性,它有神奇有效的一面,也有无能为力的一面,这是由技术分析方法的原理决定的。每种技术分析方法只注重证券市场的某个方面,它们从特殊的角度进行分析研究,并且有一定的使用条件。而证券市场的运行方式是在不断变化的,市场的条件与某种技术分析方法不一定完全吻合。此外,在分析过程中可能存在投资者对一些技术分析方法的掌握不够准确、对一些细节的处理不够完善的问题。各种偶然因素的出现也会使技术分析方法产生偏差。总之，在运用技术分析时必然会发生偏差，投资者应考虑的问题是应如何尽量避免和减少这些偏差。

一、不应过分地依赖于技术分析

任何一本技术分析的著作都可以列举出大量技术分析专家所取得的辉煌业绩来说明技术分析的有效性。我们应当看到，技术分析虽然能够帮助我们有效地进行投资决策，但是它也存在不足与盲点。技术分析能够避免明显的错误，但不能避免全部错误。投资者过分地依赖技术分析，固执地、不加分析地消极等待技术分析指标或技术图形的出现是十分可怕的事情。因此，在使用技术分析方法的时候，投资者要充分认清它的不足，不要对技术分析的期待过高。

二、技术分析要与基本分析结合使用

我国的证券市场，发展历史短，还很不成熟，政策因素干扰频繁，人为操纵的影响较大。因此，仅依靠过去和现在的数据、图表预测未来是不够的。投资者要不断地修正技术分析方法，灵活地使用技术分析，同时还必须结合基本分析的结果。基本分析是对证券内在价值的分析。"物极必反"的道理每一位投资者都必须永远牢记。如果证券的价格已严重背离了其价值，即使它的技术形态再完美，其潜在的风险也是显而易见的。

三、运用多种技术分析方法相互印证

没有完美的技术分析方法，这是每个使用技术分析方法的投资者应该记住的。投资者需要全面考虑各种技术分析方法，综合分析使用这些方法后得到的结果，最终得出一个合理的多空双方力量对比的描述。单独使用一种技术分析方法有局限性和盲目性，如果每种方法都得到同一结论，那么这一结论的可靠性就较高。为了减少失误，投资者需要尽量多地掌握技术分析方法，掌握得越多好处越大。

四、技术分析要不断地进行修正，并经过实践验证后才会真正有效

虽然没有人准确地统计过，但是技术分析的指标与方法少说也有成百上千种，而且还在不断增加。之所以会这样，是因为研究证券的分析方法不同、证券市场不同、研究的时代不同、所选择分析的证券不同等。随着环境的改变，一些曾经成功的结论也可能失败。要保证技术分析方法准确、适用和有效，投资者应当运用历史的数据对不同技术分析方法进行验证，并予以选择。

五、技术分析中决定的因素还是人

运用技术分析方法在很大程度上依赖于投资者个人的选择。例如，技术指标中参数的选择、切线中线条画法的选择、波浪理论中浪的数法，都是因人而异的。个人的偏好和习惯影响这些选择，当然也就影响技术分析的结果，这就是不同的投资者在使用技术分析时得到不同结论的原因之一。

8.2 技术分析的理论基础

世界上的技术分析理论可谓"百花齐放"，技术分析学者依据自己的分析视角提出了大量的技术分析理论，其中包括道氏理论、随机漫步理论、波浪理论、循环周期理论、相

反理论、空中楼阁理论等。在此我们主要介绍道氏理论、波浪理论、随机漫步理论。

8.2.1 道氏理论

道氏理论（Dow Theory） 是技术分析理论的基石，技术分析理论的三大假设就是来源于道氏理论。它由《华尔街日报》第一任编辑查尔斯·亨利·道（Charles Henry Dow，以下简称道氏）于19世纪末创立。他和爱德华·琼斯（Edward Jones）于1884年首创著名的道琼斯股票价格平均指数。道氏自己并未形成系统的理论学说，是S.A.纳尔逊于1903年将道氏陆续在《华尔街日报》上发表的一系列对股票市场行为的研究心得收编在《股票投机基础》一书中，这本著作首次使用了"道氏理论"这一说法。后来，道氏的华尔街助手兼传人威廉·彼得·汉密尔顿归纳整理了前者的理论，并于1922年汇集成书《股票市场的晴雨表》；1932年，罗伯特·雷亚又将该理论进一步加以提炼，出版了《道氏理论》一书。

一项统计资料表明，当道氏理论给出明确的"牛市"确认信号时，投资者能够掌握"牛市"行情61.8%的涨幅；如果道氏理论给出明确的"熊市"确认信号时，投资者能够掌握"熊市"行情40.5%的跌幅。投资者根据道氏理论确认的买卖信号进行操作，就是将道氏理论的失误考虑进去，也几乎可以保证14%左右的长年回报率。

（一）道氏理论的基本观点

道氏理论认为股票市场虽然千变万化，但同样存在周期性的变化规律，这一变化规律使股票市场的变动形成一定的趋势。如果股价平均指数的波动在一个较长的时期里，其高点一个比一个高，而低点也一个比一个高，那就是上升趋势，即"牛市"；反之，便是跌势，即"熊市"。

道氏理论把**市场的变动趋势**分为3类：**长期趋势（基本趋势）**、**中期趋势（次级趋势）**、**短期趋势（日常趋势）**。道氏理论用大海的潮汐、浪涛、波纹来分别表示这3种趋势。

1. 长期趋势（基本趋势）

长期趋势即股价广泛或全面上升或下跌的变动情形，其**持续时间为1～4年**。其中上升的股市平均持续约25个月，最短也达13个月；下跌的股市平均持续约17个月，最短约11个月。对投资者来说，基本趋势持续上升就形成了多头市场，持续下降就形成了空头市场。

多头市场上升的股市分为3个阶段：**恢复阶段**、**上升阶段**、**疯狂阶段**。**恢复阶段**以建仓筑底为主要特征。在不景气的时期，多数投资者都还停留在灰心丧气的阴影之中，而一些有远见的投资者已经觉察到，虽然目前是处于不景气的阶段，但底部已经见到，因此他们开始逐步买进那些跌幅较大、投资价值已经显现的股票。同时，空方力量逐渐衰弱，多方力量逐渐积聚。由于此时股票市场还处于悲观的氛围之中，普通投资者缺乏信心和投资热情，甚至还想寻机逃离股市，因此这一阶段如果没有实质性的利好消息，一般要经过非常漫长的胶着阶段。随着不断地换筹，投资者信心逐步恢复，交易热情逐渐提高，成交量不断放大，股市将进入第二个阶段——**上升阶段**。在上升阶段，随着企业经营业绩的上升和投资者信心的恢复，交易开始活跃，交易量增大。在这个阶段，使用技术性分析指导操作通常能够获得较丰厚的利润。在经过了一段较长时间的上涨以后，第三个阶段——疯狂阶段出现。此时，整个股市处于疯狂状态，由于上升阶段的赚钱效应吸引了众多的场外资金，资金大量涌入，成交量急剧增加，股价快速拉升，整个股市一片繁荣，投机气氛逐渐高涨，"冷门股""垃圾股"也跟着"鸡犬升天"，股价水平与其内在价值已严重背离，上涨趋势基本结束。

空头市场的股市也分为3个阶段：疲惫阶段、恐慌阶段、阴跌阶段。第一个阶段是疲惫阶段。疲惫阶段的真正形成是在前一个多头市场的最后一个阶段。在这个阶段，有远见的投资者觉察到企业的盈余已不足以支撑如此高的股价，而开始加快出货的速度。此时成交量仍然很高，但是股价上升已见疲惫之态。虽然有时会有一定的反弹，但弹升的力度有限而且投资者跟进的意愿已明显降低。第二个阶段是恐慌阶段，大多数投资者已经预见到股票的"熊市"已经来临，竞相抛售股票，逃离股市，此阶段交易量大幅度增加，股价急剧下跌。在恐慌阶段结束以后，通常会有一段相当长的次级反弹或者横向变动的时期。第三阶段阴跌阶段时，股市上弥漫着悲观的气氛，坏消息充斥市场，投资者信心丧失殆尽，稍有反弹，投资者就想止损出局，股票价格处于漫漫阴跌的状态。在这一阶段的后期，股价跌幅趋缓，可能会进入牛皮盘档行情。此时空头市场即将结束，下一步又将进入多头市场。

2. 中期趋势（次级趋势）

中期趋势代表基本趋势中的调整，运动方向与基本趋势相反，并对基本趋势产生一定的牵制作用，因而也称股价的修正趋势。中期趋势一般不会改变长期趋势的发展方向。当中期趋势下跌，其谷底一波比一波高，这表示长期趋势仍将上升；当中期趋势上升，其波峰一波比一波低，这表示长期趋势仍将下跌。中期趋势持续的时间从三周至数月不等，其股价上升或下降的幅度一般为股价基本趋势的三分之一或三分之二。通常在一个长期趋势中，总会有两三次中期趋势。

3. 短期趋势（日常趋势）

短期趋势通常是指6日以内的股价变动趋势。中期趋势一般由3个及以上的短期趋势组成。道氏理论认为，短期趋势是可以人为操纵的，它与反映经济态势的中长期趋势有着本质的不同。由于短期趋势波动的幅度比较小，对投资收益的影响不大，同时它又容易被庄家操纵，难以判断和利用，因此可以忽略短期趋势对股价变动的影响。

在上述3种趋势中，长线投资者最关心的是股市的长期趋势，其目的是尽可能地在多头市场上买入股票，而在空头市场形成前及时地卖出股票；短线投资者则比较重视股市的中期趋势和短期趋势，他们的目的是从中获取短期的利润。庄家对股价的操纵主要是针对短期趋势，他们一般无法操纵股价的长期趋势和中期趋势。

（二）道氏理论的缺陷

1. 不能推断基本趋势的涨跌幅度

道氏理论的主要目标是探讨股市的长期趋势。一旦长期趋势确立，道氏理论假设这种趋势会一直保持下去，直到受到强大的外来因素影响而改变为止。道氏理论只能推断股市的大势的变化方向，但不能推断长期趋势的涨跌幅度。

2. 提示信号滞后

道氏理论对股价变动趋势变化提示信号,要在道琼斯运输业股价平均指数和工业股价平均指数互证时发出,但往往这时这种趋势已经形成,容易失去最好的入货和出货机会。

3. 不能对选股提供帮助

道氏理论对投资者选股的决策影响较小,几乎无法提供什么帮助。

4. 对中、短期趋势启示有限

道氏理论注重长期趋势,对中、短期趋势,特别是在牛皮盘档的情况下,不能带给投资者以启示。

8.2.2 波浪理论

波浪理论(Wave Theory) 是由技术分析师艾略特于1938年创立的一种价格趋势分析方法。它可用以分析股市指数、股票价格的走势,是世界股市分析上运用最多而又最难以了解和精通的分析方法。

(一)波浪理论的基本特点

1. 股价指数的上升和下跌将会交替进行

艾略特认为,不管是股票还是商品价格的波动,都与大自然的潮汐、波浪一样,一浪跟着一浪,上升和下跌交替进行,周而复始,具有相当程度的规律性,展现出周期循环的特点。因此,投资者可以根据这些规律性的波动预测价格未来的走势,在买卖策略上实施运用。

2. 推动浪和调整浪

推动浪和调整浪是价格波动2个最基本形态,而推动浪(即与大市走向一致的波浪)可以再分割成5个小浪,一般用第1浪、第2浪、第3浪、第4浪、第5浪来表示,调整浪也可以划分成3个小浪,通常用a浪、b浪、c浪表示,见图8.1。

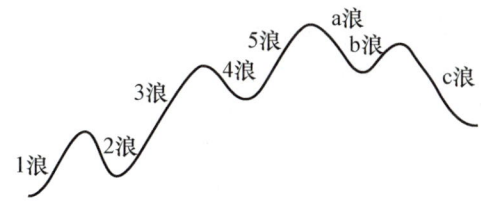

图 8.1 基本的波浪形态

3. 循环

在上述8波浪(5上3落)完毕之后,一个循环即告完成,走势将进入下一个8波浪循环。

4. 波浪基本形态永恒不变

时间的长短不会改变波浪的形态,这是因为市场仍会依照其基本形态发展。波浪可以拉长,也可以缩短,但其基本形态永恒不变。

(二) 波浪的形态

1. 第 1 浪

第 1 浪基本上在两种情况下出现。一种情况是营造属于底部形态的第一部分,是循环的开始。由于这段行情的上升出现在空头市场跌势后的反弹和反转时期,买方力量并不强大,加上空头继续存在卖压,因此,在此类第 1 浪上升之后出现第 2 浪调整回落时,其回档的幅度往往很深。另外一种情况是出现在长期盘整完成之后,这时第 1 浪行情上升幅度较大些。

2. 第 2 浪

第 2 浪是下跌浪,由于市场人士误以为"熊市"尚未结束,因此其调整下跌的幅度相当大,几乎吃掉第 1 浪的升幅;当行情在此浪中跌至接近第 1 浪的起点时,市场出现惜售心理,抛售压力逐渐降低,成交量也逐渐缩小时,第 2 浪调整才会宣告结束,在此浪中经常出现反转形态,如头肩底、W 底等。

3. 第 3 浪

第 3 浪一般是最具爆发力的上升浪,这段行情持续的时间与上涨的幅度,通常是最长、最大的。经过第 1 浪的上涨、第 2 浪的调整之后,投资者信心恢复、换筹充分、成交踊跃,股价常出现连续大幅度的上涨。上涨过程中各种阻力位在这个时期往往被非常轻易地突破,尤其在突破第 1 浪的高点时,是最强烈的买进信号。

4. 第 4 浪

第 4 浪是行情大幅劲升后的调整浪,通常以较复杂的形态出现,但调整幅度一般不超过第 1 浪的顶点。

5. 第 5 浪

第 5 浪是上升浪,比第 3 浪时间短、力量弱,并有可能出现失败的情况,走出双顶形态。在这段行情中,二、三类股票通常是市场内的主导力量,其涨幅常常大于那些绩优蓝筹股。

6. 第 a 浪

第 a 浪是下跌浪,在经过 5 浪的上涨之后,开始出现成交量与价格走势或技术指标上的背离等现象,但此时市场心态仍较为乐观,大多数投资者还沉浸在获益的快乐之中,错误地认为上升行情尚未逆转,此时仅为一个暂时的回档现象,调整的速度还比较慢,有时出现平势调整或"之"字形走势。

7. 第 b 浪

第 b 浪是第 a 浪下跌之后的调整浪,上涨的空间不大。然而由于第 b 浪属于一段上升行情,因此有一部分投资者也不愿意相信行情就此结束,错误地将此判断为另一波的上涨而坠入"多头陷阱"。第 b 浪成交量通常不大,投资者如果在第 5 浪的上涨之后没有逃离股市,此时是最佳的逃离机会。

8. 第 c 浪

第 c 浪是一段破坏力较强的下跌浪,跌势较为强劲、跌幅大。经过 5 浪的上涨之后,投资者获益已非常丰厚,而且此时悲观气氛已较为浓厚,庄家也往往是不计成本地出货,股价可能出现恐慌性的剧烈下跌或阴跌。此浪持续的时间较长久,而且出现全面性下跌。

从以上分析看来，波浪理论似乎颇为简单和容易运用，但实际上，由于每一个上升、下跌的完整过程中均包含有一个 8 浪循环，大循环中有小循环，小循环中有更小的循环，即大浪中有小浪，小浪中有微浪。一个完整的涨跌过程可以包含有 144 个微浪（图 8.2），因此使数浪变得相当繁杂和难于把握；再加上其推动浪和调整浪经常出现延伸浪等变化形态和复杂形态，这使得投资者更加难以界定对浪的准确划分，这两点构成了波浪理论在实际运用中的最大难点。

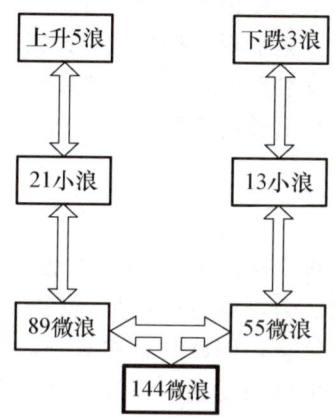

图 8.2　波浪数量分解图

（三）波浪理论的几个基本的要点

第一，一个完整的循环包括 8 个波浪，上升浪 5 涨 3 落，下跌浪 5 落 3 涨。

第二，波浪可合并为高一级的浪，也可以再分割为低一级的小浪。

第三，跟随主流行走的波浪可以分割为低一级的 5 个小浪。

第四，在第 1、3、5 这三个推动浪中，第 3 浪不可以是最短的一个波浪。

第五，假如 3 个推动浪中的任何一个浪成为延伸浪，其余 2 个波浪的运行时间及幅度会趋于一致。

第六，调整浪通常以 3 个浪的形态运行。

第七，黄金分割率的奇异数字组合是波浪理论的数据基础。

第八，经常遇见的回吐比率为 0.382、0.500 及 0.618。

第九，第 4 浪的底不可以低于第 1 浪的顶。

第十，波浪理论包括 3 部分：形态、比率和时间，其重要性以排列先后为序。

第十一，波浪理论主要反映群众心理。市场参与人越多，其准确性越高。

（四）波浪理论的缺陷

第一，波浪理论学者对数浪的看法并不统一。每一个波浪理论学者，包括艾略特本人，很多时都会受一个问题的困扰，就是一个浪是否已经完成而开始了另外一个浪呢？有时甲看是第 1 浪，乙看是第 2 浪。"差之毫厘，谬以千里"，看错的后果可能十分严重。

第二，对怎样才算是一个完整的浪，波浪理论也无明确定义，在股票市场的升跌次数绝大多数不按 5 升 3 跌这个机械模式出现。但有些波浪理论学者却曲解说有些升跌不应该计算到浪里面，数浪具有主观性。

第三，波浪理论有所谓的伸展浪，有时 5 个浪可以伸展成 9 个浪。但对在什么时候或者在什么准则之下波浪可以伸展，艾略特却没有明言，这使数浪变成"仁者见仁，智者见智"的事。

第四，波浪理论的浪中有浪，可以无限伸延，也即在"牛市"时可以无限上升，在"熊市"时可以无限下跌。只要是升势未完就仍然是上升浪，跌势未完就仍然是下跌浪。如何推测浪顶和浪底的运行时间，现在仍是谜团。

第五，艾略特的波浪理论是一套主观分析方法，缺乏客观准则；市场运行还受投资者的情绪影响，并非机械运行。将波浪理论直接套用在变化万千的股市会十分危险。

第六，波浪理论不能运用于对个股的选择上。

8.2.3 随机漫步理论

随机漫步理论（Random Walk Theory） 是一种古老的、在西方国家广为流传的解释证券市场价格波动的理论。该理论认为，证券价格是由买卖双方的交易决定的。买方和卖方都是理性的人，能够获得同样的信息，因此只有在双方都认为公平合理的价格上，交易才可能达成。任何人无法预测证券价格的变动，证券价格的变动基本上是随机的，就像一个在广场上行走的人一样，下一步将走向哪里是没有规律的。在随机漫步理论看来，各式各样的技术分析都存在预测悖论：证券市场内有成千上万的精明人士，如果众人都使用某种预测方法，并且都相信该方法的预测为真，则众人会提前采取行动，从而干扰了该预测，使其为假；反之，许多能够事后被证明为真的预测，恰在于事前人们尚未信其真。

随机漫步理论对图表派（通过技术分析方法分析各种图表并进行投资的流派）无疑是一个正面大敌，如果随机漫步理论成立，所有证券专家都无立足之地。因此不少学者曾经研究这个理论的可信程度。在无数研究之中，有三种研究特别支持随机漫步理论的论调。

第一，曾经有一个研究，用美国标准普尔指数的股票做长期研究，发现股票狂涨 4~5 倍，或是跌 80%~90% 的只是很少数，大部分的股票都是上涨或下跌 10%~30% 不等，在统计学上呈现正态分布的形态，即上涨或下跌幅度越大的占比例越小。因此股价并无单一趋势，买股票要看你是否幸运，买中上涨的股票还是下跌的股票的机会均等。

第二，有一个美国参议员用飞镖去掷一份财经报纸，随机掷中 20 只股票作为投资组合，结果这个乱来的投资组合竟然和股市整体表现相若，更不逊色于专家们建议的投资组合，甚至比某些专家的建议表现得还要出色。

第三，有人研究过单位基金的成绩，发觉今年成绩好的，明年可能表现得最差；一些往年令人失望的基金，今年却可能脱颖而出，成为升幅榜首。因此买基金也无迹可寻，要看你的运气，投资技巧并不实际。

随机漫步理论同样令人质疑：既然证券投资没有任何规律可循，为什么证券市场里的精明人士又几乎都在研究各种分析方法？为什么又会出现像巴菲特、索罗斯这样的金融巨头？实际上，证券市场尽管变幻莫测，但还是有一定的规律可循的，只是投资者并未真正领会其真谛。随机漫步理论只能说是在长期的跟踪研究中具有一定的有效性，但对于一些中、短期的投资决策，其结果一般是大相径庭的。投资者要真正在投资过程中取得最后的胜利，就必须要有常人所不具备的认识市场、分析市场的能力。

拓展阅读 8-2

缠　　论

缠论是 21 世纪初在我国本土出现并受到大批投资者狂热追捧的证券投资分析理论。自 2006 年开始，博主缠中说禅在新浪博客中发表了大量关于证券投资的文章，缠论由此正式面世。缠中说禅的文章内容涉猎广泛，知识体系庞杂，语言豪放犀利，自命为全球第一博客，该博客的点击量和回复量当时在国内遥遥领先，也由此可见投资者追捧缠论之狂热。

2008 年 10 月 5 日，缠中说禅发表了最后一篇博文后却突然停更，此后一直未有更新。传说缠中说禅在当年 10 月底已去世，而且他的身世至今仍众说纷纭。

缠论是在缠中说禅博客文章的基础上总结发展起来的，本身缺乏系统性与完善性。他人的理解也是见仁见智，而缠中说禅的不知所踪也使该理论中许多模糊、艰深和未完善之处已无法再得到进一步阐释，这也使得缠论更加神奇玄妙，扑朔迷离。

缠论中"缠"的意思为缠绕，在价格重叠区间，买卖双方争夺阵地；而"禅"者，破解之道也。分清"走势类型"是缠论技术分析的关键所在，也是其技术分析的基础。走势类型分为上涨走势类型、下跌走势类型和盘整走势类型。走势类型是有级别的，一般得把 1 分钟、5 分钟、30 分钟、日线、周线、月线等周期定为对应的上下级别关系。

"走势终将完美"是缠中说禅的思想精髓。它包含几个方面的含义。第一，走势分为上涨、下跌、盘整三种类型；第二，任何走势类型都要完成；第三，任何完成的走势类型，必然包含一个中枢；第四，任何走势类型完成之后，必然会转化为另外两种走势类型之一，例如下跌结束之后可以转化为上涨或者盘整。

"中枢"这个概念在缠论中的地位是举足轻重的，整个缠论技术分析，就是围绕中枢的生住坏灭展开的。缠中说禅将某级别走势类型中，被至少三个连续次级别走势类型所重叠的部分，称为"缠中说禅走势中枢"。

在具体操作上，缠中说禅提出了"三类买点、三类卖点"（图 8.3），这对理解、捕捉波段的高低点起到了至关重要的作用。第一类买点：在某级别下跌趋势中，一个次级别走势类型向下跌破最后一个"缠中说禅走势中枢"后形成的背驰点。第一类卖点：在某级别上涨趋势中，一个次级别走势类型向上突破最后一个"缠中说禅走势中枢"后形成的背驰点。第二类买点：在某级别中，第一类买点的次级别上涨结束后再次下跌的那个次级别走势的结束点。第二类卖点：在某级别中，第一类卖点的次级别下跌结束后再次上涨的那个次级别走势的结束点。第三类买点：在某级别上涨趋势中，一个次级别走势类型向上离开"缠中说禅走势中枢"，然后以一个次级别走势类型回抽，其低点不跌破中枢上边缘的中枢破坏点。第三类卖点：在某级别下跌趋势中，一个次级别走势类型向下离开"缠中说禅走势中枢"，然后以一个次级别走势类型回抽，其高点不升破中枢上边缘的中枢破坏点。

投资者对缠论的看法也褒贬不一。褒扬者将之奉若神灵，认为缠论是超越波浪理论、道氏理论的一种新型的技术分析理论，追随者众多。而贬损者则视之如草芥，认为缠论只是将原有的一些技术分析理论改头换面，故弄玄虚。

缠论与其他投资分析理论一样，只是一种理论，在实际的操作中，是需要经验去判断

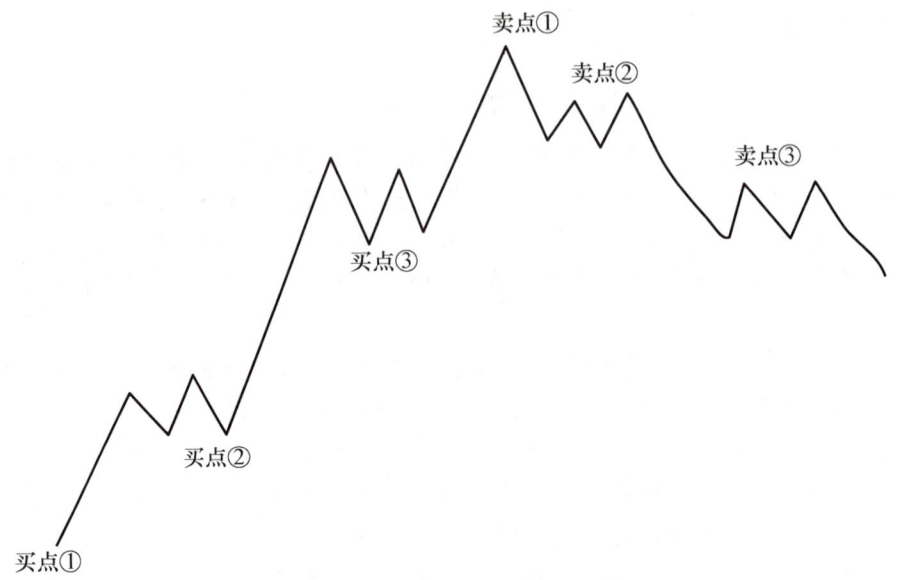

图 8.3 缠中说禅的"三类买点"与"三类卖点"

的。缠论只是一种武器,武器并不能够完全决定胜负,人对武器的理解、使用与市场行情等因素的综合作用才能决定证券投资的胜败。缠中说禅能够在近百年来百家争鸣的环境下,总结出一套自己原创的技术分析理论体系,取得如此造诣之人寥寥无几,难能可贵。

(资料来源:根据网络文献整理)

8.3 盘面基本信息

绝大多数投资者在证券买入、卖出的决策过程中主要依据看盘得到的数据信息。那么从这些闪闪烁烁、跳动变幻的数字、曲线中,我们可以得到些什么信息,又如何从中得到我们所需要的信息呢?

一般情况下,证券投资者主要是通过互联网来了解证券交易所提供的行情报价信息,以及分时走势图、K线图等相关数据信息,掌握证券市场的波动与变化情况。本节以股票为例进行分析。

8.3.1 行情报价显示的内容

行情报价图

证券交易信息由证券交易所通过互联网发送给各个证券公司(又称"券商")。投资者下载并安装开户券商的证券交易终端软件之后,即可登录查看行情以及进行网上委托。各券商的行情报价系统所提供的内容可能会略有差异,但基本上都包括:名称、开盘、成交、最高、最低、卖出、买入、总手、现手、成交量、成交额、涨跌额、涨跌幅度、量比,以及大量的公司财务数据等。以股票为例,这些项目显示的数据不仅展现了每只股票价格每时每刻的变化情况，还从各个方面向投资者提供了判断股价走势的重要参考资料。

名称，即为股票名称，一般为上市公司的简称。如：浦发银行，其全称为"上海浦东发展银行股份有限公司"。

开盘，即该股票的开盘价，也就是该股票本交易日第一笔交易的成交价。**此成交价是通过集合竞价产生的**，是参与交易的投资者经过一夜思考，在参考前收盘价的基础上，通过竞价交易达成共识所形成的价格。

成交，即该股票最近一笔交易的成交价格。

最高，即该股票在本交易日内到目前为止最高的成交价格。最低，即该股票在本交易日内到目前为止最低的成交价格。本交易日内中出现的最高价、最低价对股价的走势可起支撑或阻力作用，是投资者在盘中交易的重要参考依据。盘中股价之所以创下高点以后回落，说明在此价位有明显的卖盘积压，当股价在此处遇阻回落又再次上升至该价位时，将遇到堆积在此处的卖盘抛压，多方只有吃尽所有抛盘，才能突破前高点的阻力位继续上行，因此最高价有一定的阻力作用。多方若有效突破阻力，则在此价位遗留的未成交买盘就成了股价上涨回落的支撑力量。与此原理相同，股价在回落至本交易日的最低点时，它会受到一定的支撑，在此价位遗留的未成交买盘就成了股价回落到此价位时的支撑力量。

卖出，是指该股票的全部卖出委托中最低的委托价格，也就是在行情揭示中卖一的价格。买入，是指该股票的全部买入委托中最高的买入价格，也就是在行情揭示中买一的价格。卖出价格和买入价格也是投资者在盘中交易的重要参考依据。如果这只股票目前正处在上涨的过程中，而且投资者判断该股票还将继续上涨而急切地想购得此只股票，买入委托的价格就应当在一定幅度上高于买入价格；如果这只股票目前正处在下跌的过程中，而且投资者判断该股票还将继续下跌而急于想抛出手中的筹码，卖出委托的价格就应当在一定幅度上低于卖出价格。这样才可以保证委托的成功。

总手，本交易日该股票截至目前成交的总手数。

现手，该股票最近一笔成交的手数。

成交量，本交易日各股票截至目前成交的数量。

成交额，本交易日各股票截至目前成交的总金额。

涨跌额，该股票当前的成交价格比上一交易日收盘价格上涨或者下跌的金额。

涨跌幅度，该股票当前的成交价格比上一交易日收盘价格上涨或者下跌的幅度（一般用百分比表示）。

量比，当日总成交手数与近期（前5个交易日）平均成交手数的比值。如果量比数值大于1，表示这个时刻的成交总手数已经放大；若量比数值小于1，表示这个时刻成交总手数萎缩。

8.3.2 分时走势图（即时走势图）

分时走势图（Time-sharing Chart）是把股票市场的交易信息实时地用曲线在坐标图上加以显示的技术图形。坐标的横轴是开市的时间，纵轴的上半部分是股价或指数，下半部分显示的是成交量。分时走势图是股市现场交易的即时资料。

分时走势图分为**指数分时走势图**和**个股分时走势图**。

(一)指数分时走势图

指数分时走势图

在指数分时走势图的主图部分中,中间的红色直线为上一交易日收盘指数,左侧纵坐标为指数坐标,右侧纵坐标为指数涨跌幅度坐标。图中白色曲线表示交易所对外公布的通常意义下的大盘指数,也就是加权平均指数。黄色曲线是不考虑上市公司股本的大小,将所有股票进行简单平均计算所得到的大盘指数。

根据两条曲线的相对位置关系,可以得到两个结论。其一,当指数上涨,即黄色曲线在白色曲线之上时,表示小盘股的涨幅大于大盘股;而当黄色曲线在白色曲线之下时,则表示大盘股的涨幅大于小盘股。当指数下跌,即黄色曲线在白色曲线之上时,表示小盘股的跌幅小于大盘股;如果黄色曲线在白色曲线之下,则说明小盘股的跌幅大于大盘股。其二,指数分时走势图中的红色、绿色的柱线反映当前大盘所有股票的买卖双方力量的对比情况。如果显示为红色柱线,则表示委托买入的手数多于委托卖出手数;如果显示为绿色柱线,则表示委托卖出的手数多于委托买入的手数。红色柱线增长(绿色柱线缩短),表示买方的力量逐渐增强,指数将逐渐上涨;红色柱线缩短(绿色柱线增长),则表示卖方的力量逐渐增强,指数将逐渐下跌。

(二)个股分时走势图

个股分时走势图

在个股分时走势图的主图部分中,中间的红色直线为该股票上一交易日收盘价,左侧纵坐标为价格坐标,右侧纵坐标为股价涨跌幅度坐标。白色曲线表示该股票相应时点上的即时成交价格,黄色曲线表示本交易日该股票自开市至当前时点的平均价格。

下面是分时走势图中经常出现的名词及含义。

股票交易的原则是价格优先,时间优先。即,在所有的买入委托中,价格高者优先成交;在所有的卖出委托中,价格低者优先成交。

买一、买二、买三、买四、买五是指将投资者的全部有效买入委托按其委托价格从高到低排序,其中买一为最高申买价格。

卖一、卖二、卖三、卖四、卖五是指将投资者的全部有效卖出委托按其委托价格从低到高排序,其中卖一为最低申卖价格。

外盘是指成交价是卖出价时成交的手数总和,也就是主动地买入的成交量。**内盘**是指成交价是买入价时成交的手数总和,也就是主动地卖出的成交量。当外盘累计数量比内盘累计数量大很多,且股价也在上涨时,表明投资者看好该股票的未来趋势,很多人在主动地抢盘买入股票,股价将会进一步上涨;当内盘累计数量比外盘累计数量大很多,且股价下跌时,表明投资者看空该股票的未来趋势,很多人在主动地抛售股票,股价将会进一步下跌。

委买手数是指买一、买二、买三、买四、买五所有委托买入手数相加的总和。

委卖手数是指卖一、卖二、卖三、卖四、卖五所有委托卖出手数相加的总和。

委差是指委买手数与委卖手数之差。

委比是指委买手数与委卖手数之差与两者之和的比值。当委比为正值时,表示买方的力量比卖方强,股价上涨的概率大;当委比为负值的时候,表示卖方的力量比买方强,股价下跌的概率大。

现手是指已经成交的最新一笔交易的手数。

即时的每笔成交明细回报显示为在盘面的右下方数字，分别有成交的时间、价格和成交手数。

8.3.3　K线图

K线又称"阴阳线"，在欧美称之为"蜡烛线"（Candle Sticks），它是用来记录一段时间内股票行情变化的一种图形。K线图最早被日本德川幕府时代大阪的米商用来记录一天、一周或一月中米价涨跌行情，后被引入股市。因K线图有直观、携带信息量大等特点，因而在期货、外汇、黄金等市场上也流行起来，目前，它已成为世界上最权威、最通用的技术分析工具，是各类传播媒介、电脑实时分析系统中应用较多的显示股价走势的图形。

8.4　K 线 分 析

8.4.1　K线的画法、基本种类及功能

（一）K线的画法

K线图（图8.4）将某分析周期内股价变动的关键要素简洁地表示在图表上。K线图的分析周期可以根据投资者的研究所需确定，可以是1天、1周或1个月，也可以是1小时、30分钟、15分钟等。K线图反映股价变动的关键要素包括4个部分：开盘价、最高价、最低价、收盘价。

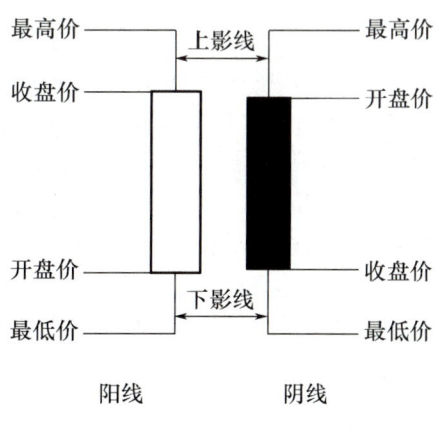

图8.4　K线图

K线由上、下影线和实体3个部分组成。上影线的上端顶点的位置表示在分析周期内的最高价，下影线的下端顶点的位置表示在分析周期内的最低价。按照分析周期内开盘价

K线图彩图

不同分析周期的K线图

与收盘价的关系，K线又分为阳线和阴线 2 种，在彩图中阳线多为红色空心实体，阴线多为绿色实心实体；在黑白图中，阳线多为黑色空心实体，阴线多为黑色实心实体。

（二）K 线的基本种类及功能

K线从形态上可分为阳线、阴线 2 种类型。阳线是指收盘价高于开盘价的 K 线，按其实体大小可分为大阳线、中阳线和小阳线；阴线是指收盘价低于开盘价的 K 线，按其实体大小可分为大阴线、中阴线和小阴线。K线按分析周期的不同，可分为日 K 线、周 K 线、月 K 线、年 K 线，以及将一日内交易时间分成若干等份的 K 线，如 15 分钟 K 线、30 分钟 K 线等。这些 K 线都有不同的作用，例如，日 K 线反映的是股价短期走势，周线、月 K 线、年 K 线反映的是股价中长期走势。15 分钟 K 线、30 分钟 K 线反映的是股价超短期走势。各种分析周期 K 线的绘制方法相同，即取得某一分析周期内开盘价、收盘价、最高价、最低价就很容易把 K 线图绘制出来。在这些 K 线图中，使用最多的是日 K 线，以下的介绍中也都是以日 K 线为例。

单根 K 线主要反映了股价变动过程中的 4 种价格：开盘价、收盘价、最高价、最低价。 开盘价就是该股票在本交易日第一笔交易的成交价，此成交价是通过集合竞价产生的；最高价即该股票在本交易日内到目前为止最高的成交价格；最低价即该股票在本交易日内到目前为止最低的成交价格；收盘价是该股票在本交易日最后一笔交易的成交价，但是如果交易正在进行之中，收盘价显示的实际上是该股票的最新成交价。**如果交易没有结束，这 4 种价格中除开盘价外，其余 3 种价格也都处于变动之中。**

在 K 线中所反映的 4 种价格中，收盘价是最重要的一种价格。因为其他 3 种价格反映的实质是过程，而收盘价是市场上多方与空方经过一天的斗争后最终达成的结果，是多方与空方一天斗争的平衡点。庄家也正是利用投资者都非常看重收盘价这一特点，在尾盘利用自己的资金优势拉高或打低收盘价，以此掩盖自己操纵股价的真实意图。这一点投资者要特别注意，应设法识破庄家的意图。

以股票为例，K 线所包含的信息是极为丰富的。仅以单根 K 线而言，一般上影线和阴线的实体表示股价的下压力量，下影线和阳线的实体则表示股价的上升力量；上影线和阴线实体比较长就说明股价的下跌动量比较大，下影线和阳线实体较长则说明股价的上涨动量比较强。如果将多根 K 线按不同规则组合在一起，又会形成不同的 K 线组合。这样的 K 线形态所包含的信息就更丰富。例如，在涨势中出现"乌云盖顶"K 线组合，说明可能升势已尽，投资者应尽早离场；在跌势中出现"曙光初现"K 线组合，说明股价可能见底回升，投资者应不失时机地逢低建仓。各种 K 线形态正是以它所包含的信息，不断地向人们发出买进和卖出的信号，为投资者看清大势、正确地买卖股票提供了很大的帮助，从而使它成为投资者手中极为实用的操盘工具。

8.4.2 单根 K 线的分析

K 线的形态有很多种，在此介绍几种对股价后期发展变化影响较大的单根 K 线形态。

(一) 大阳线

大阳线 (图 8.5) 表示最高价与收盘价相同,最低价与开盘价相同,没有上下影线。从一开盘,买方就积极进攻,中间也可能出现买方与卖方的斗争,但买方始终占优势,使价格一路上扬,直至收盘。大阳线表示涨势强烈,股市出现高潮,买方疯狂涌进,不限价买进。持有股票者,因看到买气的旺盛,抛售意愿较弱,出现供不应求的状况,后市进一步上涨的可能性较大。

(二) 大阴线

大阴线 (图 8.6) 表示开盘价就是最高价,收盘价就是最低价,没有上下影线。从一开始,卖方就占优势,多方步步退却。市场呈一面倒趋势,直到收盘。它还表示跌势强烈,后市还可能继续下跌。

图 8.5　大阳线　　　　图 8.6　大阴线

(三) 先跌后涨型

这是一种带下影线的阳线 (图 8.7),最高价与收盘价相同。开盘后,卖方力量较强,价格下跌。但在低价位上受到买方的还击,价格向上推过开盘价,一路上扬,并以最高价收盘。总体来讲,出现先跌后涨型,买方力量较大,但实体部分与下影线长短不同,买方与卖方力量对比不同:下影线较长,表明在低价位上已得到买方的充分认同,并在此价位买卖双方展开激烈交战,最终买方取得了胜利;如果同时阳线的实体也比较长,说明买方优势明显,后市可能会出现反转。

(四) 下跌抵抗型

这是一种带下影线的阴线 (图 8.8),开盘价是最高价。一开盘卖方力量就特别大,股价一路下跌,但在低位附近受到买方的还击,买方的部分失地被收回,但最终还是以阴线报收。这种 K 线表明空方的力量略占上风,多方虽已有意发起反攻,但动能稍显不足。如果下影线较长,阴线实体较短,后市买方很可能会全力反攻,并形成反转。

图 8.7　先跌后涨型　　　　图 8.8　下跌抵抗型

(五) 上涨受阻型

这是一种带上影线的阳线 (图 8.9),开盘价即最低价。一开盘买方力量强盛,价位一路上推，但在高价位遇卖方压力，使股价上升受阻。虽然此时卖方与买方的交战结果为买方略胜一筹，但如果是阳线实体较短，上影线较长，说明买方已是心有余而力不足。这种K线如出现在高价区，则后市看跌可能性居大，投资者应小心为妙。

（六）先涨后跌型

这是一种带上影线的阴线（图8.10），收盘价即是最低价。一开盘，买方与卖方进行交战。买方占上风，价格一路上升，但在高价位遇卖方反攻，买方节节败退，最后在最低价收盘，卖方占优势，使买方陷入"套牢"的困境。

图8.9　上涨受阻型　　　　图8.10　先涨后跌型

在交易过程中，多方虽然经过奋起反击，但终究力不从心而败下阵来，且阵地尽失。如果上影线较长、阴线实体较长，说明多方已是溃不成军，后市将会进一步下跌。尤其是这种K线出现在高价位区时，后市风险很大。

（七）十字线型、"T"型、倒"T"型

十字线型是一种只有上、下影线，没有实体或实体很短的K线图形；"T"型线是一种只有下影线，没有实体或实体很短的K线图形；倒"T"型线是一种只有上影线，没有实体或实体很短的K线图形。这三种K线图见图8.11。

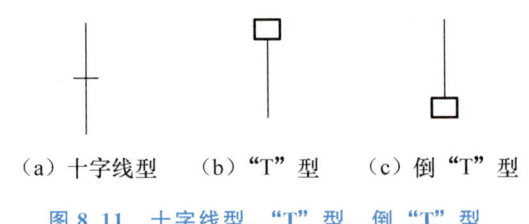

（a）十字线型　　（b）"T"型　　（c）倒"T"型

图8.11　十字线型、"T"型、倒"T"型

这3种K线形态都有一个共同的特点，就是这些K线的开盘价与收盘价的相对位置几乎一致，开盘价即收盘价，买方与卖方经过一天的斗争，最终几乎势均力敌。但是它们带给投资者的交易信号却有很大的区别。

十字线型常称为"变盘十字星"，无论出现在高价位区或低价位区，都可视为顶部或底部信号，预示大势即将改变原来的走向。

"T"型线如果出现在下跌过程中，特别是下影线比较长的情况下，说明下档的承接力已比较强，股价底部出现的可能性非常大。

倒"T"型线出现在高价位区时，说明上档抛压严重、行情疲软，股价有反转下跌的可能。

仅就单根K线而言，一般从它是阳线还是阴线，上、下影线的长、短，K线实体的大、小等方面来进行分析。阳线说明收盘价高于开盘价，一般来讲可以表明最终多方的力

量要占上风;阴线说明收盘价低于开盘价,一般来讲可以表明最终空方的力量要占上风。阳线实体较长,说明上涨的动量较大,后期进一步上涨的空间较大;反之,若阴线的实体较长,说明下跌的动量较大,后期进一步下跌的空间较大。上影线的出现,说明多方曾有过发起进攻的动作,但无奈实力不济,最终还是败下阵来。上影线很长,说明多方曾孤注一掷发起攻击,结果还是悲壮地失败了。这时若再有一定的阴线实体,表示股价的下压力量是非常强的。如果这时股价处于比较高的价位,那将是很危险的。下影线的出现则说明空方曾想做进一步的打压,但是受到了多方的顽强抵抗,并最终取得了胜利。下影线很长,说明空方曾倾尽全力发起攻击,在一些持股者中出现恐慌性的抛售,但是更多的投资者认为该股价现在已低于其价值,投资价值已充分显现出来,而不断地跟进买入,从而使股价由跌转升。这时若再有一定的阳线实体,表示股价的上涨动量是非常强的。如果这时股价处于比较低的价位,未来出现反转的可能性非常大。

值得注意的是,**阳线和阴线仅反映股票开盘价与收盘价的相对位置关系。阳线并不一定意味着股价的上涨,阴线也并不一定意味着股价的下跌。**因此,以上仅从K线图本身的形态来进行分析,具有很强的局限性。比如说,同样是一根大阳线,其开盘价是处在高开、低开,还是平开的位置上,其效果是截然不同的。如果说这根大阳线主要是由于股票大幅度低开所造成的,那么对其分析的结论与以上分析是完全不同的。由于庄家可以比较轻松地影响一只股票的开盘价或收盘价,因此,对单日K线的分析要结合具体情况进行。一般来说,通过K线组合分析的准确性更高些。

知识要点提醒 8-1

阳线、阴线与股价上涨、下跌的区别

- 阳线和阴线并不对应着股价的上涨或下跌,因为两者的参照不同。
- 股价的涨跌是以上一个交易日的收盘价作为参照,高于上一个交易日的收盘价即为上涨,低于上一个交易日的收盘价即为下跌。
- 阳线和阴线以本交易日的开盘价作为参照,收盘价高于开盘价即画作阳线,收盘价低于开盘价即画作阴线。

8.4.3 K线组合分析

K线图中蕴含着丰富的东方哲学思想,以阴阳之变表现出了多空双方"势"的相互转换。单根K线代表的是多空双方一天之内的斗争结果,不足以反映连续的市场变化,而且庄家很容易利用其资金雄厚的优势"骗线",即故意抬高或压低收盘价或开盘价,给投资大众造成一种错觉,产生误导。庄家可以相对容易地控制一日或几日的K线,但要控制一周或几周的K线就相对较为困难。多条K线的组合图谱可以更详尽、准确地表述多空双方一段时间内"势"的转化。多空双方中任何一方突破盘局获得优势,都将形成一段上涨或下跌的行情,这就是所谓"势在必行"。而随着这种行情的不断发展,又为对方积攒着反攻的能量,也就是"盛极而衰"。研判K线组合图谱的目的,就是通过观察多空双方势力强弱盛衰的变化,感受双方"势"的转化,顺势而为,寻找并参与蓄势待发的底部,抱牢大势所趋的上涨股票,规避强弩之末的顶部风险。

下面介绍的这些K线组合形态，不仅形象生动，易于理解和记忆，而且非常实用，能在较早的时间里，发现投资者的情绪变化，洞悉资金流向。

（一）曙光初现

在连续下跌的行情中，在阴线之后出现了1条低开高走的阳线，阳线的实体深入到阴线实体的$\frac{1}{2}$以上处。这一阴一阳的组合就称为"曙光初现"（图8.12）。它的市场意义是阴线所代表的下跌动能被第二根阳线所冲散，空方力量已衰竭，前景开始光明。此为见底信号，后市看涨。阳线实体深入阴线实体的部分越多，转势的信号越强。

（二）红三兵

在下跌行情之后，空方已无力继续打低股价，股价在低价区呈窄幅波动，小阳线与小阴线交替出现，成交量萎缩。在经过较长时间整理之后，多方积蓄了足够的能量，伴随着成交量的均匀放大，盘面出现连续上升的3根小阳线，使股价突破盘局开始上涨。这3根小阳线称为"红三兵"（图8.13），它的出现预示着后市大幅上涨的可能性很大。

图8.12　曙光初现　　　　图8.13　红三兵

当3根小阳线收于最高或接近最高点，即上影线很短或无上影线时，称为"三个白色武士"，它对后市股价拉升的作用要强于普通的"红三兵"，投资者应引起足够重视。

（三）旭日东升

此K线形态出现在下跌趋势中，由一阴一阳2根K线组成。先是1根大阴线或中阴线，接着出现1根高开的大阳线或中阳线，阳线的收盘价已高于前1根阴线的开盘价（图8.14）。此类见底信号强于"曙光初现"，阳线实体高出阴线实体部分越多，转势的信号越强。

（四）低档位五阳线

在低价区的阴线后连续出现5条或5条以上的小阳线，说明逢低吸纳者众多，卖盘强劲，底部已经形成，多方蓄积的能量即将爆发，后市上涨的可能性极大（图8.15）。

图8.14　旭日东升　　　　图8.15　低档位五阳线

（五）上升两颗星

此 K 线形态一般在涨势初期、中期出现。先出现 1 根大阳线或中阳线，随后就在这根阳线的上方出现 2 根小 K 线（既可以是小十字线，也可以是实体很小的阳线、阴线）以消化获利盘和解套盘，如果次日出现成交量放大的阳线，即可以跟进买入股票，股价必将有一段上涨行情（图 8.16）。少数情况下会在 1 根大阳线上方出现 3 根小 K 线，这时，就称为"上升三颗星"。"上升三颗星"的技术含义与"上升两颗星"相同。

（六）跳空下跌三颗星

此 K 线形态出现在连续下跌途中，由 3 根小阴线组成。在经历了一个较大幅度的下跌后，随之又出现了 1 次跳空下跌，而且与上面一根 K 线之间留有了一个缺口。但随后的 2 根小阴线基本处于横向盘整，说明恐慌盘已经涌出并消化，经过 3 天的整理，后期将会上涨（图 8.17）。如果在 3 根小阴线后出现 1 根大阳线，上涨的可能性更大。

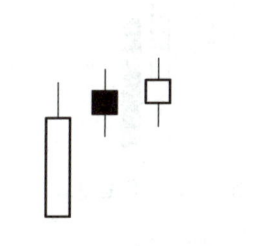

图 8.16　上升两颗星

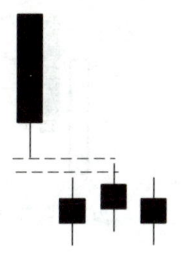

图 8.17　跳空下跌三颗星

（七）两阳夹一阴

此 K 线形态既可出现在涨势中，也可出现在跌势中，由 2 根较长的阳线和 1 根较短的阴线组成，阴线夹在阳线之中（图 8.18）。两阳夹一阴，通常是在股价连续收阳线之后，股价高开或平开低走以中小阴线报收，但其后的一个交易日股价却高开高走以中长阳线收盘，并将前 1 根阴线收复，这是非常典型的上攻形态，往往后市还会继续上涨。这种形态一般在上涨行情中的强势股或强庄股中出现较多且非常可靠，中间的一根阴线仅仅是上升中的强势调整而已。在上升行情中，除两阳夹一阴外，有时也出现两阳夹数阴的形态，也属于上攻形态和短线的买入时机，一般以 2 根或 3 根线居多，且 2 根或 3 根阴线未能将前一根阳线吞掉，其后一根阳线都将前面的数根阴线收复。

（八）顶部三只乌鸦

在上涨行情中，经过连续上涨之后，在高位接连出现 3 根高开低收的阴线，表明空方已经占据主导地位，卖盘强劲，是股价暴跌的前兆（图 8.19）。

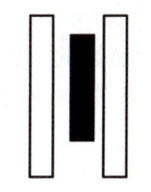

图 8.18　两阳夹一阴

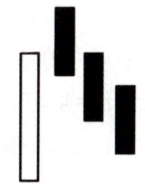

图 8.19　顶部三只乌鸦

（九）乌云盖顶

在连续上涨的行情中，在阳线的上方出现一条高开低走的阴线，阴线深入阳线实体 $\frac{1}{2}$ 以下处。这一阳一阴的组合就叫作"乌云盖顶"（图 8.20）。它的市场意义是长阳线所代表的上升动能被第二根阴线所冲散，多方力量已衰竭，继而进入跌势。阴线深入阳线实体部分越多，转势信号越强。

（十）倾盆大雨

此 K 线形态出现在上涨行情中，先是一根大阳线或中阳线，在阳线之后出现一条低开低走的一根大阴线或中阴线，阴线的收盘价已低于前一根阳线的开盘价，阴线实体超过了阳线（图 8.21）。倾盆大雨的见顶信号强于乌云盖顶，而且阴线实体低于阳线实体部分越多，转势信号越强。

图 8.20　乌云盖顶　　　　图 8.21　倾盆大雨

8.5　趋势理论

证券价格的变动趋势并不是杂乱无章、毫无规律可循的，而是有一定趋势的。技术分析就是建立在证券价格是按一定趋势变动这一前提之下的，趋势是技术分析的最核心问题，技术分析的全部目的就是搞清市场价格变动的趋势。因此，"顺势而为"就成了证券市场中最广泛认同的投资理念。

8.5.1　趋势的意义

简单来讲，趋势就是证券价格运动的方向。

若确定了一段上升或下降的趋势，则证券价格的波动必然朝着这个方向运动。上升的趋势里，虽然证券价格有时会下跌，但不影响上升的大方向，不断出现的新高价会使偶尔出现的下降黯然失色。下降趋势里的情况相反，不断出现的新低价会使投资者心情悲观，人心涣散。

技术分析的假设中就明确地说明了证券价格的变化是有趋势的，没有特别的理由，证券价格将沿着这个趋势继续运动。这一点就说明"趋势"这个概念在技术分析中占有很重要的地位，是我们应该注意的核心问题。

8.5.2 趋势的方向

一般来说，证券市场运动的趋势不是朝一个方向直来直去的，中间肯定要有曲折，从图形上看就是一条曲折蜿蜒的折线，每个折点处就形成一个峰或谷。从这些峰或谷的相对高度，我们可以看出趋势的方向。

趋势有 3 种方向：**上升趋势**、**下降趋势**、**横向盘整趋势**。

如果图形中每个折点后面的峰和谷都高于前面的峰和谷，则趋势就是上升趋势；如果图形中每个折点后面的峰和谷都低于前面的峰和谷，则趋势就是下降趋势；如果图形中每个折点后面的峰和谷与前面的峰和谷相比，没有明显的高低之分，几乎水平延伸，这时的趋势就是横向盘整趋势。

8.5.3 趋势的类型

根据道氏理论，趋势可分为以下三种类型。

（一）基本趋势

基本趋势（Primary Trend）是证券投资者极力要弄清楚的，也是趋势的主要方向。了解了基本趋势才能做到"顺势而为"。基本趋势是证券价格波动的大方向，一般持续的时间比较长。

（二）次级趋势

次级趋势（Secondary Trend）是证券价格在基本趋势运行的过程中进行的调整。前文已提及，趋势不会直来直去，总有局部的调整和回撤过程，次级趋势的使命正是完成这些调整和回撤。

（三）短暂趋势

短暂趋势（Short Term Trend）是证券价格在次级趋势中进行调整的。短暂趋势和次级趋势的关系与次级趋势和基本趋势的关系一样。

8.5.4 支撑与压力

（一）支撑与压力的意义

所谓**支撑（Support）**是指证券价格下跌到某一个价位附近，会出现买方增加、卖方减少的情况从而使股价暂停下跌或反弹上涨。这个起着阻止证券价格继续下跌的价格就是支撑线所在的位置。所谓**压力（Pressure）**是指证券价格上升到某一个价位附近，会出现卖方增加、买方减少的情况，从而使证券价格上涨受阻或反转下跌。这个起着阻止证券价格继续上涨的价位就是压力线所在的位置。

支撑线和压力线（图 8.22）的作用是阻止或暂时阻止证券价格向一个方向继续运动。我们知道，证券价格的变动是有趋势的，要维持这种趋势，保持原来的变动方向，就必须冲破阻止其继续向前的障碍。比如说，要维持上涨行情，就必须突破上涨的压力线的阻力和干扰，创造出新的高点。由此可见，支撑线和压力线迟早会有被突破的可能，它们不能长久地阻止证券价格保持原来的变动方向，只不过是使它暂时停顿而已。

只要支撑线或压力线被足够大的价格变化切实地击破了，它们就互换角色，演变成自身的反面，即支撑线变成了压力线，压力线变成了支撑线。这也就是说，支撑线和压力线的地位不是一成不变的，条件是它被有效的且足够强大的证券价格变动突破。

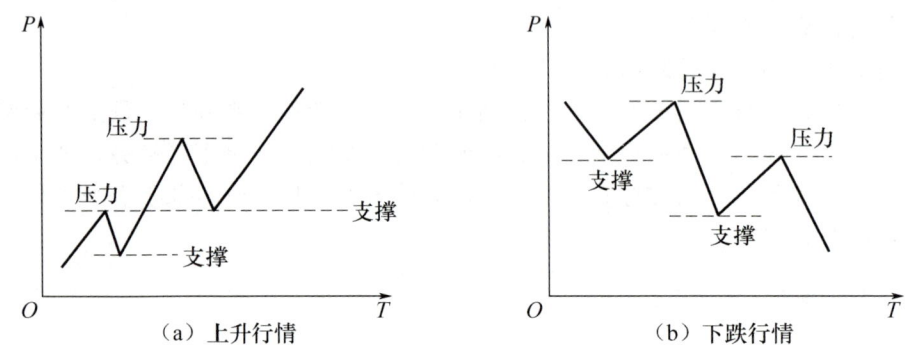

图 8.22　支撑线和压力线

（二）支撑与压力的形成

以股票为例，一只股票的价格的发展到什么价位会遇到压力？到什么价位会受到支撑？如果投资者能够确切地掌握上述信息，对其正确的投资决策具有极大的帮助。

1. 支撑与压力形成的原因

股价在某一区域之所以会形成压力或支撑，不外乎有两方面的原因。

一是，**这一区域很大程度上决定了投资者的持股成本**。如果股价高于这一价格区域，就会使相当一部分投资者获利或解套；如果股价低于这一价格区域，就会使相当一部分投资者套牢或亏损。当股价高于投资者的持股成本时，前期套牢的投资者在忍受了长时间套牢的煎熬之后，好不容易盼到解套因而都想逃离，纷纷卖出股票；前期在较低的价位上买入的投资者现在也有一定的获利，也都意识到股价进一步上行的压力会非常大，因而会趁早获利了结；有意买入的投资者却会担心为他人作嫁衣，买入的热情与信心显著不足。在此价位上，解套盘、获利盘的大量涌出及买方力量的削弱，必然使股价进一步上行的阻力加大。当股价低于投资者的持股成本时，股价将进一步下跌，必然会导致大多数的投资者被套牢，惜售的心态使投资者不愿意卖出自己手中的股票，这使股价进一步下跌的动量不足；同时买入的投资者会认为现价买入，持股成本肯定是最低的，这使得买方的力量进一步增强，从而使股价受到一定的支撑。

二是，**在这一区域投资者的心理反应影响了股价的上涨或下跌，从而产生了一定的支撑或压力**（图 8.23）。

2. 支撑与压力形成的主要几种位置

（1）**前期密集成交区**。股票交易曾在这一区域内出现反复的波动和巨大的成交量，说明在这一区域换手率很高，投资者的持股成本与此区域价格十分接近。那么当股价再次接近这一区域时，就会受到抵抗而形成压力或支撑。

（2）**前期高点、前期低点**。在投资交易的过程中，投资者总是不自觉地与前期以及历

图 8.23　压力与支撑的转化

史上的高点与低点进行比较。当股价达到或接近前期的高点，卖方力量的增强和买方力量的削弱导致在此价位形成一定的压力；当股价达到或接近前期的低点时，买方力量的增强和卖方力量的削弱导致在此价位形成一定的支撑。

（3）**黄金分割位、百分之五十位等**。黄金分割是一个古老的数字，对它的各种神奇的作用和魔力，数学上至今还没有明确的解释。黄金分割位、百分之五十位等，主要是通过对投资者心理方面的影响，起到在价格涨跌过程中的支撑或压力作用。

（4）**整数点位**。在股价指数变化中，重要的指数点位对股价指数变化所起的支撑或压力作用也是非常重要的，它主要也是通过影响投资者心理方面起作用的。

（5）**重要的移动平均线**。移动平均线的数值代表了移动期内平均的持股成本，因此移动平均线的位置也具有较强的支撑或压力的特征。股票在下跌的过程中，股价反弹至移动平均线附近，往往会受到移动平均线的压力继续下跌，应逢高减仓；股票在上涨的过程中，股价回调至移动平均线的附近，往往会受到移动平均线的支撑而反弹，这是逢低买入的机会。

（6）**缺口**。缺口的产生一般是由于多空双方力量的悬殊变化，从而造成了股价在大幅度上涨或下跌时在某一价格区域没有发生任何交易。因此当股价再次运行到这个位置时，往往会受到支撑或者是压力。

分析一条支撑线或压力线对当前股价影响的重要程度有三个方面：**一是股价在这个区域停留时间的长短；二是股价在这个区域伴随的成交量大小；三是这个支撑区域或压力区域发生的时间距离当前这个时期的远近**。很显然，股价停留的时间越长，伴随的成交量越大，离现在越近，则这个支撑或压力区域对当前股价的影响就越大，反之就越小。

3. 支撑与压力突破的确认

支撑线和压力线对股价的变化趋势会产生一定的影响，但是它不可能永远制约着股价的变化。当股价的新发展趋势真正形成之时，这些支撑线、压力线同样不堪一击。

支撑位、压力位的突破有真突破和假突破两种情况。所谓假突破就是指股价在一定时期内突破了支撑线或压力线，但是很快又回到了压力线的下方（或支撑线的上方）。这说明市场中有突破的意愿，但是时机尚未成熟，突破的力量还不充足。

对支撑线和压力线是否真的被突破的判断在实际操作中具有十分重要的意义。一些重要的支撑线，如果支撑住了股价，投资者就应该开始买入；如果一旦被确认向下突破，就不应该买入，甚至要尽快抛售，因为这一个支撑位被突破后，距离下一个支撑位可能会有较大的空间。同样，对于一些重要的压力线如果一旦被确认向上突破，其上涨的空间也将被打开，这是投资者买入的最佳时机。

对于支撑线或压力线是否真的被突破，不能仅看股价是否已经超越了支撑线或压力线，而是要看支撑线或压力线之间是否出现了角色互换。一般来说，当股价突破压力线或支撑线之后都要有一个回抽确认的过程。如果股价向上突破压力线之后，回抽至原压力线附近，这表明受到了强而有力的支撑，因而继续拐头向上，并且伴随着成交量的放大，那么这种突破就可以说明是一种真正意义上的向上突破，是投资者跟进买入的最佳时机。但是股市的变化绝不是千篇一律的，不能机械地去认识回抽确认的过程。如在一些大的行情中，股价回抽的幅度很小，没到原压力线附近就已拐头向上，甚至还有一些根本就没有回抽确认而一路上涨。如果投资者不管在什么情况下都是机械地去等待回抽至原压力线附近再拐头向上时才买入，也将会丧失获利的机会。因此，在判断一些支撑位或压力位是否真正实现了突破时，最好还要结合当时的股市的环境、成交量的变化、股票的内在价值等因素综合判断。

  阅读专栏 8-1

警惕"涨停板"中的陷阱

我国股市设有日内 10% 的涨跌幅限制，投资者通常将涨停解读为市场对该股的乐观预期。不法分子利用投资者"追涨"的心理，人为制造"涨停板"，吸引投资者跟风买入推高股价，一旦操纵者获利出逃，股价就会失去支撑，甚至出现持续暴跌，使追高买入的中小投资者成为"接盘侠"。

我们以唐某某为例，来看看涨停板操纵者的手法。他在三个交易日内即完成操纵"X"的"建仓—拉抬—出货"全流程，非法获利 3634 万元。

2019 年 3 月 22 日，唐某某买入"X"214 万股，成交金额 4144 万元，成交均价 19.37 元，完成建仓。第二天，唐某某从上午 10 时 42 分开始，以 18.91 元至涨停价 21.32 元的价格和 100 倍于同档位其他投资者申报总量，在短短 31 分钟内将"X"股价拉至涨停，上涨幅度达 12.7%。中午收盘前"X"短暂打开涨停，唐某某又以涨停价和超过卖盘 55 倍的申买量，5 分钟内将股价再次推至涨停。下午开盘后，唐某某继续以涨停价申报买入 2796 万股，形成巨量堆单将股价封死在涨停板上。

3 月 25 日开盘集合竞价期间，唐某某以 23.45 元的价格（高于前收盘价 9.77%）申报买入 700 万股，接近同期市场申报买入量的一半，并在 9 时 19 分 48 秒前全部撤单。按照交易规则，9 时 20 分后将不能撤单，显然唐某某的目的不是真实成交，而在于误导其他不知情的投资者以为买盘汹涌而跟进抢筹，推升开盘价格。果然，当日"X"以 22.8 元价格开盘，涨幅 6.94%。唐某某达到目的，开盘后即反向出货，陆续以 22.8 元至 21.24 元价格卖出前期持股，25 日"X"价格一路振荡下行，以 21.21 元收盘。开盘时跟进的投资者恐怕只能望"盘"兴叹，而唐某某早已赚得盆满钵满。

活跃在涨停板上的操纵者和正常投资者的交易行为有明显的区别，他们在成功拉升股价后随即反向卖出，或者大量撤单以避免真实成交，反映出他们的意图在诱骗其他投资者跟风买入，而没有真实投资目的。这种行为构成《中华人民共和国证券法》第五十五条中禁止的情形，当然难以逃脱中国证监会的法眼。2020年中国证监会将唐某某等人绳之以法，连同之前的违法行为共开出12亿元的罚单。

（资料来源：《中国证券报》2017年6月19日，有改动）

8.5.5 轨道线（通道线、管道线）

有时在一段时间内，股价会始终在支撑线与压力线之间的区间内波动。这两条平行的支撑线与压力线称为轨道线，又称通道线、管道线。它们之间的区间称为轨道。按股价的运动方向，可将轨道分为上升轨道、下降轨道和水平轨道（图8.24）。

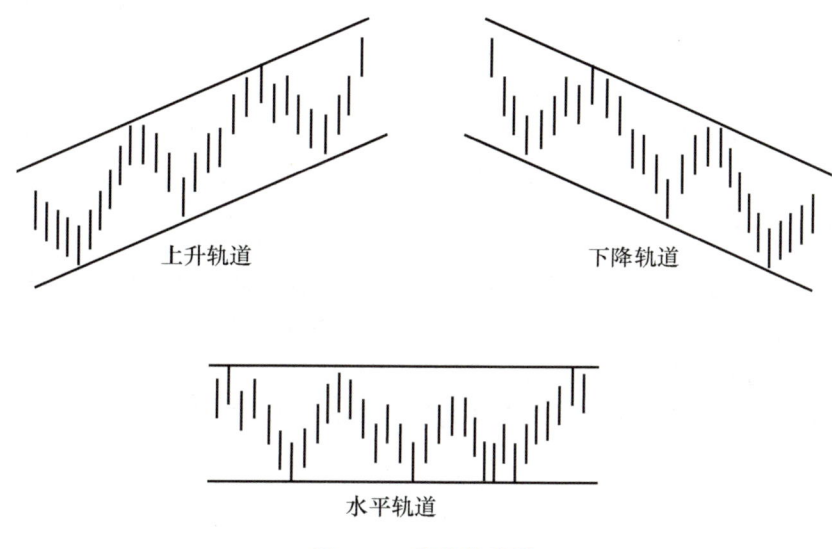

图8.24 股价轨道图

当轨道线得以确认之后，只要大趋势不变，股价将在轨道内运动。投资者就可以依据轨道线上、下轨道的位置，进行高抛低吸的操作。

如果在一次波动中，股价在离轨道线较远的位置就开始改变运动的方向，这往往是股价运动趋势将要改变的征兆，这意味着市场已经没有力量继续维持原有的上升或者下跌的趋势了。

8.5.6 缺口分析

缺口（Gap）是指股价在大幅度上涨或下跌的过程中有一段价位上没有发生交易而形成的交易真空区域。

缺口与跳空是两个不同的概念。跳空是指本交易日的开盘价高于或低于上一交易日的收盘价。如上一交易日的收盘点位是1680点，本交易日的开盘点位是1688点。这时就可以将其描述为"本交易日跳空8点高开"。但是这并不意味着本交易日就留下了8点的缺口。因为，上一交易日的最高点位可能已达1690点，或者本交易日的最低点位是1678点，这都使得在1680点到1688点之间并没有存在交易真空。因此，跳空不一定会留下缺口。但是如果有了缺口，则必然存在跳空。跳空只是反映了开盘之初的市场状况，主要是对参与集合竞价的投资者的态度的反映；而缺口则反映了整个交易日的市场状况，是多空双方斗争一天的结果的反映。

缺口分为 4 种类型：普通缺口、突破缺口、中继缺口、竭尽缺口。

（一）普通缺口

普通缺口（Common Gap）常出现在横向盘整的一些密集交易区域内，并不会影响股价在短期内的走势。因此普通缺口一般幅度较小，且会在短期内被封闭，它几乎没有操作上的意义。

（二）突破缺口

突破缺口（Breakout Gap）一般出现在股价新的运动趋势发生之初，主要是在整理形态完成后突破盘局时产生的缺口，它表明股价已突破盘局并将以相当的动能向突破方向推进。突破缺口的出现，表明多空双方力量的对比已经发生了显著的变化。如果股价突破支撑线或压力线后以一个很大的缺口跳离前期形态，且伴随着成交量的放大，则表明该突破十分强而有力。突破缺口不会在短期内被封闭，它在技术上有重要的参考价值。

（三）中继缺口

中继缺口（Continuous Gap）也称为"持续缺口"或"测量缺口"，它一般发生在股价突破形态确立后的急速上升途中，它表明多空双方力量对比悬殊，股价还会按照目前的趋势持续运行。中继缺口又称为"测量缺口"，这是因为这种缺口可帮助我们预估后市涨跌的幅度；如果在行情急速移动的过程中出现两个缺口，则这两个缺口中间的距离就是股价未来进一步上涨的空间。

（四）竭尽缺口

竭尽缺口（Exhaustion Gap）是股价已达到运动趋势的终点，即将进入反转形态而产生的缺口。在股价急速的上升或下跌中，疯狂地抢筹或恐慌性抛售是导致竭尽缺口出现的主要原因。如果这时伴随着成交量的巨额放大，就可以判断其为竭尽缺口。竭尽缺口的出现，表明股价的顶部或者底部已经到来了。

8.6 形态理论

证券价格形态记录了证券价格变化的轨迹。以股票为例，某种股价形态的出现，是多空双方力量的对比结果。根据股价形态的变化规律，我们可以依此判断股价未来的走势。

根据股价形态所反映的意义，可以分为两类：反转形态和整理形态。一类为反转形态，出现这种图形后，股价运行方向就会改变，由原来的上升趋势转为下跌趋势，或由原来的下跌趋势转为上升趋势。其中属于底部反转的形态有头肩底、W 底、圆弧底、三重底、V 形底等；属于顶部反转的形态有头肩顶、M 头、圆弧顶、三重顶、V 形顶等。另一类为整理形态，此类形态是股价变化趋势中的中继形态。出现这种形态后，股价会继续按照原有的走势运动。此类形态有三角形、矩形、旗形、楔形等。

8.6.1 反转形态

反转形态是指显示股价的运行方向即将改变的图形。反转形态的出现,反映出股价运行的中长期趋势发生了改变。**这种趋势一旦形成,股价就会沿着这种趋势方向持续地运行下去。**

(一) 头肩顶和头肩底形态

头肩顶和头肩底是反转形态中最为可靠,且反转强度较大的一种形态。头肩形态一共出现3个顶和2个底,中间的高点比另外2个都高,称为头,左右2个相对较低的高点称为肩,这就是头肩形名称的由来。

如图8.25所示,股价走势在构筑出左肩后,上升的趋势就发生了变化,这时的趋势线变成了图中所标注的颈线,尽管股价仍然创出了新高,但是其上涨势头已经有了受阻的信号。当股价自右肩跌破颈线位之后,颈线就变成了压力线。股价在遇到颈线时受阻回落,这时下跌的趋势已是不可阻挡。

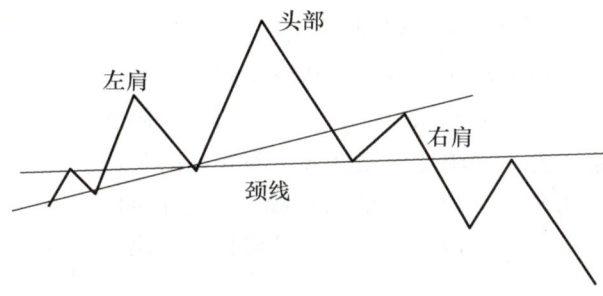

图 8.25 头肩顶形态

图中的**颈线极为重要,在头肩顶形成之前,它是支撑线。头肩顶形态形成之后,颈线就变成了压力线**。确认突破颈线的原则一般是当股票的收盘价突破颈线的幅度超过股价的3%。

突破颈线后,股价下跌幅度的测度是:从突破点算起,股价将至少要跌到与形态高度相等的距离。形态高度是指从头部到颈线的距离。

头肩底是头肩顶的相反形态,二者的区别主要在于成交量变化的时间不同。头肩顶主要是在左肩和头部放量,在突破颈线位后有所放量;头肩底在形成左肩、头部时并没有明显放量,而在右肩反弹时开始放量,尤其是股价在突破颈线位后上涨时,放量显著(图8.26,图8.27)。

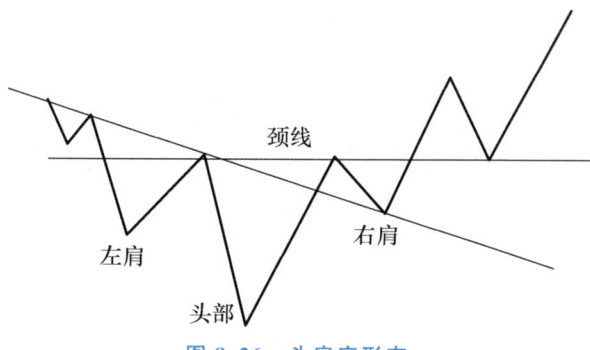

图 8.26 头肩底形态

图 8.27 头肩底后的大幅拉升

注：××××为股票名称，后同。

（二）复合头肩底和头肩顶形态

复合头肩形态是头肩形态的变形走势，其形状和头肩形态十分相似，只是肩部、头部或两者同时出现多于一次，主要有四肩一头、两肩两头、四肩与不明显的头等形态。

复合头肩形态的最小涨、跌幅度的测度方法与普通的头肩形态一样，但复合头肩形态的颈线很难画出来，因为每一个肩和头的回调幅度并不相同，不会全都落在同一条线上。因此，复合头肩形态的颈线位的确定可以根据具体情况确定。复合头肩形态的威力往往较普通的头肩形态微弱。

（三）双重顶和双重底

双重顶和双重底因形似英文字母 M 和 W，所以又称 M 头和 W 底，这两种形态在实际操作中出现非常频繁。图 8.28 展示的是这两种形态的形状。

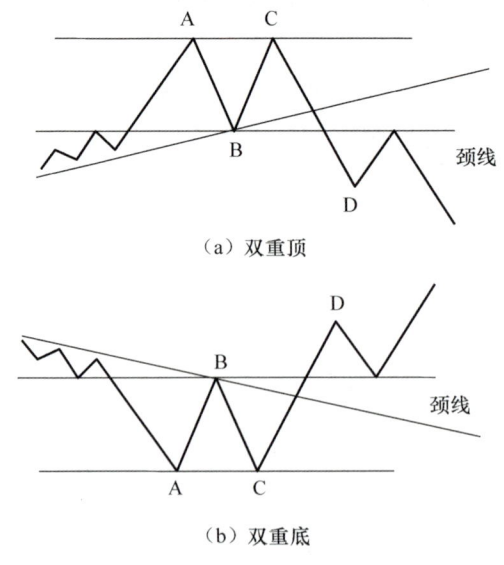

图 8.28 双重顶和双重底

下面以 M 头为例说明双重顶、双重底的市场含义：股价持续上升至 A 点，这期间为投资者带来了相当的利润，于是部分投资者意识到股价进一步上行的压力非常大，从而抛出手中的筹码，导致上涨的行情转为下跌。当股价回落到 B 点时，短线投资者及一些前期已获利的投资者认为此次回调已经到位而再次买入，于是行情开始恢复上涨。但与此同时，对该股信心不足的投资者会因觉得错过了在第一次的高点出货的机会而马上在市场上出货，加上在低点回补的投资者亦同样在这一水平再度卖出，强大的沽售压力令股价再次下跌。此时，多数投资者会认为该股短期内再继续上涨的可能性已不存在，因而不断抛出手中的筹码令股价跌破上次回落的低点（即颈线），于是整个双头形态便告形成。

双重顶（底）形态应重点掌握五个要点。第一，双头的两个最高点并不一定在同一水平线，二者相差少于 3% 都是正常的。通常来说，双头的第二个头可能较第一个头高出一些，原因是看好该股票的力量企图推动股价继续再升；双底的第二个底都较第一个底稍高，原因是先知先觉的投资者在第二次回落时已开始买入，令股价没法再次跌回上次的低点。第二，M 头、W 底最小涨跌幅的量度方法，是至少会再下跌或上涨由头部至颈线之间的差价距离。一般来说，双底或双头的涨、跌幅度都较量度出来的最小涨、跌幅大一些。第三，双重顶（底）不一定都是反转信号，有时也会是整理形态。如果两头之间的时间非常近，在它们之间只有一个次级上升或下跌，这种情形，大部分属于整理形态。如果两头之间出现的时间相距甚远，而且中间又经过了几次次级下跌或上升，那么，这种情形大部分属于反转形态。通常形态形成的时间相隔不少于一个月。第四，M 头中的双头都有明显的高成交量，但第二个头的成交较第一个头显著减少，这反映出市场的购买力量已在转弱；W 底的第二个头的成交量并无显著放大，但在突破颈线时，必须有成交量的急剧放大。第五，通常突破颈线后，会出现反抽。如图 8.29 所示，股价构筑双重顶后大幅下跌。

图 8.29　双重顶后的大幅下跌

(四) 三重顶和三重底

三重顶(底)可以视为双重顶(底)的扩展,其原理与双重顶(底)基本相同,通常出现在长期或中期趋势的反转过程中,一旦形成突破趋势之时,其力度一般要远远大于双重顶或双重底。

三重底(顶)的形成在一般情况下,是控盘主力为了消磨投资者的耐心,特意制作的图形形态。在三重底(顶)波谷之间的距离与时间一般都不相等,其中的峰顶值也不一定需要在同一水平线上(图8.30)。

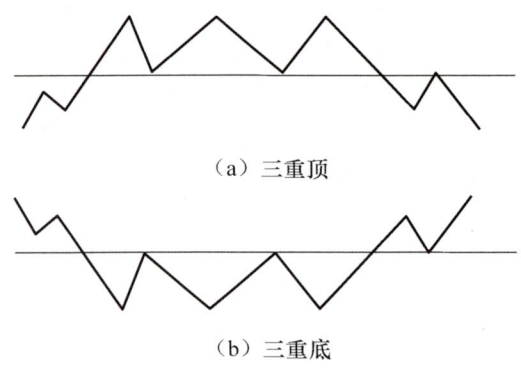

图 8.30　三重顶和三重底

投资者一般应在已经形成了明显突破后回档确认时迅速果断地做出买入操作。因为在该形态形成的过程中,控盘主力若还未完全达到自己的既定目标,投资者的贸然行动,可能会导致其改变主意。

三重底(顶)涨跌幅的量度方法,也是至少会再上涨或下跌由头部至颈线之间的差价距离。

(五) 圆弧顶和圆弧底

在圆弧形态中成交量很重要。无论是圆弧顶还是圆弧底,在它们的形成过程中,成交量都是两头多、中间少。越靠近顶部或底部成交量越少,到达顶部或底部时成交量达到最少。圆弧形态形成所花的时间越长,今后反转的力度就越强。一般来说,圆弧形态一旦形成,其反转的深度和高度是难以测度的(图8.31)。

(六) V形顶和V形底

V形底的形成过程一般如下,股价经过连续下跌之后,投资者已如惊弓之鸟,极为恐慌,这时若再有一些利空消息出现,会导致恐慌性的抛盘大量涌出,这使股价再一次呈现出快速下挫的形态。当股价跌到一个相当低的位置之后,抛压大为减轻,一些投资者开始反思这段时间的下跌是否有"矫枉过正"的嫌疑,并认为经过此轮的下跌之后,股价已远远背离其价值。这时若再配合有一定的利好消息或澄清公告,将会促使大量的买单涌入市场,在这种情形下,大势随即掉头向上。

V形顶的形成过程则刚好相反。在市场大势连续性上升之后,持股的投资者获利已经

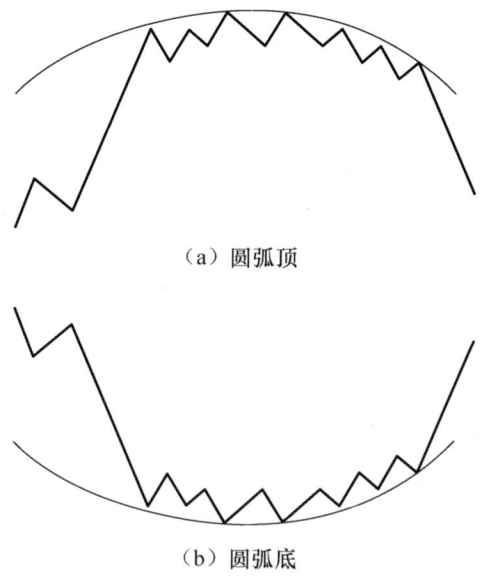

(a)圆弧顶

(b)圆弧底

图 8.31 圆弧顶和圆弧底

十分丰厚,随着股价的连续上涨,卖方的力量开始逐渐占据上风,这时若再伴有一定的利空消息,抛盘一旦涌出,大势会骤然转变方向,掉头向下(图 8.32)。

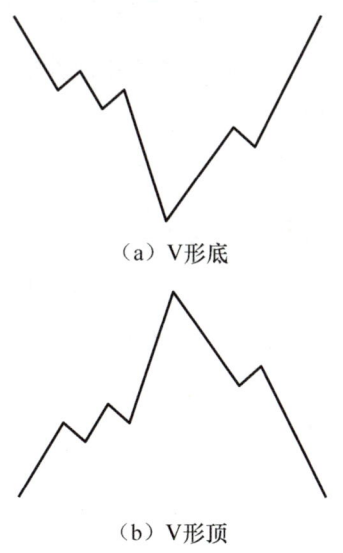

(a)V 形底

(b)V 形顶

图 8.32 V 形底和 V 形顶

在 V 形底出现时,成交量一般都是逐渐地由小到大,并在 V 形最低处形成近期成交量峰值。此时的成交量越大,则日后的上升攻势越猛烈。在 V 形顶出现时,成交量的变化则一般不是很明显,但是在 V 形顶部形成的前一两个交易日之中,成交量同样也会形成近期成交量的峰值,股价上下波动的幅度也会加大。这也意味着买方力量已经日趋穷尽,大势则基本上已经到了强弩之末。

V形形态的形成一般都伴有重大的利好或利空消息，趋势反转极为迅速，一经确认，其杀伤力是相当惊人的。如果时机把握好的话，投资者可以在短时间内获得丰厚的回报，但这需要具备超人的勇气和胆识，以及敏锐的判断应变能力。根据V形形态把握买卖的时机，首先应当在V形底部开始形成之际，果断进场抄底。前期下跌的幅度越大，则后市上涨的空间就越大。而在V形顶部开始露出迹象之时，投资者要果断地离开牛气冲天的市场，抛售套现，以免延误时机，惨遭套牢。

在V形形态下抢反弹无异于刀口舐血，风险是巨大的。对于普通投资者而言，V形形态是操作性很差的一种形态，难以把握。

8.6.2 整理形态

整理形态也称持续形态，它不改变股价运动的基本走势，股价经过此类形态进行必要的调整后，会继续按照原有的走势运动。这里主要介绍三角形、矩形的整理形态。

（一）对称三角形

对称三角形出现在股价经过了一定幅度的上涨之后，进入一个沿水平轴横向调整的阶段，而且其波动幅度逐渐缩小。此时买卖双方的力量在该段价格区域内势均力敌，暂时达到平衡状态。对称三角形成交量随幅度越来越小的股价变动而递减。当股价突然跳出三角形时，成交量随之变大。

对称三角形的形成一般应有6个转折点；对称三角形在距三角形底边一半或 $\frac{3}{4}$ 处突破时力量较强，越接近其顶点而未能突破时，其力量越小；向上突破需伴有成交量的放大；对称三角形突破后，一般会有反抽确认的过程（图8.33）。

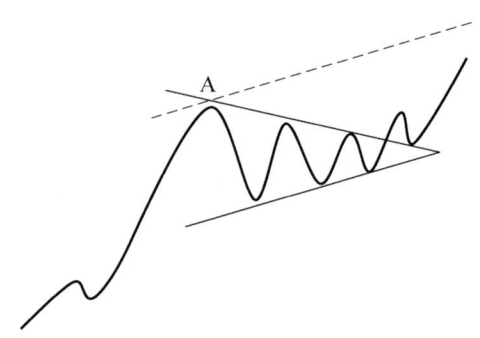

图8.33 对称三角形

对称三角形突破后涨幅的量度方法是：过A点做平行于股价运行所构筑三角形的下边直线的平行线，两者构成股价突破后的运行轨道，这就是股价今后至少要达到的位置。

（二）上升三角形

上升三角形是对称三角形的变形体，与对称三角形的区别是股价盘整的高点基本上是一条水平直线。

上升三角形形态的形成是在股价经过了一定幅度的上涨之后，进入一个横向盘整阶段。股价在某水平呈现出强大的卖压，价格从低点回升到这一水平时便受阻回落，但买方的力量相对强些，股价未回落至上次低点就立即弹升，支撑点越来越高（图8.34）。

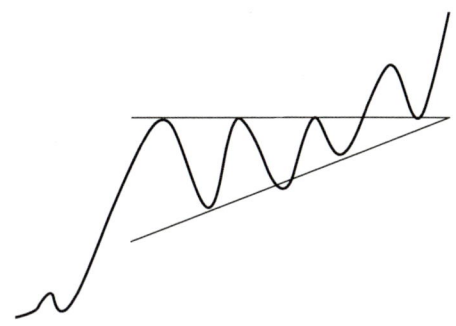

图 8.34　上升三角形

上升三角形属于整理形态，但亦有可能朝相反方向发展。上升三角形在突破时若无大成交量配合，也有可能向下突破，此时投资者不宜贸然进场。

上升三角形被突破后，也有测度涨跌幅度的功能，测度的方法与对称三角形类似。

（三）下降三角形

下降三角形同样是多空双方在某价格区域内较量的表现，然而多空双方力量对比却与上升三角形所显示的情形相反，空方压力相对强于多方的支撑，因此突破后的方向一般是选择向下（图8.35）。

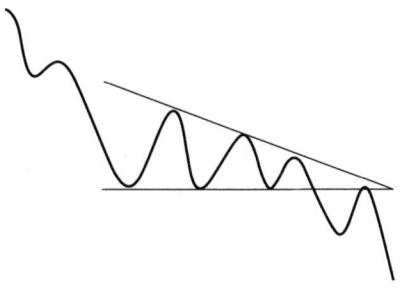

图 8.35　下降三角形

下降三角形属于整理形态，但也有可能向上突破；向下突破时一般不需要大成交量的配合。

（四）矩形

矩形又称"箱形"，是一种典型的整理形态。这种形态的成因就是多空双方的力量在矩形范围内完全达到均衡状态，使股价在这个箱体内横向延伸运行。从另一个角度分析，矩形也可能是投资者因后市发展不明朗而不知所措所造成的（图8.36）。

一般来说，如果原有的趋势是上升，那么经过一段矩形整理后，股价会继续原有的趋势，多方会占优并采取主动，使股价向上突破矩形的上限；如果原是下降趋势，则空方会

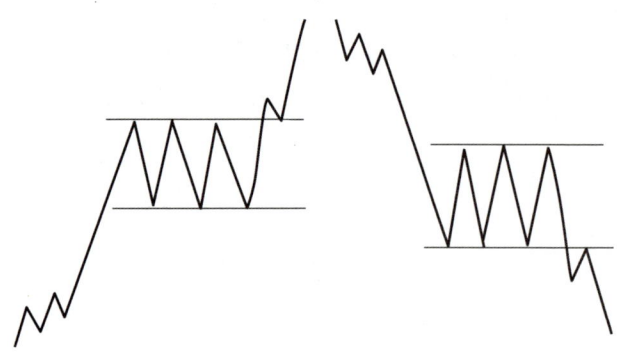

图 8.36 矩形

采取行动,突破矩形的下限。

    矩形形成的过程中,其成交量一般是不断减少的。当股价突破矩形上限的水平时,必须有成交量激增的配合(图 8.37);但若跌破下限水平时,就不需要伴有高成交量。股价实现突破矩形后,经常出现反抽,这种情形通常会在其突破后的三天至三周内出现。向上突破的反抽将止于顶线水平之上;往下突破的反抽,将受阻于底线水平之下。矩形在形成过程中极可能演变成三重顶或三重底形态,即可能由整理形态变为反转形态。因此在对矩形进行操作时,投资者一定要等到突破之后才能采取行动。一般而言,波幅较大的矩形比波幅小的矩形形态更具威力。

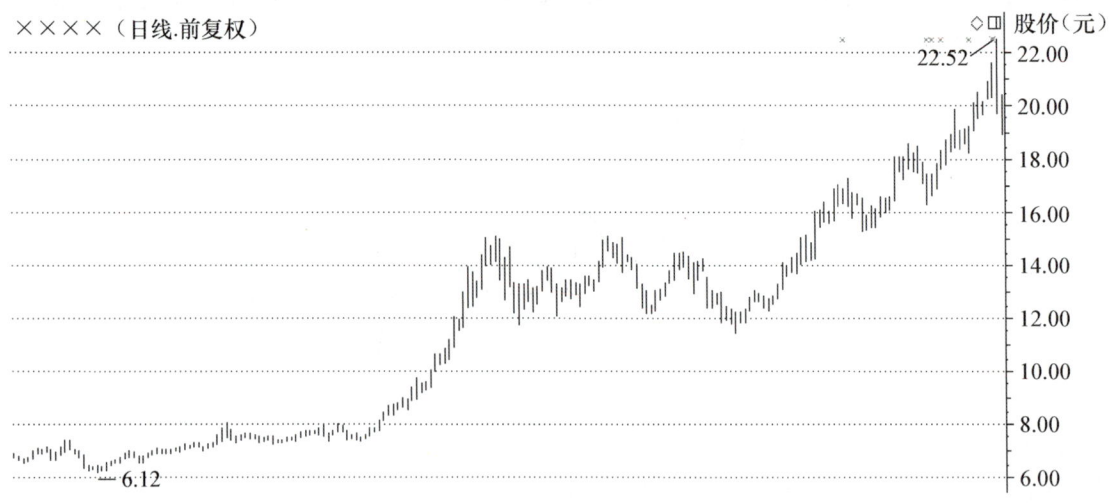

图 8.37 矩形整理后继续上涨

8.6.3 股价形态分析应注意的问题

    股价形态分析是技术分析中相对来说比较成熟的分析方法。尽管如此,在实际应用中也应认真分析、正确使用。

（一）正确判断形态的类型

一方面，股价发展变化过程中所形成的各种形态在外界环境的作用下，特别是在人为因素的干扰下很可能会出现变异。如一个矩形整理形态就很容易演变为三重顶或三重底的反转形态。另一方面，站在不同的角度，投资者对同一个形态也会有不同的理解。例如，头肩顶（底）形态是被公认的顶部和底部的反转形态，但是，如果从更大的范围和更长的时间来看，它有可能仅仅是一个更大的波动过程中的中间持续形态。在实际的投资行为中，对这样的形态我们究竟应该怎样判断呢？这个问题其实是对变动趋势"层次"的判断问题。因此，我们在分析时应该使用尽可能宽的时间区间，因为时间区间宽的形态所包含的信息更多。

（二）依据准确的形态信号会导致获利不充分

投资者依据准确的形态信号进行投资操作，得到的利益往往不充分，机会也就将丧失。尤其是在我国证券市场中趋势的持续性比较差、时间短、幅度小的情况下，如果等到突破后才行动，获利的空间已十分有限，形态分析的意义也就没有多大了。

（三）形态规模的大小会影响预测结果

形态的规模是指价格波动所留下的轨迹在时间和空间上的覆盖区域。形态规模大，表明在形态完成的过程中，价格的上下波动所覆盖的区域大，在技术图形上所表现出来的就是价格的起伏大，从开始到结束所经过的时间跨度大。相反，小规模的形态所覆盖的价格区域小，时间长度也短。对形态的规模大小，可以用几何学中"相似"的概念来解释。规模大的形态是规模小的形态的"放大"。当然，对形态、规模大小的判断也涉及主观因素。

从实际应用的角度讲，规模大的形态和规模小的形态都对行情判断有作用，不能用简单的一句话说清楚两者的区别。在实践中，一些投资者认为，参考规模越大的形态所作出的结论越具有战略的性质，参考规模越小的形态所作出的结论越具有战术的性质。从形态的度量功能看，规模越大的形态高度就越大，对今后预测的深度就必然越大。因此，一些投资者认为在实际中应尽量使用规模大的形态。因为**形态规模越大，其结果越具有稳定性和持续性，越不容易被改变**。

（四）形态涵盖面的限制

我们所介绍的各种形态仅仅是有代表性的几种，这些形态不可能涵盖证券市场中所有的形态。在实际操作过程中我们应对不同情况的市场现况进行具体分析，切不可机械地套用教科书中所介绍的各种形态，按图索骥地进行操作。

8.7 移动平均线理论

移动平均线（Moving Average，MA）是以道琼斯的"平均成本概念"为理论基础，并采用统计学中"移动平均"的原理，将一定时期内的股票价格平均值连成曲线，用来显示股价的历史波动情况，进而反映股价指数未来发展趋势的技术分析方法。它是道氏理论的形象化表述。移动平均线是目前股票市场上最富灵活性、使用范围最广泛，也是构造方法最简便易行的技术指标分析方法。并且由于它具有客观而精确的趋势信号，因此构成了绝大部分自动顺应趋势并系统运作的基础。

8.7.1 移动平均线的种类及计算方法

（一）移动平均线的种类

移动平均线依计算周期分为短期（如 5 日、10 日）、中期（如 30 日）和长期（如 60 日、120 日）移动平均线。

移动平均线依算法分为算术移动平均线、加权移动平均线、平滑移动平均线等，下文所述的移动平均线为最常用的算术移动平均线。

（二）移动平均线的计算

移动平均线的数值一般是以收盘价来进行统计的。"平均"的意思是指某一段时期内的收盘价的算术平均数；"移动"的意思是指在计算中始终只采用最近一定天数的收盘价数据，并随着交易日的延展逐日推移。

移动平均线的基本思路是消除偶然因素的影响，坚定地追踪股票价格的趋势，直到这个趋势发生根本性的变化。

移动平均线的绘制方法，是先求其移动平均值，再据此在坐标图上绘制成线。

移动平均值的计算公式如下所示。

$$移动平均值 = \frac{\sum_{i=1}^{n} P_i}{n} \tag{8-1}$$

式中，P_i 为第 i 天股票的收盘价；n 为计算周期。一般 n 定为 5，10，30，60 等，最常用的是 5 日、10 日和 30 日的移动平均线。

假如我们要统计的是 10 日移动平均线，那么不管时间如何推移，我们只需统计最近 10 个交易日的收盘价的平均值，并将该值连接成一条曲线，这就是 10 日移动平均线，简称 MA(10)。

计算周期是移动平均线的关键参数。计算周期越短，移动平均线的反应越灵敏，越贴近股价的走势，但这又不可避免地产生过多的伪信号，令投资者无所适从；计算周期越长，移动平均线越平滑，受股价变化的一些偶然因素的干扰越小，但是其反应也越迟缓。因而有必要找出最适合市场和个股的计算周期，使这条移动平均线既能够敏感地发出市场趋势变化的信号，又能够避免出现过多的市场"噪声"。这就要在移动平均线的敏感与迟钝之间寻找到一个最佳的平衡点。对于那些希望敏锐地发现市场趋势变化的投资者来说，他们更多地关心 5 日、10 日等短期移动平均线的变化情况；对于那些中长线投资者来说，他们更多地关心 20 日、30 日、60 日等中长期移动平均线的变化情况。在计算机已广泛普及的情况下，移动平均线的计算已经是一个非常简单的问题。只要在软件的设置中设定不同时间参数，K 线图上就可以标注出相应的移动平均线。

8.7.2 移动平均线的解读

(一) 黄金交叉

在上升行情初期，短期移动平均线从下向上突破中长期移动平均线，形成的交叉称为黄金交叉（Golden Cross）。它预示股价即将上涨，是买入信号。如5日均线上穿10日均线形成的交叉和10日均线上穿30日均线形成的交叉均为黄金交叉。

(二) 死亡交叉

当短期移动平均线向下跌破中长期移动平均线形成的交叉叫作死亡交叉（Death Cross）。它预示股价即将下跌，是卖出信号。如5日移动平均线下穿10日移动平均线形成的交叉和10日均线下穿30日移动平均线形成的交叉均为死亡交叉。

(三) 多头排列

在上升行情进入稳定期，5日、10日、30日移动平均线从上而下依次顺序排列，向右上方移动，称为多头排列（Multiple Alignment），它预示股价将大幅上涨，是买入信号。

(四) 空头排列

在下跌行情中，5日、10日、30日移动平均线自下而上依次顺序排列，向右下方移动，称为空头排列（Short Alignment），它预示股价将大幅下跌，是卖出信号。

(五) 助涨作用

在上升行情中股价位于移动平均线之上，走多头排列的均线可视为多方的防线；当股价回档至移动平均线附近，各条移动平均线依次产生支撑力量，买盘入场推动股价再度上升，这就是移动平均线的助涨作用。不过，这种情形在股价水平已经相当高时，并不一定是买入信号，投资者只能以此为参考。

(六) 助跌作用

在下跌行情中，股价在移动平均线的下方，呈空头排列的移动平均线可以视为空方的防线，当股价反弹到移动平均线附近时，便会遇到阻力，卖盘涌出，促使股价进一步下跌，这就是移动平均线的助跌作用。

(七) 转折点

移动平均线由上升转为下降出现最高点和由下降转为上升出现最低点，是移动平均线的转折点，这预示股价走势将发生反转。

8.7.3 葛兰威尔移动平均线八大法则

美国著名股票分析家葛兰威尔根据美国股市200天移动平均线与每日股价平均值的关系提出了买进和卖出股票的八条法则（见图8.38，图中的实线代表股价，虚线代表移动平均线）。

第一，当移动平均线从下降逐渐走平且略向上方抬头，而股价从移动平均线下方向上

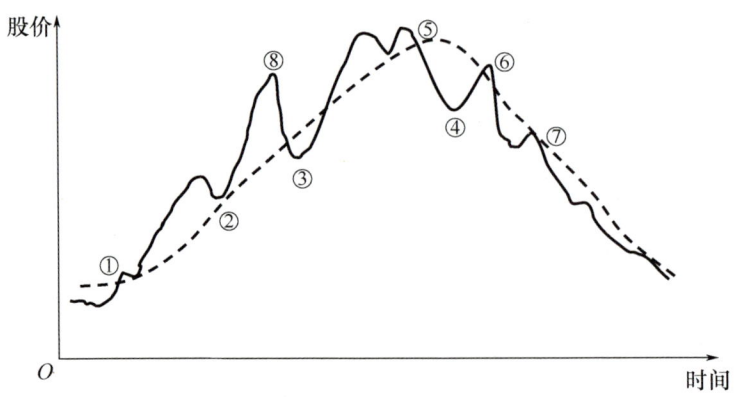

图 8.38　葛兰威尔移动平均线八大法则

方突破时，为买进信号（如图 8.38 中①）。这是因为，移动平均线止跌转平，表示股价已呈上升趋势，而此时股价再突破移动平均线而向上延伸，则表示当天股价已经突破卖方压力，买方已处于相对优势地位。

第二，股价在移动平均线之上，且向移动平均线靠近，在尚未跌破移动平均线再度上升时，宜买进（如图 8.38 中②）。因为在这种情况下，往往表明投资者获利回吐，但由于承接力较强，股价在短期内经过重整后，又会强劲上升，因而是买进时机。

第三，股价位于移动平均线之上运行，回档时跌破移动平均线，但短期移动平均线继续呈上升趋势，此时为买进时机（如图 8.38 中③）。这是因为移动平均线移动较为缓慢，当移动平均线持续上升时，若股价急速下跌并跌破移动平均线之下，在多数情况下，这种下跌只是一种假象，几天后，股价又会回升至移动平均线之上，故也是一种买进时机。

第四，当移动平均线下降，股价在移动平均线以下运行时，突然暴跌，距离移动平均线很远，极有可能向移动平均线靠近，此时为买进时机（如图 8.38 中④）。

以上四点，是移动平均线的买入时机，下面四点则为移动平均线的卖出时机。

第五，移动平均线从上升逐渐走平，而当股价从移动平均线的上方向下跌破移动平均线时说明卖压渐重，股价将继续下跌，投资者应卖出所持股票（如图 8.38 中⑤）。

第六，移动平均线持续下降，而当股价突破移动平均线上升后又回落到移动平均线以下时，表明股价大势趋跌，宜卖出（如图 8.38 中⑥）。

第七，移动平均线呈下降态势，股价位于移动平均线下方运行，反弹时未突破移动平均线而再次下降，这表明股价疲软，此时为卖出时机（如图 8.38 中⑦）。

第八，移动平均线呈上升态势，股价位于移动平均线上方运行，连续数日大涨，远离移动平均线，这说明近期内购买股票者获利丰厚，市场上随时会产生获利回吐的卖压，股价极可能出现回跌，投资者宜卖出所持股票（如图 8.38 中⑧）。

知识要点提醒 8-2

● 葛兰威尔移动平均线八大法则，实际上是对移动平均线的"平均成本概念"以及移动平均线的助涨、助跌作用的科学总结。

- 如果股价偏离移动成本较大，就会产生平均成本靠近的要求，如图 8.38 中的第⑧点、第④点。
- 如果移动平均线的方向没有改变，股价靠近或突破移动平均线股价后，仍然会沿着移动平均线的方向继续运动，如图 8.38 中的第②点、第③点、第⑥点、第⑦点。
- 如果移动平均线的方向发生了改变，则意味着股价运动的趋势有了变化，应顺势而为，如图 8.38 中的第①点、第⑤点。

8.8 技术指标分析

8.8.1 趋势类指标

（一）平滑异同移动平均线

平滑异同移动平均线（Moving Average Convergence and Divergence，MACD）是阿佩尔于 1979 年提出的一项利用短期（常为 12 日）移动平均线与长期（常为 26 日）移动平均线之间的聚合与分离状况，对买进、卖出时机作出研判的技术指标。

1. 平滑异同移动平均线的计算方法

MACD 是由正负差（DIF）和异同平均数（DEM）两部分组成的，其中 DIF 是核心，DEM 只起辅助作用。

DIF 是快速平滑移动平均线与慢速平滑移动平均线的差，快速平滑移动平均线采用的是短期时间参数，慢速线采用的是长期时间参数。现在我们以较流行的 12 天和 26 天的时间参数为例，对 DIF 的计算过程进行介绍。

快速平滑移动平均线采用 12 天参数，计算公式表达如下。

$$今日\ EMA(12) = [2/(12+1)] \times 今天收盘价 + [11/(12+1)] \times 昨日\ EMA(12) \tag{8-2}$$

慢速平滑移动平均线采用 26 天参数，计算公式表达如下。

$$今日\ EMA(26) = [2/(26+1)] \times 今天收盘价 + [25/(26+1)] \times 昨日\ EMA(26) \tag{8-3}$$

$$DIF = EMA(12) - EMA(26) \tag{8-4}$$

单独使用 DIF 也能进行市场走势分析，不过，要想 MACD 预测的信号更全面可靠，还需使用 DEM 这个指标进行辅助分析。

DEM 实际上是连续一段时间的正负差（DIF）的算术平均值，只要找到 DEM 的时间参数，即可以得出 DIF 的算术平均数，计算方法与移动平均线相同。（DEM 一般用 9 日 EMA 的平均值计算。）

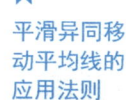

平滑异同移动平均线的应用法则

2. 平滑异同移动平均线的应用法则

（1）当 **DIF 由下向上突破 MACD，形成黄金交叉**，即白色的 DIF 上穿黄色的 MACD 形成的交叉；同时 BAR（绿柱线）缩短时，此时为买入信号。

（2）当 **DIF 由上向下跌破 MACD**，形成死亡交叉，即白色的 DIF 下穿黄色的 MACD 形成的交叉；同时 BAR（红柱线）缩短时，此时为卖出信号。

（3）顶背离。当股价指数逐波升高，但 DIF 及 MACD 不是同步上升，而是逐波下降，与股价走势形成顶背离时，预示股价即将下跌。如果此时出现 DIF 两次由上向下穿过 MACD，形成两次死亡交叉，则股价将大幅下跌。

（4）底背离。当股价指数逐波下行，但 DIF 及 MACD 不是同步下降，而是逐波上升，与股价走势形成底背离时，预示着股价即将上涨。如果此时出现 DIF 两次由下向上穿过 MACD，形成两次黄金交叉，则股价即将大幅上涨。

（5）MACD 主要用于对大势中长期的上升或下跌趋势进行判断，当股价处于盘整或指数波动不明显时，MACD 的买卖信号较不明显；当股价在短时间内上下波动较大时，因 MACD 的移动相当缓慢，所以不会立即对股价的变动产生买卖信号。

3. 平滑异同移动平均线的缺点及弥补方法

由于 MACD 是一项中、长线指标，买进点、卖出点和最低价、最高价之间的价差较大。因而，当行情小幅变动或盘整时，投资者按照信号进场后可能随即又要出场，买卖之间可能已经没有利润，甚至还要赔点价差或手续费。当一两天内涨跌幅度特别大时，MACD 来不及反应。因为 MACD 的移动相当缓和，与行情的移动相比有一定的时间差，因此，一旦行情迅速而大幅度地涨跌时，MACD 不会立即产生信号，无法发生作用。

为了弥补 MACD 的缺陷，当行情处于盘整或者小幅波动时，应避免采用 MACD 交易。同时投资者可根据个人的爱好和需要，将日 K 线图转变为小时或者周期更短的图形。或者修改 MACD 的参数。例如：快慢速 EMA 及 DIF 的参数分别为 12、26、9，将其改为 6、13、5 则可以调整 MACD 的信号速度。（注意：不论放大或缩小参数，都应尽量用原始参数的倍数）。

（二）布林线指标

布林线指标又称 Boll 线指标，其英文全称是 Bollinger Bands。它是以 20 世纪 70 年代美国证券分析师布林格的名字命名的一种证券投资分析指标。

1. 布林线指标的计算方法

布林线指标是以最近一个计算周期收盘价的移动平均值作为中轨线，上、下轨是通过中轨加减两倍的移动标准差 MD 计算而得来的。移动标准差 MD 计算公式如下所示。

$$\text{MD} = \sqrt{\frac{\sum (C_i - \text{MA}_N)^2}{N}} \tag{8-5}$$

式中，C_i 为第 i 计算周期的收盘价；MA_N 为第 N 个计算周期收盘价的移动平均值，N 的取值一般为 20 个计算周期。

2. 布林线指标的应用法则

布林线指标的应用法则

（1）当股价在长时间横向盘整后，移动标准差不断缩小，布林线也逐渐趋于收敛；当股价波动幅度较大，即股价快速上涨或快速下跌，移动标准差不断扩大，布林线也逐渐趋于扩张。

（2）当股价上升，穿越布林线的上轨时，市场处于超买状态，回档的概率较大。

（3）当股价下跌，穿越布林线的下轨时，市场处于超卖状态，反弹的概率较大。

8.8.2 震荡类指标

(一) 相对强弱指标

相对强弱指标（Relative Strength Index，RSI）是由美国人怀德于1978年创制的一种通过特定时期内股价的变动情况计算市场买卖力量对比，判断股票价格内部本质强弱，推测价格未来变动方向的技术指标。

1. 相对强弱指标的计算方法

RSI值的计算方法比较简单：找出包括当天在内的连续 N 个交易日的收盘价，用每一天的收盘价减去上一天的收盘价，就会得到一组数字。很显然其中有正值，也有负值。我们把其中的正值找出来，计算其平均值；把负值也找出来，计算其平均值。用 N 日的平均上升幅度比上 N 日的平均上涨幅度与 N 日的平均下跌幅度（绝对值）之和，得到的就是 RSI（N），其计算公式如下所示。

$$\text{RSI}(N) = \frac{N\text{日内平均上升幅度}}{N\text{日内平均上升幅度} + N\text{日内平均下跌幅度}} \times 100 \tag{8-6}$$

式中，一般计算短期 RSI 值设 $N=6$，计算长期 RSI 值设 $N=12$；RSI 值永远在 0～100 之内变动。

2. 相对强弱指标的应用法则

(1) 当 RSI 值高于 80 进入超买区，股价随时可能形成短期回档。

(2) 当 RSI 值低于 20 进入超卖区，股价随时可能形成短期反弹。

(3) 当白色的短期 RSI 值在 20 以下，由下向上交叉黄色的长期 RSI 值时为买入信号。

(4) 当白色的短期 RSI 值在 80 以上，由上向下交叉黄色的长期 RSI 值时为卖出信号。

(5) 短期 RSI 值由上向下突破 50，代表股价已经转弱。

(6) 短期 RSI 值由下向上突破 50，代表股价已经转强。

(7) 股价一波比一波高，而 RSI 值却一波比一波低，形成顶背离，行情可能反转下跌。

(8) 股价一波比一波低，而 RSI 值却一波比一波高，形成底背离，行情可能反转上涨。

相对强弱指标的应用法则

(9) 将 RSI 值的 2 个连续低点连成一条直线，当 RSI 值向下跌破这条线时，为卖出信号。

(10) 将 RSI 值的 2 个连续峰顶连成一条直线，当 RSI 值向上突破这条线时，为买入信号。

(11) 为了确认 RSI 值是否进入超买区、超卖区，或是否穿越了 50 中界线，应尽量使用长期 RSI 值，以减少"骗线"的发生。如短期 RSI 值下穿 50 中界线，但长期 RSI 值未下穿，说明其上升趋势并未改变，下穿 50 的短期 RSI 值为"骗线"。

(12) RSI 值在 80 以上或 20 以下容易发生钝化现象，因此，买之后经常发生继续超买，或超卖之后还要超卖，这在久涨或久跌之后的行情中比较常见。在这种情况下应参照其他的指标综合判断。

(二) 威廉指标

威廉指标（W%R） 由威廉姆斯创制，是一种利用振荡点来反映市场超买超卖现象、预测循环周期内的高点和低点，从而提出有效的信号来分析市场短期行情走势、判断股市强弱分界的技术指标。

1. 威廉指标的计算方法

威廉指标的计算公式如下所示。

$$W\%R = \frac{H_n - C}{H_n - L_n} \times 100 \qquad (8-7)$$

式中，C 为当日收盘价；L_n 为 n 日内最低价；H_n 为 n 日内最高价；n 为分析周期，一般设为 10 日或 20 日。

2. 威廉指标的应用法则

威廉指标（W%R）的数值在 0～100 间变化。由上面的公式可以看出：如果当日收盘价越接近 n 日内最高价，W%R 值越接近 0，为超买状态，应当卖出；如果当日收盘价越接近 n 日内最低价，W%R 值越接近 100，为超卖状态，应当买入。一般认为，W%R=20 为超买线，W%R=80 为超卖线。

(1) 当 W%R 值上升至 80 以上水平后回落，再向上突破 80 超卖线时，为买入信号。

(2) 当 W%R 值下降至 20 以下水平后反弹，再向下跌破 20 超买线时，为卖出信号。

(3) 当 W%R 值由超卖区向下回落时，只表示行情趋势转向，若是突破 50 中界线，便是涨势转强，可以考虑追买。

(4) 当 W%R 值进入超买区，并非表示行情会立即下跌，在超买区内波动，只是表示行情仍然处于强势之中，直至 W%R 值回头突破"卖出线"时，才是卖出信号；反之亦然。

(5) 若 W%R 值向下碰触底部 4 次，则第 4 次碰触时，是一个相当好的卖点；相反，若 W%R 值向上碰触顶部 4 次，则第 4 次碰触时，是一个相当好的买点。

(三) 随机指标

随机指标（Stochastics Indicator，KDJ） 由莱恩创制。它综合了动量观念、强弱指标及移动平均线的优点，用来度量股价脱离价格正常范围的变异程度。

1. 随机指标的计算方法

KDJ 考虑的不仅是收盘价，而且有近期的最高价和最低价，这避免了仅考虑收盘价而忽视真正波动幅度的弱点。

要计算 KDJ 值，首先要计算出最近时期的未成熟随机值 RSV（Raw Stochastic Value）。

$$RSV = \frac{C - L_n}{H_n - L_n} \times 100 \qquad (8-8)$$

式中，C 为当日收盘价；L_n 为 n 日内最低价；H_n 为 n 日内最高价；n 为时间参数，一般取值视需要而定，通常取为 9。

RSV 说明当日收盘处于 n 日内最高价位、最低价位幅度内的位置百分比，该数值越大说明越接近最高价。RSV 是 W%R 值的相反值，两者之和等于 100，而 RSV 亦永远介于 0～100。

随机指标 K 值和 D 值的计算如下所示。

$$K_t = \frac{1}{3}\text{RSV}_t + \frac{2}{3}K_{t-1}$$
$$D_t = \frac{1}{3}K_t + \frac{2}{3}D_{t-1}$$
$$J_t = 3D_t - 2K_t$$
(8 - 9)

式中，K_t、D_t、J_t 分别为当日的 K 值、D 值、J 值。K_{t-1} 和 D_{t-1} 分别为前一日的 K 值、D 值。如果没有前一日的 K 值、D 值，可以用 50 代替。

2. 随机指标的应用法则

（1）K 值大于 80 时，短期内股价容易向下出现回档；K 值小于 20 时，短期内股价容易向上出现反弹；但在极强、极弱行情中 K 指标和 D 指标会在超买区、超卖区内徘徊，此时应参考其他指标以确定走势的强弱。

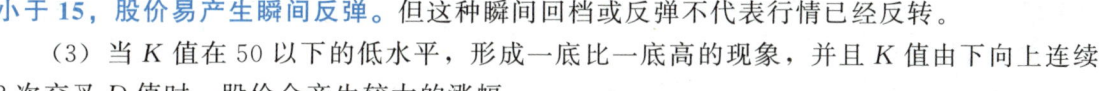
随机指标的应用法则

（2）**在常态行情中，D 值大于 80 后股价经常向下回跌；D 值小于 20 后股价易于回升。在极端行情中，D 值大于 90，股价易产生瞬间回档；D 值小于 15，股价易产生瞬间反弹。**但这种瞬间回档或反弹不代表行情已经反转。

（3）当 K 值在 50 以下的低水平，形成一底比一底高的现象，并且 K 值由下向上连续 2 次交叉 D 值时，股价会产生较大的涨幅。

（4）当 K 值在 50 以上的高水平，形成一顶比一顶低的现象，并且 K 值由上向下连续 2 次交叉 D 值时，股价会产生较大的跌幅。

（5）K 线由下向上交叉 D 线失败转而向下探底后，K 线再次向上交叉 D 线，两线所夹的空间叫作向上反转风洞。当出现向上反转风洞时股价将上涨。反之叫作向下反转风洞。出现向下反转风洞时股价将下跌。

（6）当 J 值大于 100 时，股价会形成头部而出现回落；J 值小于 0 时，股价会形成底部而产生反弹。

（7）当出现"底背离"时，即行情连创新低，而 K 值和 D 值无法再创新低，这是比较可靠的买入信号；当出现"顶背离"时，即行情连创新高，而 K 值和 D 值无法创新高，这是比较可靠的卖出时机。

（四）乖离率指标

1. 乖离率指标的含义

乖离率指标（BIAS），简称 Y 值，是从移动平均原理中派生的一项技术指标，其功能主要是通过测算股价在波动过程中与移动平均线出现偏离的程度，从而得出股价在剧烈波动时因偏离移动平均线趋势而造成可能的回档或反弹，以及股价在正常波动范围内移动而形成继续原有趋势的可信度。

我们都知道"物极必反"。**如果股价偏离移动平均线太远，不管在移动平均线之上或之下，都有可能发生反向变化而趋向移动平均线，从而产生一个买入或卖出的时机。**而到底距离移动平均线多少才是买卖时机呢？乖离率就是通过计算股价偏离移动平均线的百分比值,从而定量地对买卖时机的选择给予提示。

2. 乖离率指标的计算公式

$$N\text{ 日的乖离率} = \frac{\text{当日收盘价} - N\text{ 日内移动平均收盘价}}{N\text{ 日内移动平均收盘价}} \times 100\% \qquad (8-10)$$

式中,N 日为设立参数,可按需要选用移动平均线日数,一般确定为 6 日、12 日、24 日和 72 日,亦可按 10 日、20 日、30 日、60 日设定。

3. 乖离率指标的应用法则

乖离率指标的应用法则

乖离率分为正乖离率、负乖离率和乖离率为 0 三种情况。当股价在移动平均线之上时,其乖离率为正,反之则为负,当股价与移动平均线一致时,乖离率为 0。随着股价走势的强弱和升跌,乖离率周而复始地穿梭于 0 点的上方和下方,其值的高低对未来走势有一定的测试功能。一般而言,正乖离率越高时,表示短期内多头获利回吐可能性也越大,呈卖出信号;负乖离率越低时,表示空头回补的可能性也越大,呈买入信号。对于乖离率达到何种程度方为正确的买入点或卖出点,目前并没有统一的原则,使用者可凭观图经验及对行情强弱的判断得出综合结论。一般来说,在大势上升时,如遇负乖离率,可以顺势买入,因为进场风险小;在大势下跌时,如遇正乖离率,可以待回升高价时,卖出所持股票。

乖离率指标作为操作依据的可信程度与计算乖离率所选择的时间参数有关,与分析对象在证券市场中的活跃程度有关,还与使用的时期有关。除去由于一些突发事件造成的股价暴涨暴跌,从而使乖离率指标短期内达到高值的情况,短、中、长线的乖离率指标一般也有一定的规律可循。表 8-1 所给数据就是乖离率指标的运用法则,是投资者买卖股票的参考值。

表 8-2 乖离率指标的运用法则

乖离率计算周期	买进时机	卖出时机
5 日	-3%	+3.5%
10 日	-4.5%	+5%
30 日	-16%	+16%

表 8-1 仅供参考。毕竟在实践当中,股票价格的波动是频繁而又难以掌握规律的。并且,从我国现行证券市场来看,由于市场还未完全成熟,股票价格暴涨暴跌的现象比较常见,因此投资者可以把乖离率作为移动平均值应用的辅助指标。但是假如仅依据乖离率来进行投资决策的话,往往难以实现投资者的盈利预期。

8.8.3 大势类指标

(一) 腾落指数

腾落指数(Advance Decline Line,ADL)是用来分析股票市场大盘情况的技术指标,它不能用于个股的分析。它是以股票每天的涨跌家数为计算对象,观察市场人气的盛衰和大势的内在动量,以判断后市走势的技术指标。

1. 腾落指数的计算方法

腾落指数就是将市场上每天股价上涨的家数减去股价下跌的家数（无涨跌不计）后累积得到的。

$$\text{ADL} = \text{上一交易日的 ADL} + \text{本交易日上涨家数} - \text{本交易日下跌家数} \quad (8-11)$$
$$= \text{全部交易日上涨家数之和} - \text{全部交易日下跌家数之和}$$

2. 腾落指数的应用法则

ADL 与股价指数比较类似，两者均为反映大势的动向与趋势，不对个股的涨跌提供信号，但由于股价指数在一定情况下受制于权重大的股票，因此当一些大盘股发生暴涨与暴跌时，股价指数有可能反应过度，从而给投资者提供不实的信息，ADL 则可以弥补这一类缺点。

腾落指数的应用法则

(1) ADL 须和股价指数二者同时上升，则可以认为 ADL 验证了指数的上升，短期内大盘反转向下的概率不大；当大盘下跌时，ADL 同步下降，与指数的下降保持同步，那么短期内大盘见底的可能性不大。

(2) **股价指数上升，ADL 却下降，这是大盘下跌的前奏，应该引起投资者的足够注意；股价指数下降，ADL 上升，这是一种背离现象，说明大盘触底反弹的概率甚高，投资者应该考虑买进。**

(3) 当大盘进入较高位置，但 ADL 却一直走平甚至下降，这是大盘涨势将尽的信号；当大盘落到较低的位置，ADL 却没有同步下降，而是开始走平甚至上升，这暗示着跌势将近尾声，反弹一触即发。

(4) 股市处于多头市场时，ADL 呈上升趋势，其间如果突然出现急速下跌现象，接着又立即扭头向上，创下新高点，则表示行情可能再创新高。

(5) 股市处于空头市场时，ADL 呈下跌趋势，其间如果突然出现上升现象，接着又回头，下跌突破原先所创低点，则表示另一段新的下跌趋势产生。

（二）涨跌比率

涨跌比率指标（Advance Decline Ratio，ADR） 又称"回归式的腾落指数"，是依据一定期间内，股价上涨的股票家数与股价下跌的股票家数之间的比率来判断市场状况。

1. 涨跌比率指标的计算方法

$$\text{ADR} = \frac{N \text{ 日内股价上涨股票家数总和}}{N \text{ 日内股价下跌股票家数总和}} \quad (8-12)$$

式中，N 值一般取 10 日，也有用 14 日或 24 日，甚至更长 6 周、13 周、26 周等。

2. 涨跌比率指标的应用法则

(1) ADR 值的变动区间应该是 0 以上的较大范围，经常出现的区间为 0.5～1.5，在这个区间内多空双方基本处于平衡状态，没有特殊的超买或超卖现象；**当 ADR 值大于 1.5 时，表示股价长期上涨，有超买现象，股价可能要下跌；当 ADR 值小于 0.5 时，表示股价长期下跌，有超卖现象，股价可能出现回升。**

涨跌比率指标的应用法则

(2) ADR 值在 2 以上或 0.3 以下，是严重的超买超卖区，这表示股市处于大多头或大空头市场的末期。

(3) ADR 在市场上涨刚开始时，其值会迅速放大，并且可能一下就接近 ADR 在常态状况下值的上限，这说明买盘力量足够大，大盘综合指数将会被推上一个新台阶。在这种情形下应当及时调整 ADR 值的上下限区域。

(4) ADR 与大盘综合指数同进同退，说明市场短期反转的可能性不大；如果 ADR 与综合指数相背离，说明短期内会有反弹或回调的情况出现。

（三）超买超卖指标

超买超卖指标（Over Bought and Over Sold，OBOS） 是通过计算一定时期内市场跌涨股票家数之间的差异来了解市场买卖行情的强弱，以预测市场走势的技术指标。

1. 超买超卖指标的计算方法

$$OBOS = N\text{日内上涨家数移动总和} - N\text{日内下跌家数移动总和} \tag{8-13}$$

式中，N 为 OBOS 的计算参数，一般设定为 10 天。时间参数越长，那么 OBOS 的表现就越平稳；时间参数越短，OBOS 的表现就越活跃。OBOS 较平稳时，其发出的信号便迟钝些；OBOS 较活跃时，其发出的信号便灵敏些。投资者可以根据对大盘分析的时间偏好不同，选择不同的时间参数。

2. 超买超卖指标的应用法则

(1) OBOS 值可为正数亦可为负数。OBOS 值为正值时，离 0 越远，市场越强；OBOS 值为负值时，离 0 越远，则市场越弱；OBOS 值围绕 0 窄幅波动时，市场处于牛皮盘档状态。

超买超卖指标的应用法则

(2) 当 OBOS 值达到一定正数值时，大势处于超买阶段，可选择时机卖出；反之，当 OBOS 值达到一定负值时，大势处于超卖阶段，可选择时机买进。**但是 OBOS 难以准确地给出其数值大或小到什么值时是采取行动的信号。** 这要根据每个股票市场上市交易的总股票家数而定，也需要交易者在日常交易中观察统计，不断地总结 OBOS 在表现极端时的市场运动状况。

(3) 当股票指数的趋势与 OBOS 的走势出现背离现象时，是大势可能反转的征兆。

(4) OBOS 值在高位出现的双顶、三顶与在低位出现的双底、三底时，可按形态分析理论做出买进或卖出的抉择。

8.8.4　人气类指标

（一）累积能量线指标

累积能量线（On Balance Volume，OBV） 又称"能量潮"。它的理论基础是"能量是因，股价是果"，成交量是股价变化的先行指标，利用累积成交量变动就可以观察市场内人气是否聚集或涣散，进而分析股价走势。

1. 积累能量线指标的计算方法

积累能量线指标的计算是根据每天股票价格的变化情况，将每日的成交量按照正负方向进行累计的。若当天股价上涨，成交量为正值；反之，为负值；若平盘，则为 0。积累能量线指标的计算公式如下所示。

$$当日 OBV = 前一日的 OBV \pm 今日成交量 \quad (8-14)$$

将每日计算的 OBV 值逐点连成曲线，就是累积能量线——OBV 线。

2. 积累能量线指标的应用法则

（1）OBV 线呈"N"字形波动，当 OBV 线超越前一次"N"字形的高点时，则记一个向上的箭头；当 OBV 线跌破前一次"N"字形的低点时，就记一个向下的箭头。累计 5 个向下或向上的箭头，即为短期反转信号；累计 9 个向下或向上的箭头，即为中期反转信号。

（2）当 OBV 线在连续小"N"字形变化后，又出现大"N"字形变化状态，则行情随时可能出现反转。

积累能量线指标的应用法则

（3）OBV 线如果持续一个月以上横向移动后突然上冲，预示大行情随时可能发生。

（二）心理线指标

心理线指标（Psychological Line，PSY） 是建立在研究投资者心理趋向的基础上，将一定时期内投资者趋向买方或卖方的心理事实转化为数值，形成人气指标，用以分析股价的未来走势。

1. 心理线指标的计算方法

心理线指标的计算方法比较简单，其公式如下所示。

$$PSY = \frac{N 日内上涨的天数}{N} \times 100 \quad (8-15)$$

式中，N 可根据需要自行设定，一般为 5、10、20、30 等。

2. 心理线指标的应用法则

（1）**PSY 值超过 75 时为超买状态，低于 25 时为超卖状态，它在 25～75 区域内说明多空双方基本处于平衡状态。**

心理线指标的应用法则

（2）一段上升行情展开前，超卖的低点通常会出现两次；同样，一段下跌行情展开前，超买的高点会出现两次。第二次所出现超卖的低点或超买的高点一般是买入或卖出的良机。

（3）当 PSY 值降至 10 或 10 以下时，是很强的超卖状态，此时是短线抢反弹的机会。当 PSY 值升至 90 以上时，应果断卖出。

（4）PSY 主要反映市场心理的超买或超卖状态。因此，当 PSY 值呈常态分布时应持观望态度。

（三）人气指标

股价反映了市场多空双方力量斗争的结果。多空双方的力量又表现在市场人气上。市场人气旺盛，说明买盘活跃，股价就会节节高升；市场上人气低落时，交易稀疏冷清，买盘不济，而卖盘不计成本地争相出逃时，股价自然就会下跌。那么，什么地方是人气旺盛与低落的平衡区域呢？经分析人们认为开盘价作为市场的均衡价值区较为恰当。这是因为在经过一夜的分析与思考之后，投资者都在自己心目中选择了一个自己认可的交易价格，并依此参与集合竞价而产生开盘价，因此选择开盘价为多空均衡价值区域具有较高的可信度。**人气指标一般用 AR 表示。**

1. 人气指标的计算方法

$$AR(n) = \frac{\sum_{i=1}^{n}(H_i - O_i)}{\sum_{i=1}^{n}(O_i - L_i)} \times 100 \qquad (8-16)$$

式中，n 为时间参数，一般为 26 天；H_i 为第 i 日的最高价；O_i 为第 i 日的开盘价；L_i 为第 i 日的最低价。

人气指标的应用法则

2. 人气指标的应用法则

（1）AR 值为 100 时，说明多空双方势均力敌；AR 值在 80～120 之间波动时，大盘为盘整行情，不会出现剧烈波动。

（2）AR 值走高时表示行情活跃，人气旺盛，过高则可能超买，投资者应择机退出；AR 值走低时表示行情沉闷，人气衰退，过低则可能超卖，投资者可伺机介入。AR 值的高度没有具体标准，一般情况下，**AR 值上升至 150 以上时，股价随时可能回档下跌；AR 值跌至 70 以下时，股价随时可能反弹上升。**

（3）AR 的走势可能会与股价的走势发生背离，其分析方法与其他技术指标相同。

（四）买卖意愿指标

买卖意愿指标（BR） 与 AR 极为相似，也是用来揭示当前情况下多空力量对比结果的技术指标，只是 BR 选择股票上一交易日的收盘价作为多空力量平衡点。

1. 买卖意愿指标的计算方法

$$BR(n) = \frac{\sum_{i=1}^{n}(H_i - C_{i-1})}{\sum_{i=1}^{n}(C_{i-1} - L_i)} \times 100 \qquad (8-17)$$

式中，n 为时间参数，一般为 26 天；H_i 为第 i 日的最高价；C_{i-1} 为第 $i-1$ 日的收盘价；L_i 为第 i 日的最低价。

买卖意愿指标的应用法则

2. 买卖意愿指标的应用法则

（1）一般认为，当 BR 值处于 70～150 之间的区域时，多空双方的力量是相对均衡的，可能某一方稍占优势，但都不足以令市场发生根本性的突破。那么在这个震荡区间里，短线高手们可以高抛低吸赚短差，但建议普通投资者在场外观望。

（2）**当 BR 值大于 150 时，说明市场多头力量逐渐强大，当 BR 值到达 300 以上时，股价可能会随时回落，这是卖出信号。** 应注意市场随时有可能因超买而出现反转向下的情况。

（3）**当 BR 值小于 70 时，说明市场空头力量已经占据主动，当 BR 值小于 40 时，股价可能会随时反弹，这是买入信号。**

（4）BR 值在高位时与股价走势出现背离，是较准确的见顶信号；BR 值在位低时与股价走势出现背离，是较准确的见底信号。

（5）BR 值在极特殊的情况下会出现负值。但这种负值并不影响 BR 的分析效果，在分析时,我们可以将其负值视作零值。

(五) 中间意愿指标

中间意愿指标(CR) 与前面两类指标的构造原理及分析方法均相似。不同的是 CR 选择的多空平衡点是上一交易日的中间价。

1. 中间意愿指标的计算方法

$$\mathrm{CR}(n) = \frac{\sum_{i=1}^{n}(H_i - M_{i-1})}{\sum_{i=1}^{n}(M_{i-1} - L_i)} \quad (8-18)$$

式中,n 为时间参数,一般为 26 天;H_i 为第 i 日的最高价;M_{i-1} 为第 $i-1$ 日的中间价;L_i 为第 i 日的最低价。

上一交易日的中间价是通过对上一交易日的最高价、最低价、开盘价与收盘价进行加权平均而得到的,其各个价格的权重可以由分析者自行确定,目前比较流行的中间价计算方法有 4 种,具体如下所述。

$$M = \frac{H+L}{2} \text{ 或}$$
$$M = \frac{C+H+L}{3} \text{ 或}$$
$$M = \frac{2C+H+L}{4} \text{ 或} \quad (8-19)$$
$$M = \frac{C+H+L+O}{4}$$

式中,M 为上一交易日的中间价;H 为上一交易日的最高价;L 为上一交易日的最低价;O 为上一交易日的开盘价。

2. 中间意愿指标的应用法则

(1) CR 值越低,买入越安全;CR 值越高,持股的风险越大。

(2) CR 的具体取值与 BR 有些不同,低值要比 BR 值高,高值要比 BR 值低。一般认为,**CR 值处于 90~110 时,多空力量处于均衡状态;当 CR 值高于 110 时,说明多头占优;当 CR 值小于 90 时,则空头占优**。

(3) CR 在形态及趋势的分析上,适用于 AR、BR 的分析方法;CR 上出现的背离,其分析意义也与其他技术指标的分析意义完全相同。投资者在依据 CR 进行投资决策时,最好在 CR 第二次发出信号时采取行动,这样可有效地降低风险。

第 9 章

证券投资策略

思维导图

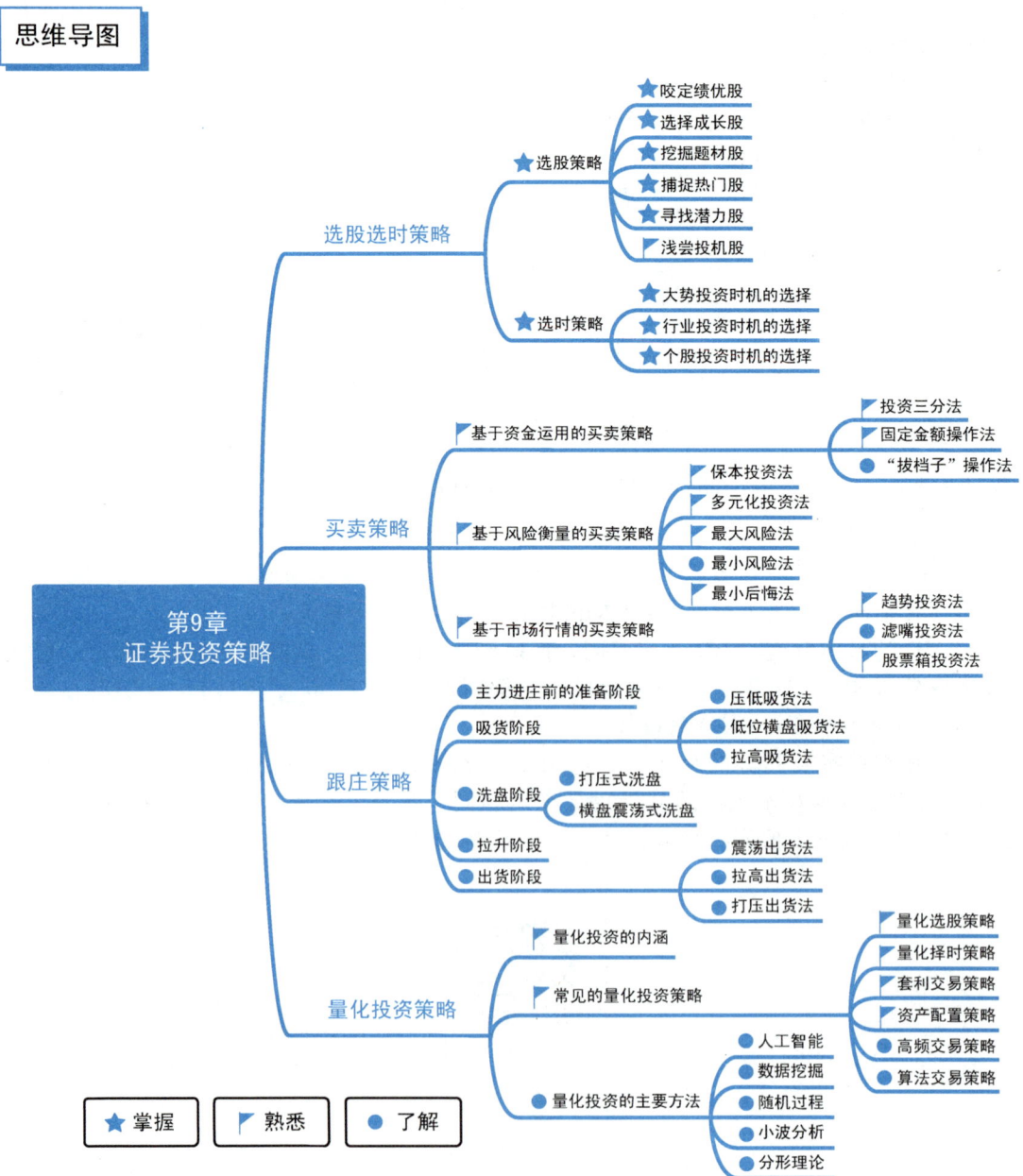

教学目标

通过本章学习，要掌握常见的证券投资策略，如选股策略、选时策略、买卖策略、跟庄策略、量化投资策略，能够在市场实际操作中根据不同情况进行灵活运用。

 导入阅读

如何成为成功的投资者

要想成为一名成功的投资者，在具备一定的证券知识和市场分析能力的基础上，还必须掌握一些成功有效、随机应变的投资方法和策略。投资策略的选择也不能一概而论，每一位投资者应当根据自己的具体情况具体分析。在确定投资策略时，投资者应当明确下列因素。

一、资金因素

投资者应明确其所拥有的可用于证券投资的资金量，这是选择投资策略的重要前提。如果资金量较少，可选操作就偏少，且投资方向单一，风险较集中；如果资金雄厚，则投资者具有较大的投资策略选择空间。

二、抗风险能力

不同投资者的投资效用是不同的，如果对投资收益及本金的依赖性很强，投资者就应该选择安全可靠、收益稳定的证券投资策略；如果对投资收益及本金的依赖较弱，投资者则可以选择风险程度较高，但收益也可能较大的投资策略。

三、时间、信息因素

时间、信息因素是指投资者能够在证券投资上投入的时间和精力以及获得信息的渠道、手段和时效性等因素。如果这些条件都不充裕，就应选择购买绩优股和成长股等长线品种。

四、心理因素

投资者的心理素质是影响投资成败的关键。对于一些优柔寡断、计较一时得失的投资者应该远离股市或避免进行风险较大的短线股票投资。

五、知识和经验因素

"不要选择自己所不熟悉的股票"，同样也不要选择自己所不熟悉的投资策略。投资者应当根据自己的经验和知识结构，选择自己所熟悉的行业和上市公司，运用自己易于掌握的投资策略进行投资。

（资料来源：根据相关文献整理）

9.1 选股选时策略

9.1.1 选股策略

（一）选股原则

1. 股性灵活原则

俗话说："千人千脾气，万人万模样。"人是如此，证券市场上成百上千种不同的股票

也同样各自有其波动的特性，即所谓的股性。 股性活跃的股票，股价波动的幅度较大，各类题材丰富，大盘涨时它涨得多，大盘跌时，它也会有下跌，但是下跌途中一般会有较强的反弹。即使被套，解套的机会也相应较多，因而投资者都乐意去投资它。而股性呆滞的股票，股价波动的幅度很小，只会随大市进行小幅波动，也很少有可供炒作的题材，投资这种股票常常赚不到什么钱。

股票的股性是在投资者长期的投资中形成的，这是由于大众对它的看法趋于一致造成的，一般难以突变。但股性也不会永远不变，有时通过机构长时间的努力，或者经济环境出现大的改变，可能会改变一些股票的股性。

对于大多数的投资者来讲，参与股市主要是为了谋取短期差价，波动幅度大的股票则成为他们首选投资目标。当然，波动幅度大也意味着风险大，如何掌握低买高卖的时机就成为关键。投资者要努力去了解和把握自己所确定投资对象的股性，在能够掌握市场环境或条件发生变化后，股票价格变动的规律，从而在投资过程中掌握主动。当然也有一些冷门股在长期沉寂之后突然拉升，有时甚至会有一些惊人表现，但这一般都是在大行情到来之后，投资者在不断挖掘炒作题材过程中的价值发现，或者是一些重大题材所致。但是如果一只股票长期波幅太小，那么还是少碰为妙，股性虽然会有变化，但绝不是一朝一夕形成的，不如等它真正活跃起来之后再选择它。

2. 公众选美原则

现代西方经济学家、"宏观经济学之父"凯恩斯曾有一名言："股票投资好比是选美投票。"这句话的意思并不是说要将票投向自认为最美的美女，而是说在选美投票时，只有自己的选票投向了美女皇后，你的选票才有真正的意义。**在选股时也要以公众的眼光和审美观为准，顺势而为，而不能只以自己的眼光为依据，一意孤行。** 对于某一只股票，如果大量的投资者都看好它，并希望持有这种股票，其股价就会上涨；如果多数投资者都不看好，持有这种股票的投资者都想把手中的股票抛出去，而又没有人愿意购买，其股价肯定就会下跌。在证券市场上，个人的力量是微不足道的，如果你想通过你个人的力量改变市场走势，那只是螳臂当车，自取灭亡。投资者只有借助公众的力量，才有可能在投资的过程中获取收益。实际上在各类投资时机的选择上也都体现了这一点。比如说，股票经过一段时间的下跌之后，又进行了较长时间的盘整，伴随着成交量的放大，股价逐步推高，这时是买入股票的最佳时机。这时股价的上涨、成交量的放大实际上体现了广大投资者均认为这只股票在经过了较长时间的下跌、盘整之后，已经具有了较高的投资价值。

"人弃我取，人取我与"，对股市中这种逆势操作的做法又当如何解释呢？事实上这种做法不仅不是对遵循"公众选美"原则，顺势而为选股的否定，而是从另一角度对这一原则的诠释。"人弃我取，人取我与"并不是一种简单的逆势而为，而是源于投资者对股市走势的先知先觉。正是他们提前看清了这只股票不久就会得到广大投资者的充分认同，而先人一步，选择了更加有利的时机入市。"人弃我取"之时正是这只股票极度低迷，持有这种股票的投资者已是悲观绝望，股票价格已是严重地低于其价值，而且其投资价值将被广大投资者认同之时；"人取我与"之时则正是投资者对这只股票极度狂热，持有这种股票的投资者已被美丽的神话所迷惑，痴迷地期待股价的狂涨、收益的剧增，股价已是高处不胜寒，并且这一境况将被广大投资者认同之时。

3. 涨升潜力原则

投资者投资股市，其主要目的就是通过低买高卖博取差价。因此，投资者在买入股票以后，总是期望股票能有一个令人满意的涨幅，这样就必须选择有一定涨升潜力的股票进行投资。

涨升潜力是相对而言的，它有短线的涨升潜力和长线的涨升潜力之分。当短线的涨升潜力有7%～8%，甚至3%～5%时投资者可能就感到非常满足；而长线的涨升潜力则根据投资者持股时间的长短而定。投资者选择有短线涨升潜力的个股应着重从股价的走势形态上来考虑，选择那些底部形态特征明显、伴有成交量的配合、各主要技术指标已经显现出走强迹象的个股；投资者选择有长线涨升潜力的个股，则可不必过多地计较那一、两个百分点的盈亏，而着重选择那些业绩优良，行业成长性好的低价蓝筹股。低价股应当说是长线投资的首选。价格低，这本身就是一个优势，往往意味着低风险。同时，低价的特性使得炒作成本下降，容易引起主力的关注。由于比价效应，低价股上涨时获利的比率更大，获利空间与想象空间均更广阔，常常会成为"大黑马"。

（二）咬定绩优股

绩优股又称蓝筹股，是指业绩优良、收益丰厚且稳定的公司所发行的股票。

绩优股的投资报酬率相当优厚且稳定，股价的波动幅度不大。在"牛市"行情中，绩优股一般是在其他股票上涨一定幅度以后，才会缓慢上涨。但当"熊市"行情到来，其他股票大幅滑落时，绩优股往往能坚守阵地。"涨时重势，跌时重质"，在市场行情低迷时，绩优股常常成为市场追捧的对象，购入此类股票，不失成为稳定获利的一种选择。投资者一旦在合适的价位购入绩优股后，不宜再频繁买卖，而应将其作为中长期投资的对象。虽然绩优股的股价波动幅度不大，但是仅分红送配就可以给投资者带来比较可观的收益，特别适合作为上班族投资者长线投资的首选品种。

（三）选择成长股

所谓成长股是指迅速发展中的上市公司所发行的预期利润会持续增长的股票。这种公司一般隶属于一些新兴产业，公司规模不大，产品的技术含量较高，产品附加值大，公司规模扩张快，市场拓展迅速，尤其是利润的增长显著。公司成长性越高，其股价上扬的可能性也就越大。"买股票是买公司的未来，买未来是买增长的收益。"成长股的市盈率可能很高，虽然现期业绩可能仍属较低档次，但是它能提供不断增长的收益，给投资者提供更多的期待与想象，也提供了更加广阔的炒作空间，这也正是成长股与绩优股的不同之处。

选择成长股应考虑以下因素。第一，上市公司所在行业的成长性好。如国家政策重点扶持的行业，包括产业发展链上的薄弱行业、经济发展中的龙头行业和支柱行业以及国家重点开发地区的主导行业；朝阳行业，主要是一些高新技术、知识密集型产业，如微电子及计算机、激光、新材料、生物工程、邮电通信等。第二，企业要有成长动因。这种动因包括产品、技术、管理等重大生产要素的更新及企业特有的某种重大优势等。第三，企业规模较小。小规模企业发展的空间较大，因而成长条件较为优越。第四，利润总额的增长率较快。

（四）挖掘题材股

题材股也称"概念股"，是指具有可供市场炒作的题材的股票。而题材是指一些比较抽象、朦胧、具有经济意义和时效性的信息。而正是这些抽象、朦胧的信息，才为投资者提供了丰富的想象和广阔的炒作空间。例如，大多数投资者对物联网并没有太多的认识，但是他们却都知道这是一项高新技术，有着广阔的发展前景；再加上媒体的反复宣传，进一步强化人们的思维定式，这就为与此相关的上市公司股票的炒作提供了一定的题材。再比如分红送配题材只存在于分红方案公布之前，方案公布后，股价将快速到位，炒作也就停止了。

所谓炒作题材，就是以炒作一只股票为借口，用以激发市场人气。有些题材具有实质的内容，有些题材则纯粹是空穴来风，甚至是刻意散布的谣言。市场上题材很多，但能形成概念、引发行情的却只是少数。什么样的题材会制造出题材股呢？

1. 市场主力所关心、需要的题材

证券市场上能够左右股价走势的还是一些主力资金，只要他们认可某一题材，他们就可以利用其手中雄厚的资金拉动股价，从而进一步强化这种题材的作用。

2. 能强烈激发市场人气的题材

合资合作、股权转让、资产重组、含权等题材一直是我国证券市场中备受投资者瞩目的炙手可热的炒作题材，这与我国证券市场的发展特点有很大的关系。在我国证券市场中有一些经营亏损，甚至严重资不抵债的垃圾股，却引得投资者乐此不疲地反复炒作，其原因就在于在这些股票确实存在着一些可能通过资产重组、剥离不良资产、注入优质资产、改善经营状况从而"乌鸡变凤凰"的情况，也确实有一些投资者在一些特殊处理股票（ST股）、有退市风险股票（*ST股）的炒作中获利丰厚。因此像这样的一些题材很容易得到投资者的认同，从而激发市场人气。

投资者在参与炒作一些题材股时，一定要认真分析，一般情况下不要过深地介入。因为一方面有些题材的来源并不可靠，有可能是一些子虚乌有的虚假信息；另一方面，即使是一些真实的题材，也往往并没有多大的实际价值。如股权转让，股东的变化并不意味着公司主营业务和公司业绩发生变化，这些对股票价格也并不会产生根本的影响。

（五）捕捉热门股

所谓热门股是指交易量大、股票换手率高、股价涨跌幅度也较大的股票。热门股的形成往往是国家经济政策的变化、市场环境的变化或者投资者投资理念的变化等，使某些股票的投资价值得到了投资者广泛认同的结果。比如随着技术的突破，5G网络产业进入全面冲刺新阶段，5G概念板块持续活跃，综合考虑受益时序和业绩弹性，受益最大的是主设备板块，因其确定性最强，行业竞争格局好；天线板块受技术革新拉动需求增长的确定性强，并且参与者体量小，弹性高，行业整体处于低谷期，有望开启超预期增长；还有光模块板块，受益于5G接入网重构带来光模块需求增长和数通市场高端产品升级换代，景气延续性好。投资者关注这些投资机会，就可以随着5G概念板块的活跃，寻求获利机会。

投资者要想捕捉到热门股，必须能够较为准确地预测出股市上热门股的兴衰，并及时果断购进。投资者判别一只股票是否属于最近热门股的主要指标是换手率，若在较长的一段时间内该股票能够保持较高的换手率，说明有大量的资金进出该股，投资者已对其有所重视，这只股票也就很可能变得炙手可热。另外投资者还应当从价位高低、走势形态上来判断。如果一只股票的换手率一直保持较高的水平，而均线呈空头排列，说明主力资金在撤离，此时切不可贸然介入。在捕捉热门股时，投资者要树立随机应变的投资观念，这是因为热门股受多重因素的影响，每一种因素的变化都可能会改变投资者的认同度。同时，热门股与冷门股也是相对而言的，冷门股可能转化为潜力股、热门股。热门股也绝非永远热，投资者即便捕捉到了热门股，也切莫死抱不放，要适可而止。

（六）寻找潜力股

成长股与潜力股的区别在于成长股的发展潜力被认为是必然的，有一个较长的持续期；**潜力股则是由于具有某种将来的、隐蔽的或为大众所忽视的利多因素，而存在着推动其股价上升的潜在力量。**投资者要认真地分析哪些股票具有上涨的潜力，并选择适当的时机介入。有时投资者可能介入的时机过早，这就需要有坚定的信心，耐心地等待时机的到来。经常有一些投资者发现并购入了潜力股，但是经过了一段时间以后，他们依旧看不到发动行情的迹象，最终沉不住气而另择其他股票。结果投资者刚刚抛出股票，大行情就发动了，白白丧失了一次极好的获利机会。

潜力股的寻找思路主要有以下 3 种。

1. 长期低迷的股票

"三年不开市，开市吃三年。"一些长期低迷的冷门股票有可能会受到市场的关注而成为潜力股。

2. 有利好不涨的股票

有些股票有重大的利好消息，却因股性较死或者市场环境较差而没有做出反应。特别是有多个利好消息积淀的股票很有可能成为潜力股。

3. 同板块均被低估的股票

如果同板块中多数个股价值普遍被严重低估，其股价水平显著低于市场的平均水平，或价格显著低于其内在价值，这一类股票很容易吸引主力资金的入驻，有可能成为潜力股。

对于上述的这些股票，投资者应当密切关注。如果发现成交有所活跃，有资金注入迹象，可及时介入。

（七）浅尝投机股

投机股是指那些易被投机者人为操纵而使价格暴涨暴跌的股票。我国证券市场中的一些 ST 股、*ST 股的上市公司经营亏损，甚至严重资不抵债，从基本面看已经没有什么投资价值，但是由于它们存在着较多的重组、股权变更等机会，所以使较多的投资者存有"乌鸡变凤凰"的幻想，同时在证券市场"羊群效应"的作用下，极易产生跟风效应，因而它们是较为典型的投机股。投机股易涨易跌，投资此类股票可以在短时间内赚取相当可观的利润，当然投资者同时也要承担较大的投机风险。

由于投机股的股价容易暴涨暴跌，可能会在短时间内给投资者带来比较可观的收益，也可能在短时间内给投资者带来巨大的损失，因此一般的投资者需采取审慎的态度，不要轻易介入。从我国证券市场的现实来看，投机气氛较为浓厚。证券市场中 ST 股、*ST 股在股市低迷时一般会有表现的机会，若时机合适，投资者可用少部分资金参与炒作，但一定要快进快出，浅尝辄止。若投资者盲目跟风，那么极易被高位套牢，而成为大额投机者的牺牲品。

9.1.2　选时策略

"选股不如选时。"投资者选择有利的建仓时机对提升投资收益水平有决定性意义，这甚至比选择哪种股票更为重要。著名投资家邱永汉认为，买卖股票是赚是赔，并非取决于所买的股票不同，主要取决于时机的先后而已。当"牛市"行情到来的时候，一般表现为个股的普涨，这时选股就显得不是那么重要，首当其冲的就是抓紧时间建仓。对于个股而言，它在上涨的过程中投资者可以获利，它在下跌的过程中也存在反弹机会，投资者同样可以获利，这就是一个买入与卖出时机的选择问题。

"没有只跌不涨的股票，也没有只跌不涨的股票。"再好的股票也有下跌的时候，它就可能会导致投资者出现亏损；再差的股票也有上涨的时候，它就可能会使投资者获利。对于同一只股票，有的投资者在它身上获利丰厚，赚得盆满钵满；也有的投资者在它身上损失惨重，赔得身无分文。从这个意义上来讲，股市上没有股票的好坏之分，只有赚钱与赔钱的区别。这就需要投资者审时度势，在充分利用自己所掌握的技术手段进行分析判断的基础上，力争在较低价位购入，在较高价位抛出。

（一）大势投资时机的选择

股市中常说，看大势赚大钱。由此可见，把握股市中大势的时机是非常重要的。这里所讲的"大势"是指证券市场的总体走势。证券市场的总体走势是受诸多因素影响的，如国民经济的发展状况、财政政策、金融环境、国际收支状况、国家汇率的调整等。

"股市是国民经济的晴雨表。"因此投资者想要正确地研判证券市场的总体走势，就必须要正确地研判国民经济的发展规律。经济的发展具有一定的周期性。经济周期是由经济运行的内在矛盾引发的经济波动，是一种不以人类意志为转移的客观规律。与经济状况息息相关的股市也必然会呈现这种周期性的波动。当国民经济进入衰退、萧条时期，上市公司经营状况恶化，百业不振，失业人口增加，国民收入减少，投资热情下降，股市行情必然随之疲软下跌；当国民经济处于复苏、繁荣时期，上市公司经营状况好转，国民信心增强，投资者的投资热情得以恢复，股价也会呈现上涨走势。

另外，国家的财政政策、金融环境、国际收支状况、国家汇率的调整等也都对投资者投资时机的选择产生着重要影响。第一，从国家财政政策角度来看，国家实行扩张性财政政策时，可增加社会总需求，使上市公司业绩提高，从而推动股价的上涨；而当国家采取紧缩型的财政政策，将抑制社会需求，削弱上市公司的盈利能力，从而引起股价的下跌。第二，从国家金融环境来看，当国家金融环境宽松时，很多游资会从银行转向股市，市场资金充足，股价往往会出现升势；当国家金融环境收紧时，市场资金紧缺，利率上调，股价通常会下跌。第三，从国际收支状况来看，当国际收支发生顺差，刺激本国经济增长，会促使股价上升；当国际收支出现巨额逆差，出口增长减缓，出口增长对国民经济的拉动作用就会降低甚至消失，股价就会下挫。第四，从国家汇率的调整来看，汇率上升时，本币贬值，本国产品的竞争力将增强，出口型企业的股价就会攀升；汇率下降时，本币升值，本国产品的竞争力将减弱，出口型企业的股价就会下跌。因此，投资者应当根据上述因素的变化，科学地选择买入、卖出股票的时机。

（二）行业投资时机的选择

行业是一个企业群体。在这个企业群体内，由于其产品的同质性以及原材料、市场的相关性而使各企业处于一种彼此紧密联系的状态。因此，**在一个行业内的上市公司具有较显著的"板块"效应**。

一般来说，在国民经济中地位重要、发展前景广阔、潜力巨大的行业往往会得到国家政策的支持和社会资金的青睐。如二十大报告中提出，坚持把发展经济的着力点放在实体经济上，推进新型工业化，加快建设制造强国、质量强国、航天强国、交通强国、网络强国、数字中国。因此，与此相关的行业股价上涨的空间也相对较大；而那些在国民经济中地位下降，发展前景暗淡的行业，其所属企业的股价的上涨空间也相对有限。投资者选择了发展前景好的行业，并不一定会得到好的投资回报。因为投资者在买入这些行业的股票时，可能这些行业的股票由于长时间的上涨，价格已大大超过其价值，所以存在回归的强烈要求而出现股价下跌；同样，投资者选择了夕阳产业的股票也不一定赔钱亏损，因为在买入这些行业的股票时，可能这些行业的股票由于长时间的低迷、下跌，价格与价值严重背离产生了强烈的反弹要求所以出现上涨。由此可见，投资时机的选择依然是投资成功与否的关键。

1. 成长型行业投资时机的选择

成长型行业的运动状态与经济活动总水平的波动变化一般并没有直接的关系。这一行业中企业的销售收入、利润的增长主要是依赖于通过技术进步不断推出新产品、通过技术创新降低产品成本等手段取得的，它们的资本扩张速度和利润增长速度都非常快，经营状况受宏观经济的周期性波动的影响很小，而且可以长时期地保持稳定、高速的增长，如生物工程、电子技术等高科技企业，新能源、新材料企业等。因此，对这样一些行业投资时机的选择比较简单，只要该行业处于成长阶段，且该行业多数企业的股价还没有严重透支其业绩及其成长速度，可以说每一次回调都是买入的良好时机。

2. 周期型行业投资时机的选择

周期型行业内企业的产品一般具有较高的收入弹性，它们的运行状态与宏观经济的周期性变化息息相关，如钢铁企业、煤炭企业、电力企业、房地产企业等。当宏观经济处于复苏、繁荣阶段时，这些企业也会紧随其扩张，销售收入及利润的增长都十分迅速；当宏观经济处于衰退、萧条阶段时，这些企业也会随其败落而步入衰退。因此，当宏观经济处于复苏阶段初期时，是买入周期型行业上市公司股票的最佳时机；当宏观经济处于繁荣阶段末期，即将进入衰退阶段时，投资者应抓紧时间抛出周期型行业上市公司股票。

3. 防御型行业投资时机的选择

防御型行业的运动状态与宏观经济活动的周期性变化没有什么直接的联系，无论宏观经济处于其经济周期的哪个阶段，这些企业一般都呈现出稳定或缓慢增长的态势。同样，这些企业的股票一般不会像上两种行业的企业一样有大幅度的波动，投资时机的选择也较为困难，一般只是做一些高抛低吸。防御型行业上市公司股价变化的特性，决定了投资者对此类上市公司较好的投资选择是做收入型投资，而非资本利得型投资。

(三) 个股投资时机的选择

投资者要对证券市场的投资时机进行分析、对行业的投资时机进行分析，但最终还是要落实到对个股的投资上来。因此选择好个股的投资时机才会对投资者的投资收益产生直接的影响，因而这也就显得更为重要。

前面我们已经述及，投资时机的选择包括两个部分，一是买入时机的选择，二是卖出时机的选择。卖出时机的选择在买入股票时就必须考虑了。投资者在买入股票以后，如果手中的股票已经出现了见顶的信号，或者是已经证明买入时机的选择是错误的，这时投资者就应当将手中的股票果断卖出。下面我们所要阐述的是在什么情况下较容易形成买入时机。

1. 新股发行时投资时机的选择

一级市场与二级市场是相互影响的。由于投入交易市场的资金总量基本确定，因此新股成批上市发行时，二级市场必定抽走一部分资金进入一级市场去申购新股。如果同时公开发行股票的企业很多，较多的资金转入一级市场，会使二级市场的供求状况发生变化，股价会有向下波动的趋势，此时入市容易获得较合适的价格。当然这一影响也会随着新股发行方式的改变而发生变化。

随着我国新股发行方式的改变，一级市场和二级市场的收益及风险将逐步趋于一致。近年来我国新股跌破发行价的情况就屡有发生。投资者如何分析新股的投资机会，是否参与新股的发行应当从以下两个方面进行判断。

第一，新股的定价分析。新股的定价分析就是根据二级市场同类股票现有的一般价格水平来确定新股的理论市场价格。所谓同类股票主要是指在行业或板块属性、流通股本的大小、每股收益及含权与否等方面的因素或指标基本相同的股票。当二级市场同类股票的价格高于发行价，则新股具有一定的炒作空间，投资者可参与发行申购，并考虑参与上市竞价。

第二，新股发行时机的分析。新股发行和上市的节奏较慢，市场资金较为充裕，投资者炒作新股的热情较高，这种情况下一般会有较理想的投资收益。大盘的趋势对炒作空间也有很大的影响：大盘在上行的过程中，随着整个市场市盈率的提高，新股的炒作空间也相应增大；大盘在盘整过程中，个股的炒作热点不断涌现，这时投资者也会对新股青睐有加；大市低位走平，或经过较深跌幅和较长时间跌势后，有见底企稳之感时，也是新股有良好表现之时；有时大盘在阴跌、盘落的过程中，盘中的热点难以发掘，此时投资者也容易把注意力转向新股。

2. 新股上市时投资时机的选择

在股票市场，新股往往是机会众多、生命力强大的投资对象。

首先，新股发行价位大多低于同类股票的市场价位，从而形成发行差价利益。较低的发行价格同时还为股票上市提供了较大的炒作空间，从而为其在二级市场上的优良表现提供了基础。其次，就新股而言，各股份有限公司为了顺利发行新股，迅速获得资金，往往频传利多消息，后市行情看涨的潜力相对较大。再次，承销商为了维护自己的市场形象，也会想方设法开辟通道、筹集资金，打响新股上市后的第一炮。最后，有些庄家也会抓住新股在上市第一天没有涨跌幅限制、上档无套牢筹码压力、炒作时散户容易跟风等特点入场坐庄。投资者在此时入市，可能是在跟进一个小高潮，易于较快获得收益，立定脚跟。但是炒作新股也必须慎重考虑其风险，鉴别选择真实的机会。

对新股投资机会的发现和判断可以从以下四个方面考虑。

第一，承销商的实力及炒作特点。主要是根据承销商以往所承销的股票的市场表现，了解承销商资金实力大小及操作水平，判断新股上市后的炒作空间和走势特点从而决定是否介入及介入的时机。

第二，新股的持股结构。当新股的股东数量少，股权较为集中时，这些大户为套现获利，一般都会尽力使股价开盘一步到位，新股上市往往呈现高开低走的特征，这时投资者一定不要急于介入。股份高度分散的新股在二级市场上的表现一般差异较大，要进行具体的分析。此外，新股的发行价、发行时间及上市时间对股票上市后的表现亦有直接影响。

第三，新股的炒作题材。新股上市之初的表现与其是否具备炒作的题材有很大的关系。如有的股票将要进行大比例的送配，有的股票将要进行资产重组或资产置换，有的股票将要享受政策的大力扶持等。这些股票上市炒作的空间较大，并可有效地增加庄家的炒作信心和炒作手段。

第四，新股上市当天的市场表现。新股上市当天的市场表现对其后期走势将会产生巨大的影响。如果新股上市当天股价低开高走，并且伴有较高的换手率，这些股票的后期一般会有较出色的表现。如果新股上市当天股价高开低走，成交十分清淡，这些股票后期一般难有上佳表现。新股上市当天换手率是一个非常重要的判断指标。因为是第一天上市，所以当日的成交量是真实可靠的，不可能存在庄家对敲做量，因此依此判断具有较强的可靠性。一般而言，新股上市当天换手率高于70%，且开盘竞价成交量达到上市新股流通总股本的5%以上，上市的第一个小时内换手率高于30%，全日大单成交比例高于70%，这基本上可以说明有机构投资者看好这只股票，且有较深的介入，投资者可以适量跟进。

3. 股票分红送配前后投资时机的选择

在股份有限公司分红送配前，未来股价的趋势变数较大，炒作的题材也会增多，容易产生出较多的投资机会，因此对这一时期股票的走势投资者应当予以特别关注。

一些业绩优良，回报丰厚的上市公司有可能走出抢权行情。由于投资者对这些股票的未来走势十分看好，大多愿意参与公司的分配而想在分配前拥有这家公司的股票，因此将股价逐步推高。由于除权后股价的间断性下跌使股价处于较低水平，因此后期上涨的空间也相应较大。在其他一些利多因素的配合之下，这些股票还有望走出填权行情。有些绩优股不仅能够填满权，而且还可能超过除权前的价位。对于这样一些股票，在上市公司公布分配方案之后，投资者可以择机购入等待填权。但是也有一些股票，在公司公布分配方案之后可能会走出一波逃权行情，就是持有这些股票的投资者都不看好这只股票的未来走势，纷纷想在除权（除息）日到来之前卖出手中的股票，不愿意参与除权。这样就可能导致在除权（除息）日到来之前股价会走出逐波下探的走势。有些股票在除权以后可能还会进一步向下寻求支撑，从而走出贴权行情。对于这样一些股票，在上市公司公布分配方案之后，投资者应当在除权前尽快抛出手中的股票。当然，在上市公司分红送配前后股票价格的变化是十分复杂的，如有的股票可能会先走出抢权行情，而后又走出贴权行情；也有一些股票先走出逃权行情，而后又走出填权行情。这就要求投资者认真、全面地进行分析，正确地做出判断和投资决策。

对于除权（除息）前后投资时机的分析，应当考虑以下四个方面的因素。

（1）对于一些成长性好、业绩优良的股票，在公司有大比例送配的分配方案公布后，一般会走出抢权或填权行情。特别是这些公司未进行或很少进行大比例送配时，这种可能性更大。

（2）有些上市公司尽管在成长性以及业绩方面都有较好的表现，但是在除权前的抢权行情将股价拉得过高，已透支其业绩。如果没有实质性的利好，其股票除权后再走出填权行情的可能性就很小了。这时投资者应当尽快离场观望为好。

（3）有些股票在除权（除息）前投资者并不看好，并相应走出了逃权行情。但是如果股票在除权前跌幅较大，已显现出较高的投资价值，除权以后走出填权行情的可能性就比较大，这时投资者介入的风险相应较小。

（4）对股票价位高低的判断不能简单地以目前价位为依据。因为一些股票在经过了多次除权以后，尽管目前价位并不高，但是当复权以后，它的实际价位可能就已经相当惊人了。因此在对股票价位进行分析时，投资者应当将目前价位与复权以后的实际价位综合起来分析。

 知识要点提醒 9-1

股票投资重要提示

● 股票投资时机选择，要首先把握经济大势，其次把握行业发展时机，最后还要关注个股投资时机。

● 选股需根据股性特征，针对绩优股、成长股、题材股、热门股、潜力股、投机股制定不同的投资策略。

9.2 买卖策略

投资者在进行了全面、科学的分析之后，确定了投资的对象并选择了恰当的时机。但证券投资是一项非常复杂的活动，投资者应根据自己的资金数量、抵御风险的能力等因素进行买卖，同时还需要具有很强的技巧性。特别是当投资对象的确定及投资时机的选择上存有问题时，投资者如何正确地运用买卖策略，弥补损失，减少投资失误就变得尤为重要。如果买卖策略运用得当，则可以增加收益或减少损失。但是如果不注重买卖的技巧，即使选对了股票，买入的时机也没有什么问题，却仍难取得理想的投资收益。

9.2.1 基于资金运用的买卖策略

（一）投资三分法

投资三分法是一种兼顾了证券投资的安全性、收益性的特点，运用简单的投资组合思想，并在较低的风险水平上，追求投资收益最大化的一种买卖策略。具体的操作方法是：

将用于投资资产的 $\frac{1}{3}$ 购买债券或优先股股票，$\frac{1}{3}$ 用于投资普通股股票，还有 $\frac{1}{3}$ 作为机动资金留在手上。用于投资债券或优先股股票的资金虽然收益率相对较低，但是它可以给投资者带来相对稳定、可靠的收益；用于普通股的投资虽然具有较高的风险，但往往也可以获得较高的收益；而保留在手上的机动资金则可以在股票被套时用作补仓，也可以在股市出现较好的投资机会时进行追加投资。正所谓进可攻，退可守。投资三分法在"牛市"行情中的获利可能不如将资金全部用于股票投资收益，但是它可以大大降低投资风险，避免全军覆没。新入市投资者一般都是在"牛市"行情到来时，看到其他投资者都在赚钱，禁不住诱惑而进入股市的。入市之初不断涨升的行情也往往使他们获得不错的收益，从而使得他们飘飘然起来，认为炒股也不过如此，因此，新入市投资者往往把所有的资金都押在股票投资上，一直是满仓操作，甚至有些新入市投资者还借贷资金用于炒股。但随着行情的反转，他们很快就伤痕累累地败下阵来。股票毕竟是一个高风险的投资品种，投资过程中一定要注意规避风险，尤其是新入市投资者，在没有深入地认识股市之前，切莫让胜利冲昏了头脑，忘记了股票"凶残"的另一面。

（二）固定金额操作法

固定金额操作法是投资三分法的延续，它是指投资者按照事先拟定的计划，将一定数额的资金用于投资股票，其余部分的资金则全部购买债券或进行储蓄，并确定投资股票的资金数量，同时确定一个股票市值变动的百分比额度（如5%）。当股价变动时，投资者所持股票的市值也会发生变化。当股票市值增加达到这个百分比额度（如5%）时，就出售股票的增值部分用来购买债券或储蓄，保持股票的市值不变；当股票的市值减少了预定的百分比额度（如5%）时，就出售相应数量的债券或取出储蓄用来购买股票，依然保持股票的市值不变。

固定金额操作法不需要对股价的短期趋势进行判断，只需要按照预定的投资计划去进行调整即可。但这种方法有些过于机械，在持续上涨或下跌行情中可能丧失应得利益或增加持股风险，投资者可在实施过程中，根据具体情况进行适当调整。如当时若判断股价会持续走强，或持续下跌，可将股票市值变动的百分比额度由5%调整为8%或更高。

（三）"拔档子"操作法

"拔档子"操作法是股市买卖活动中常用的操作方式之一，它可以使多头降低成本、保持实力。所谓"拔档子"就是投资者在股价较高时卖出自己的持股，等价位下降以后，再补回来。投资者运用"拔档子"操作法并非对股市看坏，也不是真正有意获利了结，只是希望趁价位高时，来个"多翻空"，先行卖出，以使自己赚回自己的一段差价。通常运用"拔档子"操作法，卖出与买回之间不会相隔太久，最短期的可能只一两天，最长也不过一两个月。

运用"拔档子"操作法具体有两种方法。

第一种，行情上涨一段时间后，投资者见价位已上涨不少，或已经遇到了较为重要的阻力区，就将自己的持股先行卖出，多翻空，等股价回落一定幅度之后，投资者判断股价将会再度扬升时再将股票购回。这是多头在推动行情上涨时，先使股价略为回落来化解上涨阻力，以便于推动行情再度上涨。

第二种，在处于下跌行情时，投资者趁价位仍高时卖出手中的股票，等股价回落一定幅度之后再买回。这是套牢的多头或多头自知实力弱于空头时，在股价尚未跌至谷底之前的下跌过程中先行卖出，多翻空，等股价跌落后再买回反攻空头。

投资者运用"拔档子"操作法时一定要对股票的走势作出准确判断，否则可能会两面损失。比如刚刚出手的股票不跌反涨，让投资者懊悔不已。

9.2.2 基于风险衡量的买卖策略

（一）保本投资法

在经济形势不明朗，股市行情低迷且变化不定、难以捉摸时，保本投资法是一种可以用来避免投资者血本耗尽的技术操作方法。

投资者采用保本投资法时，必须先确定自己的"本"。这里所指的"本"，并不是投资者用于购买股票的总金额，而是指**投资者认为在最坏的情况下必须保存的资金实力，也就是处于停止损失点的基本金额**。不同的投资者所确定的保本数额可能具有较大的差异。如有的投资者可能经济实力雄厚，用于投资股票的资金只是其很小的一部分，即使全部损失掉也无足轻重，他可能所确定的"本"的比率就非常低。也有的投资者用于投资股票的资金可能已经是其全部资产，他所确定的"本"的比率就可能比较高。

保本投资的关键在于如何做出卖出决策。在做卖出决策的时候，首先要定出心目中的"本"；其次要确定卖出点或停止损失点。

确定获利卖出点是针对行情上涨所采取的保本投资策略。获利卖出点是投资者在获得一定数额的投资利润时，决定卖出的那一点，这时的卖出，并不一定是将所有持股全部抛出，而是卖出其所欲保的"本"的那一部分。例如，假设投资者以每股 10 元的价格购买某股票 1000 股，其投资的总金额为 10000 元。该投资者所要保的"本"占总投资金额的比例为 60%，即 6000 元。如果目前行情是上涨的，当投资者所持有股票的市值达到投资总额加上其所保的"本"时即达到获利卖出点时，这时股票的市值为 10000 元＋6000 元＝16000 元，也即股价应为 16 元。当达到获利卖出点时，投资者就应当卖出一部分股票。这时卖出的数量是投资者开始所确定的需要保本的金额，即 6000 元，约 400 股。

第一次保本之后，投资者可以再确定要保的第二次"本"，其比例可以按第一次保本的比例来定，也可以重新确定一个比例。一般来说，投资者可将第二次保本比例定低一些，等到行情上涨到获利卖出点时，再卖出一部分，行情如果持续上涨，可持续地卖出获利，以此类推，可做多次获利卖出。

确定停止损失点是针对行情下跌所采取的保本投资策略。这种策略是指当投资者买入股票后，股价下跌，当股价下跌到投资者心中所确定的"本"时，就要全部卖出所持股票，以免蒙受过多损失。如前例，假若股价跌至 6 元，投资者所持股票的市值为 6000 元时，投资者就会把持股全部卖出，正好保住要保的"本"。

通过上述分析可以看出，保本投资法中投资者所确定的"本"的比率越高，说明投资者对风险的控制越严，同时投资者的获利要求也越高。这正好与股市中一条投资法则相吻合，即遇有亏损立刻卖出，遇到赚钱时却不要急于出脱。但这一方法同样具有过于机械的特点，投资者在实际操作过程中可以灵活掌握。一般来说，可以将停止损失点确定得高一些，严格注意控制风险；将获利卖出点确定得低一些，适当降低获利期望。适当降低获利期望同样也是防范风险的一种措施。

（二）多元化投资法

多元化投资是一种投资组合，它是通过将资金分布于不同的投资对象以规避风险的一种策略。风险与收益是并存的，收益越大，往往风险也就越高。理性投资者具有厌恶风险和追求收益最大化的基本行为特征。而选择多种投资对象进行组合投资，比如债券、储蓄、股票、集邮等，就可以"东方不亮，西方亮"，投资者在一个投资项目收益不佳时，有其他投资项目予以弥补。

具体到股票市场，投资者很难准确预测出每一种股票价格的走势。假如他们贸然把全部资金投至一种股票，一旦判断有误，将造成较大损失。如果投资者选择不同公司、不同行业性质、不同地域、不同循环周期的股票进行组合投资，就会相应降低投资风险。

（三）最大风险法

最大风险法，又称大中取大法，它是一种以获得最大收益为着眼点，甘冒最大风险去获取最大收益的一种股票投资方法。

当投资者拟定购买某只股票后，将股票前景分为好、中、差三种方案自然状态，相应制定大量、中量、小量三种购买方案，然后确定各种购买方案在不同的自然状态下的收益值。采用最大风险法，就是投资者确定每一购买方案在各种不同的自然状态下收益的最大值，比较后再取其中最大的，这一数值所对应的购买方案就是最优方案。

最大风险法在进行购买方案的选择时，是以出现最好情况并获得最大收益为决策前提，它体现了投资者勇敢的冒险精神和期望一鸣惊人的决策思想，对客观情况总是抱着乐观的态度，总是朝着有利于自己的方向考虑问题，但事实往往大相径庭，因而这一方法具有较强的赌博性质。

（四）最小风险法

最小风险法又称小中取大法。这是一种力争最大限度地降低购买股票风险的投资方法。这种方法和最大风险法的操作类似，投资者根据股票好、中、差三种前景的自然状态，相应制定大量、中量、小量三种购买方案，然后确定各自对应的收益值。不同的是，投资者以三种方案可能发生的三个最小收益值中的最大值所对应的方案为最优方案。

最小风险法体现了投资者的稳妥思想和谨慎行为，不求有功，但愿无过，总是从最坏处考虑问题，不想为获厚利而去冒风险。因为这种方法的着眼点是风险最小，所以这是一种相对稳妥的投资方法。

（五）最小后悔法

股市风云难测，时机稍纵即逝，投资者难免有事过后悔的时候：后悔没有买 A 股而买了 B 股；后悔没有在低位买进，在高位卖出；后悔买的数量太多或太少，不一而足。最小后悔法是投资者在确定购买某只股票后，将可能发生的不同经营状况下所引起的后悔因素降低到最小的方法。

后悔值又称机会损失值，指的是在一定的自然状态下，由于未采取最好的行动方案，失去了取得最大收益的机会而造成的机会损失。该策略实施步骤具体如下。

第一，计算后悔值 H_{it}。以某一状态 t 下各方案收益值的最大值 $MAX(R)_t$，分别减去该状态下各方案 i 的收益值 R_{it}，即 $H_{it}=MAX(R)_t-R_{it}$。

第二，找出每一方案在各种自然状态下后悔值的最大值 $MAX(H)_{it}$。

第三，在所有最大后悔值 $MAX(H)_{it}$ 中，选取最小值即 $MIN[MAX(H)_{it}]$，其所对应的投资方案就是最优方案。这一方法也称之为最小的最大后悔值法。

在最大风险法与最小风险法中，投资者都是站在较为极端的立场上依照自己对风险的态度来确定企业处于不同自然状态下的最优购买方案。这样的方案选择依据对于普通投资者而言都是难以接受的。相比较而言，最小后悔法更为科学与合理。

9.2.3 基于市场行情的买卖策略

（一）趋势投资法

趋势投资法又称道氏投资法。道氏理论认为，股票价格运动具有自身的惯性，大趋势一旦形成，就会持续一段时间，不可能骤然转向。趋势投资法的假定前提就是股价的变化趋势形成后，便会持续相当长的一段时期。对于没有能力操纵股市的普通投资者，顺应这种趋势做出投资决策就会较多得到收益的机会。

采用趋势投资法的投资者不会追求在最低点买入，而是要在次低点买入；不会追求在最高点卖出，而是要在次高点卖出。**投资者在股价趋势确切地出现反转向上的信号时，才顺应趋势买入股票；在股价走势确切地出现反转向下的信号时，便把股票全部卖出**。这种方法用在长线投资中操作简单明了，不为小的波动干扰，但不适用于短线投资。

（二）滤嘴投资法

投资者在行情上涨时，往往既怕抛出股票后行情继续上涨，丧失可能得到的收益，又怕继续持有但价格回落丧失既得利益；在行情下跌时，既怕丧失趁机补仓、低价购进的机会，又怕补进之后价格继续下跌。滤嘴投资法就是帮助投资者比较稳妥地解决这类问题的方法。

采用滤嘴投资法的投资者需要事先确定一个"滤嘴"，也就是一个百分点。投资者在由最低价开始上扬这样一个百分点时买入，在由最高价开始回落这样一个百分点时卖出。在长期的涨势或跌势中，采用滤嘴投资法是一种比较稳妥的投资方法。但在"牛皮"市中这种投资方法会造成买卖过于频繁，甚至会导致投资错误，给投资者带来损失。

（三）股票箱投资法

股票箱投资法是当股价处于箱形整理的过程中投资者所采取的一种投资方法，其理论基础源自股票箱理论。股票箱理论认为，股价的运动就像箱子里的皮球在上下跳动。当股价回落一定幅度之后，就像皮球落在了箱子底部，遇到支撑力就会反弹起来；当股价反弹一定幅度之后，就像皮球碰到了箱子顶部，遇到阻力就又会下跌。因此，**股票箱投资法就是要求投资者根据股价变动的趋势，找出股价变动的压力线和支撑线**。当股价回落到支撑线并开始出现反弹时投资者买入股票，当股价反弹至压力线并开始出现回落时投资者卖出股票，这样通过低买高卖，获取投资差价。

股价的变动不可能完全按照股票箱理论运行，也常常会突破原来的压力线或支撑线。这时投资者就要寻找新的压力线和支撑线，在股价新的运行箱体还没有确认之前，投资者最好不要贸然操作。

阅读专栏 9-1

鸡尾酒会理论

鸡尾酒会理论是美国传奇人物彼得·林奇担任麦哲伦基金公司总经理后，常在家里举行鸡尾酒会招待客人而发现的一种很奇特的股市周期规律。

在国外经常举办的鸡尾酒会上，不同职业不同阶层的人们彼此相识，聊天。彼得·林奇从鸡尾酒会中发现这样一种现象：当客人对牙医而不是他感兴趣时，往往是股市低迷或者刚启动阶段；当人们爱和他稍微聊聊股票时，股市处于刚上涨15%的阶段；当包括牙医在内的所有人都围着他时，股市处于上涨30%的阶段；而当人们都开始向他推荐股票时，正是股市已达到巅峰即将进入下跌的准确信号。

与此类似的还有另外一个故事。在1929年华尔街股票崩溃前夕，埃克森美孚创始人约翰·洛克菲勒在街上遇到一个擦皮鞋的小孩，小孩边给他擦皮鞋边对他说："先生，您最近买股票了没有，我给您推荐一只股票，肯定涨得好……"约翰·洛克菲勒听了后心中一惊，一个擦皮鞋的孩子都开始给别人推荐起股票来，看来股市大限已经不远了。回到公司，洛克菲勒立刻下令将所有股票清仓，一只不留。果然，两个月之后就迎来了华尔街崩盘，许多人在一夜之间倾家荡产，而约翰·洛克菲勒在这场风暴中安然度过。

（资料来源：林奇，罗瑟查尔德，《战胜华尔街》，机械工业机版社，2010年）

9.3 跟庄策略

进入了股票市场，也就进入了智慧与金钱较量的战场。这里没有刀光剑影，却常常危机四伏；没有旌幡鼓号，却屡见人仰马翻。成功获利的神话使每位投资者跃跃欲试，受损被套的伤痛却难以引起旁观者的警醒。**庄家（Banker）**是引起股票市场中价格波动的主要力量。他们凭借实力翻云覆雨、推波助澜，导致股价跌宕起伏，正是这种潮起潮落创造的各种机会，成就了很多人的淘金梦想，吸引着众多的散户投资者，加入这场"逐鹿中原"的大战。

所谓庄家是指一些资金雄厚，能够通过各种手法操纵股价的涨跌，并从中获利的个人或机构。庄家具有以下几点特征：通常拥有数千万元甚至数亿元的雄厚的资金实力和较强的融资能力，能够操纵至少一只股票的价格；拥有具备高超股票操作技能的职业操盘手；通常与传媒、上市公司及业内有关人士建立并保持着良好关系；善于利用市场环境，包括熟悉相关法律、监管政策等。而散户投资者形单影只，没有组织，没有丰富的操盘知识，除少量资金之外，只有道听途说的一些似是而非的消息。庄家盘踞在主动的位置，他们把握散户的弱点，按照计划，有步骤地营造出各种各样的市场假象，使散户历经无所适从、满怀希望、心灰意冷等心理折磨。最终，趋利发展为贪婪，避害演化为恐惧。这使散户投资者在不应持有股票时买进，在应该买进或持有股票时抛售，不知不觉地进入追涨杀跌的误区，庄家则在这一片混乱之中坐收渔翁之利。

然而庄家并非不可战胜。庞大的资金是庄家的绝对优势，也是庄家的致命弱点。"船大调头难",巨额资金进出一只股票不是一件容易的事。不管庄家如何老谋深算,操盘手法如何炉火纯青,都难免在盘面上留下痕迹。只要散户能够把握庄家的操盘规律,洞察出庄家的真实意图,判断出庄家的真实动向,并充分利用散户资金量小、进出股市快速、隐秘的先天优势,就可以领先一步,战胜庄家。

知己知彼是取胜的先决条件。散户要战胜庄家,就必须掌握庄家的活动规律,认清庄家的真实意图。根据**坐庄时间的长短**,可以分为**短线庄家**、**中线庄家**和**长线庄家**。短线庄家除了具有快进快出的特点之外,还具有投入资金量小、控盘程度低、目标获利程度比较低、筹码收集期短且隐蔽性较强的特点,他们拉升迅速,一般不经过洗盘阶段。中、长线庄家从确定坐庄对象到完成派发,整个过程一般分为五个阶段,即**进庄前的准备阶段**、**吸货阶段**、**洗盘阶段**、**拉升阶段**、**出货阶段**。下面我们应用技术分析手段,主要分析中、长线庄家在各阶段所表现出的盘面特征,并提供相应的参考对策。散户投资者可以从庄家在盘面上留下的一些蛛丝马迹中识别出庄家的意图,并采取相应的对策。

9.3.1 主力进庄前的准备阶段

庄家要进入某只股票坐庄之前,进行的工作比起散户投资者来要复杂得多,他们要有详细的立项报告,仔细分析所要炒作股票的依据、建仓的时机及完整的操作计划。稍有不慎,可能会造成比散户投资者更惨重的损失。如有的庄家进庄之后,因时机不当无力将股价拉高,陷入泥潭难以自拔;也有的庄家进庄之后由于资金接济不上而不得不中止计划;还有的庄家将股价拉起来之后自己却无法脱身,到头来只落得为他人作嫁衣的结局。因此庄家在进庄之前必须进行认真的分析。

庄家选股同样也是从技术分析和基本分析这两个角度去分析。从基本来看,对坐庄对象的背景如何、有没有什么隐藏的利空、有哪些利多因素、有没有可供炒作的题材、想象的空间有多大、这只股票在散户投资者当中的号召力是否强等都必须要认真地研究。从技术分析来看,坐庄股票必须是有利于炒作的,比如盘子的大小要与庄家的资金实力匹配,盘子太小的股票会使庄家感到池水太浅,难以容身;盘子太大的股票又会使庄家力不从心。同时庄家还要掌握目前筹码的分布情况、持股成本情况、是否有其他庄家隐身其中、股价走势是一种什么状态等。从实践来看,庄家所选股票一般具有以下五种特征。

第一,股本适中,筹码容易收集,易于控制。
第二,有重大利多的股票,如有大比例送配。
第三,公司业绩好,在散户中影响力较强。
第四,可能资产重组、股权变动。
第五,想象空间大的股票,比如高科技股之类。

庄家在选定了坐庄对象之后,还必须要确定合适的进货时机。一般庄家进货都选择以下五种时机进货。

第一,宏观经济形势由衰退开始复苏之时。
第二,个股底部构筑完整之时。
第三,多数投资者极度悲观,股价严重超跌,投资价值凸显之时。
第四,可能有股权争夺之时。
第五,公司有重大利多消息之时。

9.3.2 吸货阶段

通常庄家在制定操作计划之后,就在市场中默默吸货,直到能控制大局之后再进行拉升。在这一阶段,庄家往往耐心地、不动声色地收集低价位筹码,并常以散布利空消息或打压的方式来设法打穿重要的技术支撑位,动摇投资者的持股信心,吓出散户的止损盘,反复震荡吸货。

庄家吸货的方式主要有:压低吸货法、低位横盘吸货法、拉高吸货法。

(一) 压低吸货法

庄家往往通过手中已掌握的部分筹码打压股价,并常借助于市场上的利空消息,使股价形成向下跌破的态势,引起较常使用技术分析的散户投资者恐慌,动摇持股者的信心并抛售股票,同时也让空仓者不敢介入,而庄家则在低价位区全部接住抛售的股票,从而达到吸货的目的。

(二) 低位横盘吸货法

此类庄家往往极具耐心,吸货过程非常漫长。由于股价长时间在一个很小的区间内窄幅波动,使投资者,特别是一些中短线投资者失去了持股的耐心,因此抛出这些股票,这就保证了庄家在低价位吸足筹码。

(三) 拉高吸货法

采用这种建仓方式的庄家主要是发现一些机会,而快速建仓,快速拉升。如有些股票在经过长时间的横盘整理后,很多投资者失去耐心和信心。这时庄家通过小幅拉升股价,将获利盘、解套盘纷纷引出,甚至一些担心再度被套的投资者也趁机把手中的股票抛出。而庄家则将抛盘全部接走。虽然与压低吸货和低位横盘吸货相比,其建仓成本会略高一些,但是庄家却可以在短短几天之内成功完成快速建仓,为机会到来之前的拉升争取了时间。

9.3.3 洗盘阶段

洗盘也称震仓。在庄家大幅拉升时,如果一旦有大量浮筹中途抛货砸盘,庄家就要付出更多的拉升成本,这是庄家绝对不能容忍的。因此庄家在低位吸纳了一定筹码即将进行大幅拉升时,一般先要派出小股力量试探一番,先将股价小幅拉升数日,看看市场跟风盘多不多,持股者心态如何,随后再进行数日的打压,这就是洗盘。庄家洗盘的主要目的在于提高其他投资者的平均持股成本,把短线跟风客赶下车,以减小进一步拉升股价的压力。同时,在高抛低吸中,庄家也可以赚取可观的差价,以弥补拉升段付出的成本。如果庄家在拉升过程中跟风不足,投资者持股心态不稳,庄家认为拉升的时机尚未成熟,也可能顺势打压,进一步获取一些廉价筹码,并再次寻找拉升的最佳时机。庄家认为拉升的时机已经基本成熟时,则通过洗盘震出意志不稳的投资者,为即将开始的大幅拉升扫清障碍。当然也不排除一些短线庄家在一些环境较好的情况下不经过洗盘阶段而直接进入拉升过程。

庄家洗盘结束时是投资者的黄金建仓时机。庄家洗盘过程一般也不是一次完成的,伴随着股价的大幅拉升,洗盘也同步进行。每当股价上一个台阶之后,庄家一般都洗一次盘,一则可以使前期持股者"下车",防止前期持股者获利太多,中途抛货砸盘,从而使庄家付出太多的拉升成本；二则提高平均持仓成本，以利于庄家在高位出货离场，不至于庄家刚一出现出货迹象，就把散户投资者吓跑的情况。此阶段投资者应灵活掌握交易策略，如短暂洗盘或者横盘震荡，投资者可持股不动；如发现庄家进行长时间的深度洗盘，则最好先逢高出货，洗盘快结束时，再逢低进场。

庄家洗盘的方式主要有两种：一种是打压式洗盘，另一种是横盘震荡式洗盘。

第一，打压式洗盘。庄家在底部收集了足够的筹码之后，将股价拉起，脱离横盘整理状态后就开始洗盘。一般他们是通过手中所掌握的部分筹码，制造出一些如高开低走的长阴线、长上影线的十字星等具有典型顶部特征的K线形态，并通过对敲等手段，做出巨大的成交量，给投资者以头部出现，将要破位下跌的感觉，将一些意志不坚定的投资者清洗出局，随即将股价急速拉高。

第二，横盘震荡式洗盘。庄家在进行了一定幅度的拉升之后便开始长时间的横盘整理，消磨散户投资者的持股信心，使投资者对自己的决策产生怀疑而退出，从而达到洗盘的目的。在横盘震荡式洗盘的过程中，小阳线、小阴线交替出现，即使是连续出现阴线，股价也未下跌很多，而相应的成交量却可能逐日减少，这说明盘面浮动筹码越来越少，横盘整理换手充分，市场成本与当前股价接近，市场上的获利抛盘已十分稀少，这时股价可以轻装上阵，步入新的一轮上升行情。

散户投资者在掌握了庄家洗盘操作中的规律之后就可以采取相应的对策。一般在洗盘过程中，市场上几乎没有利好消息，偶尔还会有坏消息传出，这使很多投资者在股价的震荡中心态不稳，对后市产生怀疑。这时，明智的投资者应该观察大趋势，只要整体的上升趋势没有改变，利空消息没有导致股价大幅下落，就应对后市怀有信心，持有股票；同时也应深信，庄家费尽心机筹划并长时间等待吸货绝不会稍有动作就结束，气势汹汹的洗盘动作无非是吓跑那些不明真相、心理承受能力较差的散户投资者，这时只有比庄家更有耐心，才能享受到下一阶段拉升股价的成果。

9.3.4 拉升阶段

当庄家煞费苦心地完成吸货、洗盘操作之后，就要进入拉升阶段。主力拉升股价的方法主要是通过联合媒体，散发小道消息，或者与上市公司合作，发布朦胧的利多公告等，引起投资者的关注，号召散户追高。同时庄家在经过了吸货、洗盘之后，不仅成功控制了大局，抬高了股票的平均价格，还洗掉了盘面大量浮动获利筹码，这样他们就可以轻而易举地通过操纵股票价格，做出良好的技术形态以吸引常用技术分析的投资者跟进，同时庄家通过"对倒"的方法自买自卖，营造股票放量向上突破的态势。庄家的拉抬加上散户投资者的追涨助涨，使股价节节升高。由于筹码锁定程度很高，股价极易飞涨，所以空头加补，这就是我们常说的"轧空"行情。

良好的技术形态和接连不断的朦胧利好消息，会令越来越多的投资者加入追涨行列。一般来说庄家不会一步将股价拉升到位。当股价偏离短期移动平均线太多时，说明短线投资者获利丰厚，继续向上拉升将会遭获利盘的抛压，拉升的阻力会加大，这时庄家经常主动强制调整，令股价走平或回调。当股价回落到10日均线附近时，说明短期调整后的平均持股成本已经抬高，短线投资者已无获利空间，庄家这时再配合利好消息向上拉升。对于散户投资者来说，只要成交量没有突然大幅度地放大就可以耐心持有。当拉升处于中后阶段时，股价上涨幅度越来越大，上升角度越来越陡，成交量越放越大。若成交量呈递减状态，那么这类股票要么在高位横盘一个月左右慢慢出货，要么利用除权使股价绝对值下降，再拉高或横盘出货，这时投资者可择机离场。当个股的交易炽热、成交量大得惊人之时，大幅拉升阶段也就快结束了，这时投资者绝对不能进货。如果此时投资者持股在手，则应时刻伺机出货。

9.3.5 出货阶段

庄家处心积虑地长久炒作，目的就是在高价位区将股票卖出获利。出货是庄家操作中最关键的一环，也是最难的一关，它直接决定坐庄的成败。在此阶段，庄家会使出浑身解数，诱惑散户投资者去接最后一棒，散户投资者只有拒绝引诱才能最终战胜庄家。

一般来讲，庄家出货的手法有以下三种。

（一）震荡出货法

庄家在自己的拉升目标实现之后，在高价区反复震荡，制造在该区域进行高位整理的假象，其间往往还有利好消息不断出现，庄家甚至喊出更高的目标价位，使散户投资者以为股价还会再创新高，持股者不肯抛出，空仓者跟进买入，庄家则在反复震荡之中分批出货。这种出货方式时间长，常用于大盘股或重要的指标股出货操作。

（二）拉高出货法

拉高出货是庄家大幅拉高，通过"对倒"等方式制造出进一步放量走高的假象，吸引散户投资者全面跟进，进而完成出货的操作。这种出货方式速度快，一般两三天就完成派发。但这种出货方式庄家风险很大，只能在行情较为火爆并伴有刺激性强的突发性重大利好消息、人气旺盛、投资者跟风意愿强烈的中小盘股中才能稍有把握成功出货。

（三）打压出货法

采用这种出货方式的庄家往往不计成本地派发筹码完成出货操作。由于股价快速下跌，因此有些投资者希望进场抢反弹，特别是在大势转好时，股价下跌可能会吸引大量空仓者。有时庄家也不是一次完成派发，而是在股价下跌一段时间之后，通过"对倒"并突然大幅拉升，造成超跌并见底的假象，再行大量派发。采用这种出货方式一般是因为庄家发现了突发性的利空，或者某种原因迫使庄家迅速撤庄。这种出货方式阴险毒辣，容易将股性破坏，一般庄家不愿采用。

市场主力操纵股价并不是件轻松的事，因为资金量大，又要考虑到散户投资者的心态、大势走向等。而散户投资者的行动比主力灵活得多，这就为散户赚钱创造了条件。散户投资者捕捉庄家行踪的方法不外乎两种：成交量分析法和市场气氛观察法。第一，从成交量上分析，可以从走势上看出庄家意图。要做到这一点，投资者必须加强看盘功夫的锻炼，全面掌握各种技术分析方法。投资者不仅要分析每日成交量的变化，还要看每笔成交量的变化。如当股价呈现底部状态时，每笔成交量出现大幅跳升，则表明该股开始有大资金关注；若每笔成交量连续数日在一较高水平波动而股价并未出现较明显的上升，这说明大资金正在默默吸纳该股。第二，从庄家制造的种种市场气氛中可以看出其真实意图，即从市场气氛与股票实际走势的反差之中发现问题。在庄家吸货的时候，常常会有种种利空消息出来，庄家出货时又会散布出许多利好消息。投资者平时要加强对个股的基本分析及炒作题材分析，借以找出可能被庄家介入的个股。投资者除了多注意关于上市公司的各种报道之外，更须多注意分析筹码归向，追踪盘面的浮码。如果投资者发现浮码日益减少，应密切注意。投资者只要能够透视庄家的行踪，看清庄家的真实意图，就可以战胜庄家，与"庄"共舞。

9.4 量化投资策略

量化投资（Quantitative Investment）是指利用现代数学统计方法，结合计算机编程对大量的历史数据进行统计及回测，试图通过对过去一段时间的事件与行情进行统计分析，并通过计算机建立相关模型，严格按照制定的策略进行交易，来达到赚取超额收益目的的投资方法。量化投资与传统投资的差别在于它依赖数学模型和数据来寻找投资目标、实施投资策略，从而寻求稳定且连续的收益。因此，量化投资的五个核心要素分别是可交易的金融产品、历史数据、投资策略、计算机程序及用来回测和交易的平台。常用的分析方法主要包括人工智能、数据挖掘、随机过程、小波分析、分形理论等。

量化投资系统的基本流程见图9.1，量化投资在获取大量原始数据的基础上设定量化模型，选择交易策略，产生投资决策并执行决策。在此过程中一般需要一个资金管理和风险控制的模块。当前活跃的金融创新促使新的交易工具和交易思路不断涌现，量化投资策略也在不断地丰富，常见的量化投资策略包括量化选股策略、量化择时策略、套利交易策略、资产配置策略、高频交易策略、算法交易策略等。

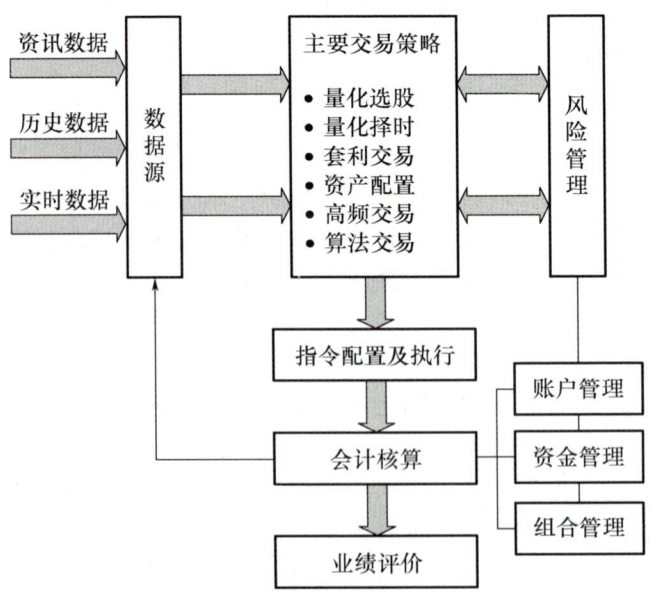

图 9.1 量化投资系统的基本流程

拓展阅读 9-1

量化投资的发展历史

第二次世界大战后的经济复苏和金融市场的繁荣推动了现代金融理论的发展，同时随着计算机和互联网技术的广泛应用，电子交易也逐步成熟完善，这为量化投资的发展提供了理论支撑和技术支持。下面我们简要回顾量化投资的发展历史。

一、理论基础的构建（20 世纪 50—70 年代）

1952 年马科维茨提出资产选择理论，以"风险—收益"均衡框架为基础，建立"方差—均值"模型，他第一次把数理工具定量研究引入金融学的传统规范性研究，解决了在不确定的金融市场中理性投资者如何进行资产选择以实现投资效用最大化的问题，因此该理论被称为"华尔街的第一次数学革命"，并成为现代金融学的开端。在马科维茨研究的基础上，夏普、林特尔和莫森等学者推导了资本市场均衡状态，得出了资本资产定价模型（CAPM），它成为度量资产风险的基本理论。

1965 年法玛的有效市场理论，也是对金融市场研究以及投资实务产生重要影响的经典理论。根据有效市场理论，在功能齐全、信息畅通的资本市场中，证券价格具有随机游走特征，因此无法通过历史信息和当前可获得信息来预测证券价格的走势，在有效市场中不存在超额收益。

1973 年布莱克与斯科尔斯的期权定价模型是现代金融理论的又一次重要突破。该理论被称为"华尔街的第二次数学革命"，它不仅为金融衍生产品定价提供了严谨的理论模型，还构建了金融市场新的均衡模式——无套利均衡。此后，1976 年罗斯提出的套利定价模型（APT）使得无套利均衡最终成为金融分析的基本方法论。

二、技术手段的完善（20 世纪 80—90 年代）

进入到 20 世纪 80 年代，随着国际金融市场四大发明（远期利率协议、票据发行便利、互换交易和金融期权）的诞生，现代金融创新进入鼎盛时期，以数理方法和工程化思路来解决金融问题的金融工程，作为一个新的学科从传统金融学中独立出来。同时，在纽约交易所开启客户下单指令计算机化进程和纳斯达克市场不断成熟完善的配合下，程序化交易迅速发展、规模激增，证券资产组合程序化交易和股指期货套利型程序化交易也在该时期出现。计算机硬件技术的突飞猛进和金融工程理论的发展，使得量化投资可以通过建立数学模型并以计算机语言的形式实现。1983 年，摩根士丹利大宗交易部门的程序员 Bamberger 发明了统计套利策略，之后程序化的统计套利交易系统逐步被越来越多的投资基金使用，发展迅猛。量化投资在 20 世纪 90 年代，进入高速成长的黄金十年，大奖章基金（Medallion Fund）、BARRA 量化基金（Barr Rosenberg Associates）、高盛全球阿尔法基金（Global Alpha Fund）等众多基金都通过量化投资获得了超额收益。

三、量化投资的蓬勃发展（2000 年至今）

20 世纪末，非线性科学的研究方法和相关理论的发展，极大丰富了金融学量化手段和方法论的研究。在此理论基础上，进入 21 世纪后，随着互联网泡沫破灭，市场上的资金越来越多地进入到量化投资领域。计算机及网络技术的发展使得交易速度大大加快，高频交易策略逐步被开发，量化投资规模发展迅猛。

虽然受美国次贷危机的影响，股票市场和金融衍生产品市场中由计算机辅助的交易触发连环下跌，又在高杠杆的刺激下引发崩盘从而导致全球性金融危机，这使得构建在数学模型基础上的 Black-Scholes 公式、量化投资和计算机指令交易等受到各界质疑。但是量化投资作为一种交易和投资工具，被认定为引发此次金融危机的主要原因是有待商榷的。不可否认的是，量化投资在改变金融信息传播方式、提升金融数据分析能力、促进金融市场更加有效透明等方面起到了重要作用。

（资料来源：丁鹏，《量化投资——策略与技术（精装版）》，电子工业出版社，2016年，有改动）

9.4.1　量化选股策略

量化选股是指投资者通过数量模型判断某只股票是否值得投资。根据投资者设定的模型，满足条件的股票值得买入，可以放入资产池；如果不满足条件，则从资产池中剔除。**量化选股的方法**主要包括**估值法**、**趋势法**和**资金法**三类。

估值法的基本逻辑是基本面决定价值、价值决定价格，它们也是公司基本面分析的核心内容。投资者首先通过估值法计算出股票的理论价格；其次在与市场价格对比后，判断股票市价是否被错估；最后，买入被低估的股票、卖出被高估的股票。

趋势法采用数量模型描述市场表现、预测市场价格走势，例如投资者根据上升、下降、盘整等不同趋势或形态，选择对应的投资方法。趋势法的投资策略，不仅可以顺势而为，还可以选择逆势的反向操作。

资金法的核心思想是：在资金驱动型的股票市场中，资金动向是决定股票走势的关键。因此，投资者应追踪市场中主力资金的动向，投资者如增加资金流入量，则会推动股票价格上涨，而资金流出则带来股价的下跌。另外投资者也可以根据持仓筹码的分布来预判未来一定时间内股价的涨跌情况。资金法本质上是一种追随市场热点投资机会的跟风策略。

9.4.2　量化择时策略

量化择时指的是投资者用数量方法预测市场趋势并选择买卖时机的交易策略。按照有效市场理论，证券价格能充分反映可获得信息，即使只能够达到弱式有效市场状态，证券价格也会服从随机游走模型，历史信息对预测未来价格走势是无用的。但是多数实证检验的结果显示，金融市场常常呈现价格时间序列的序列自相关性，这也就是说过去的信息对价格会产生影响，即意味着弱式有效市场无法实现。因此，投资者可以通过对历史价格等信息的挖掘分析而预测未来价格，即技术分析是能够在无法实现弱式有效市场的环境中获得超额收益，而技术分析就是使用最广泛也最简单的量化择时策略。

随着计算机技术和混沌理论的发展，对股票市场的行为研究逐步被纳入非线性动力学的范畴，看似随机杂乱的市场波动背后却存在着一定的可预测性，投资者可以通过采用经济预测方法构建允许一定误差率的预测模型，常见的有以下三种类型。

(一)神经网络模型

股市难以预测的原因在于其负载的非线性动力学特征,建模和预测需要海量信息,因此具有广泛适应能力、学习能力、映射能力的神经网络模型极大地突破传统研究方法的限制,其巨量并行性、存储分布性、结构可变性、自学习自组织性等特征,可以拟合任何联系函数,它成为当下被广泛使用的时间序列预测模型。

(二)灰色预测模型

灰色预测模型是一种预测受多种不确定性因素影响的系统的理论,因此当碰到自变量和因变量之间可能满足某种特定条件下的数学关系,但是模型设定尚不清楚或历史数据不全面而导致预测存在极大困难的情况时,灰色预测模型就可以更好地起到预测证券价格短期变化趋势的作用。

(三)支持向量机预测模型

支持向量机是在统计学习理论基础上发展出的一种新的学习方法,它适用于小样本、非线性、识别高维模式等情况,还能够推广到函数逼近和概率密度估计等领域。因此在处理非线性问题时,支持向量机的预测模型结构简单且具有全局最优性和较好的泛化能力。它首先将非线性问题转化为高维空间的线性问题,然后用核函数代替高维空间的内积运算,这样能够克服维数灾难,更巧妙地解决复杂计算的问题。

9.4.3 套利交易策略

根据无套利均衡原理,风险相同的资产定价相同,不然就会产生低买高卖的套利活动,从而消除两种资产的价差空间。套利活动具有零风险、零成本、正收益的基本特征,因此金融市场上存在大量投资者通过各种数量模型捕捉套利机会,以求获得超额收益。按照市场和方法的差异,套利交易分为以下四种。

(一)股指期货套利

股指期货套利是投资者根据股票(组合)与股指期货之间存在的价差,同时在股票市场和股指期货市场,或者不同期限的股指期货市场进行数量相当、方向相反的交易,这样可从市场的短期无效性中获取无风险利润。股指期货套利还具有引导市场价格发现、抑制过度投机、增强市场流动性等重要功能。

(二)商品期货套利

按照一价定律的基本规则,相同或相似商品在不同市场、不同时间应该存在一个合理的价差,该价差空间即无套利空间。但价格的波动性常常使得价格出现偏离,导致产生套利空间。套利者卖出定价偏高的资产并买入定价偏低的资产,在赚取套利利润的同时,还可以将价格拉回到合理区间,修正价格偏差。

投资者借助统计分析工具,结合基本分析和技术分析,并通过对相关合约之间的价差数据的变化规律进行科学的统计研究,才能预测出未来相关期货价差的变动趋势,捕捉有利的套利机会。因此,成功实施商品期货套利的重要环节就是对过去交易数据的统计分析。但同时,投资者还必须在考虑套利交易中的资金成本问题的基础上,对套利组合的持有时机进行恰当把握。

(三) 统计套利

统计套利本质上是一种风险套利,它是对投资者利用证券价格的历史统计规律进行套利方法的统称,但是这种统计规律是否在未来一段时间继续存在,是具有很大的不确定性的。统计套利可以按照方法的不同分为两类:风险中性策略和协整策略。

1. 风险中性策略

风险中性策略是指投资者利用股票的收益率序列建模,以求实现在组合的 β 值等于零的基础上获取套利利润。该策略主要是一种短线策略,基于日收益率对均衡关系的偏离,利用均值回复的原理进行套利活动。但是如果短期内套利空间没有收敛,那交易策略就会失败,投资者有可能承担更大的损失。

2. 协整策略

协整策略是指投资者利用股票价格序列的协整关系建模,它基于累计收益率对均衡关系的偏离。投资者利用协整理论,找到满足协整关系的股票对,比如双重上市公司的股票就构成天然的股票对,投资者通过检测这些股票对价格的偏离状况进行套利时机的判断,因此又可以称为配对交易。在协整策略的具体运用中,投资者利用股票对的价格进行建模,当累计收益率偏离到一定程度的时候建仓,当偏离修复到一定程度时或反向时平仓。

(四) 期权套利

期权套利是指投资者同时买卖存在不合理价差的期权合约,从而获得套利收益。导致不合理价差的原因,不仅包括同一看涨期权或看跌期权的不同协议价格、不同到期时间,还包括同一标的资产不同权利的期权合约。因此期权套利的交易策略和组合方式非常丰富,包括水平套利、垂直套利、交叉套利、蝶式套利、跨式套利、转换套利等。

因为期权具有选择权的本质,所以和期货套利相比,期权套利具有高杠杆、有限损失的特征,因此效率更高、收益更高。投资者运用期权套利策略的主要考虑因素,包括高低损益平衡点的确定、套利空间的计算、交易成本、市场规模容量等。

9.4.4 资产配置策略

资产配置的思想来源于马科维茨的资产选择理论,它是指资产类别的选择,即投资者按照能够满足投资者效用最大化的目标构建投资组合,通过衡量各类资产的收益和风险,选择组合中各类资产的最优配置比率。同时根据市场的动态发展对这些资产组合进行实时管理。而**量化资产配置策略将传统的资产选择理论和量化分析技术相结合,极大地丰富了资产配置的内涵,重构了现代资产配置理论的基本框架**。它将投资方法建立在对各种资产类股票公开数据的统计分析的基础上,通过比较不同资产的统计特征,建立数学模型,从而确定资产组合的配置目标和配置比例。量化分析促使基础的资产配置突破传统积极型投资和被动型指数化投资的局限,还使资产配置成为当今众多基金公司和资产管理人主要的投资策略。

资产配置一般包括**两大类别**:**战略资产配置**和**战术资产配置**。**战略资产配置**是投资者根据投资目标确定投资的主要资产类型及其长期比率，其基本原则是基于最优化模型得到一个长期平均的配置比率，优化模型可以采用马科维茨的资产选择理论、Black - Litterman 模型、VaR 资产配置模型等。而<u>战术资产配置</u>，是投资者基于资产配置战略，根据短期市场动态适度调整资产分配比例的具体策略和方法，又可以称为动态资产配置，它相当于是对战略资产配置的动态微调，例如现今被广泛使用的行业轮动、风格轮动、投资组合保险策略等都是其常用工具。

9.4.5　高频交易策略

<u>高频交易是指拥有足够财富能力的专业投资者按照一定的交易策略在日内产生大量交易指令的交易方式。</u>其具有以下特征：第一，高频交易都是由高速计算机自动完成的程序化交易；第二，高频交易的交易量巨大；第三高频交易的持仓时间一般极短，日内交易次数很多；第四，高频交易每笔收益率很低，但是总体收益相对稳定。

目前常见的高频交易策略有以下三种。第一，做市商策略，投资者需要针对即时市场进行指令提交和取消，并不断调整报价以避免有可能发生的不利情况，甚至需要针对其他可参考金融资产（如 ETF、期货或期权）价格的变化来调整。第二，相对价值和套利交易策略，指的是利用日内可比资产相对价值的变化进行套利，例如 ETF 作为指数型基金，其价格和股指期货在理论上是具有相似的趋势的，因此在一个资产价格调整，另一个资产价格未相应调整的情况下，就会产生价格的偏差，从而产生套利空间。但是这个价差变化的时间通常非常短，因此该套利机会需要投资者能够非常及时地接收到场内价格信息并且计算机能够高速处理。第三，基于市场信号的趋势交易策略，采用该策略的高频交易者通过解析市场相关信息并按照信息的含义进行交易，通常需要文本分析程序的支持，从信息中甄别买卖信号，并在极短时间内完成下单，速度可以达到毫秒级。

9.4.6　算法交易策略

<u>算法交易也称自动交易，是指利用电子交易平台，使用策略程序来确定执行指令的一种交易方法。</u>其中，指令设定包含很多变量，例如指令路径、指令下达的时间、价格和数量等。通常算法交易的数量化模型设定完成后，就可以由计算机程序自动发起执行指令，无须人工干预，这使资产管理者和分析师的工作变得非常简单。因此，算法交易策略尤其适用于机构投资者对大额指令进行分析处理，便于寻找最佳执行路径和最有利的执行价格，这样有利于降低市场冲击成本、提高指令执行的效率和隐蔽性。任何投资策略最终都会面临执行的问题，也都可以采用算法交易来完成，因此越来越多的投资者及越来越丰富的交易策略对算法交易的需求推动着新的算法策略不断更新，同时也存在一些开放型的算法交易平台，可以便利整合有特定要求的算法交易策略。算法交易按照指令执行的决策目标和方法，常见的算法如表 9-1 所示。

表 9-1　常见的算法

类型	核心关注	算法	基准		敏感性	
			动态化	提前决定	价格	成交量
冲击驱动	时间	时间加权平均价格	√			
		成交量加权平均价格	√			
	成交量	成交量百分比		√		★
	冲击	最小冲击	√		★	☆
成本驱动	价格/风险	执行缺口		√	☆	☆
		适应性缺口		√	★	☆
		收盘价	√		☆	
机会驱动	价格	盯住价格		√	★	☆
	流动性	流动性驱动		√	☆	☆
	比率/价差	配对/价差交易		√	★	

注：★表示经常，☆表示有时，√表示以此为基准。

（一）冲击驱动算法

冲击驱动算法的目标是最小化指令对市场的冲击。大额交易很可能直接影响资产的实时交易价格，这可能带来市场波动影响市场情绪。而通过算法策略拆分成多个小额指令，并在一定时间内完成，能够有效降低对市场的冲击。典型的算法有时间加权平均价格、成交量加权平均价格、成交量百分比算法等。

（二）成本驱动算法

成本驱动算法的目标在于降低整体交易的成本。典型算法包括执行缺口、适应性缺口和收盘价算法等。这些算法需要考虑市场冲击、时间风险及价格趋势等多重因素的影响。如执行缺口算法的目标是最小化限价与实际平均成交价之差，它可以实现市场冲击和时间风险的平衡，从而最小化交易成本。

（三）机会驱动算法

相比其他算法，机会驱动算法更为灵活，它利用有利的市场时机进行交易并寻求获利。典型算法包括盯住价格、流动性驱动、配对交易算法等。其中盯住价格算法以成交量加权平均价格算法或成交量百分比算法等冲击驱动算法为基础，额外加入价格敏感度，这使得下单指令能够更加实时地根据市场价格是否有利做出更合适的调整。

阅读专栏 9-2

光大"乌龙指"

量化投资是华尔街主流的投资方式之一，但是因其在我国起步较晚、运作过程技术含量较高而使得部分投资者对其并不是很了解。而 2013 年 8 月 16 日的光大"乌龙指"事件，使得量化投资通过一种负面形式展现在我国投资者面前。

一、事件过程

2013年8月16日11时05分左右,上证综指在多只权重股的巨额买单的拉动下出现大幅度拉升,短短几分钟涨幅超5%,最高达到2198.85点,71只权重股瞬间涨停。

当日午间上海证券交易所发布公告,光大证券因重要事项未公告,当天下午临时停牌。当日14时,光大证券发布公告,宣称其策略投资部门自营业务在使用其独立的套利系统时出现问题。市场发现上涨并非正常原因后出现迅速回调,最终收于2068.45点,涨幅—0.64%,而当日振幅达到6.59%,成交额也超前一交易日近384亿。收市后上海证券交易所和上海证监局对光大证券异常交易的原因展开调查。

二、事件原因

1. 直接原因

这次"乌龙指"的直接原因是光大证券套利策略系统的缺陷。在有关部门核查中发现,订单执行系统在针对市价委托的高频交易时,对可用资金额度未能进行有效校验控制,而订单生成系统存在的缺陷,会导致特定情况下生成预期外的订单。因此导致其在当日11时2分180ETF套利下单时,交易员发现有24只成份股申报不成功,他就想使用"重下"的新功能,没想到这个功能没有实盘验证过,程序把买入24只成份股,写成了买入24组180ETF成份股,结果生成巨量订单。

2. 深层次原因

多级风控体系都未发挥作用。该策略投资部门系统完全独立于公司其他系统,甚至未置于公司风控系统监控之下,因此导致公司监控系统没有及时进行头寸控制。传统证券交易中的风控系统交易响应最快以秒计,远远不能适应高频套利交易的要求,例如本事件中每个下单指令生成需4.6毫秒。传统IT技术开发的风控系统带来巨大延迟,严重影响下单速度,这可能也是各环节风控全部"被失效"的真实原因。

三、事件影响

最终,中国证监会认定光大证券异常交易事件构成内幕交易、信息误导、违反证券公司内控管理规定等多项违法违规行为。这次事件也是我国证券市场建立以来首次因为交易软件而产生的极端案例,给我国证券市场带来了极大的负面影响。

虽然从表面上看,该事件是因为操作失误、模块故障、程序交易的连锁反应导致的,但是本质上还是因为证券公司治理结构紊乱、风险意识差、内控机制形同虚设。党的二十大报告提出要加强和完善现代金融监管,强化金融稳定保障体系,依法将各类金融活动全部纳入监管,守住不发生系统性风险底线,这体现了防范金融风险的重要性。因此,正如资深财经评论人皮海洲所说:"券商创新固然重要,但基础管理必须跟上,尤其是交易部门,风控必须从严。"

(资料来源:http://sh.sina.com.cn/z/guangda/index.shtml.[2023-07-14],有改动)

第9章
在线答题

参考文献

CHANCE D M, 2005. 衍生工具与风险管理 [M]. 陈蓉, 改编. 北京: 高等教育出版社.
MINERVINI M, 2015. 股票魔法师: 纵横天下股市的奥秘 [M]. 张泂, 译. 北京: 电子工业出版社.
博迪, 凯恩, 马库斯, 2017. 投资学: 第 10 版 [M]. 汪昌云, 张永骥, 译. 北京: 机械工业出版社.
曹凤岐, 刘力, 姚长辉, 2013. 证券投资学 [M]. 3 版. 北京: 北京大学出版社.
费舍, 2017. 怎样选择成长股: 珍藏版 [M]. 吕可嘉, 译. 2 版. 北京: 地震出版社.
格雷厄姆, 多德, 2019. 证券分析: 第 6 版: 上册 [M]. 巴曙松, 陈剑, 罗泳涛, 等译. 成都: 四川人民出版社.
格雷厄姆, 多德, 2019. 证券分析: 第 6 版: 下册 [M]. 巴曙松, 陈剑, 罗泳涛, 等译. 成都: 四川人民出版社.
何平林, 李涛, 2017. 证券投资分析 [M]. 北京: 清华大学出版社.
金丹, 2016. 证券投资学 [M]. 2 版. 北京: 中国金融出版社.
林奇, 罗瑟查尔德, 2018. 彼得·林奇的成功投资: 典藏版 [M]. 刘建位, 徐晓杰, 译. 北京: 机械工业出版社.
欧奈尔, 2018. 笑傲股市: 第 4 版: 典藏版 [M]. 宋三江, 王洋子, 韩靖, 等译. 北京: 机械工业出版社.
欧阳红兵, 彭浩彪, 2016. 量化投资: 技术与策略 [M]. 北京: 北京大学出版社.
任淮秀, 2016. 证券投资学 [M]. 3 版. 北京: 高等教育出版社.
托托里罗, 2013. 量化投资策略: 如何实现超额收益 Alpha [M]. 李洪成, 许文星, 译. 上海: 上海交通大学出版社.
汪昌云, 2013. 金融衍生工具 [M]. 2 版. 北京: 中国人民大学出版社.
王燕, 2013. 证券投资技术分析 [M]. 北京: 人民邮电出版社.
温斯坦, 2008. 史丹·温斯坦称傲牛熊市的秘密 [M]. 曹乾, 译. 北京: 中国青年出版社.
吴晓求, 2014. 证券投资学 [M]. 4 版. 北京: 中国人民大学出版社.
叶育甫, 2015. 证券投资学 [M]. 北京: 中国人民大学出版社.
张定宇, 2012. 证券投资操作学: 风险控制 [M]. 北京: 中国经济出版社.
张龄松, 罗俊, 1997. 股票操作学 [M]. 2 版. 北京: 中国大百科全书出版社.
张庆君, 2018. 证券投资学 [M]. 北京: 北京大学出版社.
张亦春, 郑振龙, 2004. 证券投资理论与技巧 [M]. 3 版. 厦门: 厦门大学出版社.
张元萍, 2019. 金融衍生工具 [M]. 5 版. 北京: 首都经济贸易大学出版社.
赵锡军, 魏建华, 2015. 证券投资分析 [M]. 6 版. 北京: 中国人民大学出版社.
中国证券业协会, 2020. 证券从业人员一般从业资格考试教材: 金融市场基础知识 [M]. 北京: 中国财政经济出版社.
中国证券业协会, 2020. 证券从业人员一般从业资格考试教材: 证券市场基本法律法规 [M]. 北京: 中国财政经济出版社.